EIN LEITFADEN FÜR TRAINER, SPIELER, ELTERN UND FÜR ALLE,

die wissen wollen, wie man an die Spitze kommt

# Entwicklung von leistungsorientierten Tennisspielern

Edgar Giffenig

Sportwissenschaftler, ehem. Nationaltrainer USA, Deutschland und Mexiko

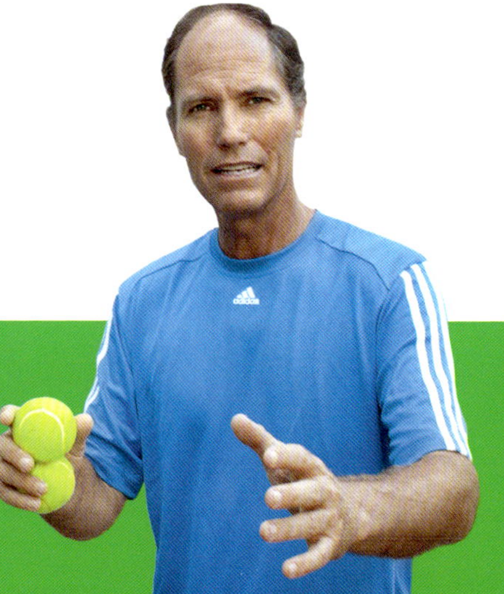

## Inhaltsverzeichnis

## Teil I

## Einführung



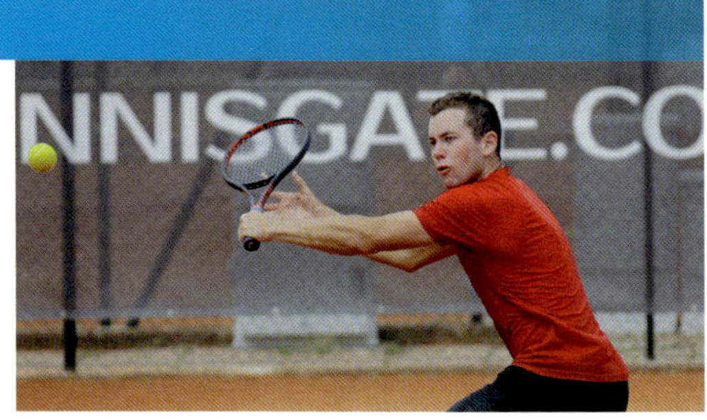


## Teil II

## Entwicklung von „Waffen“



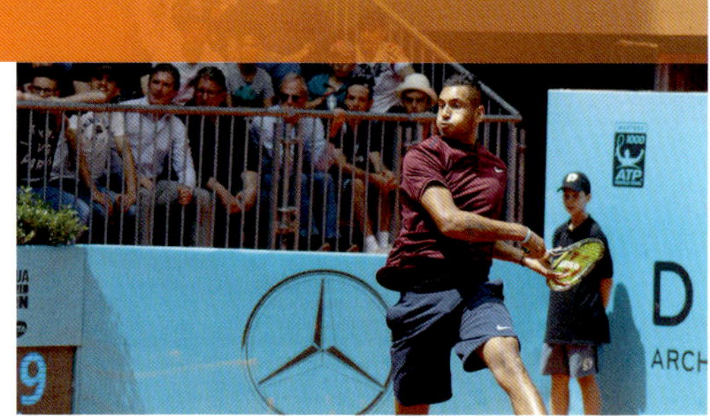

## Teil III

## Einsatz der eigenen Stärken



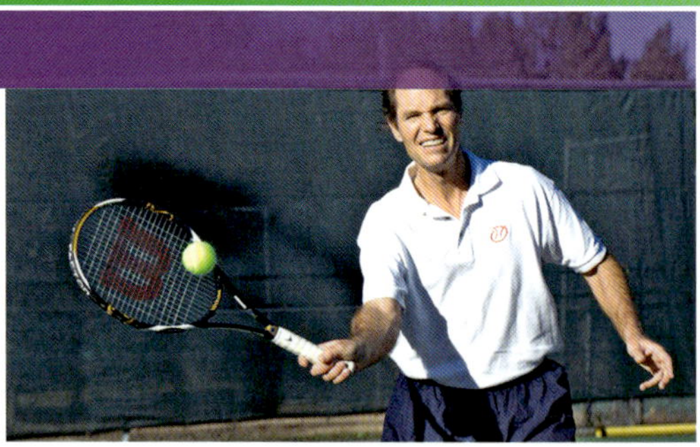

## Teil IV
# Optimierung der Spielweise für konstante Leistungen



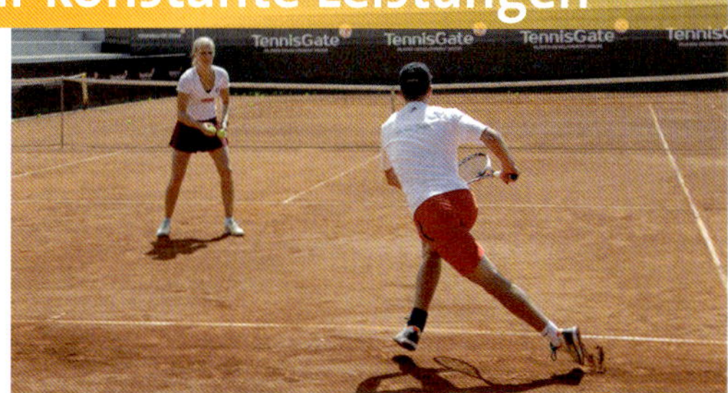


## Teil V
# Alle Teile zusammenfügen



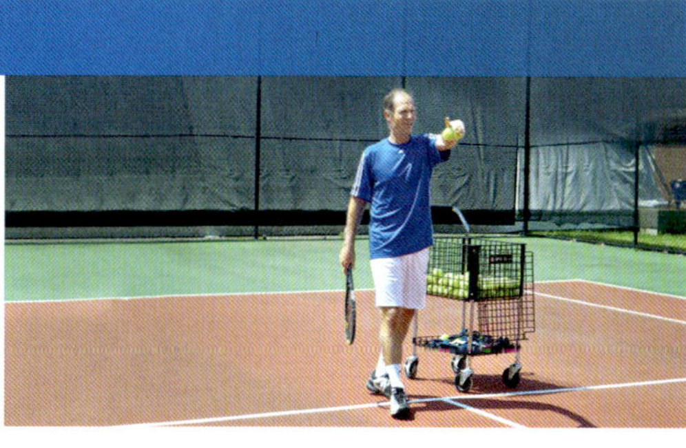

## Teil VI
# Referenzen & Bibliothek



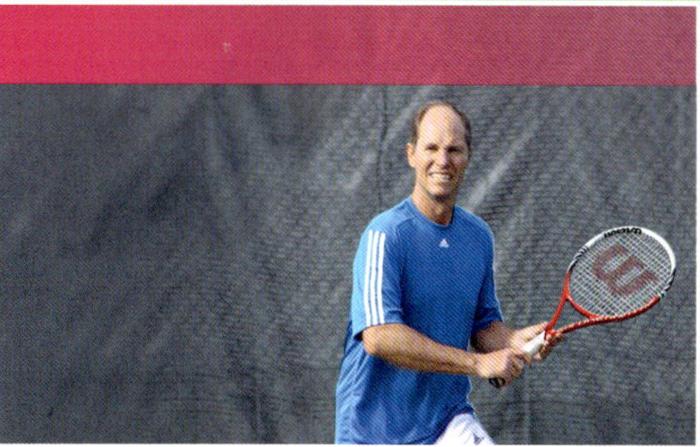

# Danksagungen

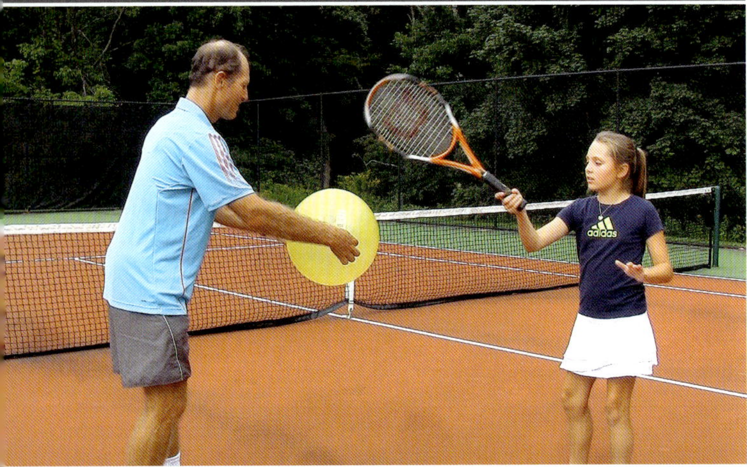


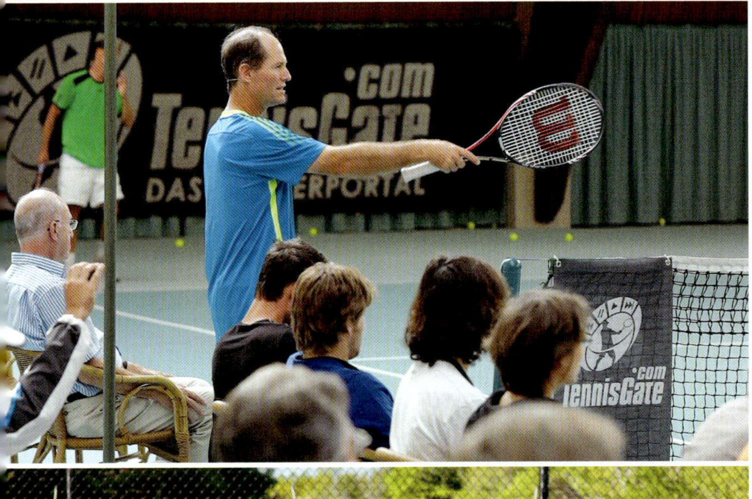

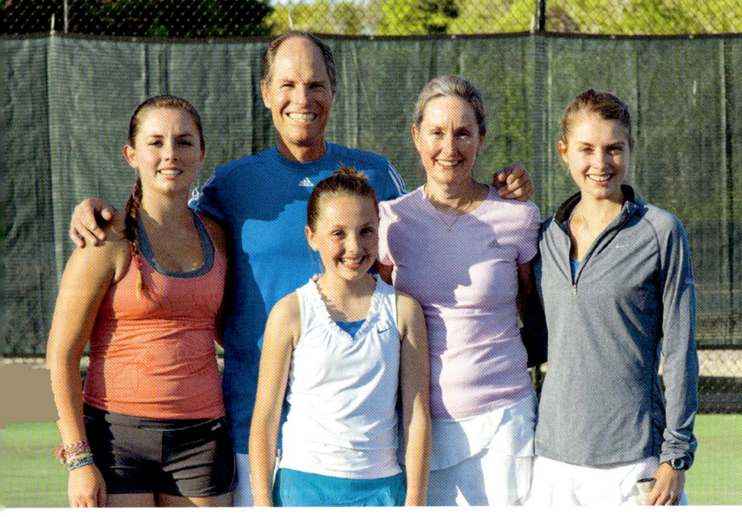

EG's EDGARS TIPPS

Im gesamten Buch wird dieses Symbol verwendet, um Aussagen hervorzuheben, die der Autor für besonders relevant hält.

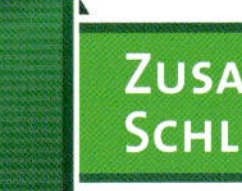

ZUSAMMENFASSUNG & SCHLUSSFOLGERUNGEN

Das Symbol kennzeichnet Abschnitte, in denen der Autor Informationen zusammenfasst und Schlussfolgerungen zieht.

# Danksagungen

Wenn ich auf 40 Jahre auf dem Platz zurückblicke, ist es sehr schwierig, jeden zu würdigen, der mich in dieser Zeit positiv beeinflusst hat. Ich sollte wohl damit beginnen, mich bei meiner Familie zu bedanken, denn sie war es, die mich in diesen wunderbaren Sport eingeführt hat. Meine Mutter Pilar und mein Vater Edgar, die viel Zeit und Energie aufgewendet haben, um mich und mein Tennis wirtschaftlich und emotional zu unterstützen, mein Großvater Angel, der immer mit mir gespielt hat, wenn ich bei ihm übernachtet habe, und meine Großmütter Maria und Käthe, die mir immer gerne beim Spielen zugesehen haben. Meiner Frau Lyndell bin ich unendlich dankbar dafür, dass sie den Anforderungen eines Trainers von Leistungssportlern standgehalten hat. Sie hat alles mitgemacht, einschließlich der häufigen Umzüge von Stadt zu Stadt und Land zu Land, immer auf der Suche nach besseren Trainingsmöglichkeiten, und sie war immer bereit, junge Tennisspieler, die immer wieder in unser Leben ein- und ausgetreten sind, aufzunehmen und zu betreuen.

Ich möchte mich auch bei meinen Töchtern Pilar, Lyndell und Katya bedanken. Ich habe die Zeit mit ihnen auf dem Platz sehr genossen, und ich habe viel von ihnen gelernt.

Als ich aufgewachsen bin, hatte ich das Glück, beim Spielen und bei Turnieren viele gute Freunde zu finden. Ich habe viele schöne Erinnerungen an die Zeit, die ich im Junior Club in Mexiko-Stadt und später in Austin, Texas, als Mitglied des Tennisteams der Universität von Texas verbracht habe. Ein Dank geht auch an alle meine Trainingspartner, Gegner und Mannschaftskameraden, die mir geholfen haben, meine Fähigkeiten zu verbessern. Es sind zu viele, um sie alle aufzuzählen.

Viele hervorragende Trainer haben zu meinem Verständnis des Spiels beigetragen, und es wäre unmöglich, sie alle aufzuzählen. Ich hatte jedoch das Glück, mit einigen von ihnen eine beträchtliche Zeit zu verbringen: George Toley, Dave Snyder, Jeff Moore, Nick Saviano, Stan Smith, Rodney Harmon, John Benson, Carol Watson, José Higueras, Bobby Bernstein, Alan Ma, Scott Del Mastro, Paul Sindhunatha, Peter Born, Zdenek Zofka, Peter Pfannkoch, Miguel Angel Reyes Varela und Guillermo Stevens. Ich danke ihnen für ihre Freundschaft und ihren Einblick in das Spiel. Ich möchte auch allen danken, die ich unterrichten durfte, da viele meiner Schüler auch meine besten Lehrer waren. Ich möchte meinen guten Freunden meine Anerkennung aussprechen: John Posey für seine redaktionellen Ratschläge, John Gruen für seine schönen Bilder und vor allem Edward Letteron, der mir viele Stunden geholfen hat, dieses Buch zusammenzustellen. Zum Schluss möchte ich meinen Freunden von TennisGate, Oliver Heuft und Jürgen Müller, danken. Sie haben mich eingeladen, an ihrem großartigen Projekt TennisGate mitzuwirken. Unsere ähnliche Philosophie und unsere Begeisterung für das Spiel machen unsere einzigartige Partnerschaft aus.

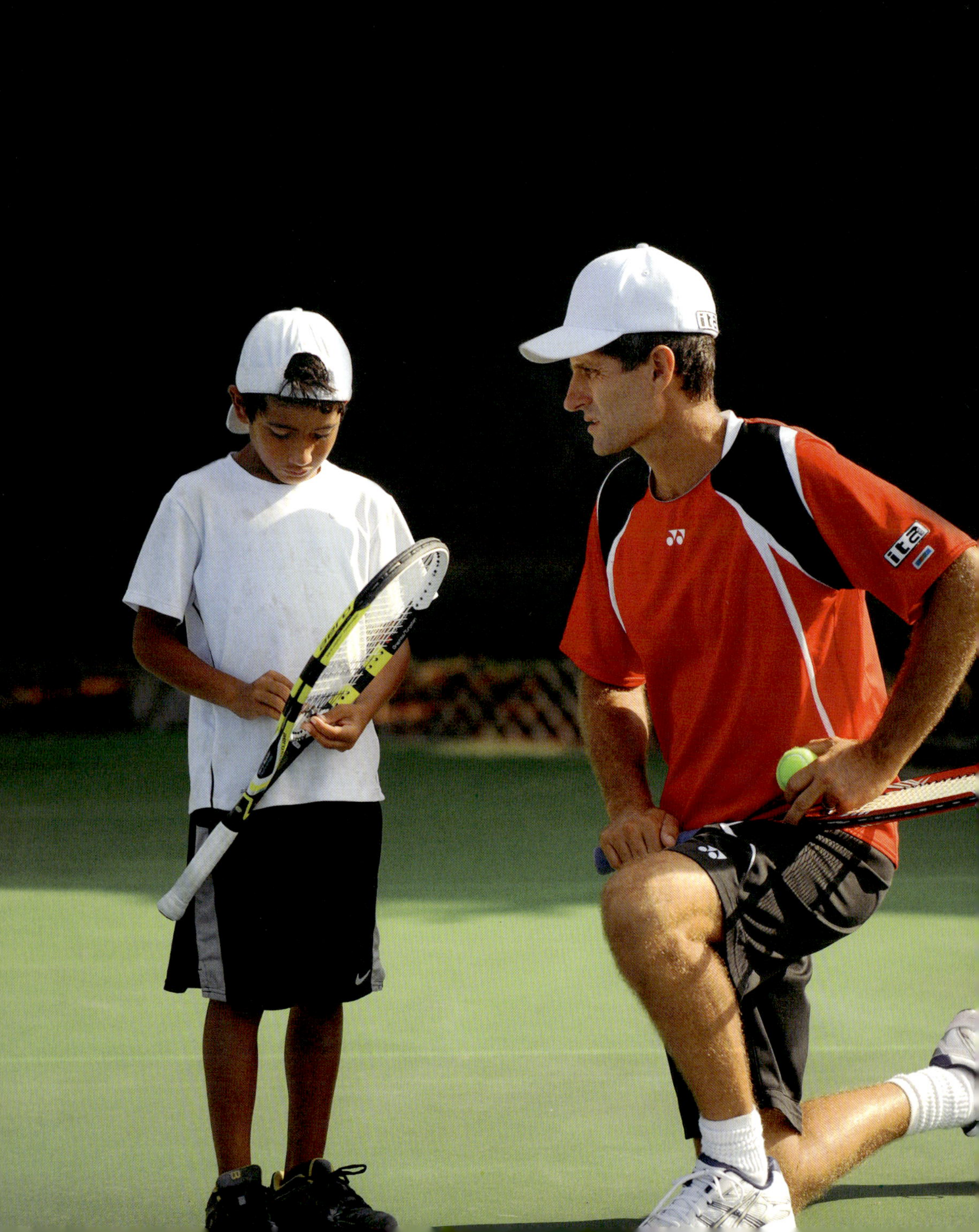

# Keep your Cup Half Empty

„Lass deinen Becher halb leer." Vor einigen Jahren bin ich auf dieses Sprichwort gestoßen, das ich immer im Hinterkopf behalte.

Unser ganzes Leben lang formen wir unsere Vorstellungen von der Welt auf der Grundlage unserer Erfahrungen. Diese Vorstellungen werden zu unseren Wahrheiten, zu unserer Interpretation der Welt. Sie definieren, was unserer Meinung nach richtig und falsch, gut und schlecht, gesund und ungesund usw. ist. Sobald wir uns diese Wahrheiten verinnerlichen, kämpfen wir erbittert darum, an ihnen festzuhalten. Wir werden ihre Verfechter und suchen unbewusst nach Gelegenheiten, sie zu bestätigen.

Wenn wir z. B. glauben, dass die Menschen in großen Städten unhöflich sind, werden wir uns jedes Mal, wenn wir in einer Großstadt sind, auf jede unhöfliche Handlung um uns herum konzentrieren und alle Handlungen der Freundlichkeit nicht wahrnehmen. Wenn wir auf der Suche nach dem neuesten Wilson-Schläger sind, sehen wir diesen Schläger plötzlich überall. Wir werden auf alle neuen Wilson-Schläger aufmerksam, die uns vorher nie aufgefallen sind.

Wir erleben dieses Phänomen oft als Trainer, wenn wir mit unseren Schülern über ein Match sprechen. Das Match, das wir von außen gesehen haben, scheint völlig anders zu sein als das, das unsere Schüler erlebt haben. Ein Schüler mit einer vermeintlich schwächeren Rückhand wird sagen: „Ich habe verloren, weil ich jede Rückhand verschlagen habe", auch wenn er in Wirklichkeit mehr Vorhände verschlagen hat. Er erinnert sich jedoch nur an die Rückhandfehler, denn sie bestätigen seine Vorurteile. Diese Denkweise liegt in der menschlichen Natur. Wenn ich auf meine Karriere zurückblicke, ist es erstaunlich zu erkennen, wie oft ein zunächst mangelhaftes Konzept später zu meiner neuen „Wahrheit" wurde. Und in ähnlicher Weise waren viele Konzepte, die ich vehement verteidigt habe, am Ende nicht so unfehlbar, wie ich dachte.

Ich möchte Ihnen als meinen Lesern gerne raten, immer offen für neue Ideen zu bleiben. „Lassen Sie Ihren Becher halb leer", denn zu einer vollen Tasse kann man nichts mehr hinzufügen. Neue Konzepte sollten nicht gleich verworfen werden, nur weil sie nicht in die persönliche oder ordentlich geführte Mental-Tennis-Schublade passen. Geben Sie neuen Ideen eine Chance, analysieren Sie sie objektiv und probieren Sie sie aus. Vielleicht wird das Ergebnis ja eine große Überraschung.

Teil I

# Einführung

In diesem Kapitel stelle ich meine Trainingsphilosophie und mein System für die Entwicklung von Tennisspielern vor.

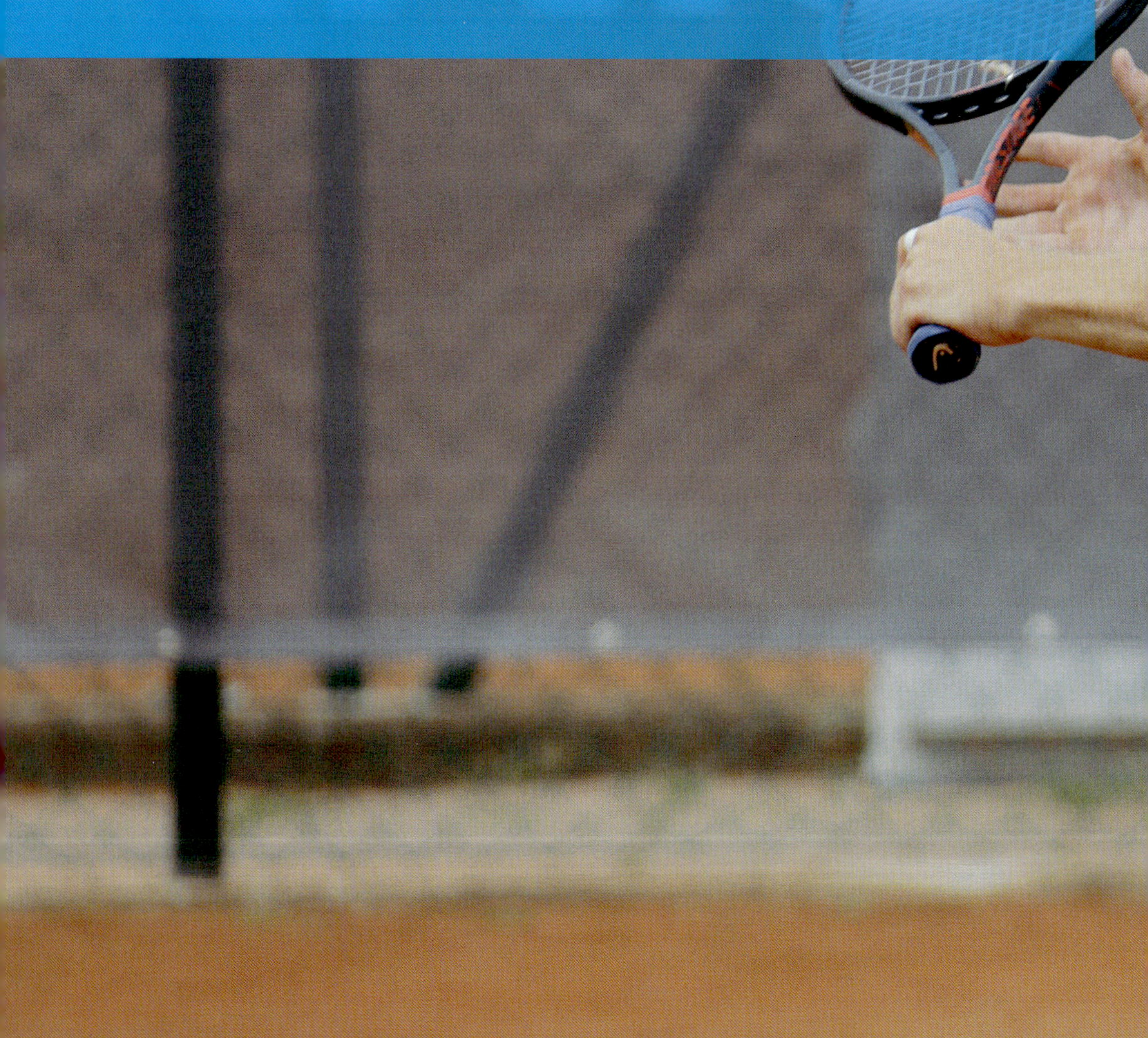

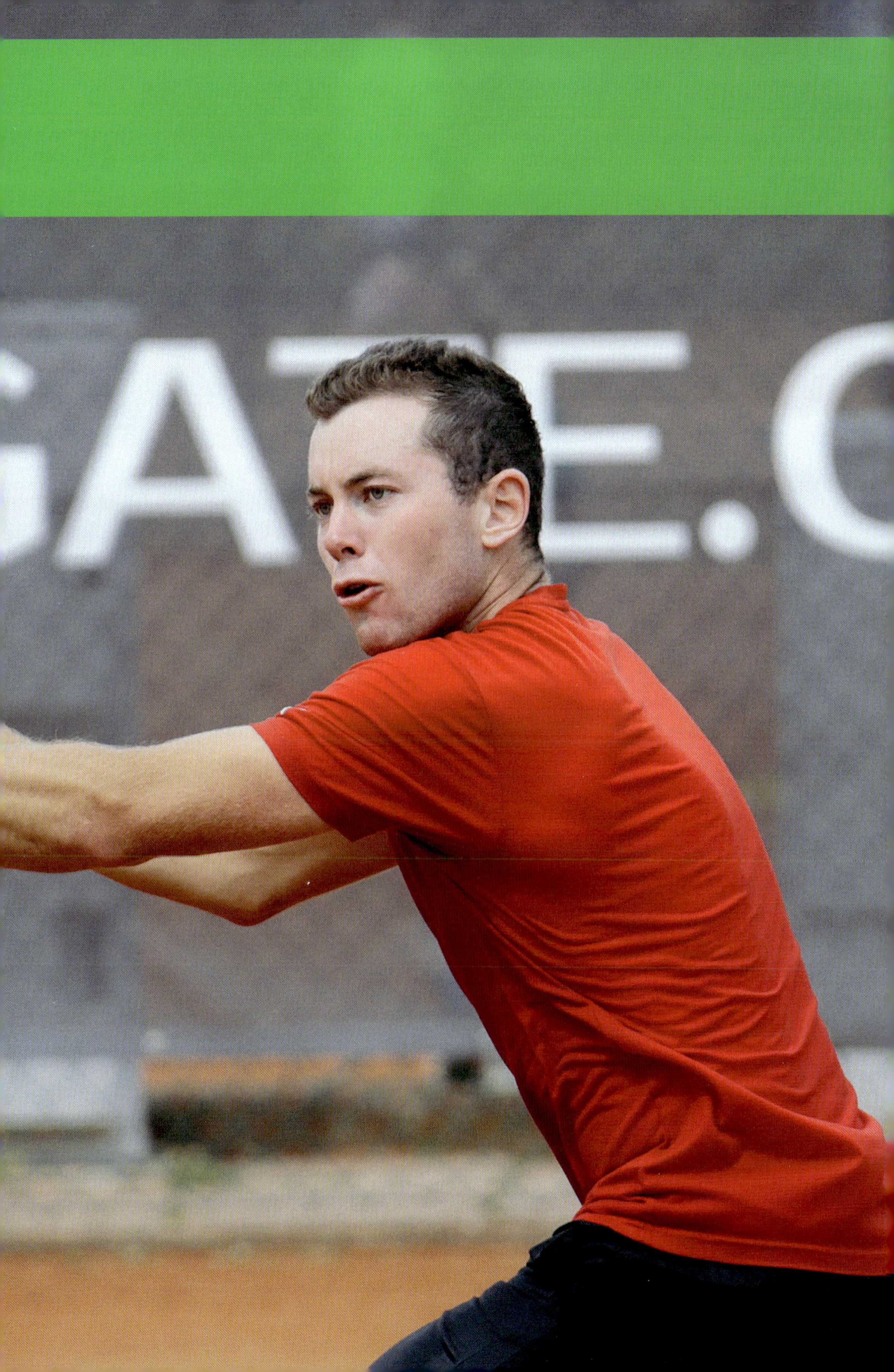

# VORWORT UND EINLEITUNG

## Vorwort

Tennis gehört zu meinem Leben, seit ich auf der Welt bin. In meinen frühesten Erinnerungen an den Tennisplatz habe ich Sandkuchen am Spielfeldrand gebaut, während meine Mutter Tennis spielte. Mein Großvater spielte Davis Cup für Mexiko, und meine Großmutter war sieben Jahre lang die beste Spielerin Mexikos. Tennis liegt sozusagen im Blut unserer Familie. Ich persönlich spiele leidenschaftlich gerne Tennis, seit ich im Alter von neun Jahren ernsthaft begann zu trainieren. Seitdem hatte ich das Glück, mehr als 40 Jahre lang im Wettkampftennis aktiv zu sein. Als Spieler gehörte ich immer zu den besten Junioren Mexikos und vertrat das Land bei mehreren internationalen Wettbewerben. Im Anschluss an meine Juniorenzeit habe ich für die Universität von Texas gespielt, wo ich einen BA-Abschluss in Wirtschaft und einen Abschluss in Trainingswissenschaften erwarb. Meine Liebe zum Tennis hat mich jedoch von der Geschäftswelt ferngehalten, und ich habe direkt mit dem Coaching von leistungsorientierten Spielern angefangen. Ich habe als Assistenztrainer für die Universität von Texas begonnen und habe die letzten 25 Jahre mit einigen der besten Junioren der Welt gearbeitet. Unter anderem war ich Nationaltrainer für die USTA, den deutschen und den mexikanischen Tennis-Verband.

Mit diesem Buch möchte ich meine Erfahrungen im Tennis zusammenfassen, sowohl als Spieler als auch als Trainer. Ich möchte mit meinem Trainingssystem sowohl die komplizierten als auch die subtilen Aspekte des Spiels erläutern und einen strukturierten Ansatz für das Training und die Ausbildung des Leistungsspielers darstellen.

Das Buch beginnt mit einer Analyse des Tennisspiels und der Elemente, die für den Erfolg eines Spielers wichtig sind. Danach werde ich einen detaillierten Trainingsplan vorstellen, der alle wichtigen Aspekte beinhaltet, die bei der Entwicklung eines Elitespielers eine Rolle spielen.

Dieses Programm hat sich in meiner Trainerlaufbahn als sehr effektiv erwiesen. Ich hoffe, dass es Ihnen helfen wird, dieses erstaunliche Spiel besser zu verstehen, und Ihnen einige zusätzliche Werkzeuge zur Verfügung stellt, um ein besserer Trainer oder Spieler zu werden.

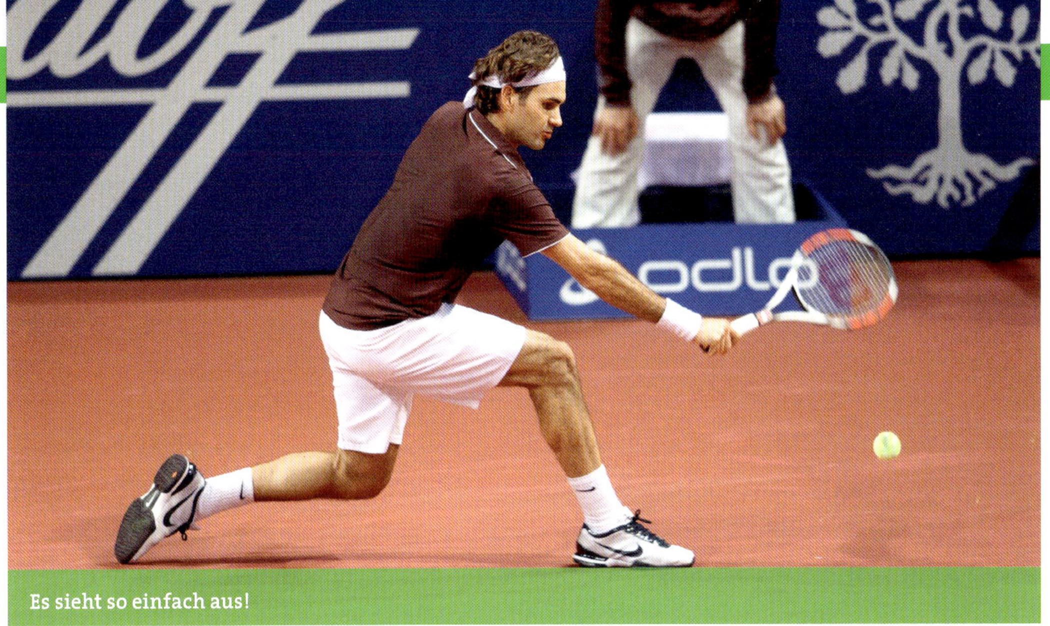

Es sieht so einfach aus!

## Einführung

Großartige Tennisspieler lassen Tennis leicht aussehen. Sie scheinen mühelos und immer kontrolliert zu spielen. Sie sind klug, gewieft und intelligent, immer in der Lage, den richtigen Schlag zur richtigen Zeit zu spielen. Es stellt sich die Frage: Wie schafft es ein Spitzenspieler, das Tennisspiel auf diese Weise zu beherrschen?

Tennis ist ein komplexes Spiel, das die Integration vieler Fähigkeiten erfordert: Technik, taktisches Geschick, körperliche Fitness und mentale Stärke. Die Top-Spieler sind in der Lage, alle diese Fähigkeiten zu optimieren und in ihrem Spiel zu kombinieren. Die Integration dieser Fähigkeiten ist jedoch nicht so einfach.

Als Trainer haben wir alle Vorurteile und neigen aufgrund unserer Erfahrungen dazu, uns auf einige Fähigkeiten mehr zu konzentrieren als auf andere. Darüber hinaus neigt die Branche dazu, Zyklen zu durchlaufen, in denen die Trainer indirekt dazu ermutigt werden, bestimmte Fähigkeiten gegenüber anderen zu betonen. Und dann kommt erschwerend hinzu, dass jeder Spieler anders ist und sich im Laufe seiner Entwicklung permanent verändert. Das zwingt einen Trainer, die Schwerpunkte des Trainings immer wieder aufs Neue anzupassen.

Das Potenzial unserer Spieler in jedem Bereich zu optimieren, ist ein echter Balanceakt, der Erfahrung, Planung, Disziplin, Geduld und vor allem ein gut durchdachtes Coachingsystem erfordert. Dieses System muss alle Aspekte des Spiels berücksichtigen und gleichzeitig die nötige Flexibilität bei der Umsetzung bieten.

Ich möchte Ihnen ein Beispiel für ein solches System vorstellen.

# INTEGRIERTES TRAINING: DAS PROGRAMM

Als Trainer ist es für uns oft nicht so einfach, das Gesamtbild zu sehen. Wir konzentrieren uns so sehr auf kleine Details, dass wir manchmal „den Wald vor lauter Bäumen nicht sehen können". Um nicht bei bestimmten Elementen stecken zu bleiben und wertvolle Zeit zu verschwenden, sollten wir uns und unsere Arbeit auf dem Platz regelmäßig hinterfragen. Von Zeit zu Zeit ist es sehr hilfreich, einen Schritt zurückzutreten und sich daran zu erinnern, worum es beim Tennisspielen im Wesentlichen geht. Tennis ist ein Kontaktsport ohne Kontakt und ein Geschicklichkeitskampf, bei dem ein Spieler gegen einen Gegner spielt, indem er seine besten Schläge als Waffen einsetzt. Aus dieser Perspektive ist es einfacher, die langfristigen Ziele im Auge zu behalten.

Um ein Match zu gewinnen, müssen die Spieler gewisse Voraussetzungen erfüllen. Sie müssen:
» bessere Waffen haben als der Gegner,
» wissen, wie man diese Waffen wirksamer als der Gegner einsetzen kann,
» in der Lage sein, beides konsequent zu tun.

Übersetzen wir das in die Tennissprache:
Damit die Spieler auf dem Platz siegreicher sein können, müssen Sie als Trainer ihnen helfen:
» bessere Schläge zu entwickeln,
» zu verstehen, wie sie diese Schläge effektiv einsetzen können,
» auch unter Druck gute und konstante Leistungen zu erbringen.

Mein Trainingssystem ist darauf ausgerichtet, diese Ziele zu erreichen. Alle diese Ziele sollten während des gesamten Entwicklungsprozesses gleichzeitig angegangen werden. Sie werden hier der Einfachheit halber einzeln angesprochen und erklärt.

Es geht nicht darum, zuerst an der Entwicklung von bestimmten Schlägen zu arbeiten, dann zu lernen, wie man diese Schläge einsetzt, und letztendlich diese unter Druck einzusetzen. Alle diese Fähigkeiten sollten gleichzeitig entwickelt werden.

Natürlich gibt es Zeiten, in denen einer dieser Aspekte stärker betont werden muss, aber wir sollten im Training immer nach Ausgewogenheit streben. (Ausführliche Informationen darüber, wie Sie Ihre Trainingsmethoden strukturieren können, finden Sie in Teil V – Alle Teile zusammenfügen).

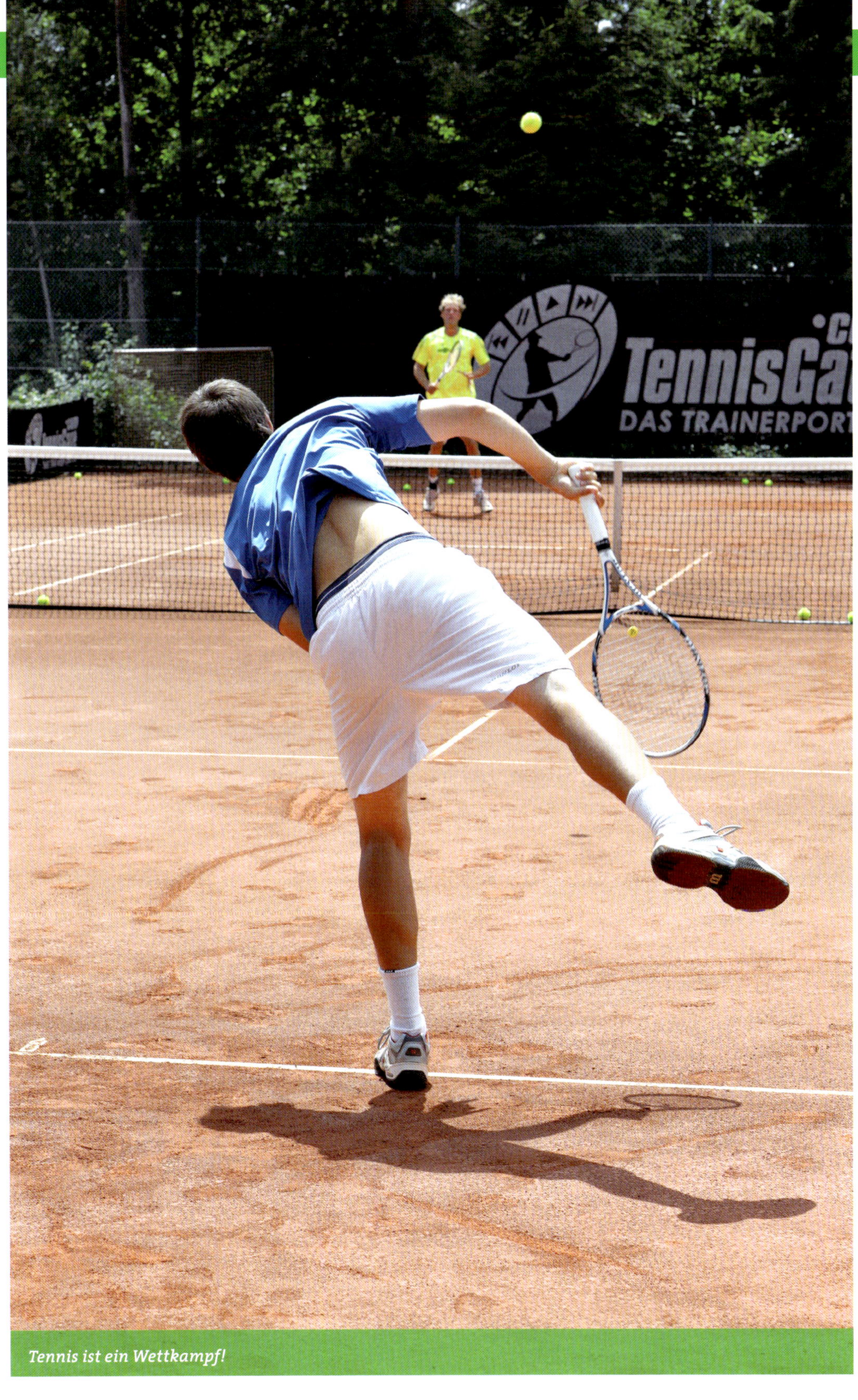

*Tennis ist ein Wettkampf!*

# Integriertes Tennistraining

Im folgenden Kapitel möchte ich das erste Trainingsziel vorstellen:

## BESSERE SCHLÄGE ENTWICKELN

Die neueste Technologie hat den Trainern die Möglichkeit gegeben, die Technik von Schlägen so professionell wie nie zuvor auseinanderzunehmen und zu analysieren. Ein häufiger Fehler besteht darin, sich zu sehr auf das Lehren spezifischer Bewegungsmuster zu konzentrieren, die einigen festgelegten Richtlinien entsprechen sollten. Im Gegensatz dazu steht das Lehren von Waffen, um ein Match zu gewinnen. Obwohl bestimmte gemeinsame Elemente in jedem effektiven Schlag vorhanden sein müssen, sollte der Schwerpunkt niemals allein auf der Ausführung des Schlages liegen, sondern vielmehr auf der daraus resultierenden Flugbahn des Balles. Dieser Unterschied, obwohl er trivial scheint, ist sehr bedeutsam. In vielen Lektionen und Übungen geht es darum, die sechs Hauptschläge zu lehren: Vorhand, Rückhand, Vorhand-Volley, Rückhand-Volley, Schmetterball, Aufschlag und Return. Die Übungen und Lektionen sind so gestaltet, dass sie die Wiederholung ähnlicher Bewegungsmuster fördern, um den angeblich perfekten Schwung zu beherrschen. Typischerweise spielt der Trainer immer wieder den gleichen Ball an, um die Unterschiede zwischen dem Schlag des Schülers und seiner Vorstellung des perfekten Schlages zu korrigieren. In ähnlicher Weise werden zwei Spieler Übungen verwenden, in denen sie die Bälle immer und immer wieder schlagen und daran arbeiten, ihr geistiges Bild des perfekten Schlages zu erreichen.

Während eines Ballwechsels kommt es jedoch jeweils auf die Wirkung des Schlages und nicht auf die Ausführung an. Noch wichtiger ist, dass es während eines Matches unendlich viele verschiedene Arten von Schlägen gibt, die jeder Spieler bewältigen muss. Jeder ankommende Schlag stellt eine einzigartige Mischung aus Spin, Geschwindigkeit, Höhe und Richtung dar. Die wirkliche Stärke eines Spielers wird von seiner Fähigkeit bestimmt, wie er sich an all diese verschiedenen Schläge effektiv anpassen und auf sie reagieren kann. Daher sollte jeder aufstrebende Spieler seine Schlagflexibilität so entwickeln, dass er auf jeden Ball (jede Mischung aus Spin, Geschwindigkeit, Höhe und Richtung) optimal reagieren und antworten kann. Auf diese Weise hat er die „totale Ballkontrolle“.

Anstatt an der Perfektionierung des Schwungmusters der Vorhand oder Rückhand zu arbeiten, sollte ein Spieler also daran arbeiten, mit den unterschiedlichen Arten von Schlägen umzugehen. Er sollte zudem in der Lage sein, auf diese Schläge des Gegners mit der gewünschten Kombination aus Geschwindigkeit, Drall und Platzierung zu antworten.
Im nächsten Abschnitt erläutere ich Ihnen, wie man dies erreichen kann.

# Machen statt reden!

Tennis ist ein herausforderndes Spiel, geprägt von vielen Höhen und Tiefen, das erst nach vielen Jahren und vielen Trainingseinheiten leichter wird. Manchmal sind wir als Trainer frustriert, weil wir davon ausgehen, dass unsere Schüler in der Lage sein sollten, gewisse Fähigkeiten zu zeigen, die uns leicht erscheinen. Und es fällt uns oftmals schwer, uns in die Lage von verzweifelten Spielern hineinzuversetzen.

Wir neigen dazu, schnell zu vergessen, wie schwierig es ist, eine anstrengende Laufeinheit zu beenden, wenn alles wehtut, oder wie hart man kämpfen muss, um die letzte Serie von Liegestützen noch zu absolvieren. Es ist auch viel schwieriger, „den Ball im Spiel zu halten", wenn man selbst derjenige ist, der den Ball im Spiel halten muss.

Der beste Weg, die Realität zu erfahren, ist, sich selber schmutzig zu machen. Das bedeutet, nutzen Sie jede Gelegenheit, selbst mit Ihren Spielern zu spielen. Messen Sie sich mit ihnen und erfinden Sie Übungen, die Sie selbst als Spieler vorantreiben.

Es ist wie Magie. Ich persönlich fühle mich nach einem harten Match immer viel einfühlsamer. Es geht nichts über ein hartes Training oder ein Match, das einem hilft, wieder die richtige Perspektive zu bekommen. Es ist viel leichter, sich in die Lage eines Spielers hineinzuversetzen, wenn man selbst die Höhen und Tiefen eines Matches durchgemacht hat.

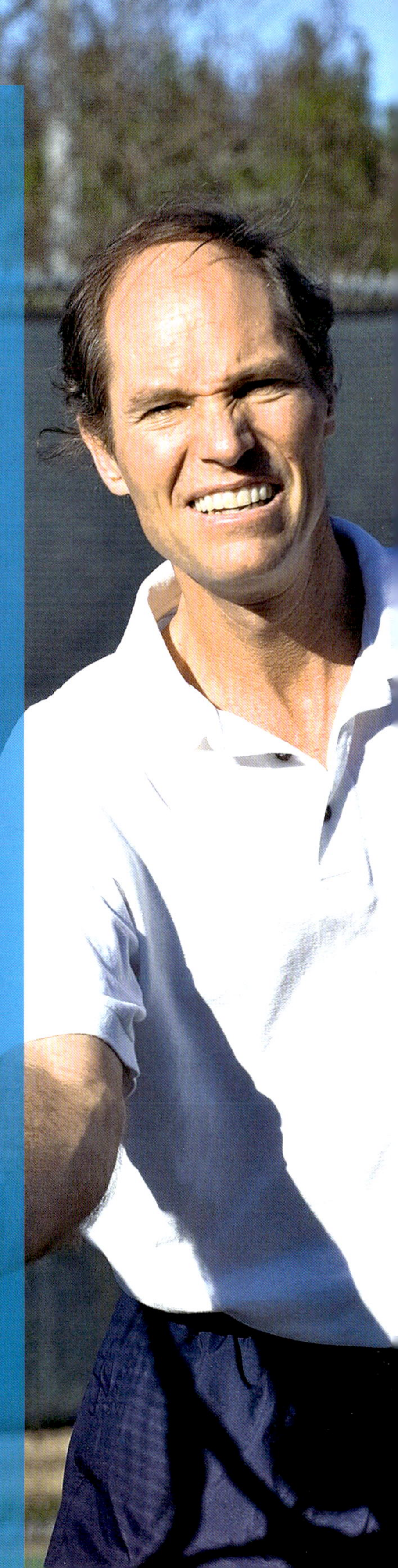

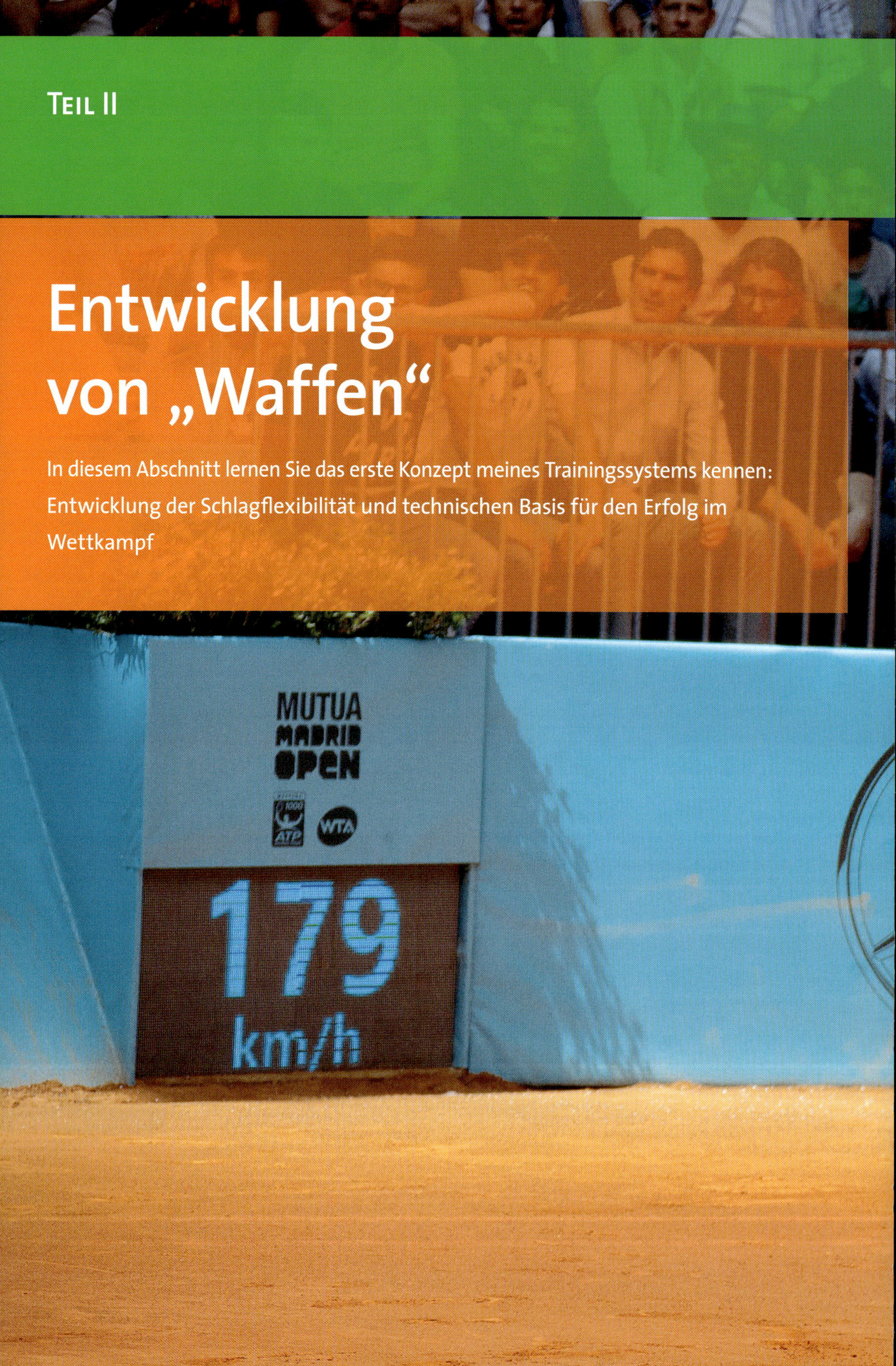


Teil II

# Entwicklung von „Waffen“

In diesem Abschnitt lernen Sie das erste Konzept meines Trainingssystems kennen: Entwicklung der Schlagflexibilität und technischen Basis für den Erfolg im Wettkampf

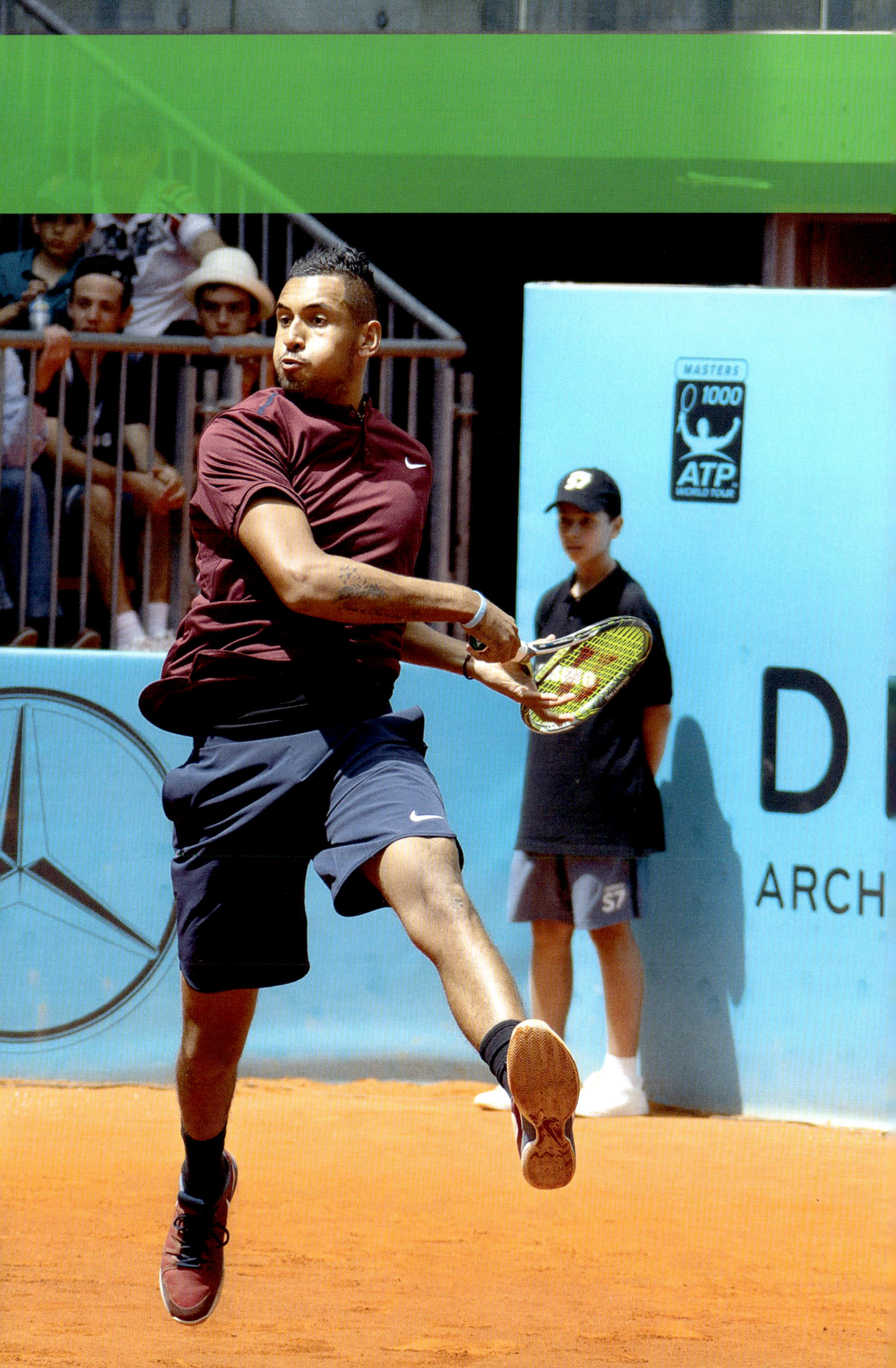
MASTERS
1000
ATP
WORLD TOUR

# Entwicklung der Schlagflexibilität

Wie ich es bereits im letzten Abschnitt erwähnt habe, zielen viele Übungen im Training auf **hohe Schlagwiederholungen** ab. Dies hilft, ein konstanteres Schwungmuster zu entwickeln, aber es entstehen dadurch nicht unbedingt effektivere Schläge. Wenn man ein Spitzenkoch werden will, muss man mit vielen Zutaten und Gewürzen experimentieren. Wenn man jeden Tag nur Hamburger macht, wird man irgendwann einen großartigen Burger zubereiten, aber man wird definitiv kein sehr guter Koch werden.

EG's Edgars Tipps

Variabilität ist der Schlüssel zum Erfolg in der Küche, im Tennis und wahrscheinlich bei allem im Leben. Ein wahrer Meister seines Fachs entsteht nur durch Reife, und Reife ist nichts anderes als eine Anhäufung verschiedenster Erfahrungen.

Um im Tennis effektivere Schläge zu entwickeln, sollte die gewohnte Trainingsmethode so angepasst werden, dass die Spieler mit einem viel höheren Grad an Variabilität trainieren können. Dies zwingt die Spieler, sich ständig anzupassen und so die gewünschte Schlagflexibilität zu entwickeln.

Schon auf Anfängerniveau sollten viele Variationen ein integrierter Bestandteil des Lernprozesses sein. Im Idealfall sollte der Trainer den Anfängern beibringen, so schnell wie möglich miteinander zu spielen und den Korb als wichtigstes Lehrmittel meiden. Wenn Spieler hauptsächlich Bälle aus dem Korb zugespielt bekommen, dann erleben sie einen großen Schock, wenn sie das erste Mal mit jemand anderem als dem Trainer spielen. Sie erkennen, dass es viel schwieriger ist, einen Ball anzunehmen, wenn er nicht in der idealen Höhe und Geschwindigkeit zugespielt wird. Es ist ebenfalls anspruchsvoller, einen Ballwechsel aufrechtzuerhalten, wenn die Schläge auf dem ganzen Platz verteilt aufkommen.

Anfänger sollten von der ersten Lektion an Ballwechsel spielen können, und es ist die Aufgabe des Trainers, die Länge des Platzes und die Art der verwendeten Bälle so anzupassen, dass dies möglich ist.

Die Spieler werden viel mehr Spaß haben, wenn ihnen von der ersten Lektion an eine Form von echtem Tennis beigebracht wird. Echtes Tennis beinhaltet immer Ballwechsel, eine große

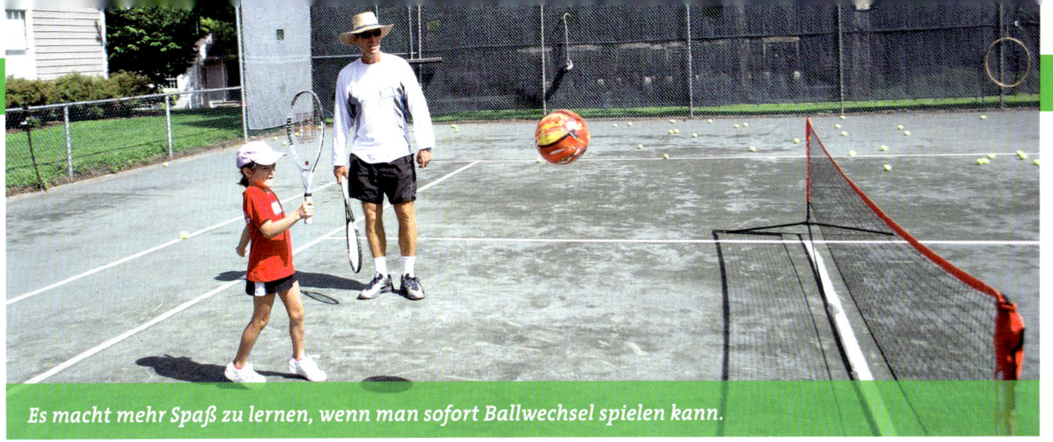
*Es macht mehr Spaß zu lernen, wenn man sofort Ballwechsel spielen kann.*

Variabilität und ein hohes Maß an Kontrolle. Es geht darum, dass zwei Spieler miteinander Bälle über das Netz schlagen. Sie können miteinander oder gegeneinander spielen. Es entspricht nicht dem Sinn des Tennisspiels, dass jemand Bälle aus dem Korb zuspielt und der andere sie zurückschlägt, ohne eine Antwort zu bekommen.

Indem die Spieler nahe am Netz beginnen und langsamere Bälle verwenden (Bälle aus Schaumstoff oder rote, orange, grüne Bälle sind einfach zu erwerben), kann ein Trainer den Spielern von der ersten Lektion an das Spielgefühl vermitteln. Wenn die Spieler sich mit langsameren Bällen und aus kurzer Entfernung am Netz Bälle zuspielen können, kann der Trainer den Abstand zwischen den Spielern verlängern und die unterschiedlichen Arten von Bällen einsetzen. Dies geschieht so lange, bis die Spieler mit normalen Bällen kontrolliert von der Grundlinie aus spielen können. (Das Material im Tennis verbessert sich ständig, und gerade bei der Einführung von Tennis bei Kindern und Anfängern werden die Ausrüstung und Plätze modifiziert).

Sobald die Spieler sich kontrolliert von der Grundlinie zuspielen können, sollte der Trainer die Spieler zwingen, sich ständig anzupassen, indem er viele Varianten in seinen Unterricht einbaut. Die Spieler sollen lernen, den Ball in unterschiedlichen Höhen, Geschwindigkeiten, Rotationen und Richtungen zu spielen. Nachfolgend sind einige Übungen, die Anfängern und Spielern helfen sollen, die Ballkontrolle in einem ganz neuen Licht zu erleben.

## 1. Unterschiedliche Flugbahnen

Die Spieler sollen den Ball in drei Flugbahnen schlagen:

1. flach, ca. einen Meter über das Netz,
2. mittel, ca. einen bis drei Meter über das Netz, und
3. hoch, über drei Meter.

Zunächst sollten sich die Spieler darauf konzentrieren, dass sie den Ball konstant auf einer bestimmten Höhe halten können. Wenn sie sich dabei wohlfühlen, können sie anfangen, ihre Höhe in einem Ballwechsel zu variieren.

## 2. Unterschiedliche Längen

1. kurz (vor der Aufschlaglinie),
2. mittel (direkt hinter der Aufschlaglinie) und
3. lang (dicht vor die Grundlinie).

Eine gute Vorgehensweise besteht darin, zunächst den Ball vor der Aufschlaglinie zu halten, sich dann langsam zurückzubewegen, bis sie den Ball so nahe wie möglich an die Grundlinie schlagen können. Nach einer Weile können die Spieler kurze Bälle spielen, die beim Gegner zweimal vor der Grundlinie aufkommen sollen. Als Letztes sollen die Spieler versuchen, sehr kurze Schläge auszuführen, die dreimal vor der Grundlinie des Gegners aufkommen.

## 3. Unterschiedliche Geschwindigkeiten

Die Spieler sollen mit drei verschiedenen Geschwindigkeiten experimentieren: langsam, mittel und schnell. Die ideale Geschwindigkeit wird für jeden Spieler anders sein. Sie sollen auch bei den schnellen Schlägen die Kontrolle behalten. Wenn die Spieler zu viele Fehler machen, sollten sie ihre Schlaggeschwindigkeit entsprechend wieder anpassen. Die folgenden Übungen sollen das Konzept verständlich und leicht umsetzbar machen. Jeder Trainer kann sich an dieser Stelle seine eigenen Übungen zusammenstellen und Varianten einbauen. Sobald die Spieler ein gewisses Maß an Kontrolle erlangt haben, sollte der Trainer das wichtigste Element einführen, das bei der Entwicklung der Schlagflexibilität eine große Rolle spielt: den Drall.

# Die Magie des Dralls

Die erste große Hürde, an der viele Anfänger und fortgeschrittene Spieler scheitern, ist das Verständnis und Gefühl für den Drall. Der Hauptvorteil, den fortgeschrittene Spieler gegenüber allen anderen Spielern haben, ist, dass sie in der Lage sind, mit verschiedenen Drallarten zu schlagen. Der Drall öffnet die Tür zu unzähligen Möglichkeiten und ermöglicht es den Spielern, den Ball bei höheren Geschwindigkeiten viel besser zu kontrollieren.

Es gibt drei Drallarten, die jeder aufstrebende Spieler beherrschen sollte: Drive, Topspin und Slice. Jeder Schlag im Tennis hat eine dieser Drallarten in jeweils unterschiedlichem Ausmaß. Die Fähigkeit, den Ball mit verschiedenen Arten und Stärken von Drall zu spielen, bildet die Grundlage für die nötige Ballkontrolle, um sich als Spieler zu entwickeln. Die folgenden Übungen sollen den Spielern helfen, das Konzept des Dralls zu verstehen und sich mit ihm vertraut zu machen.

# Übungen für den Drall

## Einführung Drall

Es gibt verschiedene Möglichkeiten, um Spielern zu vermitteln, wie man am besten mit Drall spielt. Hier sind ein paar Ideen, die sich für mich im Laufe der Jahre immer sehr gut bewährt haben.

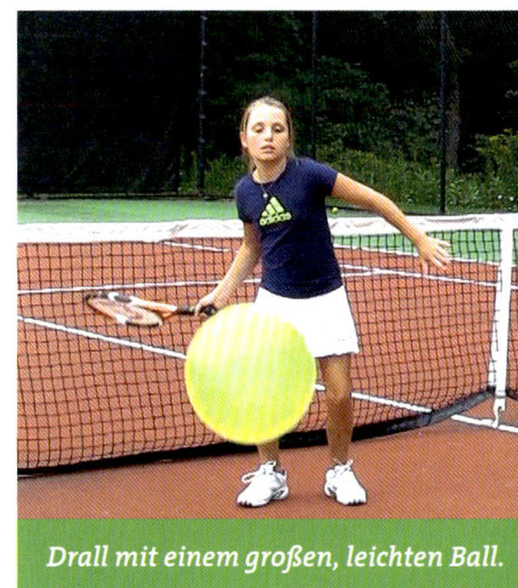

Drall mit einem großen, leichten Ball.

## Drall mit einem großen, leichten Ball

Die Verwendung eines großen Balles ermöglicht es sehr jungen Spielern, sicher mit dem Drall zu experimentieren. Während der Trainer den Ball mit den beiden Zeigefingern hält, kann der Spieler ihn mit einer Aufwärtsbewegung des Schlägers zum Vorwärtsdrehen/Rotieren bringen. Auf diese Weise können die Spieler aus erster Hand erfahren, was es bedeutet, einen Gegenstand zu drehen. Die Größe des Balles und seine langsame Bewegung geben den Spielern ein ausgezeichnetes Feedback.

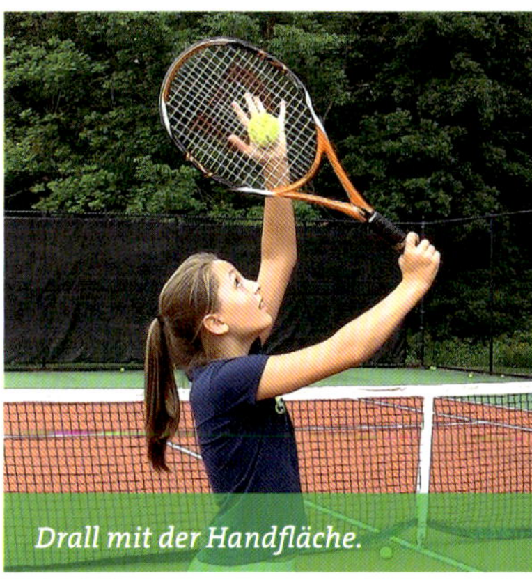

Drall mit der Handfläche.

## Drall mit der Handfläche

Wenn der Spieler mit der Handfläche der nicht schlagenden Hand den Ball gegen die Saiten drückt und von dieser Position aus den Schläger nach oben oder unten bewegt, kann er ebenfalls die Drehung des Balles erfühlen und beobachten.

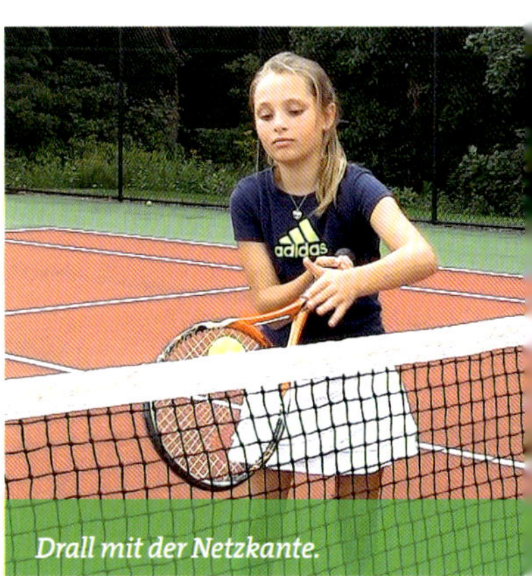

Drall mit der Netzkante.

## Ball aufspringen lassen und Slice spielen

Um die Spieler mit dem Slice vertraut zu machen, sollen sie den Ball nach oben werfen, ihn einmal aufspringen lassen und dann mit dem Schläger von oben beginnend leicht unter dem Ball durchschwingen. Sie werden sehen, dass der Ball sich rückwärts dreht. Sobald die Spieler einem Ball auf diese Weise Rückwärtsdrall geben können, sollen sie versuchen, ihn in der Luft zu halten, ohne ihn aufprallen zu lassen, indem sie ständig unter dem Ball durchschwingen und ihn dabei drehen.

## Drall mit der Netzkante

Bei dieser Übung soll der Spieler den Ball mit der Schlagfläche gegen die Netzkante drücken und dann den Schlägerkopf nach oben bewegen. Dadurch wird der Ball über die Netzkante auf die andere Seite des Spielfelds gespielt. Der Spieler kann hier spüren, wie man einen Ball schlagen muss, damit er sich vorwärtsdreht.

## Drall mit dem Rahmen

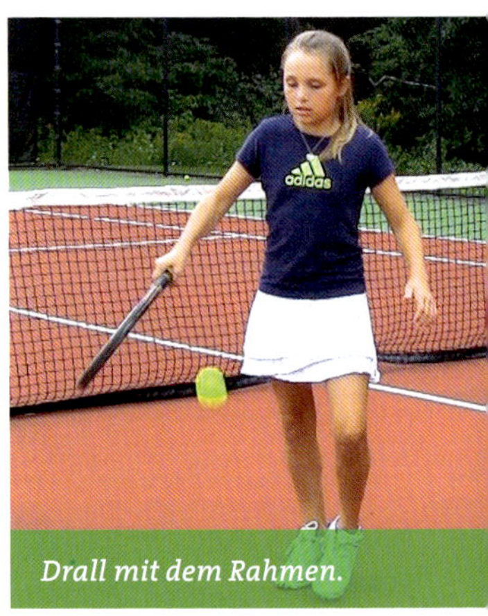

*Drall mit dem Rahmen.*

Eine der einfachsten Möglichkeiten Topspin einzuführen, ist dem Spieler zu sagen, dass er den Ball mit dem Rahmen des Schlägers treffen soll. Dafür soll der Spieler den heranfliegenden Ball mit dem oberen Teil des Rahmens in den Himmel schlagen. Danach soll der Spieler den gleichen Schwung verwenden, aber den Ball mit den Saiten treffen. Dieses Konzept kann vertieft werden, indem der Spieler sehr nahe am Netz steht und der Trainer ihm die Bälle mit der Hand zuwirft. Der Spieler auf der anderen Seite muss mit dem Schlägerkopf sehr stark nach oben schwingen, den Ball treffen und beim Ausschwung nicht das Netz zu berühren.

Dieses Konzept kann man auch für das Aufschlagtraining verwenden. Bei einem Slice-Aufschlag soll der Spieler versuchen, den Ball bei seiner Aufschlagbewegung mit der vorderen Seite des Rahmens auf die andere Seite des Netzes zu schlagen. Der Spieler soll dann denselben Schwung verwenden, aber den Ball mit der Schlagfläche treffen.

# WEITERE ÜBUNGEN FÜR DEN DRALL

Sobald die Spieler in der Lage sind, den Ball mit unterschiedlichen Drallarten zu schlagen, können sie mit den folgenden Übungen die Kontrolle über den Drall perfektionieren.

## Slice

Bei dieser Übung sollen die Spieler nur mit Slice hin und her spielen. Sobald sie gut genug sind, sollen sie alle Slicebälle länger als die Aufschlaglinie spielen. Sobald sie das beherrschen, können sie abwechselnd einen kurzen Slice vor die Aufschlaglinie und einen langen Slice hinter die Aufschlaglinie spielen.

## Topspin

Die Spieler sollen bei dieser Übung nur mit Topspin spielen. Wenn die Spieler besser werden, können sie abwechselnd einen flachen Schlag, einen Schlag mit leichtem Topspin und einen Schlag mit maximalem Topspin spielen.

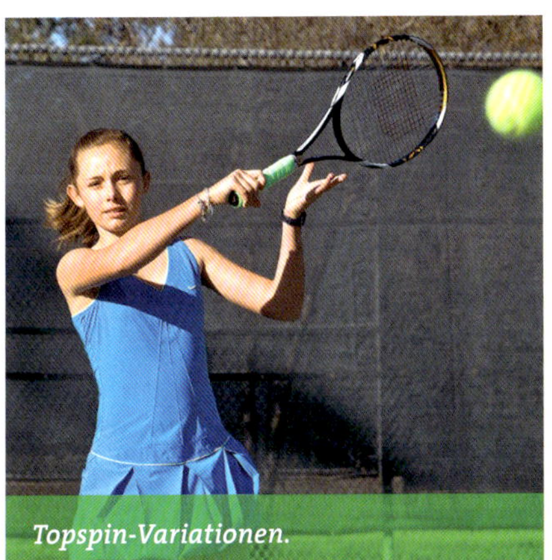

*Topspin-Variationen.*

## Topspin und Slice

Die Spieler sollen abwechselnd einen Ball mit Slice und einen mit Topspin spielen.

## Flach, mittel, hoch

Die Spieler sollen versuchen, mit der gleichen Schlägerkopfgeschwindigkeit einen Ball flach, einen mittel und einen hoch über das Netz zu spielen. Je höher die Flugbahn des Balles ist, umso mehr Topspin müssen die Spieler benutzen, dass er noch im Feld landet. Die Schlägerkopfgeschwindigkeit soll dabei konstant bleiben.

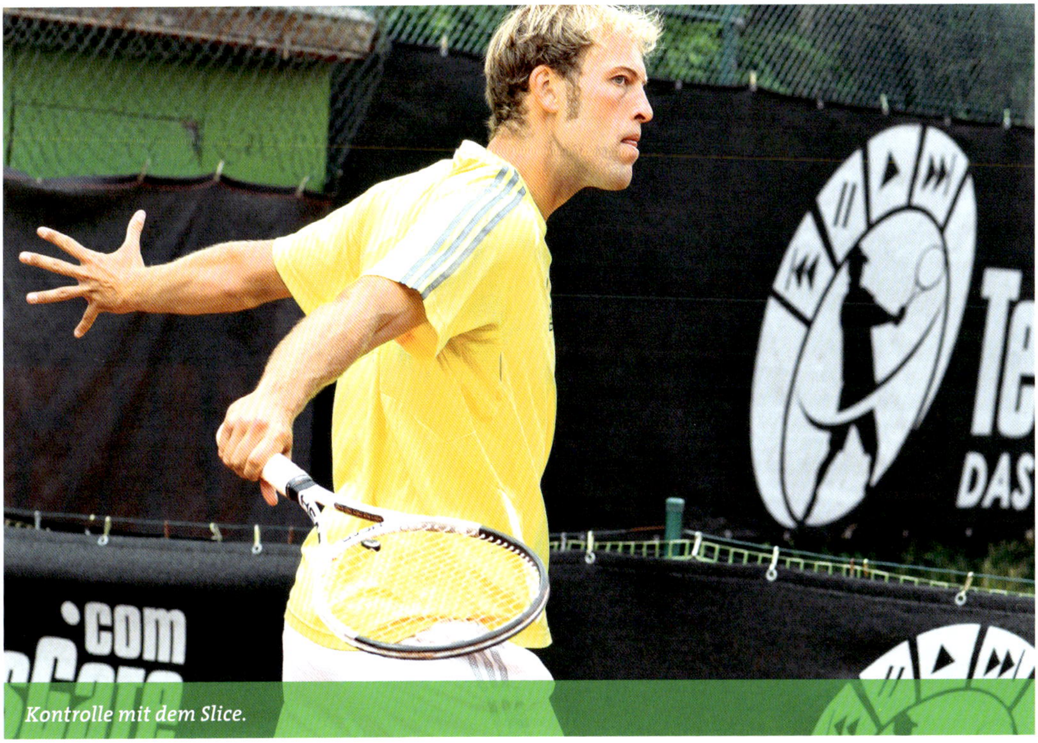

*Kontrolle mit dem Slice.*

## Lang, mittel, kurz

Die Spieler sollen cross spielen. Der erste Schlag soll lang cross, der zweite Ball mit Winkel kurz hinter die Aufschlaglinie und der dritte Ball kurz-cross vor die Aufschlaglinie gespielt werden. Wie bei der vorherigen Übung müssen die Spieler die Schläge mit immer mehr Topspin ausführen. Die Schlägerkopfgeschwindigkeit soll immer konstant bleiben.

Die Entwicklung des Gefühls für verschiedene Arten von Drall ist der erste Schritt, um eine solide Kontrolle über die Schläge zu erlangen. Der nächste Schritt besteht darin zu verstehen, wie die Spieler diese Kontrolle und Schlagvielfalt nutzen können, um besser zu werden.

# DIE FÜNF VARIATIONEN BEI DEN GRUNDSCHLÄGEN

Ich hatte das Glück, dass ich schon sehr früh in meiner Trainerlaufbahn mit der US-Junioren-Nationalmannschaft zusammenarbeiten durfte. Meine Aufgabe bestand darin, die Spieler in verschiedenen Trainingslagern in den USA zu trainieren und mit ihnen zu Turnieren auf nationaler und internationaler Ebene zu reisen. Es war eine beeindruckende Erfahrung, die es mir nicht nur ermöglichte, mit einigen der talentiertesten Nachwuchsspielern der Welt zusammenzuarbeiten, sondern auch die Gelegenheit bot, viele hervorragende Trainer zu treffen und mit ihnen Erfahrungen auszutauschen.

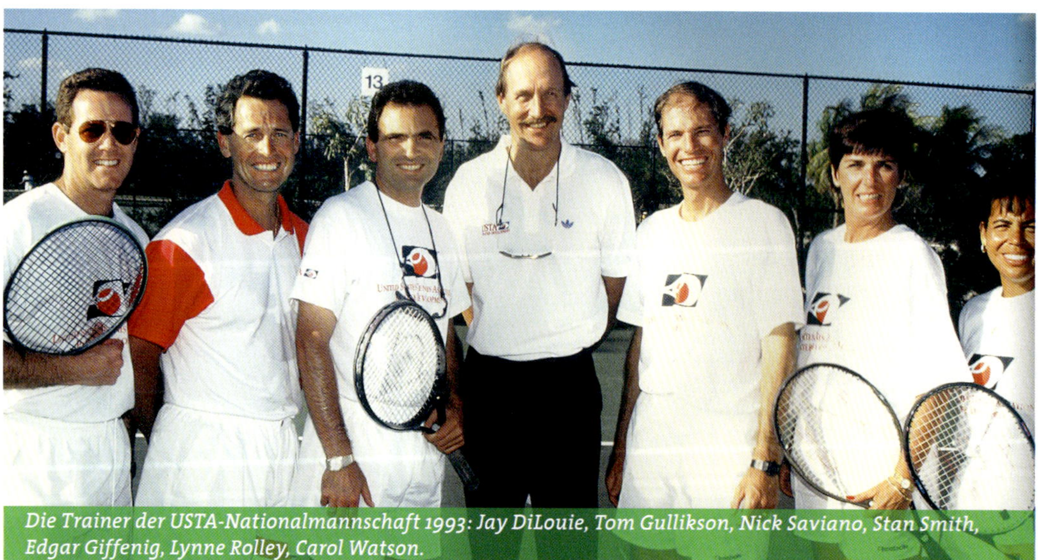


*Die Trainer der USTA-Nationalmannschaft 1993: Jay DiLouie, Tom Gullikson, Nick Saviano, Stan Smith, Edgar Giffenig, Lynne Rolley, Carol Watson.*

Ich habe viel von Nick Saviano, Stan Smith und Tom Gullikson gelernt, die zu dieser Zeit das USTA Players Development Programm leiteten. Auch von allen meinen Kollegen, die für die USTA und mehrere andere Tennisverbände arbeiteten, konnte ich viel profitieren.

Als Erstes ist mir in diesen Jahren bewusst geworden, wie ausgeglichen die meisten Spieler und wie gering die Fähigkeitsunterschiede zwischen ihnen waren. Im Allgemeinen haben alle den Ball gut getroffen, sich gut bewegt und haben sehr gute Matches gegeneinander gespielt. Bemerkenswert war, dass die bestplatzierten Spieler sehr häufig das Finale erreichten, während der Rest vorher ausschied. Es wurde deutlich, dass ein winziger Unterschied im Können einen großen Unterschied im Ausgang eines Matches macht. Es wurde auch klar, dass es die Aufgabe eines Coaches ist, diese kleinen Schwächen zu erkennen und das Training gezielt darauf auszurichten. Der Coach muss den Spielern helfen, sich in diesen Bereichen zu verbessern.

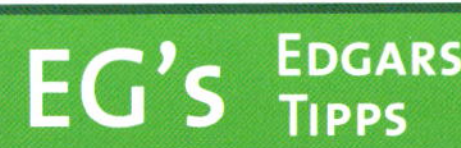


Das Schlüsselwort im Coaching von leistungsorientierten Spielern: **„spezifisch"**.

Ein Spieler kann grundsätzlich eine gute Vorhand haben, aber trotzdem kann es sein, dass er Probleme mit flachen Bällen, der Handhabung des Tempos, Bällen aus dem Lauf oder der Beschleunigung hat. Je besser der Spieler ist, desto spezifischer muss das Training sein.

Diese frühe Erfahrung hat mich dazu gebracht, meine Einstellung zum Tennis zu ändern. Ich betrachtete eine Vorhand nicht mehr als eine Fähigkeit, sondern als die Summe vieler verschiedener Fähigkeiten. Das Gleiche tat ich bei allen anderen Schlägen, wie Rückhand, Aufschlag, Vorhand-Volley, Rückhand-Volley und Schmetterball. Und diese neue Betrachtungsweise wurde die Grundlage meiner Lehrmethodik.

Nach vielen Experimenten habe ich für die Arbeit mit Grundschlägen ein praktisches Schema zusammengestellt. Wenn man sich das Tennisspiel genau ansieht, kann man feststellen, dass es fünf wesentliche Variationen bei den Grundschlägen gibt. Diese fünf Variationen braucht ein Spieler, um auf hohem Niveau zu spielen und um seine Schlagflexibilität einsetzen zu können. Sie beinhalten alle Arten von Schlägen, die ein Spieler in einem Match benötigt, entweder zur Verteidigung oder zum Angriff.

# Die fünf wichtigsten Variationen der Grundschläge sind:

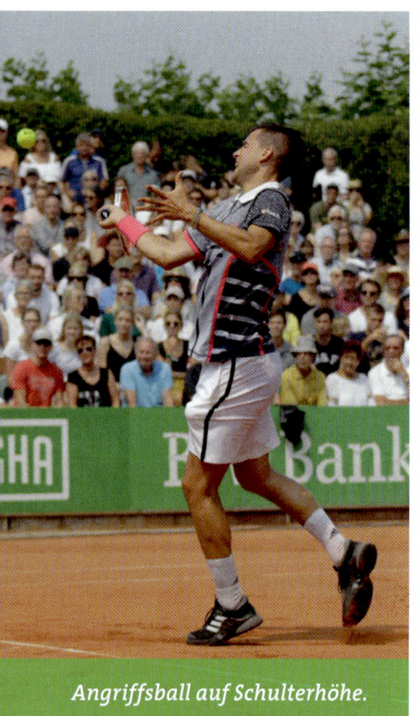

*Angriffsball auf Schulterhöhe.*

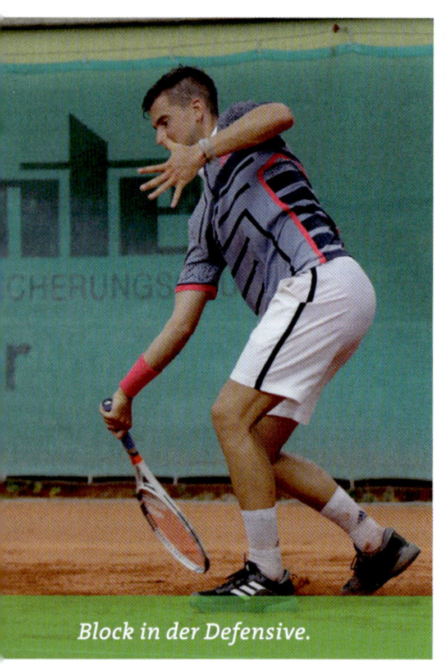
*Block in der Defensive.*

## Der neutrale Schlag

Der neutrale Schlag dient zum Aufbau des Punktes, zur Planung eines Angriffs und zum Sicherstellen, dass der Gegner ihn auch nicht angreifen kann. Der neutrale Schlag sollte zwischen einem und drei Metern über das Netz gespielt werden, damit er eine gute Länge und hohe Konstanz hat. Man wählt die Geschwindigkeit für diesen neutralen Ball, mit der man sechs bis acht Schläge hintereinander ohne Fehler spielen kann. Warum sechs bis acht Schläge? Ganz einfach, weil die meisten Ballwechsel nicht länger sind. Wenn ein Spieler zu schnell spielt, wird er nicht in der Lage sein, sechs bis acht Bälle hintereinander ins Feld zu spielen. Und wenn der Spieler mehr als sechs bis acht Bälle ohne Fehler ins Feld spielen kann, dann sollte er aggressiver spielen, um die Effektivität seiner Schläge zu erhöhen.

## Angriffsball auf Schulterhöhe

Wie der Name schon sagt, sollte der Angriffsball auf Schulterhöhe getroffen werden. Er wird innerhalb des Spielfeldes als Antwort auf einen kurzen und hohen Ball des Gegners gespielt. Der Schlag wird mit wenig Spin und mit viel Geschwindigkeit ausgeführt. Technisch gesehen sollte die Vorbereitung auf Schulterhöhe erfolgen, sodass der Spieler den Ball mit wenig Spin beschleunigen kann. Das Ziel des Angriffsballes ist es, den Gegner unter Druck zu setzen.

## Der Block

Der Block wird in Verteidigungssituationen eingesetzt, wenn der Ball des Gegners sehr schnell und in der Nähe des Spielers landet, sodass der Spieler nicht mehr ausweichen kann. Auch beim Return auf einen ersten Aufschlag wird der Block eingesetzt. In beiden

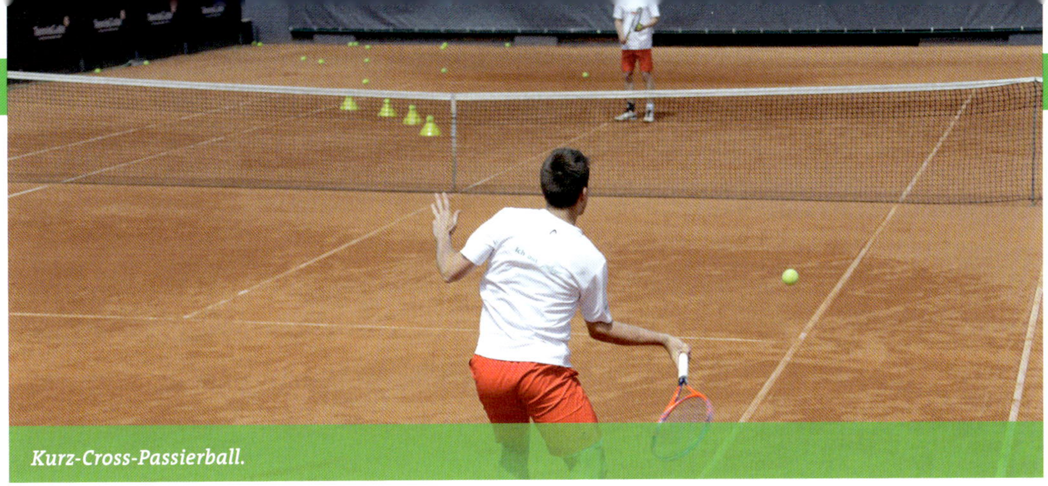
Kurz-Cross-Passierball.

Fällen muss der Spieler seine Ausholbewegung verkürzen, den Ball abblocken und das Tempo des ankommenden Balles ausnutzen. Am Netz wird ein geblockter Ball auch Halbvolley genannt. Das Ziel des Halbvolleys und des Blocks ist die Rückkehr zu einer neutralen Situation im Punkt.

## Der kurze Topspin

Der kurze Topspin wird in Situationen eingesetzt, in denen ein Spieler den Ball flach über das Netz spielen und kurze Distanzen überwinden möchte. Dieser Schlag wird aus einem bestimmten Winkel gespielt, bei Passierschlägen oder bei der Annäherung an das Netz. Technisch gesehen sollte der Ball mit viel Topspin geschlagen werden, wobei die Richtung des Ausschwungs flach in die gegenüberliegende Hosentasche geht. Dabei müssen das Handgelenk und der Unterarm sehr schnell eingesetzt werden.

## Der hohe Topspin

Der hohe Topspin wird eingesetzt, wenn ein Spieler sich in einer defensiven Position befindet und aus dem Gleichgewicht ist. Mit diesem Schlag kann er den Rhythmus des Ballwechsels ändern oder einen Topspin-Lob schlagen. Dieser Schlag sollte mit starkem Topspin ausgeführt werden, bei dem das Handgelenk und der Unterarm steil nach oben beschleunigen. Er sollte etwa drei bis fünf Meter über das Netz gespielt werden.

**EG's Edgars Tipps**

**Diese fünf Varianten bei den Grundschlägen sind der Schlüssel für jeden, der gutes Tennis spielen möchte. Jeder einzelne Grundschlag während eines Punktes passt zu einer dieser Schlagvarianten. Es gibt keine anderen Optionen.**

Eine der Fragen, die mir sehr oft gestellt wird, ist: Was ist mit dem Slice? Slice-Schläge können auf die gleiche Weise eingeteilt werden. Ein Slice kann auch immer einer der fünf Varianten zugeteilt werden: ein neutraler Slice während eines Ballwechsels, ein Slice auf Schulterhöhe als Angriffsball, ein kurzer Slice, wenn der Gegner am Netz ist, ein hoch gespielter Slice aus der Defensive oder ein Lob und der geblockte Slice beim Return. Im modernen Tennis sollte der Slice immer als Ergänzung zu einem gut entwickelten Topspin-Spiel eingesetzt werden.

Durch das Beherrschen dieser verschiedenen Schläge wird jeder Spieler die Schlagflexibilität entwickeln, die für ein besseres Tennisspiel erforderlich ist. Ein gutes Trainingsprogramm muss alle diese Varianten der Grundschläge einbeziehen, da jede Variante ihre eigene Technik erfordert. Ein Programm ohne diese Schläge kann einen Spieler nicht angemessen vorbereiten.

Die folgende Situation habe ich als Trainer schon sehr oft miterlebt:
Zwei Trainer sprechen miteinander, nachdem einer ihrer Spieler gerade sein Match beendet hat. Ein Trainer analysiert für den anderen das Match: „Ich kann nicht glauben, was da eben auf dem Platz passiert ist. Johnny hat eigentlich großartig gespielt, und bei 5 : 4 hatte er sogar einen Matchball. Er hat eine unglaubliche Vorhand cross gespielt und der Gegner konnte den Ball nur noch hoch in die Mitte des Platzes zurückspielen. Er hatte einen Elfmeter, und er hat ihn verschossen. Es ist jedes Mal das Gleiche. Immer wenn er einen tollen Schlag gemacht hat, dann bekommt er eine Riesenchance und macht einen Fehler. Ich kann nicht verstehen, wie er so viele einfache Bälle verschlagen kann!“

Solche und ähnliche Geschichten hört man oft, wenn man unterwegs auf Turnieren ist. Aber ich möchte wetten, dass der kleine Johnny niemals Angriffsbälle auf Schulterhöhe übt. Die meisten Trainer gehen wahrscheinlich davon aus, dass das Üben von Vorhandschlägen hinter der Grundlinie auf alle Vorhandschläge vorbereitet, besonders auf die „leichten“ Vorhandschläge.

**EG's Edgars Tipps**

Die Realität sieht aber so aus, dass eine Schwäche in einer der Variationen von Grundschlägen einen Spieler anfällig für Fehler macht. Ein kluger Gegner wird die Schwäche finden, und der Spieler wird keine Möglichkeit haben zu kontern. Ein Spieler ohne einen Kurz-Cross wird nie in der Lage sein, einen Gegner zu besiegen, der oft ans Netz geht. Ein Spieler ohne einen guten hohen Topspin wird es schwer haben, sich zu verteidigen, besonders auf Sand. Ein Spieler mit einem uneffektiven Angriffsball auf Schulterhöhe wird niemals gegen einen guten defensiven Spieler gewinnen können, und so weiter.

**Die Erfahrungen, die ich als junger Spieler gemacht habe, sind ein perfektes Beispiel.** Ich bin in Mexiko auf Sand aufgewachsen und habe mein Spiel auf Konstanz, Gefühl und Bewegung aufgebaut. Als ich an der Universität von Texas ankam, habe ich zum ersten Mal auf Hartplätzen gespielt und hatte eine sehr schwierige Zeit, mich darauf einzustellen. Gegen angriffslustige Spieler auf schnellen Hartplätzen zu spielen, hat mich wirklich aus meiner Komfortzone herausgeholt. Meine Rückhand war das Hauptproblem. Ich war sehr konstant mit meinem Slice, aber nicht mit meinem Rückhand-Topspin. Auf Sand konnte ich die Rückhand umlaufen, aber auf Hartplätzen musste ich mich meinen Dämonen stellen. Ich konnte den Return flach halten, hatte aber Schwierigkeiten mit den Passierbällen, und das war ein wichtiger Schlag beim College-Tennis. Es ist unnötig zu sagen, dass College-Tennis für mich eine sehr anstrengende Erfahrung war. Und obwohl ich es dort wirklich sehr genossen habe, habe ich mich auf dem Platz zum ersten Mal in meinem Leben unwohl gefühlt. Meine Schwäche wurde sofort erkannt, und mein ganzes Spiel war nur so gut wie mein schwächster Schlag.

Das Konzept der fünf Schlagvariationen lässt sich auch auf das Netzspiel übertragen. Allerdings sind die Unterschiede raffinierter.

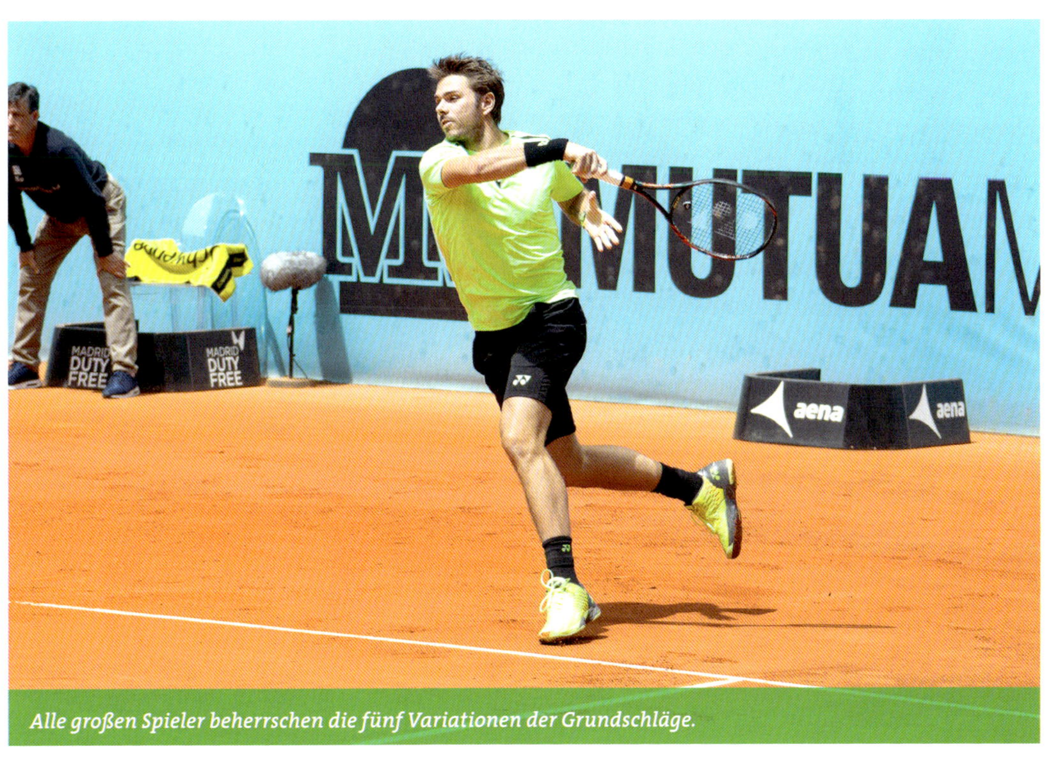


*Alle großen Spieler beherrschen die fünf Variationen der Grundschläge.*

# Die fünf Variationen beim Volley

Um die Schlagflexibilität am Netz zu erreichen, sollten die folgenden Variationen beim Volley trainiert werden:

## Tiefe Volleys

Tiefe Volleys unter der Netzkante werden grundsätzlich mit Rückwärts-Drall geschlagen, wobei man mit den Beinen durch den Schlag hindurchläuft.

## Hohe Volleys

Hohe Volleys werden flach oder mit sehr wenig Slice gespielt, sie werden mit einem längeren Schwung, d. h. mit dem ganzen Arm auf Schulterhöhe geschlagen.

## Gestreckte Volleys

Bei Volleys, die bei einem Passierball in der vollen Streckung gespielt werden, ist die Schlagfläche offen.

## Defensive Volleys

Mit defensiven Volleys wehrt man sehr schnelle Bälle des Gegners ab. Der Spieler braucht in dem Moment nur eine sehr kurze Ausholbewegung und sollte im Treffpunkt möglichst fest sein.

## Topspin-Volleys

Topspin-Volleys sind im heutigen Spiel wichtige Schläge, ganz besonders im Damentennis. Bei einem Tospin-Volley nimmt der Spieler einen sehr hohen und langsamen Ball aus der Luft an und spielt ihn auf Schulterhöhe mit einem schnellen Spin über das Netz. Wie bei den Grundschlägen muss ein Spieler am Netz mit allen Schlägen umgehen können, die auf ihn zukommen. Um ein guter Netzspieler zu werden, muss er alle diese Variationen beherrschen.

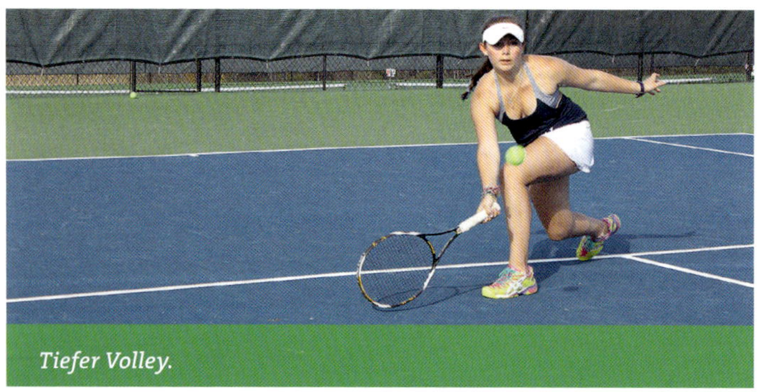

*Tiefer Volley.*

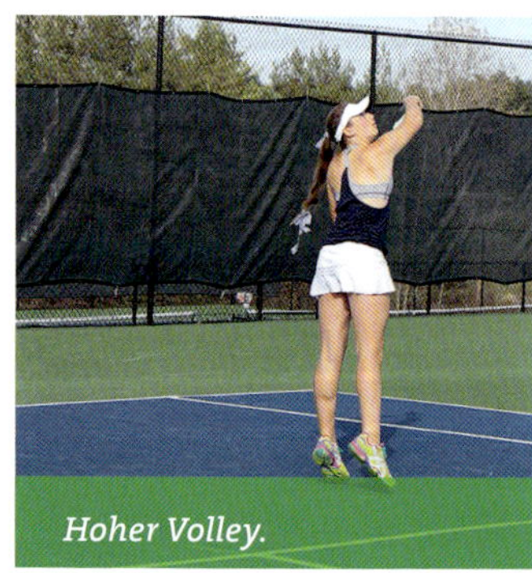

*Hoher Volley.*

# Andere Variationen

Auch bei den weiteren Aspekten des Tennisspiels gibt es keine Ausnahme. Nachfolgend sind die technischen Variationen aufgeführt, die jeder in seinen Trainingsplan einbauen sollte, um sich auf ein Match vorzubereiten:

# Aufschläge

Es sollten immer alle Aufschläge (flacher Aufschlag, Kick und Slice) in alle Richtungen (nach außen, auf den Körper, in die Mitte) trainiert werden.

## Der gerade Aufschlag

Der gerade Aufschlag ist ein schneller Aufschlag ohne Drall.

## Der Slice-Aufschlag

Bei einem Slice-Aufschlag wird der Ball mit Seitwärtsdrall von rechts nach links geschlagen (für Rechtshänder).

## Der Kick-Aufschlag

Bei einem Kick-Aufschlag dreht sich der Ball nach vorne und fliegt höher über das Netz, wodurch der Spieler mehr Sicherheit bekommt. Im Herrentennis wird der Kick am häufigsten als zweiter Aufschlag verwendet.

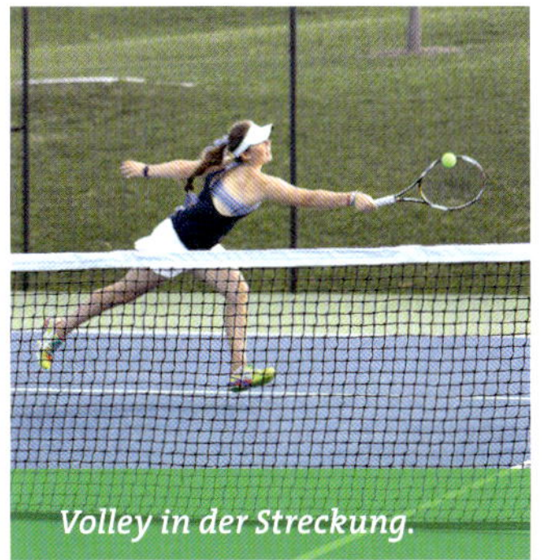

*Volley in der Streckung.*

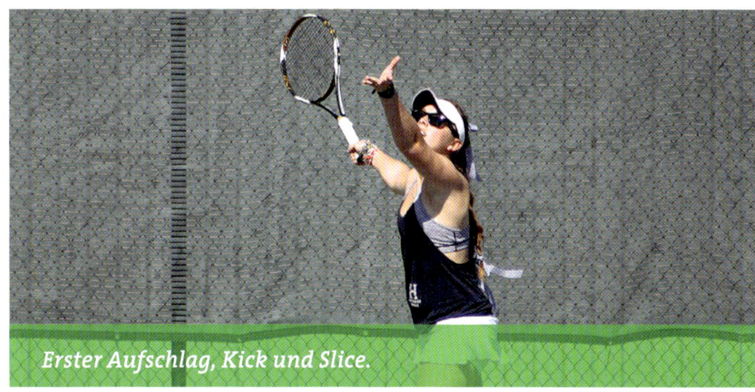

*Erster Aufschlag, Kick und Slice.*

# RETURN

## Der Return auf den ersten Aufschlag

Mit dem Return auf einen ersten Aufschlag möchte man den Aufschläger davon abhalten, die Kontrolle über den Punkt zu übernehmen. Dabei sind Länge und Konstanz ausschlaggebend. Man braucht einen kurzen und kompakten Schwung, um den Ball vor dem Körper zu treffen und die Geschwindigkeit des Balles vom Gegner auszunutzen. Dieser Schlag kann mit Topspin oder Slice ausgeführt werden, und beide Varianten sollten geübt werden. Technisch gesehen ist das Schwungmuster für einen Return mit Topspin das gleiche wie das für den Halbvolley und Block. Bei einem Slice-Return ähnelt der Schwung einem Volley.

## Return auf den zweiten Aufschlag

Das taktische Ziel bei einem Return auf einen zweiten Aufschlag ist, die Kontrolle über den Punkt zu erlangen. Der Returnspieler sollte aggressiv und sehr konstant spielen. Die Technik für den Return auf den zweiten Aufschlag ist ähnlich wie beim Angriffsball auf Schulterhöhe.

## Chip-and-Charge

Beim Chip-and-Charge wird der Return sehr früh genommen und kurz geblockt, damit man sehr schnell ans Netz kommen kann. Diese Returnvariante wird normalerweise bei zweiten Aufschlägen verwendet, um den Gegner im Einzel oder im Doppel unter Druck zu setzen. Die Technik ähnelt der eines Volleys, und der Return wird in der Vorwärtsbewegung ans Netz gespielt. Der Returnspieler sollte sich schon beim Ballwurf des Gegners nach vorne ins Feld bewegen.

# OVERHEADS

## Schmetterball nach dem Aufspringen

Um einen guten Schmetterball nach dem Aufspringen zu spielen, muss man den Körper zunächst weit hinter dem Aufsprung des Balles positionieren, damit man sich dann zum Schlag vorwärtsbewegen kann. Dies steht im Gegensatz zu der typischen Rückwärtsbewegung, die man normalerweise bei einem Schmetterball aus der Luft macht.

## Schmetterball aus der Luft

Es gibt zwei Arten von Schmetterbällen aus der Luft. Ist der Ball hoch und in der Nähe vom Spieler, sollte der Spieler kleine Side-Steps machen, um sich in die ideale Schlagposition zu bringen. Kommt der Lob hingegen schnell und lang, dann muss der Spieler sich mit Kreuzschritten nach hinten bewegen, um den Ball aus dem Sprung zu schlagen.

## Rückhand-Schmetterball

Im Allgemeinen sollte jeder Netzspieler versuchen, einen Lob über die Rückhandseite zu umlaufen, um einen normalen Schmetterball zu schlagen. Manchmal ist dies jedoch nicht möglich, und der Spieler muss seinen Rückhand-Schmetterball benutzen. Daher ist es wichtig, dass dieser Notschlag in den Trainingsplan aufgenommen wird.

# Spezialschläge

Spezialschläge sind Schläge, die zwar nicht sehr häufig vorkommen, aber wichtig für den Verlauf eines Matches sind. Sie geben dem Spieler die Chance, sich aus sehr schwierigen Situationen zu retten oder den Gegner zu überraschen. Nachstehend ist eine Liste der wichtigsten Spezialschläge aufgeführt:

## Defensiver Lob

Der defensive Lob ist ein sehr hoher und langer Lob mit etwas Slice. Er wird verwendet, wenn sich der Spieler in einer sehr schwierigen Situation gegen einen Gegner am Netz verteidigen muss. Dieser Lob sollte lang in die Mitte des Spielfeldes gespielt werden.

## Abwehr-Lob

Ist ein Spieler am Netz und der Gegner spielt einen Lob, den er nicht mehr schmettern kann, dann muss der Spieler zur Grundlinie zurücklaufen und einen hohen Lob mit dem Rücken zum Netz schlagen. Besonders wichtig für eine effektive Ausführung dieses Schlages ist es, neben dem fliegenden Ball zu laufen und ihn lang in die Mitte des Spielfeldes zu spielen.

## Offensiver Lob

Bei einem offensiven Lob handelt sich im Grunde genommen um einen Grundschlag, der mit viel Topspin schnell und hoch gespielt wird.

## Stoppball

Ein guter Stoppball zur richtigen Zeit, kann den Verlauf eines Matches verändern. Die Wirksamkeit eines Stoppballs hängt am meisten davon ab, wie gut der Spieler ihn antäuschen kann. Darüber hinaus ist ein Stoppball immer dann effektiv, wenn er aus einer offensiven Position ausgeführt wird.

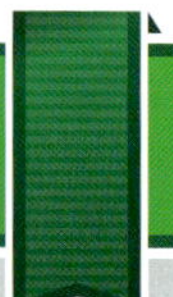

## Zusammenfassung & Schlussfolgerungen

Ein effektives Tennistraining muss gut strukturiert sein. Die einzelnen Schläge wie Vorhand, Rückhand, Volleys, Schmetterball, Aufschlag und Return müssen weiter unterteilt werden, damit man alle Schläge trainieren kann, die ein Spieler während eines Matches benötigt. Das ist der Schlüssel zur Entwicklung besserer Waffen für das Match **(Schlagflexibilität)**. Dafür ist es wichtig, dass wir Trainer immer vorausschauend planen. Wir alle haben unsere Lieblingsübungen. Dabei kann es vorkommen, dass wir verschiedene Bereiche des Tennisspiels vernachlässigen. Sehr oft mögen die Spieler auch nur die Übungen, die sie sowieso schon gut können. Übungen, die ihnen Schwierigkeiten bereiten, vermeiden sie lieber. Um bessere Spieler zu entwickeln, ist es jedoch sehr wichtig, diese Schwierigkeitsbereiche zu identifizieren und zu bearbeiten.

Wenn man als Trainer die Hälfte der Trainingszeit für die Arbeit an der Grundlinie und die andere Hälfte für die Arbeit am Netz einplant, kann man sichergehen, dass die Spieler alle notwendigen Schlagvariationen üben. Die Übungszeit an der Grundlinie sollte alle Arten von Grundschlägen, und die Zeit am Netz sollte alle Arten von Volleys und Schmetterbällen abdecken. Eine gute Möglichkeit, Aufschlag und Return in jedes Training zu integrieren, ist, nach Möglichkeit jede Übung mit Aufschlag und Return zu beginnen. Wenn ein Spieler normalerweise eine Angabe mit der Vorhand cross macht, sollte er die Übung lieber mit einem Aufschlag beginnen. Der Gegner kann den Return cross zurückschlagen und danach kann die Übung wie gewohnt weitergespielt werden. Auf diese Weise werden alle Übungen effektiver. Die Spieler beginnen jeden Ballwechsel wie in einem Match. Indem sie die beiden wichtigsten Schläge im heutigen Tennis in die meisten Übungen integrieren, werden die Spieler perfekt auf bevorstehende Matches vorbereitet.

Der nächste Abschnitt befasst sich mit der Frage: Mit welchen Übungen kann man die Trainingseinheiten variabel gestalten und die Schlagflexibilität optimal entwickeln?

# Bleiben Sie auf Kurs!

Tennis ist ein sehr komplexes Spiel, das viele verschiedene Fähigkeiten erfordert. Als Trainer ist es manchmal schwierig, alle Bereiche optimal abzudecken. Es gibt so viel zu tun und leider zu wenig Zeit, und dabei wird immer irgendetwas vernachlässigt. Oft passiert es, dass man zu schnell von einem Bereich zum nächsten springt, um die vermeintlich verlorene Zeit aufzuholen. Und was noch schlimmer ist: Sobald sich ein Bereich verbessert, verschlechtert sich meistens ein anderer.

Wenn ich auf meine Karriere zurückblicke, kann ich mich an viele Augenblicke erinnern, in denen ich großartige Ideen hatte, um meinen Spielern zu helfen. Aber kurz nachdem ich angefangen hatte, mit ihnen zu arbeiten, ertappte ich mich dabei, wie ich eine weitere „großartige Idee" ausprobierte.

Einmal habe ich mit einem hohen Netz gearbeitet, um die Fehlerquote und die Länge der Schläge meiner Spieler zu verbessern. Ein anderes Mal habe ich Fitnessübungen bei Trinkpausen gemacht, um die Bereiche abzudecken, die wir aus Zeitmangel vernachlässigt hatten. Eine weitere Idee war, jeden Tag einen Satz zu spielen, um im Match mental stärker zu werden. Ein anderes Mal ließ ich meine Spieler vor dem Training Übungen machen, um die Schnelligkeit zu verbessern.

Die Ideen waren immer gut, aber ich brach das Experiment oft viel zu früh ab. Eine Woche mit einem hohen Netz macht wahrscheinlich keinen großen Unterschied, aber sechs Wochen würden definitiv Fortschritte bringen. Seien Sie geduldig, setzen Sie Prioritäten und planen Sie Ihr Training langfristig.

## Halten Sie den Kurs!

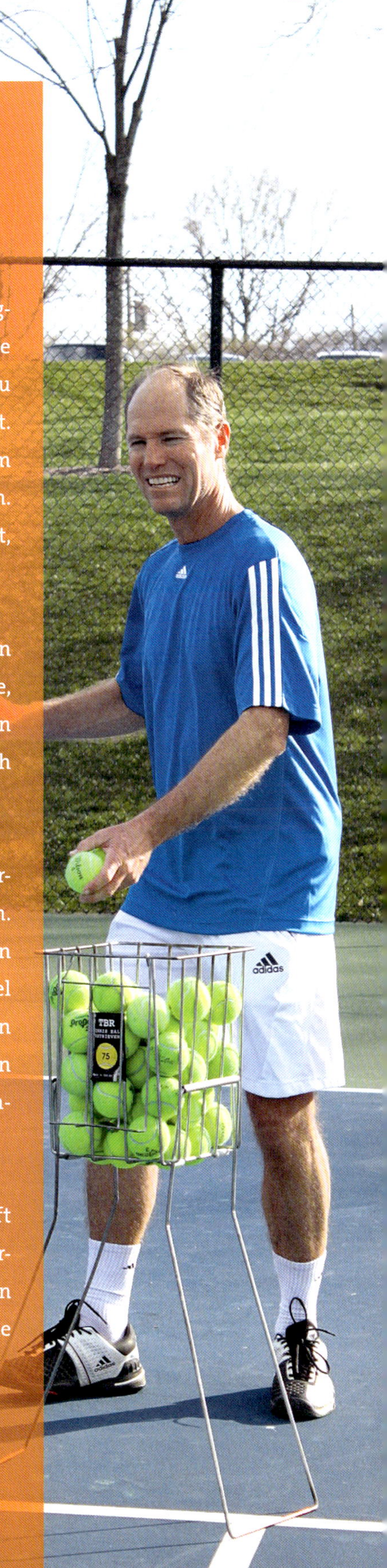

# Übungen zur Entwicklung der Schlagflexibilität

Im letzten Kapitel habe ich herausgestellt, dass die Schlagflexibilität der Schlüssel zur Entwicklung besserer Waffen für Matches ist. Und dass man das nur erreichen kann, wenn die Trainer die verschiedenen Variationen für alle Schläge in ihre Übungen integrieren. Diese Variationen der Grundschläge im Tennis müssen immer gezielt geübt werden, um die totale Ballkontrolle zu erreichen. Die Spieler müssen also dazu gebracht werden, so spezifisch und variantenreich wie möglich zu trainieren.

Es gibt vier Arten von Übungen, die zum Aufbau einer soliden, flexiblen technischen Basis verwendet werden:

1. Übungen aus dem Korb,
2. Übungen an der Wand,
3. Schlagtraining (miteinander spielen) und
4. Schlagtraining um Punkte.

Diese Übungen ermöglichen den Spielern zahlreiche Wiederholungen der Schläge, die sie in Matches brauchen werden.

Die meisten Trainer kennen bestimmt viele von den Übungen, die ich auf den nächsten Seiten vorstellen werde. Der Schlüssel zum Erfolg liegt aber darin, wie man diese typischen Übungen durchführen sollte, damit sie effektiver sind und den Spieler optimal in der Entwicklung seiner Schlagflexibilität unterstützen.

# Übungen aus dem Korb

Viele Trainer verwenden überwiegend Übungen aus dem Korb. Diese Übungen zielen darauf ab, die Technik durch viele Wiederholungen zu verbessern. Doch selbst diese einfachen Übungen können bei der Förderung der Schlagflexibilität sehr wirksam sein, wenn die folgenden Richtlinien befolgt werden:

- Spielen Sie unterschiedlich an, denn während eines Matches kommen niemals zwei Bälle genau gleich. Arbeiten Sie an den technischen Fertigkeiten, die erforderlich sind, um effektiv auf das Anspiel zu antworten (Topspin, Slice, hoch, flach, schnell, langsam, lang, kurz usw.). Stellen Sie sicher, dass die Spieler die fünf Varianten der Grundschläge, Volleys und alle anderen Schläge trainieren.
- Die Spieler sollen sich so bewegen, als wären sie in einer Punktsituation. Die Beinarbeit (Split Step, Anpassungsschritte und das Platzabdecken) sollten immer Teil der Übungen sein.
- Spielen Sie ab und zu unerwartete Bälle an, auch wenn Sie gerade an einem bestimmten Schlag arbeiten. Spielen Sie nicht zu lange die gleichen Schläge mit der gleichen Geschwindigkeit an. Sobald der Spieler anfängt, sich an ein Anspiel zu gewöhnen, variieren Sie das Anspiel.
- Verwenden Sie immer Zielfelder. Die Fläche eines Zieles sollte in etwa 3 x 3 Meter groß sein. Zielfelder sind immer besser als Objektziele (zum Beispiel: Kegel), da die Spieler häufiger Erfolg haben werden.
- Spielen Sie die Art von Bällen an, die der Spieler während eines Matches bekommt. Fortgeschrittenen Spielern sollten möglichst keine leichten Bälle angespielt werden, es sei denn, sie ändern ihre Technik grundlegend oder arbeiten an ihren Winnern.
- Stellen Sie sicher, dass während einer Übung alle Spieler auf dem Platz aktiv sind. Lassen Sie die Spieler nicht zu lange warten.

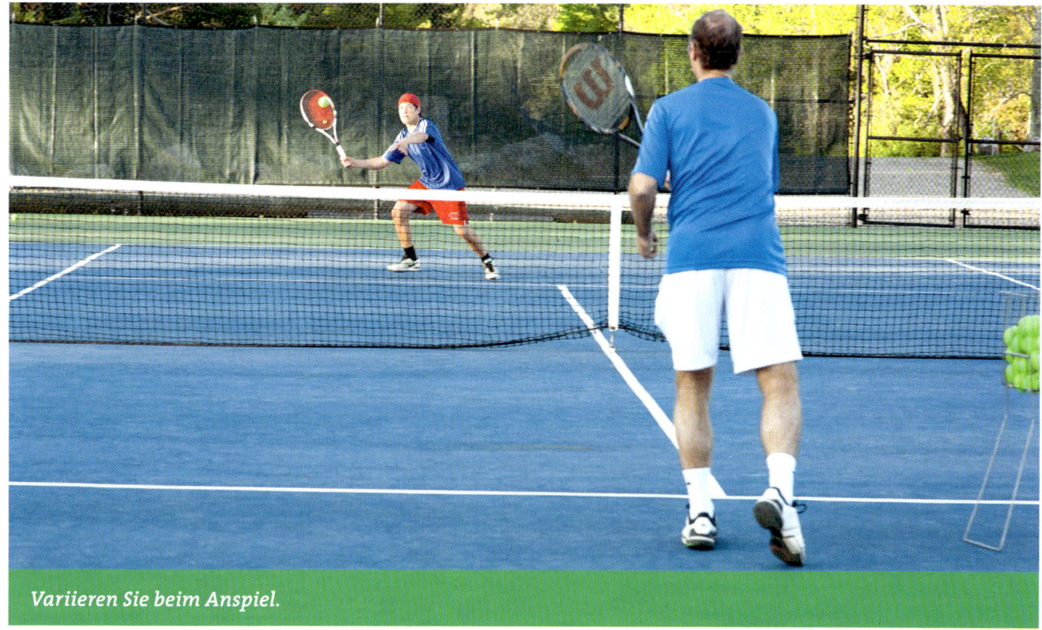

*Variieren Sie beim Anspiel.*

# Übungen zur Entwicklung der Schlagflexibilität

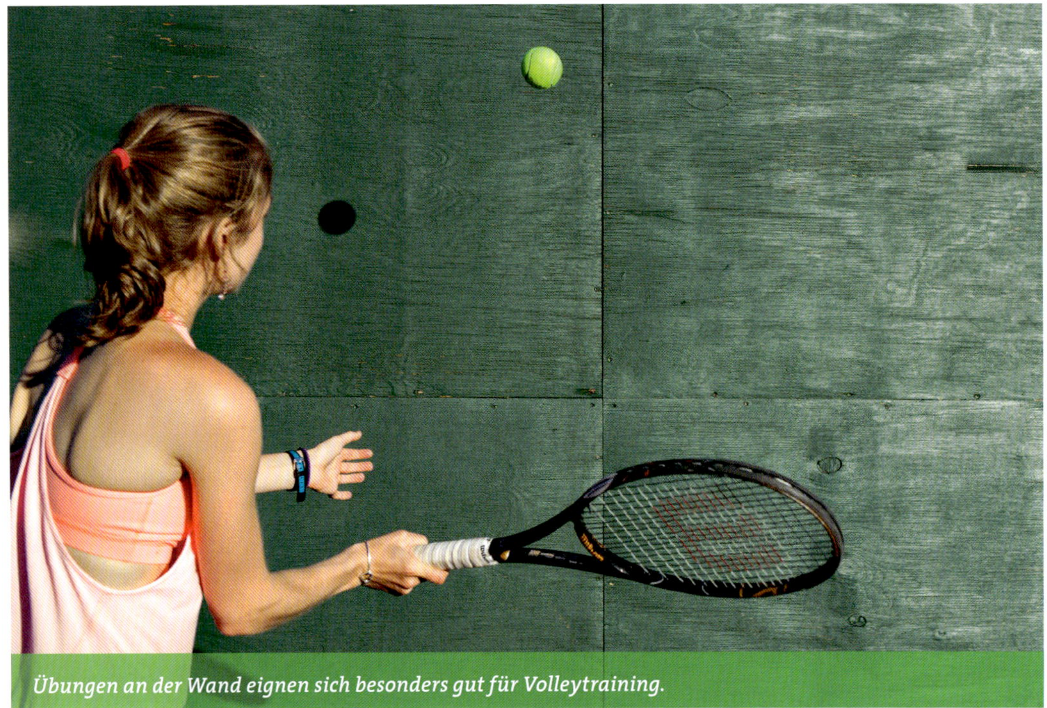

*Übungen an der Wand eignen sich besonders gut für Volleytraining.*

- Versuchen Sie so oft, wie es geht, taktische Komponenten in Übungen einzubauen. Erklären Sie dem Spieler, wann und wohin er den Ball während eines Matches spielen sollte.
- Spielen Sie die Bälle so an, dass sie Matchsituationen widerspiegeln, wie z. B. nach einem Angriffsball kommt ein Lob, oder nach einem Angriffsball kommt ein Passierball.
- Spielen Sie die Bälle von verschiedenen Positionen auf dem Platz an, um die Eigenschaften des ankommenden Balles für den Spieler zu verändern.
- Spielen Sie mit Ihrem Schläger an, wenn Sie aus großer Entfernung anspielen. Sie können Bälle mit der Hand werfen, wenn der Spieler sehr nahe bei Ihnen steht. Das Werfen von Bällen mit der Hand kann selbst bei fortgeschrittenen Spielern sehr effektiv sein, da Sie dadurch die totale Kontrolle über den Ball und die Frequenz des Anspiels haben. Bei einem geworfenen Ball müssen die Spieler selbst den Ball maximal beschleunigen.
- Übungen aus dem Korb können auch sehr effektiv sein, um die Beinarbeit und die Bewegung auf dem Platz zu trainieren.

# Übungen an der Wand

Übungen an der Wand sind eine ausgezeichnete Möglichkeit, die Technik zu verbessern und die Ballkontrolle zu entwickeln. Spieler können grundsätzlich jeden Schlag an der Wand üben. Der Schlüssel zum Erfolg beim Training an der Wand ist, konkrete Ziele zu haben. Es reicht nicht aus, nur Rückhandschläge zu trainieren, sondern man sollte immer eine bestimmte Rückhand aussuchen, die man verbessern möchte, wie z. B. die flache Rückhand mit viel Spin, Rückhand-Halbvolleys usw.

Mit diesen Richtlinien werden die Übungen an der Wand effektiver:

- Trainieren Sie alle Schlagvarianten (neutrale Schläge, Halbvolleys, Angriffsbälle auf Schulterhöhe usw.).
- Stellen Sie sicher, dass die Technik immer korrekt ausgeführt wird.
- Verwenden Sie Ziele an der Wand, um die Übungen anspruchsvoller zu machen.
- Die Spieler sollten sich bei den Übungen in alle Richtungen bewegen, d. h. nach rechts, links, vorne, hinten und diagonal.
- Die Spieler dürfen den Ball nie zweimal aufspringen lassen.
- Die Spieler sollten den Ballwechsel immer mit einem Aufschlag beginnen.
- Konzentrieren Sie sich auf die korrekte technische Ausführung, Konstanz und Genauigkeit des Schlages.

Die Wand ist besonders hilfreich, um alle Varianten des Volleys zu üben. Nachstehend finden Sie einige Übungen, die ich sehr gerne durchführe. Ich habe sie von meinem guten Freund und Kollegen im Deutschen Tennis-Bund, Zdenek Zofka, gelernt:

## Volleys aus dem Unterarm

Der Spieler steht seitlich in einer Volley-Position, wobei der Schläger einige Zentimeter von der Wand entfernt ist. Er soll versuchen, den Ball mit einer minimalen Bewegung des Schlägers gegen die Wand zu prellen.

## Volleys mit einem Schritt

Der Spieler steht seitlich in einer Volley-Position, etwa 2–3 Meter von der Wand entfernt. Er spielt Volleys an die Wand, wobei er jedes Mal einen Schritt nach vorne simuliert, tatsächlich aber an der gleichen Stelle bleibt. Das Ziel ist es, den Kontakt zwischen Schläger und Ball mit dem Kontakt zwischen Fuß und Boden in Übereinstimmung zu bringen.

## Vor und zurück

Der Spieler schlägt Volleys gegen die Wand und bewegt sich dabei seitwärts auf die Wand zu und wieder weg. Dabei sollte der Treffpunkt immer mit dem Kontakt des Vorderfußes auf dem Boden übereinstimmen.

## An der Wand entlang

Der Spieler spielt Volleys gegen die Wand, wobei er sich seitwärts an der Wand entlangbewegt. Dabei sollte der Treffpunkt immer mit dem Kontakt des Vorderfußes auf dem Boden übereinstimmen.

## Zwei Volleys – zwei Halbvolleys

Der Spieler schlägt abwechselnd zwei Volleys und zwei Halbvolleys, dabei bewegt er sich vorwärts und rückwärts.

## Hohe Volleys

Der Spieler übt hohe Volleys, wobei der Ball auf dem Boden aufkommen muss, bevor er an die Wand geht. Dadurch springt der Ball von der Wand wieder hoch ab.

# Schlagtraining und Schlagtraining um Punkte

Beim Schlagtraining trainieren zwei Spieler zusammen Konstanz und Genauigkeit. Beim Schlagtraining um Punkte spielen sie mit spezifischen und unterschiedlichen Aufgaben gegeneinander. Alle Übungen sind effektiver, wenn beide Spieler den Ballwechsel mit einem Aufschlag beginnen.

# Schlagtraining

Beim Schlagtraining sollen die Spieler mit vielen Wiederholungen ihre technischen Fähigkeiten verbessern. Die Spieler führen eine große Anzahl von Schlägen aus und achten dabei auf Konstanz in der Ausführung und im Ergebnis.
Beim Schlagtraining handelt es sich im Grunde immer um die gleichen alten Übungen, aber mit einem feinen und äußerst wichtigen Unterschied: Sie beinhalten alle verschiedenen Variationen von Schlägen, die ein Spieler in einem Match benötigen könnte.

Die neuen und verbesserten Übungen für das Schlagtraining sind sehr spezifisch und bauen auf allen Schlagvarianten auf, die ich in den letzten Abschnitten vorgestellt habe. Zum Beispiel üben die Spieler nicht mehr „nur" Vorhand cross, sondern eine der fünf Vorhandvariationen oder eine Kombination aus allem (neutrale Vorhand, Vorhand auf Schulterhöhe, Vorhand-Halbvolley, die hohe oder flache Vorhand). Für alle Schläge gilt das gleiche Konzept.

Um die Wirksamkeit dieser Übungen zu erhöhen, **sollten die Spieler entweder die Anzahl der in einer Reihe getroffenen Schläge zählen oder ein bestimmtes Ziel treffen. Gewonnen hat, wer die meisten Treffer erzielt.**

Hier sind einige Beispiele:

## Bälle im Aufsteigen cross spielen

Zwei Spieler spielen cross, sie stehen zwei Meter vor der Grundlinie und sollen alle Bälle im Aufsteigen spielen. Dabei können sie zählen, wie viele Bälle sie nacheinander ins Feld spielen.

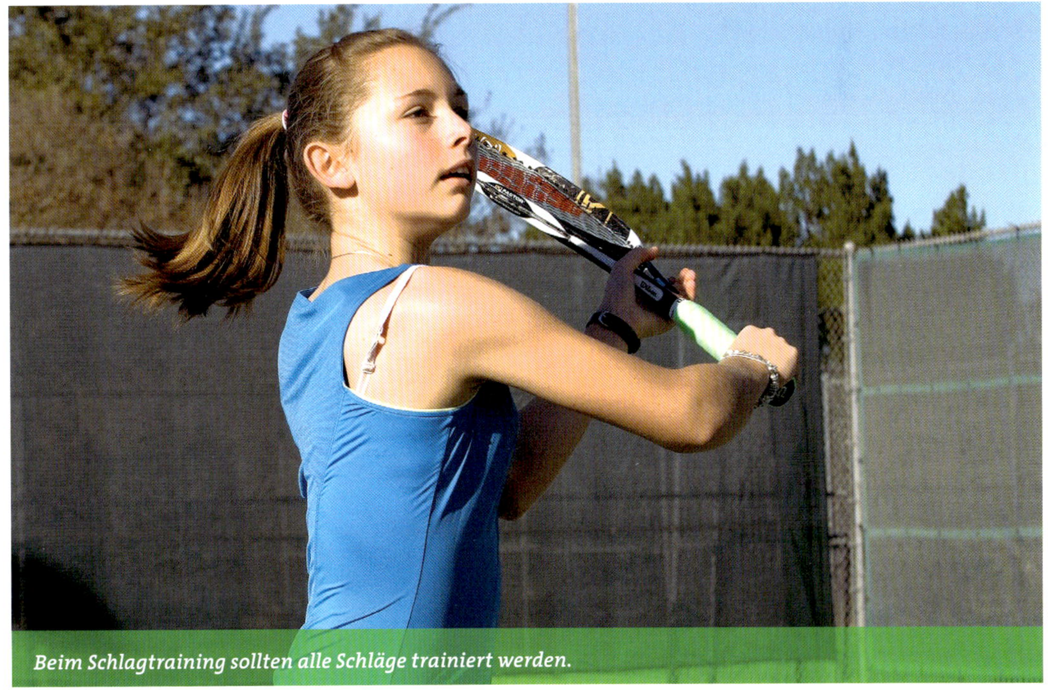

*Beim Schlagtraining sollten alle Schläge trainiert werden.*

# Übungen zur Entwicklung der Schlagflexibilität

## Mit neutralen Schlägen cross spielen

Jeder Spieler hat in seiner Ecke eine Zielfläche von 1 x 1 Meter. Dann spielen sie gegeneinander ein Cross-Duell. Wer zuerst fünf Treffer hat, gewinnt.

## Hoher Rückhand-Topsin

Zwei Spieler spielen auf der Hälfte des Einzelplatzes longline und sollen dabei jeden Ball hoch spielen. Die Spieler dürfen nur ihre Rückhand benutzen und müssen zählen, wie viele Schläge sie fehlerfrei hintereinander schaffen. Bei fortgeschrittenen Spielern müssen alle Schläge hinter der Aufschlaglinie aufkommen.

## Neutrale Schläge und kurz-cross

Ein Spieler spielt neutrale und lange Bälle cross, der andere Spieler soll die Bälle kurz-cross spielen, sodass sie vor der Aufschlaglinie landen. Die Spieler zählen, wie viele Schläge sie in einer Reihe treffen können.

## Neutrale und im Aufsteigen gespielte Bälle

Zwei Spieler spielen im halben Doppelfeld cross. Ein Spieler spielt neutrale Schläge, der andere soll diese im Aufsteigen nehmen. Es sind nur Rückhandschläge erlaubt. Die Spieler zählen, wie viele Schläge sie ohne Fehler hintereinander ausführen können.

## Kurz-cross und im Aufsteigen gespielte Bälle

Jeder Spieler hat zwei 1 x 1 Meter große Zielflächen auf seiner Platzhälfte. Eine Zielfläche ist an der Grundlinie und eine im Aufschlagfeld. Ein Spieler spielt die Bälle kurz-cross vor die Aufschlaglinie, der andere spielt diese Bälle im Aufsteigen an der Aufschlaglinie auf die Zielfläche bei der Grundlinie. Es gewinnt der Spieler, der zuerst fünf Treffer hat.

**Diese Übungen können nur mit der Vorhand, nur mit der Rückhand oder mit beiden Schlägen durchgeführt werden. Dass die Spieler nur einen bestimmten Schlag verwenden dürfen, macht die Übungen schwieriger und sie müssen sich besser bewegen.**

Das gleiche Konzept sollte bei allen Übungen angewendet werden, um alle Schläge an der Grundlinie oder am Netz zu trainieren.

**Weitere Beispiele:**

## Schmetterball und Lob

Ein Spieler schlägt nur Lobs, der andere nur Schmetterbälle. Eine Variante wäre, dass ein Spieler nur Lobs schlägt und der andere nur Rückhand-Schmetterbälle schlagen darf. Die Spieler sollten zählen, wie viele Schläge sie hintereinander ohne Fehler schaffen.

## Gemischte Volleys und gemischte Grundschläge

Ein Spieler steht an der Aufschlaglinie, der andere an der Grundlinie. Der Spieler an der Grundlinie schlägt abwechselnd neutral, flach, kurz und hoch. Der Netzspieler spielt alle Bälle kontrolliert zurück, wobei er tiefe, hüfthohe, hohe Volleys oder Schmetterbälle übt. Die Spieler sollen zählen, wie viele Bälle sie in einer Reihe fehlerfrei treffen können.

Bei diesen Übungen gibt es viele Variationen, da man alle Variablen der Übung ändern kann:

**Die Schlagrichtung:** cross, longline, ein Spieler schlägt cross, der andere longline, ein Spieler steht in einer Ecke und schlägt einen Ball cross und einen longline, beide Spieler schlagen abwechselnd eine Vorhand und eine Rückhand usw.
**Die Größe des Platzes:** das ganze Einzel- oder Doppelfeld, das halbe Einzel- oder Doppelfeld, die Aufschlagfelder oder jede andere Zielfläche auf dem Platz.
**Die Position auf dem Platz:** an der Grundlinie, am Netz oder dazwischen.
**Die Schläge:** die Spieler schlagen nur mit der Vorhand, nur mit der Rückhand, entweder Vorhand oder Rückhand, Vorhand-Volleys, Schmetterball usw.
**Die Schlageigenschaften:** Slice, Topspin, hoch, flach, kurz, lang usw.

Wie Sie sehen, ergeben sich unendlich viele Übungen, wenn man die Schlagrichtung, die Größe des Platzes, die Position auf dem Platz, die Schläge und die Eigenschaften der Schläge ändert. Durch die Variationsmöglichkeiten ist es sehr einfach, den Schwierigkeitsgrad der Übungen anzupassen. **Damit das System funktioniert, sollten Sie alle Variationen in die Übungen einbauen, und Sie müssen Ihren Spielern verdeutlichen, was Sie von Ihnen erwarten**.

EG's Edgars Tipps

Je mehr Variationen Sie in das Training einbauen, umso leichter wird es einem Spieler fallen, sich an neue Situationen anzupassen und bei Bedarf zu improvisieren. Viele Notschläge, wie beispielsweise einen Ball hinter dem Körper aus dem Handgelenk zu schlagen, können nicht wirklich geübt werden. Sie sind das Ergebnis von Tausenden von Stunden auf dem Platz, in denen sich der Spieler auf verschiedene Situationen eingestellt hat. Und auf dem höchsten Niveau ist es oft die Improvisationsfähigkeit, die den Unterschied macht.

In der **Übungssammlung** am Ende des Buches finden Sie viele weitere praktische Beispiele.

# Schlagtraining um Punkte

Diese Übungen werden von zwei Spielern durchgeführt und dienen der Verbesserung der Technik. Sie ähneln Übungen aus dem Schlagtraining und sie beziehen ebenfalls alle verschiedenen Schläge ein, die ein Spieler in einem Match braucht. Bei diesen Übungen sollen die Spieler jedoch nicht an der Konstanz und Präzision arbeiten, sondern **den Gegner besiegen.** Die Spieler spielen Punkte auf Zeit oder wer zuerst eine bestimmte Anzahl von Punkten erreicht. Genau wie beim Schlagtraining ist es wichtig, dass die Spieler den Punkt möglichst immer mit dem Aufschlag und Return beginnen.
Beispiele für Übungen:

## Neutrale Schläge

Zwei Spieler stehen an der Grundlinie und spielen mit neutralen Schlägen auf dem halben Platz longline um Punkte. Es sind nur Rückhandschläge erlaubt. Alle Punkte werden mit Aufschlägen gestartet. Jeder Fehler oder kurze Ball führt zu einem Punkt für den Gegner.

## Bälle im Aufsteigen spielen

Zwei Spieler spielen wieder longline Punkte auf dem halben Einzelfeld. Es sind nur Rückhandschläge erlaubt. Beide Spieler müssen mit beiden Füßen im Spielfeld stehen und dürfen nicht hinter die Grundlinie treten. Dadurch sind sie gezwungen, die Bälle im Aufsteigen zu spielen.

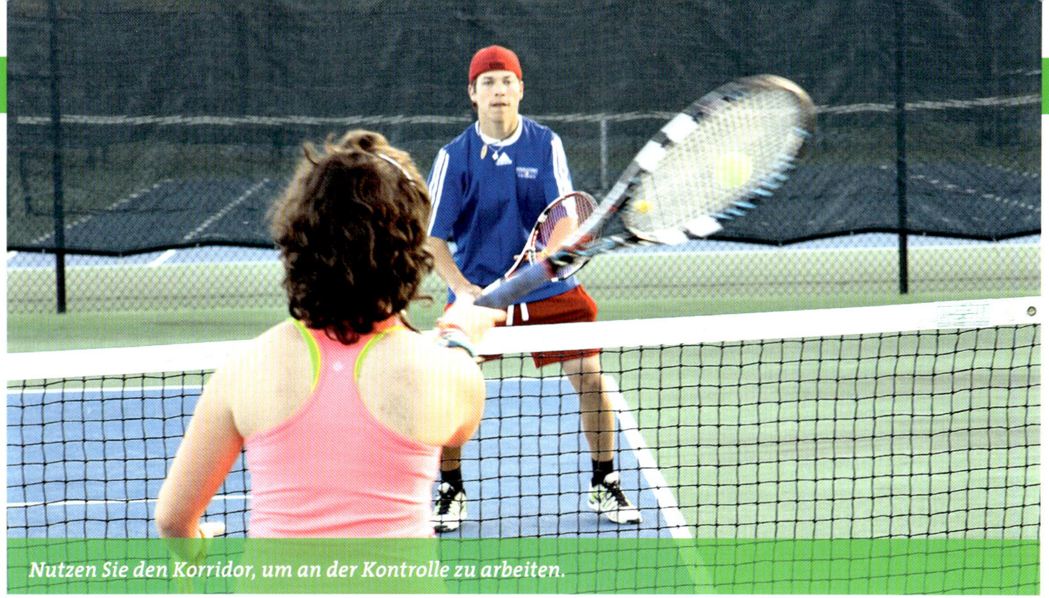

*Nutzen Sie den Korridor, um an der Kontrolle zu arbeiten.*

## Neutrale Schläge mit Druck

Zwei Spieler spielen im Einzelfeld, alle Schläge sollen zwischen der Aufschlaglinie und der Grundlinie aufkommen. Die Spieler zählen bei jedem Ballwechsel die Schläge, die zwischen der Aufschlaglinie und Grundlinie aufkommen. Der Gewinner des Ballwechsels erhält all diese Punkte.

## Hoher Topspin

Zwei Spieler sollen auf dem halben Doppelfeld nur Vorhand mit viel Topspin spielen.

**Variante:**

Wenn der Ball vor der Aufschlaglinie aufkommt, muss der Gegner einen Angriffsball auf Schulterhöhe spielen. Dann wird der Punkt ausgespielt.

**Variante:**

Kommt der Ball vor der Aufschlaglinie auf, muss der Spieler einen Angriffsball spielen und ans Netz vorrücken. Der Punkt wird ausgespielt.

## Topspin und Slice

Zwei Spieler spielen Punkte im ganzen Einzelfeld. Sie können Vorhand oder Rückhand schlagen, müssen aber abwechselnd einen Topspin und einen Slice spielen.

## Vor und zurück

Zwei Spieler spielen im halben Doppelfeld cross Punkte. Sie müssen abwechselnd einen neutralen Schlag und einen Ball im Aufsteigen spielen, indem sie sich nach jedem Schlag in das Spielfeld hinein- und wieder herausbewegen. Mit anderen Worten, beide Spieler schlagen einen Ball hinter der Grundlinie und den nächsten Ball müssen sie vor der Grundlinie im Aufsteigen treffen. Es sind nur Rückhandschläge erlaubt.

## Vorhand-Volley im Korridor

Zwei Spieler beginnen im Korridor an der Aufschlaglinie. Sie dürfen nur Vorhand-Volleys schlagen, die Bälle dürfen zwar aufspringen, aber die Spieler dürfen sich nicht hinter die Aufschlaglinie bewegen. Der Punkt wird ausgespielt.

## Volleymatch im Aufschlagfeld

Es wird ein Volleymatch in einem Aufschlagfeld gespielt. Der Ball wird von einem Spieler auf die Netzkante gelegt und losgelassen. Der Ball darf nun einmal auf der gegnerischen Seite aufkommen und dann beginnt der Punkt. Ab jetzt darf der Ball nicht mehr aufspringen. Die Spieler dürfen den Ball nicht hart oder nach unten schlagen, sie müssen versuchen, den Punkt durch präzise und gefühlvolle Volleys zu gewinnen.

## Rückhand-Volley und Rückhand-Slice

Ein Spieler steht am Netz und ein Spieler an der Grundlinie. Sie spielen cross im halben Doppelfeld. Es sind nur Rückhand-Volleys und Rückhand-Slice erlaubt. Der Netzspieler muss seine Volleys länger als die Aufschlaglinie spielen. Lobs sind nicht erlaubt.

## Hoher Topspin und Angriffsbälle auf Schulterhöhe

Zwei Spieler spielen im Einzelfeld gegeneinander. Der eine spielt hohe Bälle mit viel Topspin und der andere Angriffsbälle auf Schulterhöhe. Ein Spieler darf nur cross, der andere nur longline spielen.

Genau wie beim Schlagtraining können alle Übungen durch das Variieren der Schlagrichtung, der Größe des Platzes, der Position der Spieler, der Schläge und der Schlageigenschaften angepasst werden. Bei den Übungen mit verschiedenen Schlagvariationen (wie bei den letzten beiden Beispielen) können die Spieler alle zwei Punkte ihre Aufgabe wechseln. Sie können auch nach einem Satz ihre Aufgabe wechseln.

Hinweis: Bei einigen Übungen müssen die Spieler longline aufschlagen. Dies passiert immer dann, wenn auf dem halben Feld longline mit vier Spielern gespielt wird. Für manche Spieler ist das zu Beginn etwas gewöhnungsbedürftig, aber grundsätzlich werden Aufschläge durch die Mitte auch gerade gespielt.

In der **Übungssammlung** am Ende des Buches finden Sie viele weitere Beispiele für das Schlagtraining um Punkte.

Alle Übungen, egal, ob aus dem Korb, an der Wand, Schlagtraining oder Spielsituationen, sollten den Spielern viele Variationsmöglichkeiten vermitteln, sodass die Schlagflexibilität gefördert wird. Diese Faktoren helfen den Spielern, bessere Waffen für ihre Matches zu entwickeln.

EG's EDGARS TIPPS

Im Idealfall sollten 50 Prozent aller Übungen Schlagtraining um Punkte, 30 Prozent reines Schlagtraining und 20 Prozent Übungen aus dem Korb oder an der Wand sein. Ich bin fest davon überzeugt, dass die Spieler mehr davon profitieren, miteinander Bälle zu schlagen, als wenn sie mit einem Trainer spielen oder aus dem Korb zugespielte Bälle zurückschlagen. Um im Tennis herausragend zu sein, muss man lernen, sich im Wettkampf zu messen. Je mehr Punkte in matchähnlichen Situationen gespielt werden, umso besser.

Integrieren Sie alle Schlagvarianten in Ihre Übungen und berücksichtigen Sie dabei alle Aspekte des Spiels: Grundschläge, Volleys, Aufschläge, Returns, Schmetterbälle und Spezialschläge. Analysieren Sie Ihre alltäglichen Übungen und gestalten sie so spezifisch wie möglich. Wenn Sie diese Richtlinien immer berücksichtigen, sind Ihre Spieler auf dem besten Weg, die totale Ballkontrolle zu erreichen.

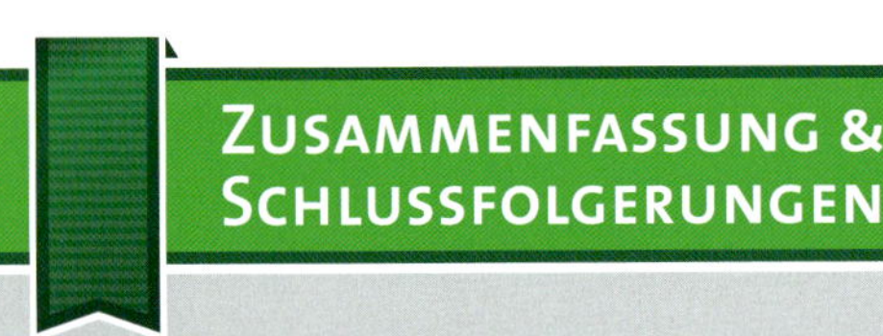


Setzen Sie in Ihren Trainingseinheiten Übungen aus dem Ballkorb, Übungen an der Wand, Schlagtraining und Schlagtraining um Punkte ein, um eine solide technische Grundlage, eine große Vielfalt im Spiel und die für Matches erforderliche Schlagflexibilität zu entwickeln. Mit anderen Worten, diese Übungen helfen bei der Entwicklung der offensiven und defensiven Waffen, die im Match benötigt werden. Nutzen Sie diese breit gefächerten Kategorien, um Ihre eigenen Übungen zu entwickeln. Versuchen Sie darüber hinaus, das Konzept der Schlagflexibilität auch bei Anfängern einzuführen. Bieten Sie Anfängern reichlich Gelegenheit zu erfahren, was nötig ist, um die Geschwindigkeit, die Höhe und die Entfernung der Schläge zu variieren. Dadurch werden früh die Voraussetzungen für einen optimalen Entwicklungsprozess geschaffen und das Erlernen des Tennisspiels ist spannender, effektiver und macht mehr Spaß.

Eine großartige Möglichkeit, die Effektivität dieser Übungen noch weiter zu erhöhen besteht darin, sie als Teamübungen durchzuführen, bei denen die Spieler je nach Ergebnis von Platz zu Platz auf- und absteigen können. Dieses Spiel heißt **Himmel und Hölle** und funktioniert wie folgt: Die Spieler treten für eine bestimmte Zeit, z. B. fünf Minuten, gegeneinander an. Nach dieser Zeit darf der Sieger eine halbe Spielfeldhälfte in Richtung Himmel aufsteigen und der Verlierer muss eine halbe Spielfeldhälfte in Richtung Hölle absteigen. Der Sieger im Himmel bleibt an seiner Position, der Verlierer in der Hölle ebenfalls. Durch diese Wettkampfform geben die Spieler während des gesamten Trainings ihr Bestes. Da alle Aufgabenstellungen sehr unterschiedlich sind, schneiden bestimmte Spieler zum Teil sehr gut ab, und manchmal tun sie sich möglicherweise schwerer. Ein guter Grundlinienspieler kann zum Beispiel aufsteigen, während sich die Spielsituation auf Grundschläge konzentriert, aber er wird absteigen, wenn sich der Schwerpunkt auf das Netzspiel verlagert. Alle Übungen sind so spezifisch ausgelegt, dass sie irgendwann bei jedem Spieler eine Schwäche aufdecken werden. Ein Spieler kann eine großartige neutrale Rückhand haben, aber möglicherweise hat er Probleme, sie auf Schulterhöhe zu treffen.

Solche Übungen sind eine fantastische Möglichkeit, die Spieler dazu zu zwingen, sich ihren Dämonen zu stellen und ihre Grenzen zu überschreiten. Sie können ihnen gleichzeitig helfen, eine sehr solide technische Basis zu schaffen.

Solide flexible Schläge sind gute Waffen, aber schnelle flexible Schläge sind großartige Waffen. Der nächste Abschnitt wird sich darauf konzentrieren, wie man Spieler trainieren kann, um die Schlägerkopfgeschwindigkeit zu verbessern.

# Entwickeln Sie Ihr eigenes System

Ein wichtiges Merkmal für einen guten Trainer ist das ständige Streben nach Verbesserung, die Suche nach neuen und besseren Möglichkeiten, seinen Spielern zu helfen.

Wenn ich auf den Beginn meiner Karriere zurückblicke, war ich hungrig nach Wissen und nutzte jede Gelegenheit zum Lernen. Ich las jedes Tennisbuch, das ich finden konnte, nahm an allen Kursen teil und besuchte so viele Trainerkongresse, wie ich mir leisten konnte. Ich war auf der Suche nach der besten Art zu unterrichten, nach dem Erfolgsrezept, und ich war entschlossen, es zu finden.

Glücklicherweise kam ich auf meinen Reisen mit verschiedenen Nationalmannschaften und vielen großartigen und erfolgreichen Trainern in Kontakt. Zusammen haben wir viele Stunden über Tennis diskutiert. Es war eine großartige Erfahrung, die meine Lehrphilosophie sehr geprägt hat. Die wichtigste Lektion für mich war jedoch die Entdeckung, dass jeder Trainer die Dinge anders macht. Es gab gewisse Gemeinsamkeiten, aber es gab auch deutliche Unterschiede in der Herangehensweise.

Das Einzige, was all diese erfolgreichen Trainer gemeinsam hatten, war der feste Glaube an ihre Methoden. Sie alle waren leidenschaftlich in ihrer Herangehensweise an das Unterrichten und hatten Vertrauen in ihre Vorgehensweise. Das Geheimnis ihres Erfolges war nicht ihr überlegenes Wissen, sondern die konsequente Durchführung einer Methode oder eines Systems, dem sie vertrauten.

Spieler verbessern sich, indem sie dieselben Fertigkeiten oft genug üben und konstanter werden. Abgesehen davon ist der beste Rat, den ich einem jungen Trainer geben kann, so früh wie möglich an der Entwicklung seines eigenen Lehrsystems zu arbeiten. Er kann oder soll seine Methoden jedoch jederzeit anpassen, wenn er sich als Trainer weiterentwickelt.

Ein einfacher Plan ist viel besser als kein Plan. Entwickeln Sie Ihre Lehrphilosophie und setzen Sie sie mit Disziplin um.

# EINFÜHRUNG

Mit der Zunahme der Schlaggeschwindigkeit in den letzten Jahren ist das Training der Schlägerkopfbeschleunigung für den Erfolg unerlässlich geworden. Diskussionen über die Entwicklung von Spielern sind nur vollständig, wenn dieses wichtige Thema einbezogen wird.

Die Entwicklung flexibler Schläge ist der Eckpfeiler dieses Trainingssystems, und die Schlägerkopfbeschleunigung ist ein integrierter Bestandteil dieses Prozesses. Obwohl sich das unlogisch anzuhören scheint, führt ein schnellerer Schwung letztendlich zu einer besseren Ballkontrolle, da schnell rotierende Topsin-Bälle viel schneller fallen als langsam rotierende Bälle. Wenn sich zwei Bälle mit gleicher Geschwindigkeit durch die Luft bewegen, ist die Flugbahn des schneller rotierenden Balles viel kürzer. Und das ist das Geheimnis der Profis. Dank der extrem schnellen Ballrotation können sie den Ball bei hohen Geschwindigkeiten kontrollieren.
Diese Idee ist für viele jedoch nicht leicht zu begreifen. Ich habe viele fragende Blicke von Spielern bekommen, nachdem ich sie gebeten hatte, schneller zu schwingen, um mehr Kontrolle bei den Schlägen zu erreichen. Sie haben einen Fehler gemacht, und ich habe sie gebeten, schneller zu schwingen. Die erste Reaktion war normalerweise ein Lachen. Wenn die Spieler aber feststellen, dass ich es ernst gemeint habe, haben sie manchmal überlegt, den Trainer zu wechseln. Deshalb ist es sehr wichtig, dass die Spieler dieses Konzept verstehen.
Eine der schwierigsten Aufgaben ist es, den jungen Spielern zu vermitteln, dass sie den zweiten Aufschlag mit der gleichen Schlägerkopfbeschleunigung schlagen sollten wie den ersten. Spieler werden beim zweiten Aufschlag oft vorsichtig und verlangsamen die Schlägerkopfgeschwindigkeit. Damit verlieren sie jedoch die Kontrolle und machen häufiger Fehler. Die Spieler müssen lernen, ihren Schläger beim zweiten Aufschlag zu beschleunigen, um eine größere Ballrotation und damit mehr Kontrolle zu erreichen. Dieses Prinzip gilt für alle mit Topspin geschlagenen Schläge.
Das Problem für einen Trainer besteht darin, dass die Technik eines Spielers während der Entwicklungsphase noch nicht optimal ausgebildet ist. In dem Moment führt eine Erhöhung der Schlägerkopfgeschwindigkeit oft zu einer leichten Abnahme der Kontrolle, und dies wiederum wirkt sich negativ auf sein Spiel aus. Daher muss der Trainer einen Weg finden, Schlägerkopfbeschleunigung und Kontrolle gleichzeitig zu entwickeln.
Bisher lag der Schwerpunkt des Buches auf der Kontrolle (flexible Schläge), und ich habe nicht viel über die Beschleunigung gesprochen. An dieser Stelle muss die Beschleunigung in den Entwicklungsprozess integriert werden.

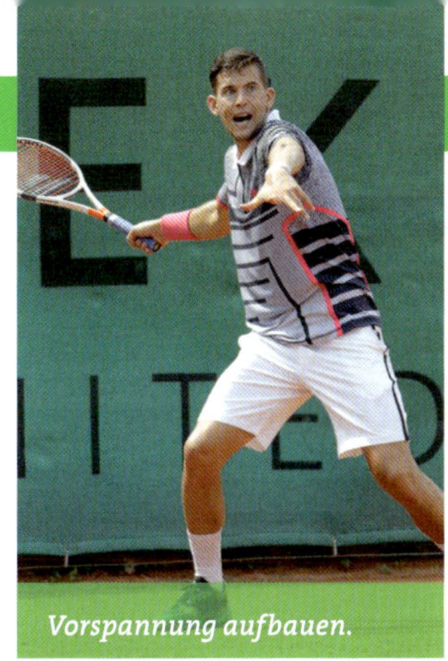
*Vorspannung aufbauen.*

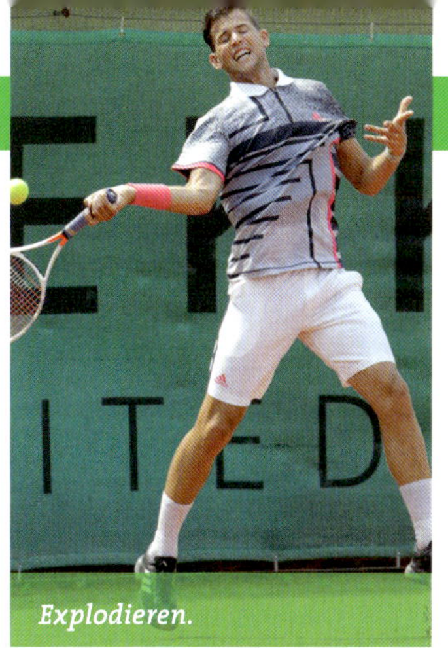
*Explodieren.*

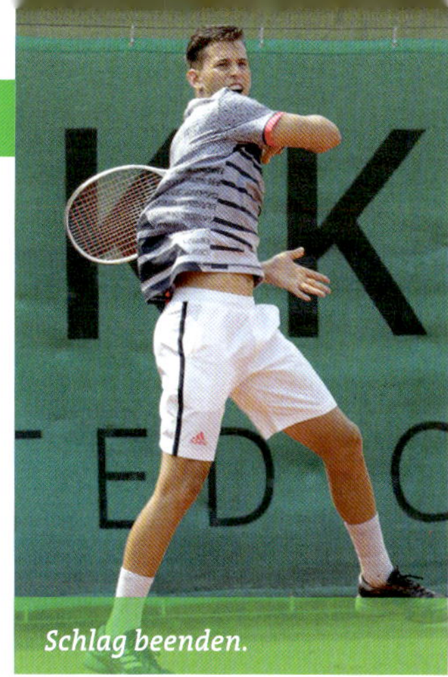
*Schlag beenden.*

In erster Linie ist es wichtig, dass die Spieler technisch einwandfreie Schläge entwickeln, die es ihnen ermöglichen, eine optimale Schlägerkopfgeschwindigkeit zu erzielen. Ich möchte wegen der großen Menge an verfügbaren Informationen nicht allzu viel Zeit mit der Beschreibung der Tennistechnik verbringen, aber an dieser Stelle ist eine Erläuterung der kinematischen Kette und eine Überprüfung der technischen Prinzipien für Vorhand, Rückhand und Aufschlag wichtig.

Die kinematische Kette ist ein Prinzip aus der Biomechanik, das von Sportwissenschaftlern verwendet wird, um zu erklären, wie Kräfte im Sport übertragen werden. Es beschreibt, wie die verschiedenen Körpersegmente zusammenwirken, um ein effizientes Bewegungsmuster zu erzeugen. Dieses Modell ist bei der Analyse eines Tennisschwungs sehr hilfreich.

**EG's EDGARS TIPPS**

Im Allgemeinen kann der Tennisschwung aus der Sicht der Biomechanik nach dem Prinzip der kinematischen Kette als ein Vorspannen und Auflösen des Körpers beschrieben werden. Man kann sich an dieser Stelle sehr gut eine Sprungfeder vorstellen, die nach unten gedrückt und gedreht wird. Der Aufbau der Vorspannung beim Tennisspieler findet nacheinander in allen Körperteilen statt, es beginnt von oben nach unten und von außen nach innen. Das Auflösen oder Loslassen der Sprungfeder startet unten und innen und geht dann explosiv nach oben und außen. Sind die Teilimpulse der einzelnen Körperteile optimal nacheinander koordiniert, summiert sich die Energie und der Spieler erhält eine maximale Beschleunigung im Handgelenk.

Zum Beispiel: Um eine Vorhand zu schlagen, dreht ein Spieler zunächst die Schultern, dann die Hüften, geht in die Knie und drückt die Füße in den Boden. Nach der Speicherung der Energie durch die Vordehnung drückt er sich über die Füße nach oben ab, es folgen die Knie, Hüfte, Schulter, Ellbogen und Handgelenk, welches nun peitschenartig die Schlagbewegung ausführen kann. Die Endgeschwindigkeit des Schlägerkopfes entspricht der Summe der Kräfte oder Geschwindigkeiten jedes dieser Teilimpulse.

# Schlägerkopfbeschleunigung

Mit diesem Bild im Hinterkopf möchte ich ein paar Schläge analysieren. Es gibt Tausende von Tennisspielern, aber es gibt keine zwei Spieler, die exakt den gleichen Schwung haben. Allerdings gibt es einige Teilelemente, die man bei allen effektiven Schlägen finden kann.

Ich beginne mit der Analyse der Vorhand und untersuche dann die einhändige Rückhand, die beidhändige Rückhand und den Aufschlag. Also die Schläge, bei denen die Schlägerkopfbeschleunigung entscheidend ist.

## Vorhand

Die folgenden Aspekte sollten Sie beim Unterrichten einer Vorhand berücksichtigen:

### Griff

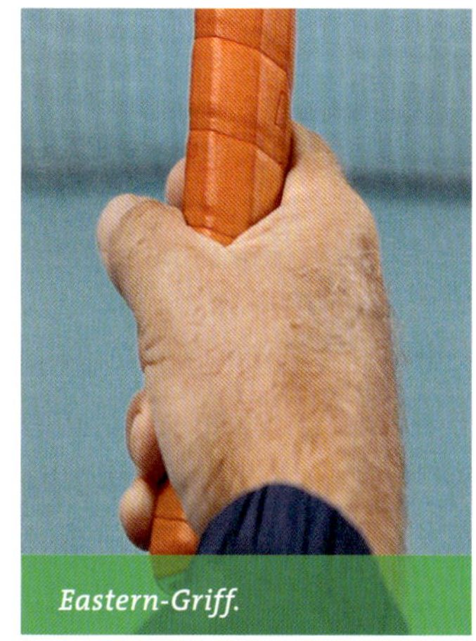

*Eastern-Griff.*

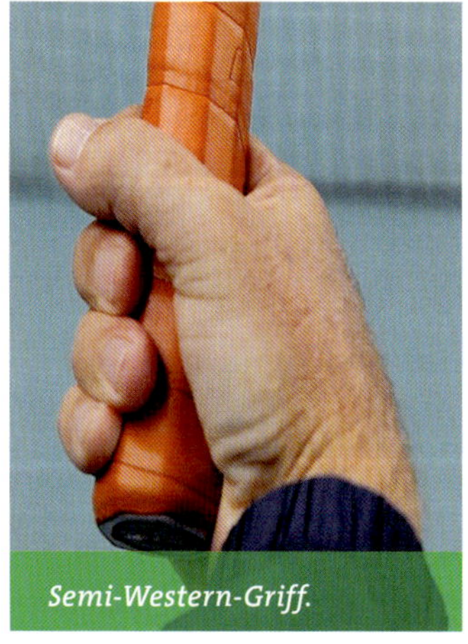

*Semi-Western-Griff.*

- Es gibt nicht den perfekten Griff für die Vorhand, aber einen akzeptablen Bereich, in dem der Griff liegen sollte. Dieser liegt zwischen einem Eastern- bis zu einem Western-Griff, wobei die meisten großen Vorhandspieler einen leichten Eastern-Griff oder einen leichten Western-Griff verwenden. Ich persönlich bin der Meinung, dass die meisten Spieler keinen Western-Griff verwenden sollten, weil man ihn nur mit extrem athletischen Fähigkeiten kontrollieren kann.
- In der Regel sollten junge Spieler mit einem Eastern-Griff beginnen (wie beim Händeschütteln). Sie neigen dazu, im Laufe der Jahre und mit vermehrtem Topspinspiel in Richtung eines Western-Griffs zu rutschen. Achten Sie darauf, dass der Spieler den Griff nicht zu sehr in Richtung eines Western-Griffs dreht, da junge Spieler oft gezwungen sind, den Ball über den Schultern zu treffen, und dies den Griff beeinflusst. Achten Sie deshalb bei der Arbeit mit jungen Spielern darauf, dass Sie geeignete Bälle verwenden, die nur auf Hüfthöhe springen.
- Für die meisten Spieler unter 12 Jahren empfehle ich einen Western-Griff in einen Eastern- oder Semi-Western-Griff zu ändern, da ein voller Western-Griff die Entwicklung einiger Spieler einschränken kann.

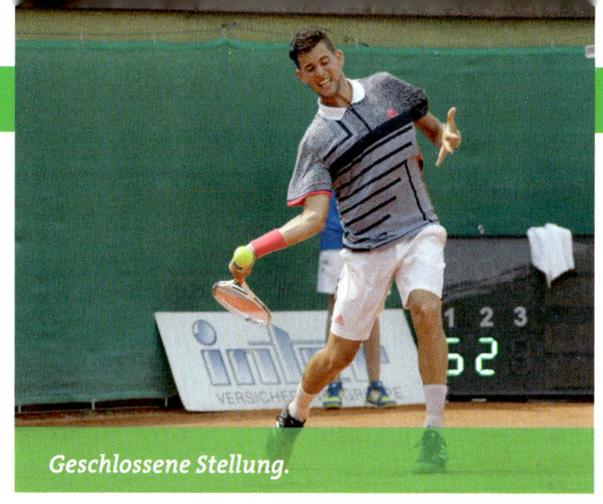

*Geschlossene Stellung.*

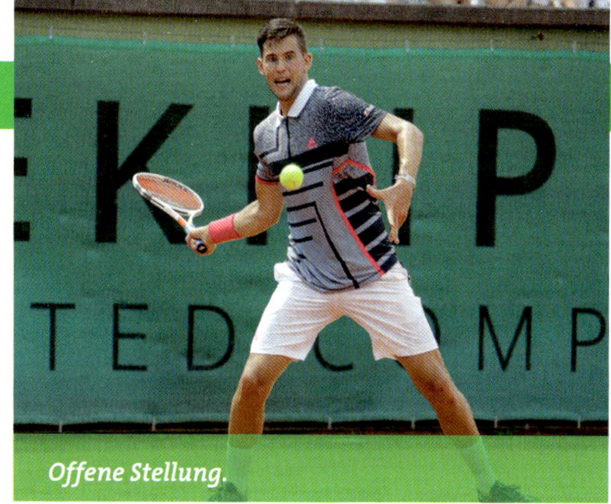

*Offene Stellung.*

## Beinarbeit

- » Stellen Sie sicher, dass die Spieler ihre Grundschläge in der offenen und geschlossenen Position spielen können.
- » Bringen Sie den Spielern bei, tief in die Knie zu gehen, damit sie beim Schlagen den ganzen Körper einsetzen können.
- » Die Spieler müssen lernen, wie man bei weiten Bällen nach dem Schlag mit dem ganzen Körper rotiert, um richtig abzustoppen.

## Ausholbewegung

- » Bringen Sie ihren Spielern bei, dass der Schläger durch das Drehen der Schultern zurückgenommen wird, anstatt den Schläger mit dem Arm zurückzunehmen.
- » Der Schlagarm sollte immer leicht gebeugt sein.
- » Der Ellbogen leitet die Ausholbewegung ein.
- » Der nicht schlagende Arm sollte am Ende der Ausholbewegung gerade und parallel zum Netz sein.
- » Die Spieler sollten den Oberkörper in dem Moment abdrehen, wenn sie die Richtung des ankommenden Balles erkennen.

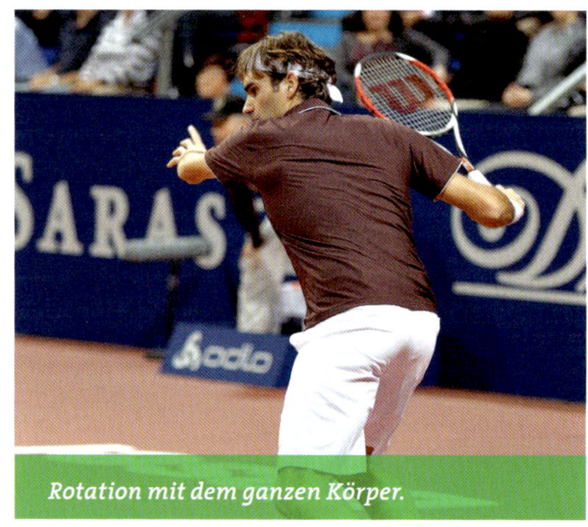

*Rotation mit dem ganzen Körper.*

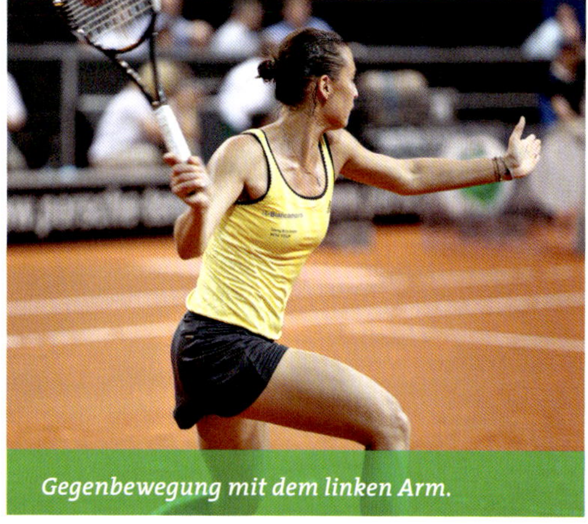

*Gegenbewegung mit dem linken Arm.*

## Schlägerkopfbeschleunigung

- Vermeiden Sie zu große Ausholbewegungen. Der Schläger sollte nie hinter den Rücken des Spielers gehen.
- Der Schlägerkopf sollte beim Ausholen geschlossen sein (Saiten zeigen nach unten).
- Die Ausholbewegung ist kreisförmig. Der Schläger geht hoch zurück und fällt dann nach unten.

## Treffpunkt

- Der Treffpunkt sollte vor dem Körper liegen.
- Der Kopf muss beim Treffpunkt ruhig sein.
- Die Schultern sollten während des gesamten Schlages parallel zum Boden bleiben.
- Der Schlägerkopf sollte beim Treffpunkt etwas niedriger als die Hand sein.
- Der Oberkörper sollte beim Treffpunkt zum Netz zeigen.

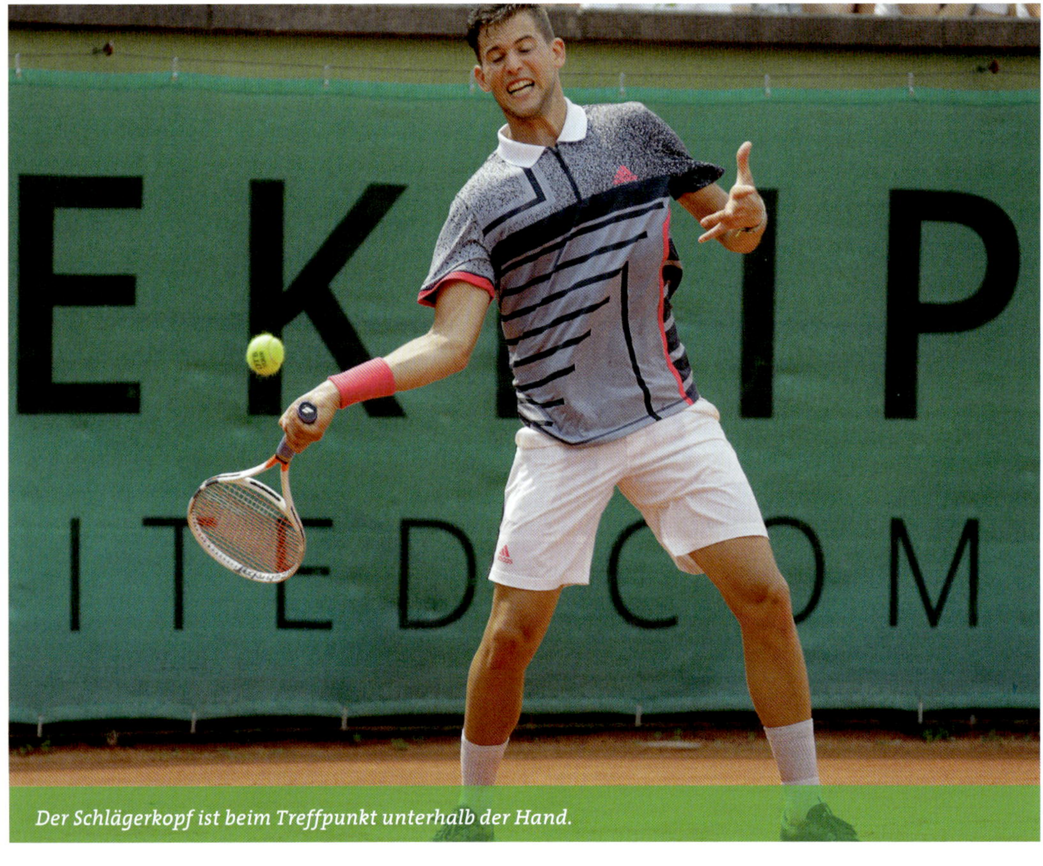

*Der Schlägerkopf ist beim Treffpunkt unterhalb der Hand.*

## Schwung

- » Der Schwung sollte von unten nach oben gehen.
- » Der Spieler sollte während des gesamten Schlages ausbalanciert sein.
- » Der Schläger solle immer in Bewegung bleiben und eine flüssige Bewegung machen.
- » Wenn der Schlägerkopf nach vorne kommt, rotiert der Unterarm.

## Ausschwung

- » Der Ausschwung hängt von Griff und Schlag ab. Elemente wie Höhe, Länge, Drall und Geschwindigkeit erfordern einen anderen Ausschwung, aber die folgenden Aspekte sollten vorhanden sein:
- » Der Unterarm muss sich immer drehen, damit der Schlägerkopf beschleunigt wird.
- » Der Ellenbogen muss nach vorne kommen, das Handgelenk muss loslassen und der Körper muss rotieren.

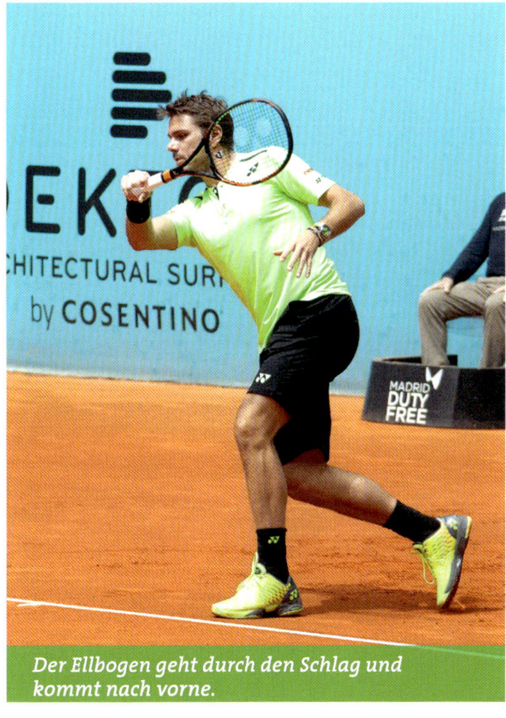


*Der Ellbogen geht durch den Schlag und kommt nach vorne.*

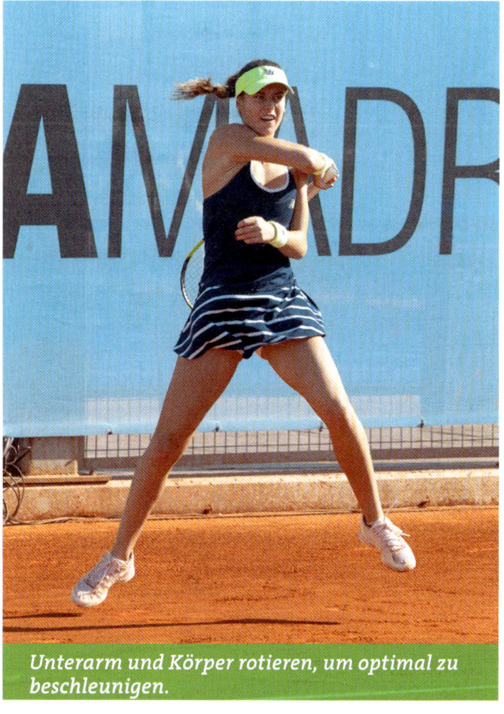

*Unterarm und Körper rotieren, um optimal zu beschleunigen.*

# Rückhand

Die folgenden Aspekte sollten beim Unterrichten einer Rückhand beachtet werden:

## Die einhändige Rückhand

### Griff

- Anfänger sollten mit einem Eastern-Rückhand-Griff beginnen (Zeigefingerknöchel oben auf dem Schläger) und lernen, die Rückhand mit Topspin zu schlagen. Führen Sie den Slice erst ein, wenn der Spieler einen Topspin spielen kann.
- Am Anfang hilft es, die einhändige Rückhand mit einem geraden Arm zu lehren.

### Beinarbeit

- Die Spieler sollten immer in einer neutralen Position (Ausgangsposition) starten. Die Spieler sollten den letzten Schritt vor dem Schlag in Richtung des Netzes und nicht in Richtung der Seitenlinie machen.
- Bringen Sie den Spielern bei, in die Knie zu gehen, damit sie beim Schlagen den ganzen Körper einsetzen können.
- Die Spieler sollten wissen, wie man bei weiten Bällen mit dem Körper rotiert, um richtig abzustoppen.

### Ausholbewegung

- Bringen Sie dem Spieler bei, dass der Schläger durch das Drehen der Schultern zurückgenommen wird.

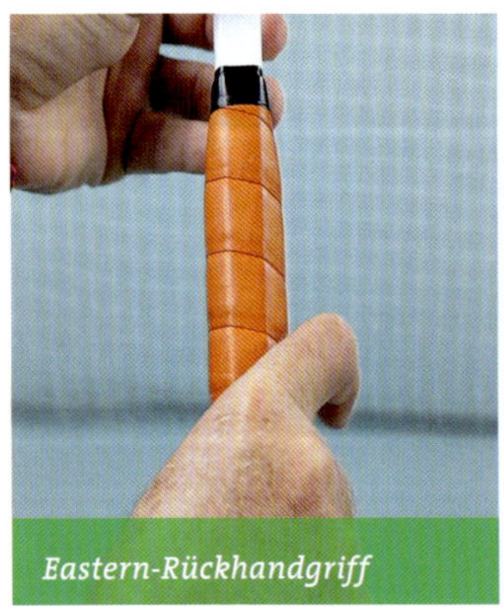

*Eastern-Rückhandgriff*

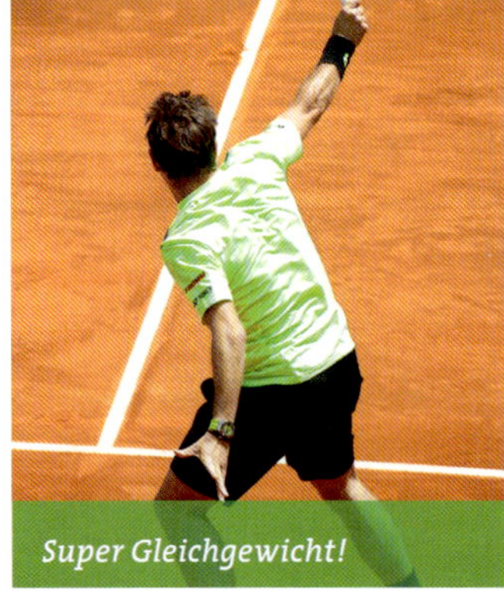

*Super Gleichgewicht!*

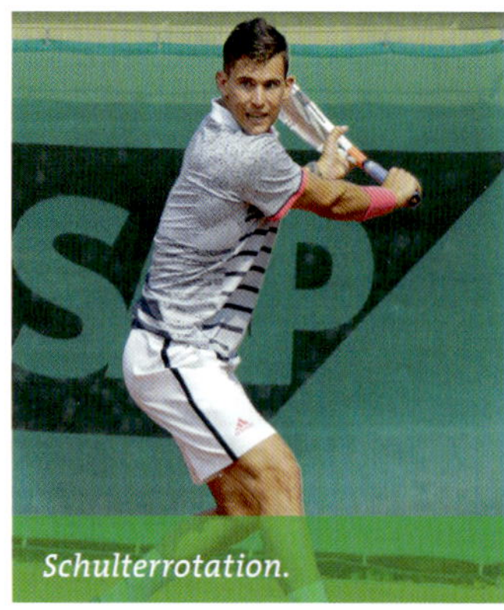

*Schulterrotation.*

» Die Ausholbewegung sollte rund sein.
» Der Spieler sollte den Oberkörper drehen, sobald er merkt, dass der Ball auf seine Rückhand kommt.
» Der Spieler sollte das Handgelenk so halten, dass der Schläger nach oben zeigt, und ihn mit ziemlich geradem Arm zurücknehmen.
» Lehren Sie eine Ausholbewegung in zwei Phasen. Der Spieler soll den Körper früh drehen und den Schläger zurücknehmen, in der Position soll er kurz anhalten und dann anfangen zu schwingen.

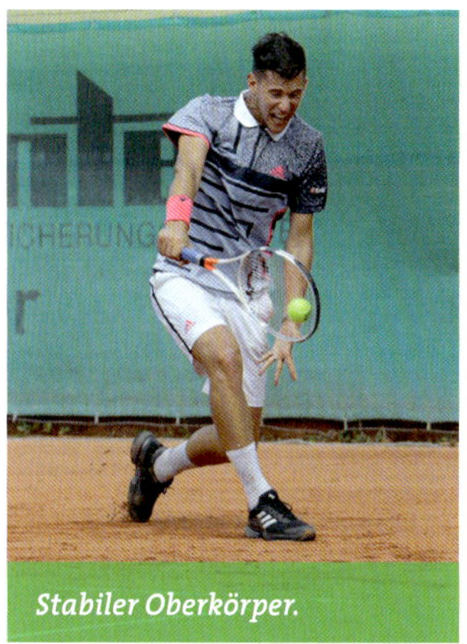
*Stabiler Oberkörper.*

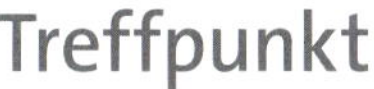

## Treffpunkt

» Der Treffpunkt sollte vor dem Körper sein, der Arm gerade.
» Achten Sie darauf, dass die vordere Schulter bis zum Ballkontakt ruhig bleibt. Der Oberkörper sollte stabil bleiben.
» Der Kopf sollte beim Treffpunkt ruhig sein.
» Die Schultern sollten während des gesamten Schlages parallel zum Boden bleiben.

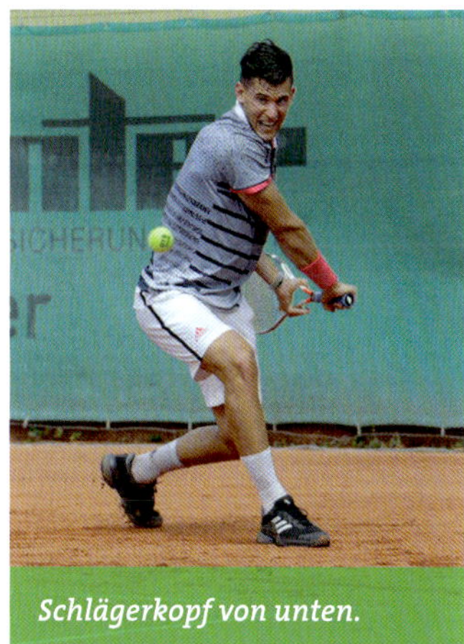
*Schlägerkopf von unten.*

## Schwung

» Der Schwung sollte von unten nach oben gehen.
» Der Spieler sollte den Schlägerkopf vor dem Treffpunkt unter den Ball fallen lassen.
» Der Spieler sollte während des gesamten Schlages im Gleichgewicht sein.
» Der Schwung sollte flüssig und in einer kontinuierlichen Bewegung ausgeführt werden.
» Der Arm rotiert bei der Vorwärts-Bewegung.

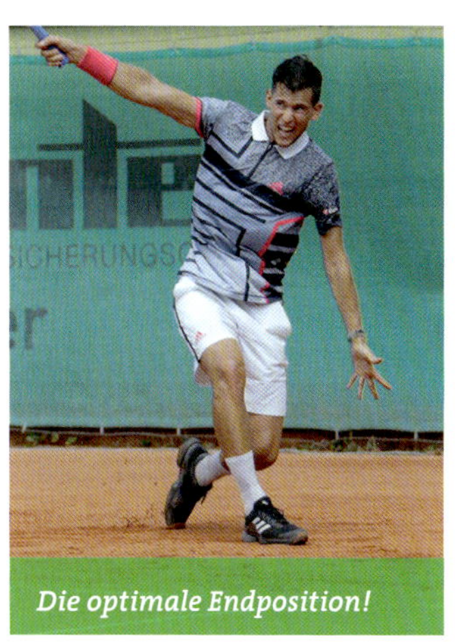
*Die optimale Endposition!*

## Ausschwung

» Der Ausschwung sollte lang in die Richtung des Ziels gehen. Das Handgelenk schließt sich am Ende.
» Der nicht schlagende Arm macht eine Gegenbewegung nach hinten.

- Der Schlägerkopf sollte am Ende des Schwungs nach oben zeigen, und der Arm sollte in Richtung des Ziels zeigen.
- Der Arm sollte am Ende des Schwungs vollständig gestreckt sein.

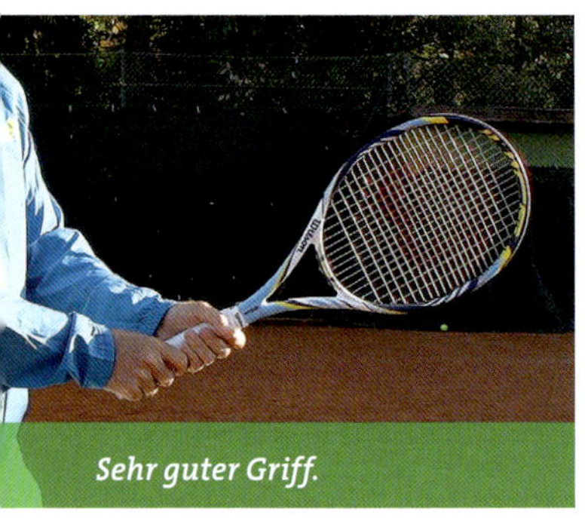
*Sehr guter Griff.*

## DIE BEIDHÄNDIGE RÜCKHAND

Die folgenden Aspekte sollten beim Unterrichten einer beidhändigen Rückhand berücksichtigt werden:

### Griff

- Idealerweise sollte der Spieler einen Eastern-Vorhand-Griff (wie beim Händeschütteln) mit der nicht-dominanten Hand und einen Kontinental-Griff (Hammer-Griff) mit der dominanten Hand verwenden.
- Führen Sie den Slice erst ein, wenn der Spieler einen normalen Topspin ausführen kann.
- Lassen Sie den Spieler Vorhände mit links schlagen, um ein Gefühl für den Gebrauch der nicht-dominanten Hand zu bekommen.

### Beinarbeit

- Achten Sie darauf, dass die Spieler sowohl mit offener als auch mit geschlossener Beinstellung schlagen können.

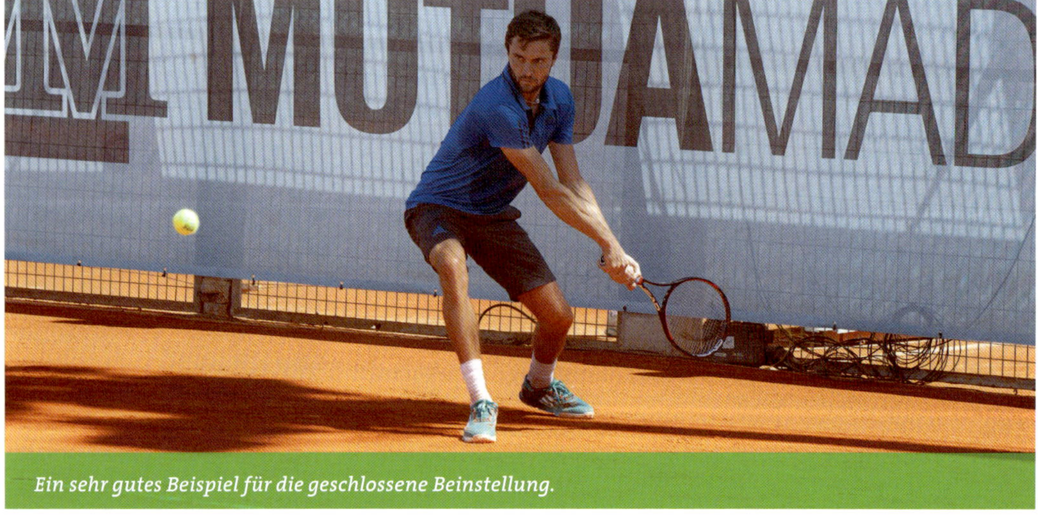
*Ein sehr gutes Beispiel für die geschlossene Beinstellung.*

» Bringen Sie den Spielern bei, in die Knie zu gehen, damit sie beim Schlagen den ganzen Körper einsetzen können.
» Die Spieler sollten wissen, wie man bei weiten Bällen nach dem Schlag rotiert, um richtig abzustoppen.

## Ausholbewegung

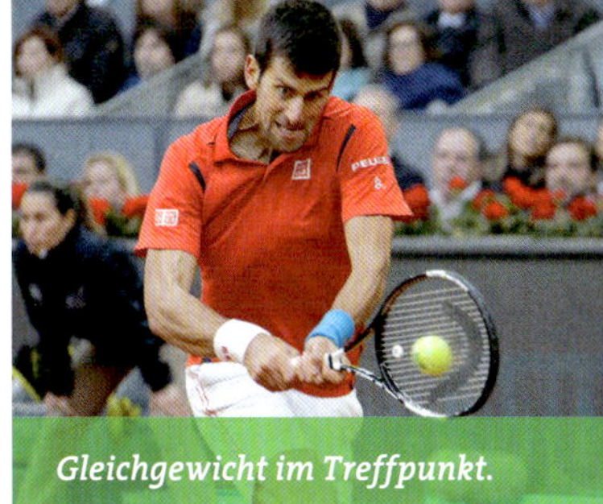
Gleichgewicht im Treffpunkt.

» Bringen Sie den Spielern bei, dass der Schläger durch das Drehen der Schultern zurückgenommen wird.
» Die Spieler können den Schläger gerade zurücknehmen oder in einer kreisförmigen Bewegung ausholen.
» Die Spieler sollen den Oberkörper sofort drehen, wenn sie erkennen, in welche Richtung der Ball kommt.
» Lehren Sie eine Ausholbewegung in zwei Phasen. Der Spieler soll den Körper früh drehen und den Schläger zurücknehmen, in der Position soll er kurz anhalten und dann anfangen zu schwingen.

## Treffpunkt

» Der Treffpunkt sollte immer vor dem Körper sein.
» Der Kopf sollte beim Treffpunkt ruhig sein.
» Die Schultern sollten während des gesamten Schlags parallel zum Boden bleiben.

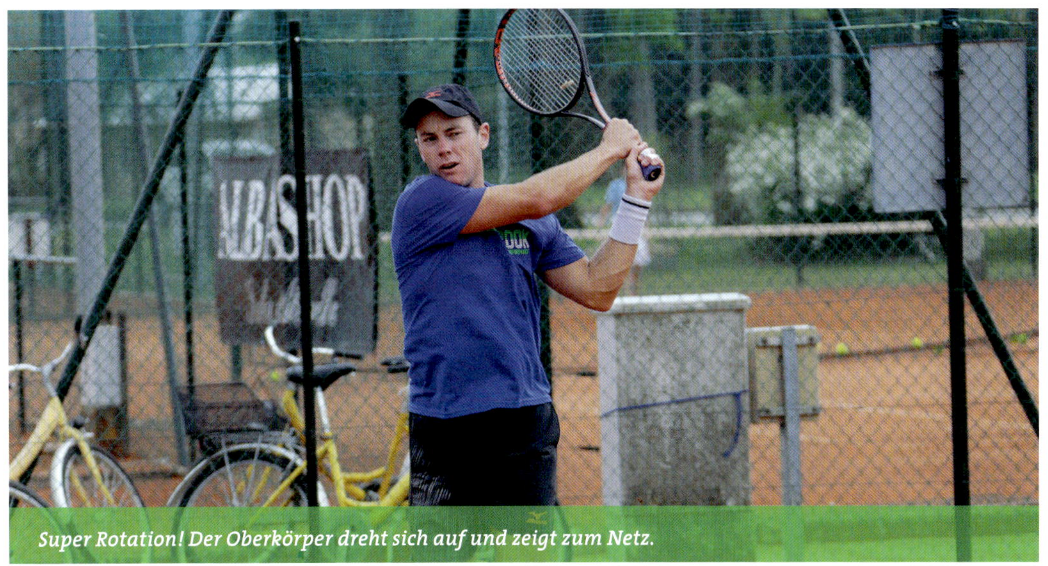

Super Rotation! Der Oberkörper dreht sich auf und zeigt zum Netz.

## Ausschwung

- Im Allgemeinen sollte der Ausschwung lang zum Ziel und dann über die rechte Schulter gehen (Rechtshänder).

# Aufschlag

Die folgenden Aspekte sollten beim Unterrichten des Aufschlages berücksichtigt werden:

## Griff

Unterrichten Sie Anfänger mit einem Eastern-Vorhand-Griff und wechseln Sie zu einem Continental-Griff, sobald sie in der Lage sind, die grundlegende Servicebewegung auszuführen.

## Beinarbeit

- Der Spieler sollte seitlich zum Netz stehen, wobei die Fußspitzen leicht zum Netzpfosten zeigen.
- Der Spieler kann während des Aufschlages entweder die Füße stehen lassen oder mit dem hinteren Fuß einen Schritt in Richtung des vorderen Fußes machen.
- Die Spieler sollten nach dem Absprung auf dem Vorderfuß landen.

## Ausholbewegung

- Bei einer langen Ausholbewegung wird der Schläger fallen gelassen und nach hinten und oben geführt, bei einer kurzen Ausholbewegung wird der Schläger seitlich vom Körper in die Wurfposition gehoben. In beiden Fällen kommt es darauf an, dass sich der Spieler in

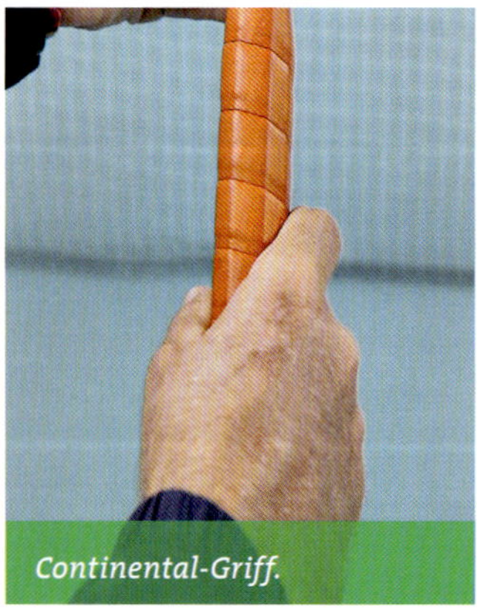

*Continental-Griff.*

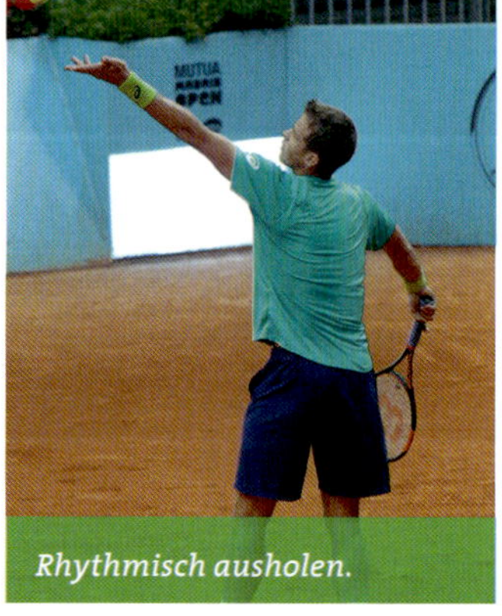


*Rhythmisch ausholen.*

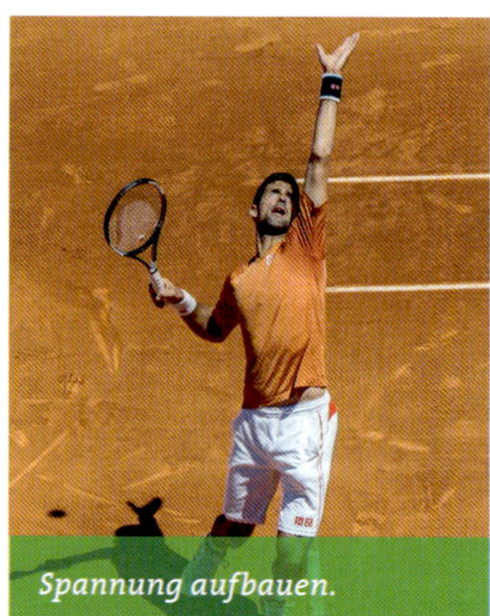

*Spannung aufbauen.*

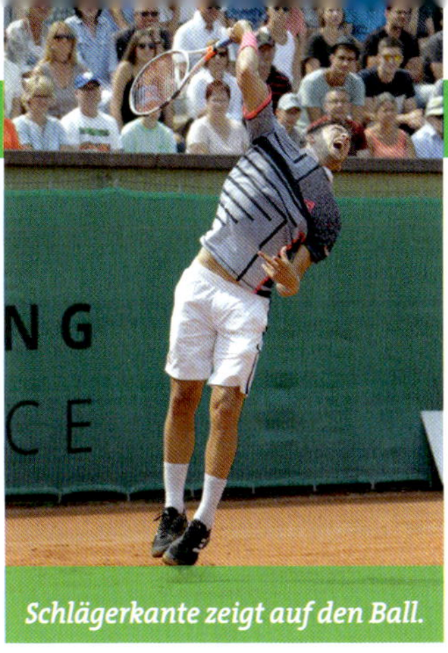
*Schlägerkante zeigt auf den Ball.*

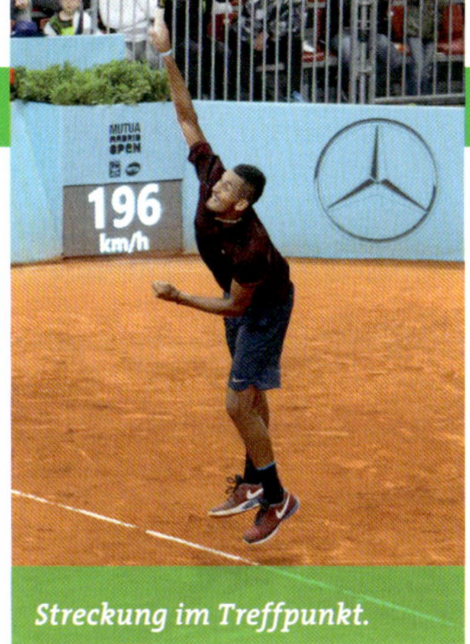

*Streckung im Treffpunkt.*

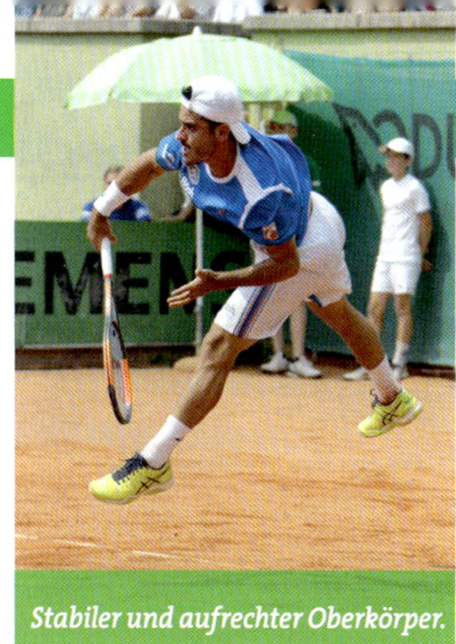
*Stabiler und aufrechter Oberkörper.*

eine gute Position bringt, aus der er explodieren kann. Der Ellbogen ist in einem Winkel von 90 Grad zum Körper mit der Schulter ausgerichtet, die Schultern leicht gekippt, die Knie gebeugt und der Oberkörper aufgedreht.

» Der Wurfarm sollte etwas vor dem Schlagarm nach oben gehen.

## Schwung

» Der Spieler muss den Einsatz der Beine mit dem gesamten Schwung koordinieren.
» Die gesamte Bewegung sollte fließend sein.
» Der Spieler sollte springen und sich für den Schlag nach oben strecken.

## Treffpunkt

» Der Treffpunkt sollte so hoch wie möglich sein, nur bei einem Kick-Aufschlag gibt es einen etwas niedrigeren Treffpunkt. Der Ball sollte über dem Kopf, vor dem Körper und leicht rechts (Rechtshänder) getroffen werden.
» Der Kopf und die Augen sollten beim Treffpunkt oben bleiben.

## Ausschwung

» Der Wurfarm sollte zum Bauch gehen, während sich der Schlagarm nach oben bewegt, um den Ball zu treffen.
» Der Schläger sollte zur linken Seite (Rechtshänder) des Körpers ausschwingen.
» Der Oberkörper sollte so lange wie möglich aufgerichtet bleiben.

Wenn diese technischen Elemente bei allen Schlägen erreicht werden, können die Spieler den Schlägerkopf effizient beschleunigen. Aber selbst mit einer soliden technischen Basis muss die Schlägerkopfbeschleunigung im Training durch verschiedene Übungen verbessert werden. Wichtig ist es, permanent an der Schlägerkopfgeschwindigkeit zu arbeiten und sie zu verbessern, ohne die Kontrolle zu verlieren.

# Schlägerkopfbeschleunigung

EG's EDGARS TIPPS

Es ist wichtig, dass den Spielern bei jedem Training die Bedeutung der Schlägerkopfbeschleunigung bewusst gemacht wird. Die Spieler müssen dabei immer nach dem Gleichgewicht zwischen Beschleunigung und Kontrolle suchen. Mit anderen Worten, die Spieler sollten immer versuchen, so schnell wie möglich zu schwingen, bis sie an ihre Grenze kommen und anfangen, die Kontrolle zu verlieren. Diese Grenze wird jeden Tag leicht variieren, aber im Allgemeinen sollte ein konstanter Spieler versuchen, schneller zu schwingen, und sehen, ob er die Konstanz beibehalten kann. Er soll an seine Grenzen gehen, bis seine Konstanz nachlässt. Andererseits sollte ein nicht so konstanter Spieler zuerst versuchen, mit mehr Drall zu schlagen und dabei die Schlägergeschwindigkeit hoch zu halten. Wenn ihm dies nicht gelingt, sollte er die Geschwindigkeit verringern, bis er die Kontrolle über seine Schläge erlangt.

Zusätzlich zu dieser Denkweise gibt es zwei spezifische Übungen, die den Spielern helfen, ihre Schlaggeschwindigkeit zu erhöhen.

» **Entspannungsübungen und Übungen für die Schwungentwicklung.** Diese Übungen helfen den Spielern zu erkennen, welche Muskeln beim Schwung wirklich beansprucht werden und welche entspannt werden müssen.

» **Reine Beschleunigungsübungen.** Übungen zur Entwicklung der motorischen Fähigkeit, schnell zu schwingen. Das Ziel dieser Übungen ist ausschließlich, die Schlägergeschwindigkeit zu verbessern, ohne auf die Kontrolle zu achten.

## Entspannungsübungen und Übungen für die Schwungentwicklung

Mit diesen Übungen können die Spieler lernen, mit möglichst geringem Kraftaufwand effektiv zu schwingen.

Wenn Spieler versuchen, härter zu schlagen, arbeiten sie meistens mit ihren Muskeln, anstatt den Schlägerkopf schneller schwingen zu lassen. Um mit hohen Geschwindigkeiten schwingen zu

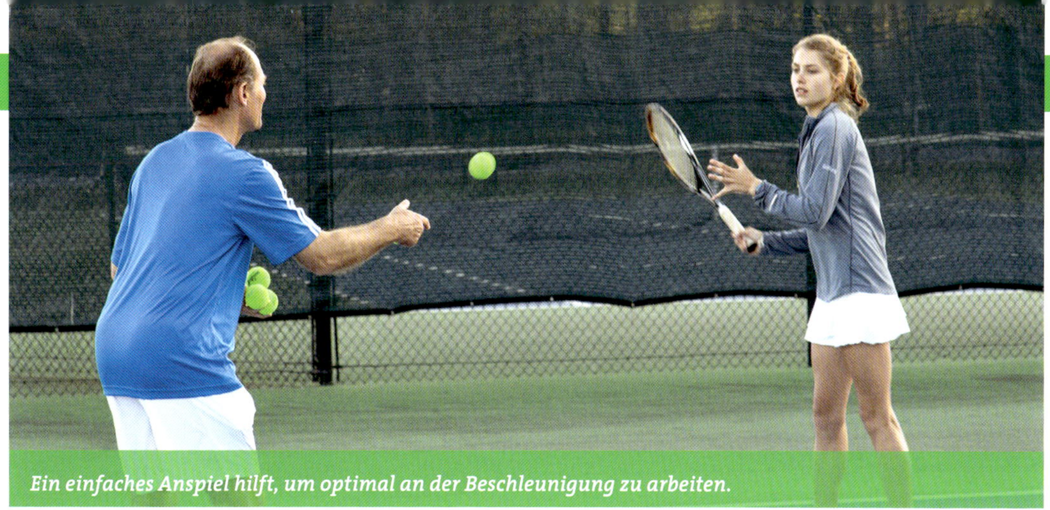

*Ein einfaches Anspiel hilft, um optimal an der Beschleunigung zu arbeiten.*

können, muss der Spieler lernen, nur die erforderlichen Muskeln anzuspannen und alle anderen zu entspannen. Jegliche Anspannung verringert die Schwunggeschwindigkeit, indem sie Muskeln aktiviert, die nicht mit der Aktion in Zusammenhang stehen. Es ist wie Autofahren mit angezogener Handbremse. Das Auto wird sich zwar bewegen, aber nicht so schnell und mühelos wie es sollte. Die folgenden Übungen sollen helfen, den Schwung der Spieler zu optimieren.

Hinweis: Die Spieler sollten während der Übungen beim Ausschwingen ausatmen und die Schwünge mit möglichst geringem Kraftaufwand ausführen.

## Schwerer Schläger

Der Spieler soll einen Schläger oder einen ähnlichen Gegenstand mit mehr Gewicht und möglichst geringem Kraftaufwand schwingen. Zum Beispiel: Er kann zwei Schläger übereinander halten, einen Schläger mit Gewichten, einen Baseballschläger usw. Der Spieler sollte so schnell schwingen, dass er den Gegenstand durch die Luft pfeifen hören kann. Bei einem schwereren Gegenstand ist es schwieriger, die Muskeln zu benutzen, sodass der Spieler ihn schwingen lassen muss.

## Schwung mit drei Fingern

Der Spieler hält seinen Schläger nur mit den ersten drei Fingern (Daumen, Zeigefinger und Mittelfinger). Dann versucht er, auf diese Weise Bälle zu schlagen.

**EG's Edgars Tipps**

**Wenn Spieler beim Schwingen zu angespannt sind, dann liegt die Ursache meistens beim Griff. Hält der Spieler den Schläger zu fest in der Hand, kann er nicht effizient schwingen.**

Hält der Spieler den Schläger jedoch mit drei Fingern, kann er ihn nicht zu fest halten und das Handgelenk kann optimal arbeiten.

## Mit drei Geschwindigkeiten schwingen

Der Spieler soll einen Schlag in drei verschiedenen Geschwindigkeiten durchführen, und zwar langsam, mittelschnell und sehr schnell. Dabei soll er darauf achten, ob bei ihm die Muskelspannung mit zunehmender Schwunggeschwindigkeit zunimmt. Der Spieler sollte versuchen, mit minimaler Anstrengung eine maximale Geschwindigkeit zu erreichen.
Diese Übungen sollten so häufig wie möglich angewendet werden, da sie die Grundlage einer guten Entwicklung des Schwungs bilden.

# REINE BESCHLEUNIGUNGSÜBUNGEN

Das Ziel dieser Übungen ist, die Kraft und die neuromuskuläre Koordination zu verbessern, um höhere Schlägerkopfgeschwindigkeiten zu erreichen. Kontrolle ist bei diesen Übungen absolut unwichtig. Diese Übungen sind effektiver, wenn sie außerhalb des Platzes oder gegen den Zaun ausgeführt werden. Die Spieler können sich dann voll und ganz auf das Beschleunigen konzentrieren und müssen sich keine Sorgen um die Kontrolle machen.

Es gibt zwei Arten von reinen Beschleunigungsübungen: Kontrastübungen und Übungen für die Schlägerkopfgeschwindigkeit.

## Kontrastübungen

Hierbei handelt es sich um Übungen, bei denen die Muskeln des Spielers überstimuliert und sofort unterstimuliert werden. Sie müssen gegen einen schweren Widerstand und dann gegen einen sehr leichten Widerstand arbeiten oder umgekehrt, um eine schnellere Reaktion als normal zu erzwingen. Zum Beispiel:

## Medizinball-Würfe

Ein Medizinball wird sechsmal so schnell wie möglich geworfen, darauf folgen sechs maximal schnelle Schwünge. Diese Übung kann mit Grundschlägen oder mit Aufschlägen durchgeführt werden. Um die Beschleunigung bei den Grundschlägen zu verbessern, sollten die Würfe mit zwei Händen durchgeführt werden, die eine Vorhand oder Rückhand imitieren. Um die Aufschlaggeschwindigkeit zu verbessern, sind Würfe über dem Kopf zu empfehlen.

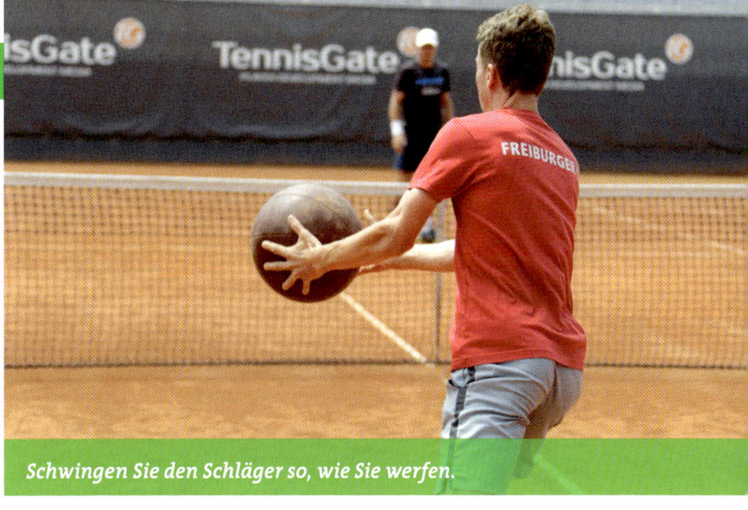

*Schwingen Sie den Schläger so, wie Sie werfen.*

## Wechselnde Gewichte

Die Spieler sollen abwechselnd sechs- bis achtmal mit maximaler Geschwindigkeit einen Badmintonschläger oder einen Tennisschläger schwingen und danach sechs bis acht Grundschläge oder Aufschläge mit demselben Schwung mit maximaler Geschwindigkeit durchführen.

## Schwerer Schläger

Die Spieler sollen als Erstes einen Schläger mit Schlägerhülle oder mit einem Zusatzgewicht mit maximaler Geschwindigkeit sechs- bis achtmal schwingen. Dann wird der Schläger sechs- bis achtmal ohne Hülle oder Gewicht beschleunigt und als Letztes wird der Ball sechs- bis achtmal gespielt.

Hinweis: Damit diese Übungen effektiv sind, müssen alle Schwünge und Würfe mit **maximaler Geschwindigkeit** ausgeführt werden.

# Übungen für die Schlägerkopf-beschleunigung

Hierbei handelt es sich um Übungen, bei denen der Spieler lernt, den Schlägerkopf so schnell wie möglich zu schwingen. Im Mittelpunkt steht die Geschwindigkeit des Unterarms und des Handgelenks. Zum Beispiel:

## Ball gegen das Netz

Der Spieler steht einen Meter vor dem Netz, lässt einen Ball fallen und versucht, ihn sechs- bis achtmal so schnell wie möglich ins Netz zu spielen. Die Schläge sollten mit sehr kleinen Ausholbewegungen und mit sehr hoher Geschwindigkeit ausgeführt werden.

## Aus der Luft

Der Trainer steht neben dem Spieler und wirft sechs bis acht Bälle sehr schnell hintereinander in die Luft. Der Spieler soll so schnell wie möglich schwingen und die Bälle aus der Luft annehmen. Das hohe Tempo des Trainers zwingt den Spieler, sehr schnelle und kompakte Schwünge durchzuführen.

## Normales Anspiel

Der Trainer steht auf der anderen Seite des Netzes und spielt die Bälle aus dem Korb an. Der Spieler steht einen Meter innerhalb des Spielfeldes und nimmt die Bälle entweder kurz nach dem Aufspringen (Halbvolley) oder aus der Luft und schwingt so schnell wie möglich mit viel Spin.

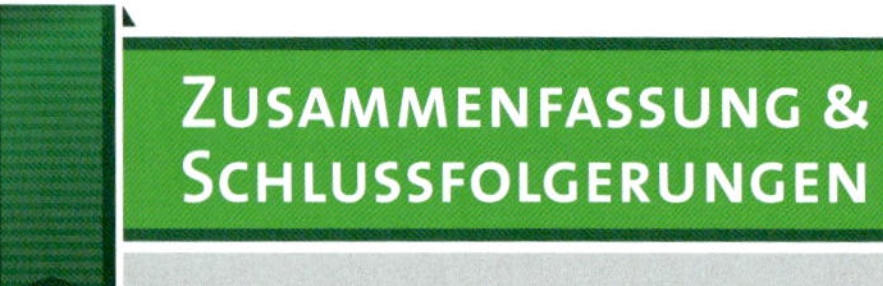


Der Versuch, Schlägerbeschleunigung und Kontrolle gleichzeitig zu entwickeln, ist für jeden Trainer eine Herausforderung. Die Schlägerkopfgeschwindigkeit ist jedoch eine wesentliche Komponente bei der Entwicklung einer soliden technischen Basis und sollte entsprechend angegangen werden. Trainer sollten den Schwerpunkt auf die Schlägerkopfbeschleunigung legen und beim Training sowohl Entspannungs- und Schwungentwicklungsübungen als auch reine Beschleunigungsübungen anwenden. Flexible Schläge sind zwar großartige Waffen, aber flexible und schnelle Schläge sind im Match viel effektiver.

Bisher lag der Schwerpunkt meines Buches auf der Entwicklung einer starken technischen Basis. Beim Tennis geht es jedoch nicht nur darum, den Ball gut zu treffen, sondern auch darum zu wissen, wohin man den Ball spielen muss, um maximale Ergebnisse bei minimalem Risiko zu erzielen. Genau darum geht es in den nächsten Abschnitten.

# Einfach halten

In meiner Karriere als Coach schließt sich der Kreis. Als ich anfing, hatte ich nur begrenzte Kenntnisse, sodass meine Herangehensweise sehr einfach war. Ich nutzte das, was für mich als Spieler funktioniert hatte, und wandte es auf mein Training an. Mein Lehrsystem basierte auf einigen wenigen Schlüsselkonzepten. Die Praktiken waren sehr einfach und bestanden im Grunde genommen aus Übungen, die meinen Spielern helfen sollten, diese wenigen Konzepte, an die ich glaubte, in ihr Spiel zu integrieren.

Mit der Zeit und der Erfahrung wuchs meine Wissensbasis, und ich jonglierte mit vielen verschiedenen Ideen und versuchte, sie in meine Trainingsphilosophie zu integrieren. Es war eine Zeit großer Experimente, in der ich versuchte, all diese neuen Informationen zu implementieren. Übungen, Fakten, technische und taktische Konzepte schwirrten in meinem Kopf herum.

Mit der Zeit verdichtete ich diese riesigen Datenmengen zu einigen einfachen Konzepten, die jetzt die Grundlage meiner Philosophie bilden. Wieder einmal sind meine Übungen sehr geradlinig und einfach, genau wie damals, als ich mit dem Coaching begann.

Effektive Praktiken müssen nicht kompliziert sein. Es gibt so viele Informationen in der Tenniswelt, dass sich Trainer leicht verirren können. Es ist nicht möglich, zu viel abzudecken. Beständigkeit ist der Schlüssel zu großartigem Coaching. Nutzen Sie Abwechslung in Ihren Übungen, um das Training frisch und unterhaltsam zu gestalten. Aber stellen Sie sicher, dass Ihre Spieler immer genügend Wiederholungen durchführen, um die Fähigkeiten zu beherrschen, die Sie ihnen beibringen wollen.

**Keep it simple!**

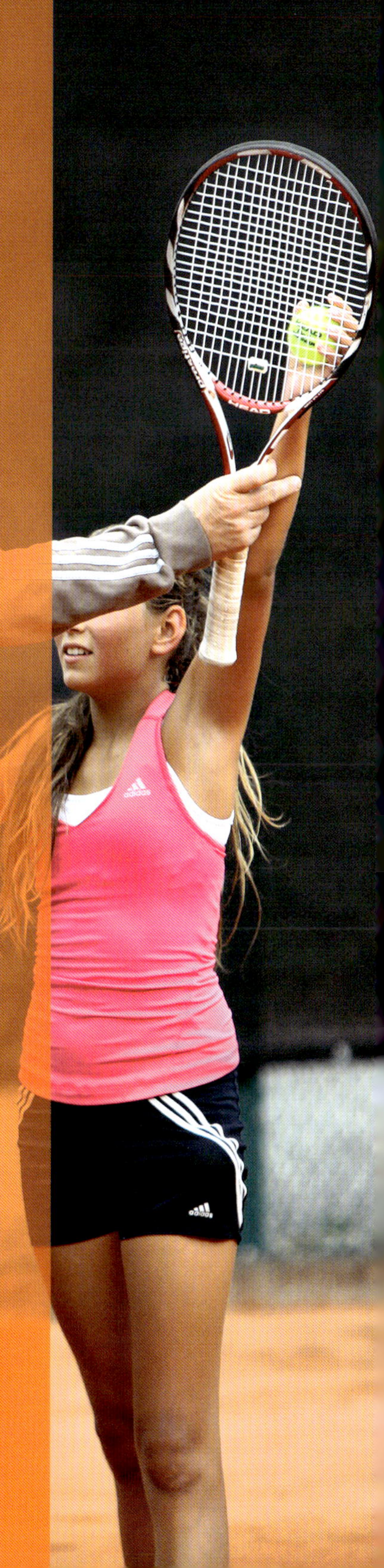

Teil III

# Einsatz der eigenen Stärken

Dieses Kapitel befasst sich mit dem zweiten wichtigen Konzept des Systems. Es erklärt, wie Sie den Spielern beibringen können, ihre entwickelte Schlagflexibilität einzusetzen bzw. den richtigen Schlag zur richtigen Zeit auszuwählen.

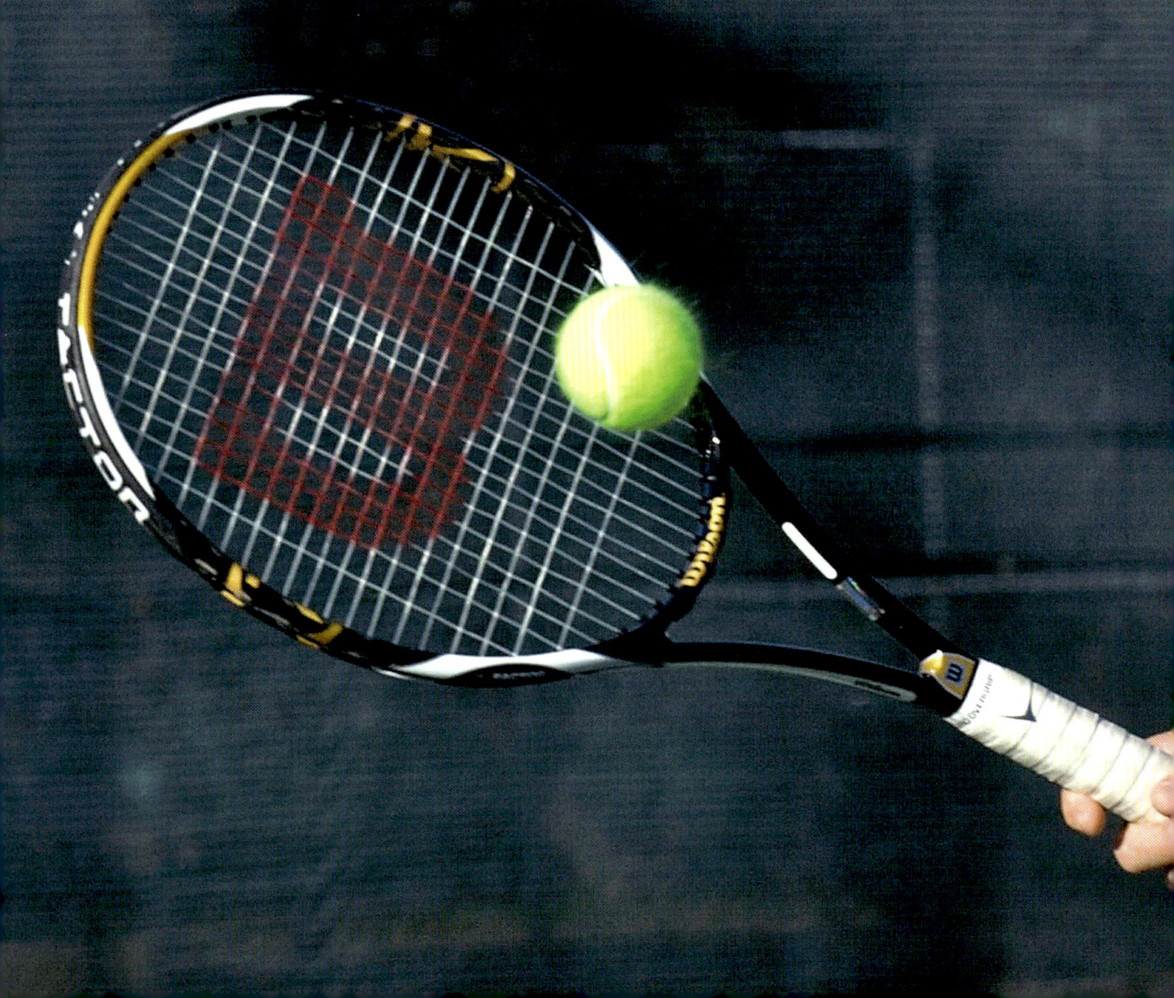

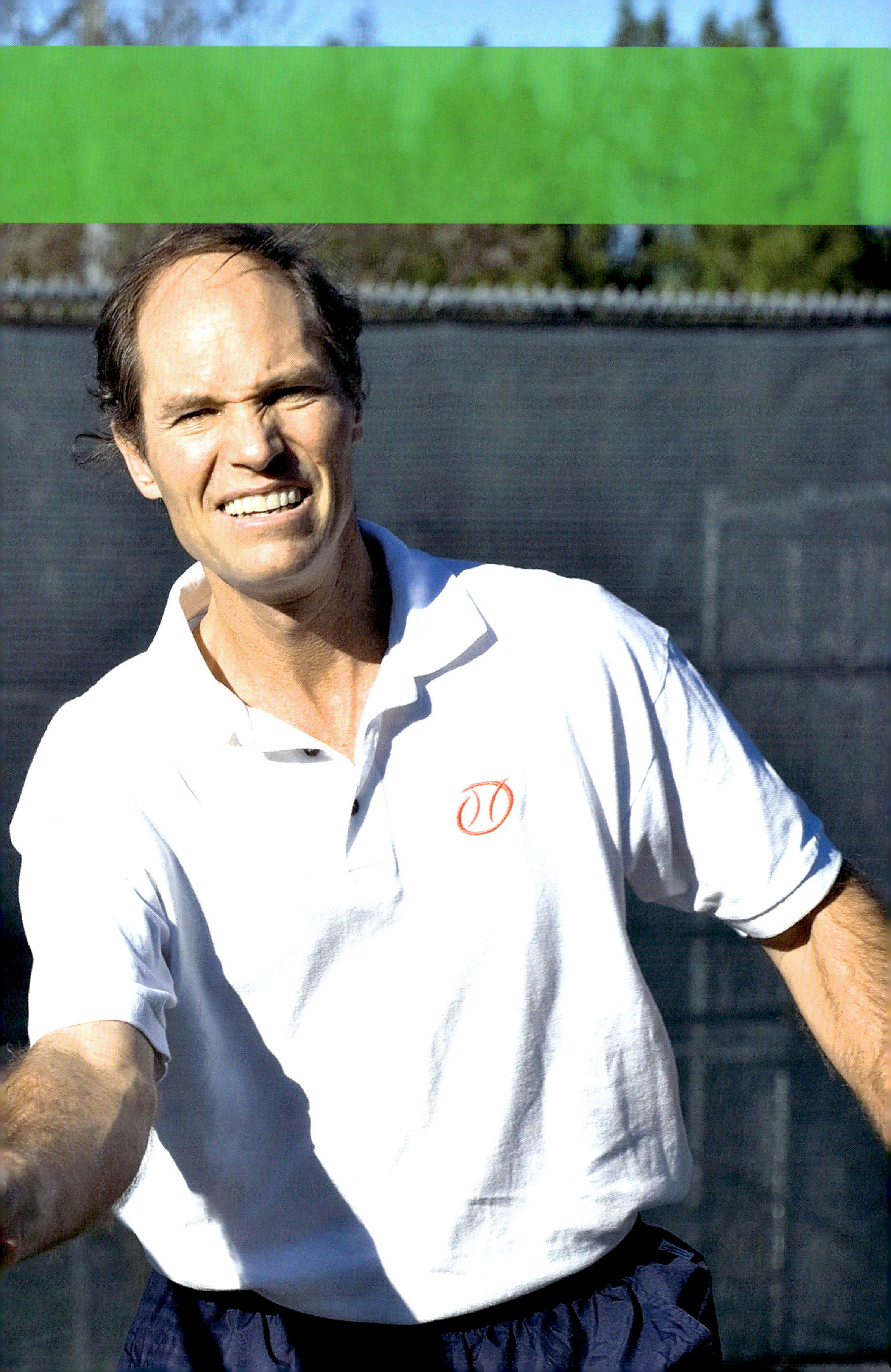

# EFFEKTIVER EINSATZ DER SCHLÄGE

Die Entwicklung solider, flexibler Schläge ist nur ein Teil der Formel, um großartiges Tennis zu spielen. Genauso wichtig ist es zu wissen, wie man diese Schläge effektiv einsetzen kann. Ein Soldat kann die größte Kanone haben, aber wenn er nicht weiß, wann er sie abfeuern soll, kann ihn ein Feind mit einer Steinschleuder besiegen.

Die folgende Anekdote veranschaulicht dies.

Als Nationaltrainer der Vereinigten Staaten bestand eine meiner Hauptaufgaben darin, die Nationalmannschaft im Sommer nach Europa zu bringen, um dort auf dem ITF-Junior Circuit zu spielen. Acht Jahre in Folge verbrachte ich den Sommer in Europa, wo ich verschiedene Mannschaften trainierte.

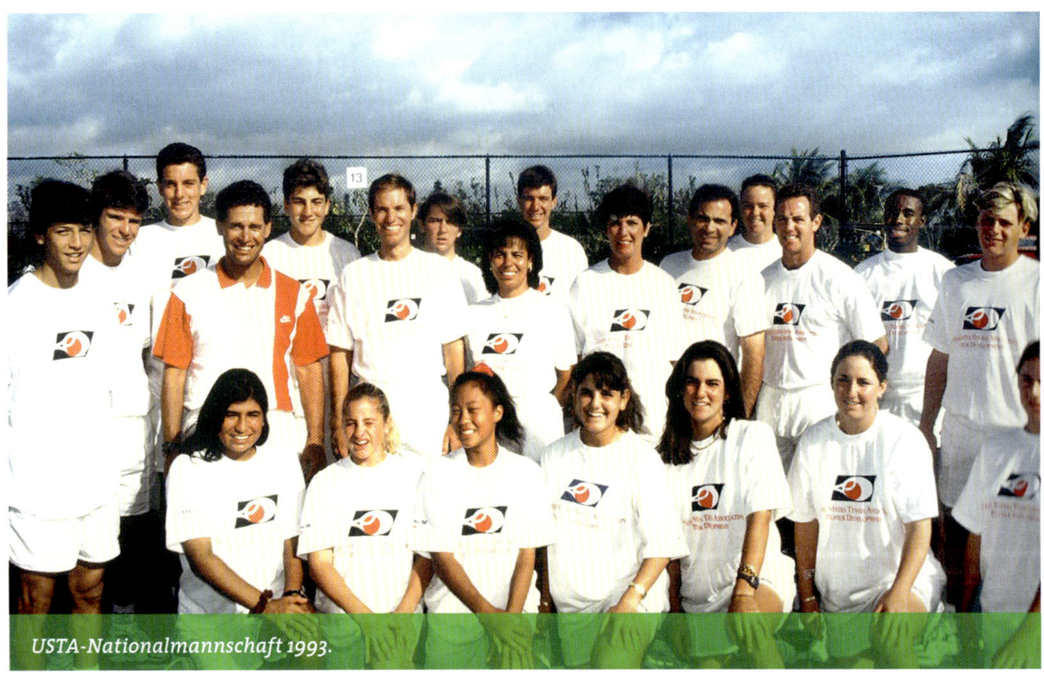


*USTA-Nationalmannschaft 1993.*

Die größte Umstellung für die amerikanischen Spieler war es, auf Sand zu spielen. Die meisten Spieler fühlten sich auf Hartplätzen sehr wohl, waren aber auf Sand nicht sehr erfahren. Auf Sandplätzen werden taktische Schwächen sofort aufgedeckt. Die Plätze verlangsamen den Ball so stark, dass es fast unmöglich ist, schnelle Punkte zu gewinnen. Im Damentennis kann eine starke Grundlinienspielerin mit einem schlechten taktischen Spiel vielleicht noch davonkommen, aber im Herrentennis ist das fast unmöglich.

Um unseren Spielern bei der Anpassung zu helfen, haben wir Trainer sie gute Schläge machen lassen, die sie aber in Schwierigkeiten gebracht haben. Ihre Aufgabe war zu realisieren, dass sie mit diesen Schlägen nicht weiterkommen, und zu lernen, wie sie sich aus den Schwierigkeiten befreien können.

## Zwei Beispiele:

Im ersten Beispiel haben zwei Rechtshänder gegeneinander gespielt. Der Returnspieler sollte auf der Vorteilseite die Rückhand umlaufen und mit seiner Vorhand die Linie hinunter zur Vorhand des Gegners spielen. Wenn der Schlag nicht gut genug war, hat der Returnspieler in der Regel den Punkt verloren. Der Grund dafür war, dass der Spieler, der seine Rückhand umlaufen hat, in der Regel aus dem Korridor geschlagen hat. Von dort aus ist der ganze Platz offen, sodass der Gegner mit einer Vorhand cross angreifen und ihn in die Defensive bringen konnte.

Im zweiten Beispiel sollte ein Spieler aus dem Lauf einen Longline-Ball spielen. Wenn der Schlag kein direkter Winner war, dann hat der Spieler den Punkt verloren, weil er durch einen harten Schlag die Linie herunter nicht in der Lage war, den cross gespielten Konter des Gegners zu verteidigen.

In beiden Fällen waren die Schläge der Spieler nicht das Problem. Es waren in der Tat sehr gut ausgeführte Schläge. Das Problem war, dass sie in diesen Situationen nicht die idealen Schläge waren. Man kann sogar argumentieren, dass in beiden Fällen die bessere Reaktion wahrscheinlich ein technisch weniger anspruchsvoller Schlag war: im ersten Fall eine neutrale Vorhand inside-out und im zweiten Fall ein hoher und langer Cross. Dies sind gute Beispiele dafür, dass Spieler oft großartige Schläge haben, aber nicht wissen, wie sie sie optimal einsetzen können. Der Aufbau von Stärken ist also nur ein Teil der Antwort. Zu wissen, wie man sie einsetzt, ist der andere Teil.

# TEIL III – ABSCHNITT 6

# Theorie und Taktik

**EG's EDGARS TIPPS**

Während eines Punktes ist Tennisspielen ein automatischer Prozess, bei dem der Spieler wenig Zeit zum Nachdenken hat. Ein Spieler muss in der Lage sein, eine Situation zu erkennen, und automatisch die optimale Lösung finden. Um dies erfolgreich zu tun, muss ein Spieler die taktische Spieltheorie verstehen und dieses Wissen in sein Spiel integrieren, indem er spezifische Übungen durchführt.

In den folgenden zwei Abschnitten stelle ich ein detailliertes Programm vor, wie Sie spezifische Übungen auf dem Platz durchführen können.
In diesem Abschnitt wird die Taktik anhand der Analyse der folgenden Themen erläutert:

- Geometrie des Spielfeldes oder wie man das Spielfeld besser abdeckt.
- Regeln für Matches oder die wichtigsten taktischen Konzepte für Matches.

In Abschnitt 7 wird aufgezeigt, wie man dieses theoretische Wissen in die Matches der Spieler integrieren kann.

## GEOMETRIE DES SPIELFELDES

Einer der wichtigsten taktischen Aspekte im Tennis ist die „Geometrie des Spielfeldes". Dieses wesentliche Konzept in der taktischen Spieltheorie erklärt, wie Spieler das Feld effizient abdecken können.

Wenn Sie das Spielfeld aus der Perspektive der Spielfeldabdeckung betrachten, wird deutlich, dass ein Schlüsselelement der Beinarbeit darin besteht, unmittelbar nach jedem Schlag in Richtung Mitte zurückzukehren. Aber wohin genau sollen die Spieler sich zurückbewegen?
Nur wer die Geometrie des Platzes versteht, weiß, dass die Mitte des Platzes nicht immer die ideale Position ist.

**Im Idealfall sollte ein Spieler danach streben, sich nach jedem Schlag in die Mitte der bestmöglichen Schläge des Gegners zu stellen, und zwar auf die Winkelhalbierende.** Um dieses Ziel zu erreichen, sollten sie beide Arten von Bewegungen berücksichtigen, nach vorne und hinten sowie von Seite zu Seite.

Aber wo sollte sich ein Spieler grundsätzlich an der Grundlinie positionieren? In taktischer Hinsicht ist es am besten, sich so direkt wie möglich zum Aufsprung des Balles zu bewegen, da dies Schritte spart und der Spieler näher an der Mitte des Spielfeldes bleibt (Abbildung 1). Darüber hinaus wird das frühe Spielen des Balles dem Gegner Zeit rauben, da der Schlag schneller zurückkommt. Es ist jedoch nicht einfach, den Ball sehr nahe an der Stelle zu treffen, an der er aufspringt. Das erfordert gute Beinarbeit, Wahrnehmung, Antizipation und Koordination. Bei sehr aggressiven Schlägen des Gegners ist es fast unmöglich, dies zu erreichen. Daher wird die ideale Position an der Grundlinie von Spieler zu Spieler und von Schlag zu Schlag während des gesamten Punktes leicht variieren.

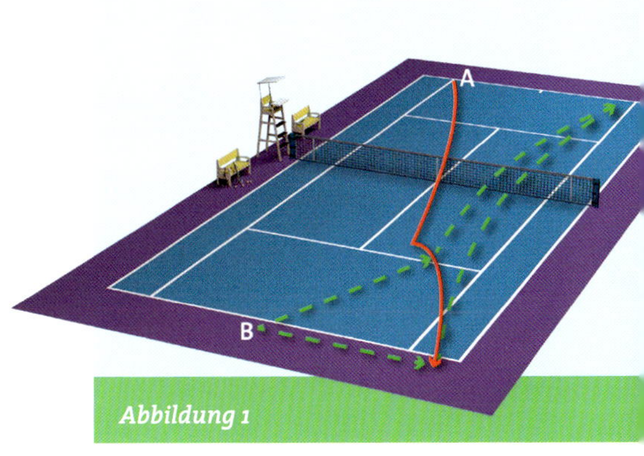

*Abbildung 1*

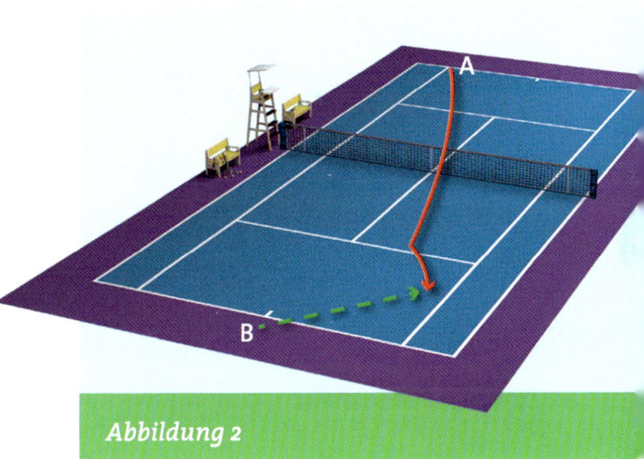

*Abbildung 2*

In der Regel liegt die beste Ausgangsposition an der Grundlinie zwischen einigen Zentimetern hinter der Grundlinie und einem Abstand von drei oder vier Metern. Die ideale Position ist jedoch abhängig von den Fähigkeiten des Spielers und dem Belag. Aber das Wichtigste ist nicht, wo die Ausgangsposition ist, sondern wie der Spieler seine Position in Abhängigkeit von jedem Schlag kontinuierlich anpasst. Im Idealfall sollte der Spieler den Ball spielen, während er aufsteigt. Mit anderen Worten, der Spieler sollte sich möglichst immer vorwärtsbewegen, in den Platz hineingehen und den Ball früh schlagen. Er sollte niemals auf den Ball warten und ihn fallen lassen. (Abbildung 2).

Natürlich ist die Bewegung auf dem Platz nicht immer nach vorne gerichtet. Wenn der Ball des Gegners sehr lang oder weit ist, sollte dieser sich so weit zurückziehen, dass er den Ball gut erreichen oder einen guten Schwung ausführen kann.

Eine gute Übung, um diese Vor- und Zurückbewegung zu verbessern, besteht darin, Ballwechsel zu spielen und bei jedem Schlag den gleichen Abstand zwischen dem Aufsprung und dem Kontaktpunkt einzuhalten. Dadurch wird der Spieler gezwungen, sich bei jedem Schlag ständig

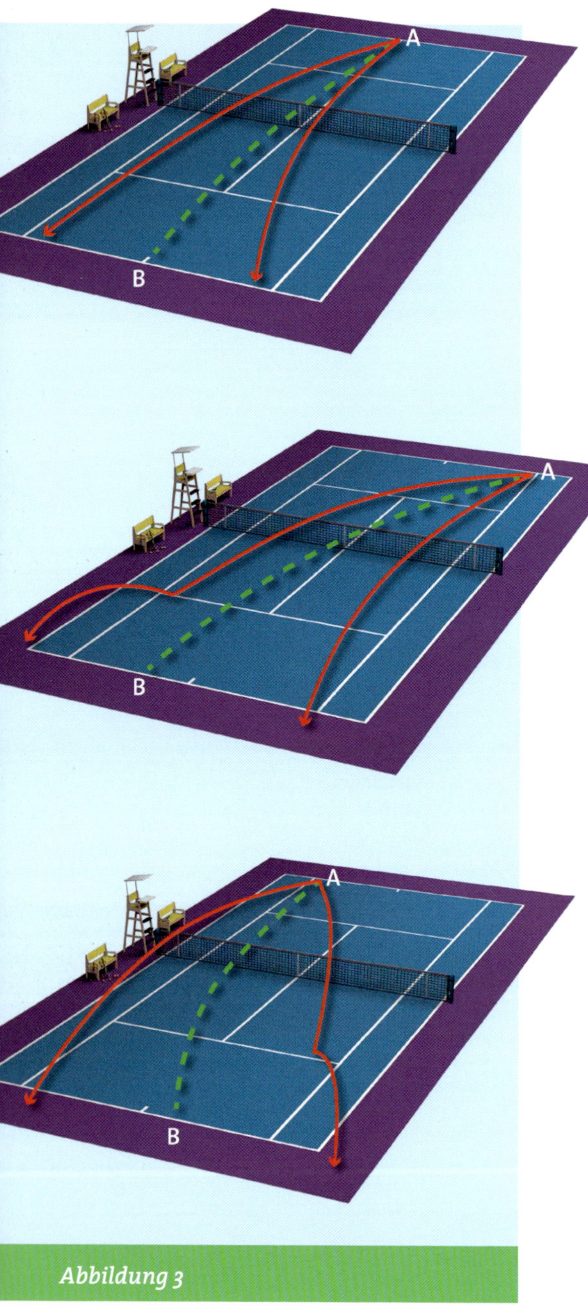


Abbildung 3

vorwärts- oder rückwärtszubewegen. Der ideale Abstand zwischen dem Aufsprung und dem Treffpunkt variiert je nach den Fähigkeiten des einzelnen Spielers und der Geschwindigkeit des ankommenden Balles.

Das gleiche Ergebnis lässt sich erzielen, wenn die Spieler versuchen, einen konstanten Rhythmus zwischen dem Aufprung und dem Treffpunkt einzuhalten. Der Spieler sollte gedanklich „hopp" sagen, wenn der Ball aufspringt, und „hit", wenn er den Ball trifft. Der Spieler sollte sich so bewegen, dass zwischen beiden Wörtern die gleiche Zeit eingehalten wird. (Zum Beispiel: hopp ... hit, hopp ... hit, hopp ... hit, im Gegensatz zu hopp ... hit, hopp................. hit)

Die ideale Entfernung zum Netz hängt auch von der Bewegungsfähigkeit des Spielers und der Situation ab. Grundsätzlich gilt, je näher ein Spieler am Netz ist, desto einfacher ist es, einen Passierball abzudecken. Und es ist leichter, einen guten Volley zu schlagen, da der Treffpunkt in der Regel höher liegt. Andererseits ist ein Spieler, der sich zu nahe am Netz befindet, anfällig für den Lob, und er hat wenig Zeit zu reagieren.

Daher muss ein Spieler bei der Bestimmung des idealen Abstands zum Netz beide Aspekte berücksichtigen. Er sollte sich nur so nah am Netz positionieren, dass er den Lob noch abdecken kann. Wenn der Spieler sich wie ein Affe bewegen und springen kann, dann sollte er sich die meiste Zeit sehr nahe am Netz befinden. Wenn seine Bewegungsfähigkeiten hingegen eher einem Esel ähnlich sind, sollte er sich wahrscheinlich besser an der Aufschlaglinie aufhalten.

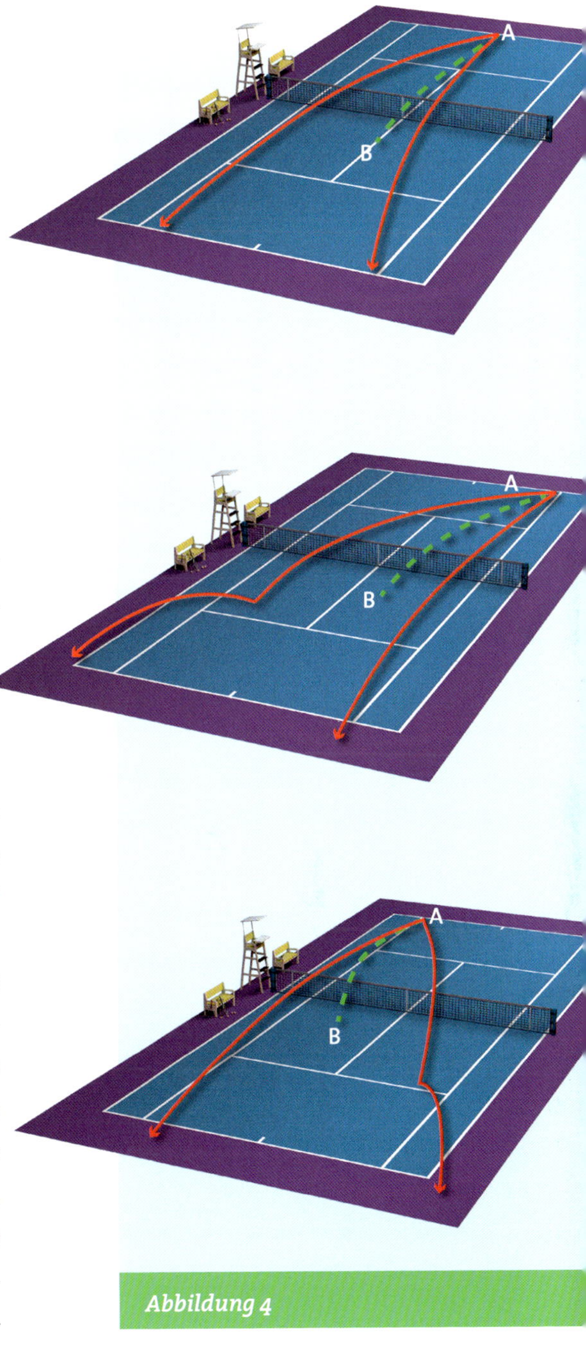

Abbildung 4

Bei der Position am Netz müssen auch immer die Qualität des Angriffsballes oder Volleys und die möglichen Optionen für einen Passierball des Gegners berücksichtigt werden. Besonders wichtig ist es, nach einem sehr guten Volley den Platz so abzudecken, dass der Spieler auch einen Lob erreichen kann. Es ist immer einfacher, sich vorwärtszubewegen, wenn der Gegner sich dafür entscheidet, einen Passierball anstelle eines Lobs zu spielen.

Das zweite und wichtigste Element, das bei der Positionierung zu berücksichtigen ist: Wo sollte der Spieler im Verhältnis zur Seitenlinie stehen?

Die Mitte des Spielfeldes ist nicht immer der beste Platz, um einen Passierball des Gegners abzudecken. Die ideale Position hängt davon ab, wo der Schlag auf der gegnerischen Seite landet und ob der Spieler sich an der Grundlinie oder am Netz befindet. In beiden Fällen besteht das Ziel darin, sich selbst in die Mitte der bestmöglichen Schläge des Gegners zu stellen, also wieder auf der Winkelhalbierenden. Wenn Sie die Grafiken auf den Abbildungen drei und vier betrachten, können Sie erkennen, dass die Mitte des Spielfeldes nur dann die ideale Ausgangsposition ist, wenn der Schlag in der Mitte des gegnerischen Spielfeldes landet. Wenn der Schlag in der Nähe der Seitenlinie aufkommt, ist die ideale Ausgangsposition entweder leicht links oder leicht rechts von der Platzmitte.

# Theorie und Taktik

An der Grundlinie ist die beste Position zur Abwehr eines Schlages, der auf der linken Seite des gegnerischen Spielfeldes landet, rechts von der Platzmitte. (Abbildung 3) Bei einem Schlag, der auf der rechten Seite des Spielfelds aufkommt, ist das Gegenteil der Fall.

Am Netz ist dieses Konzept genau umgekehrt. Wie in Abbildung 4 zu sehen ist, sollte sich ein Spieler nach einem Schlag auf die rechte Seite des gegnerischen Spielfelds rechts von der Mittellinie und nach einem Schlag auf die linke Seite des gegnerischen Spielfelds links von der Mittellinie positionieren. Mit anderen Worten, der Spieler sollte dem Ball folgen, wenn er ans Netz kommt.

Das Verständnis der Geometrie des Platzes ergänzt das Verständnis der „Beinarbeit". Der Überbegriff Beinarbeit beschreibt, wie sich die Spieler auf dem Platz bewegen sollten. Im Wesentlichen sollte ein Spieler sich immer auf den Zehenspitzen bewegen, kurz bevor der Gegner den Ball trifft, kommt der Split-Step, dann muss er sich an den ankommenden Ball anpassen, den Ball schlagen und den Platz abdecken. Die Beinarbeit legt fest, wie die Spieler sich bewegen, und die Geometrie des Platzes bestimmt, wohin sie sich bewegen sollen. (Abschnitt 8, Beinarbeit).

Darüber hinaus ist es für den Spieler sehr wichtig zu verstehen, dass er zwischen den einzelnen Schlägen nur begrenzt Zeit hat, um die bestmögliche Position zu erreichen. Er muss die ideale Platzposition erreichen, bevor der Gegner den Ball berührt.

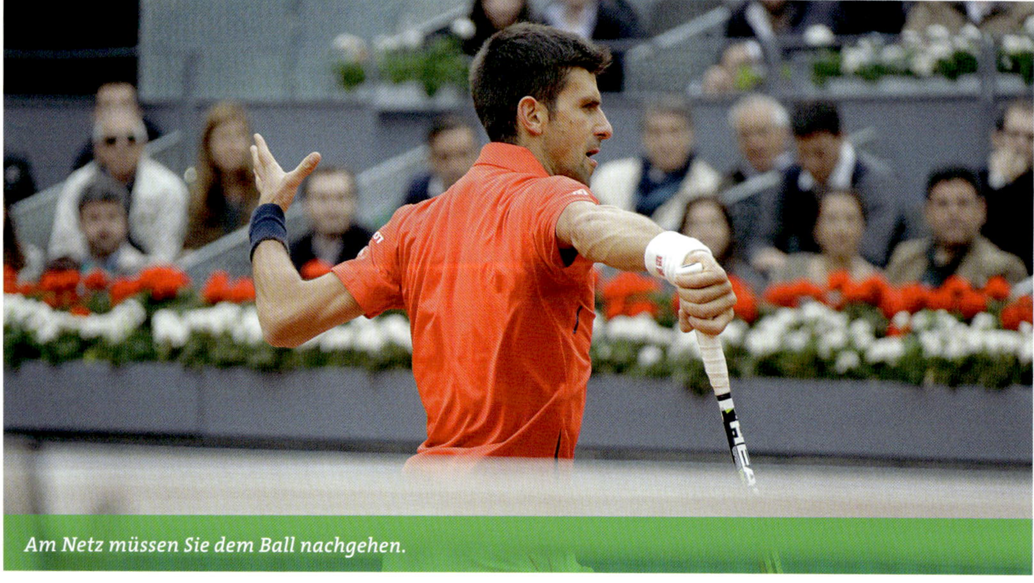

*Am Netz müssen Sie dem Ball nachgehen.*

## EG's Edgars Tipps

Ein Spieler hat genau so viel Zeit, den Platz abzudecken, wie der Ball braucht, um zum Schläger des Gegners zu gelangen. Und das ist nicht sehr viel!

Für erfolgreiche Tennisspieler bedeutet das: Schnell bewegen, schlagen, schnell bewegen.

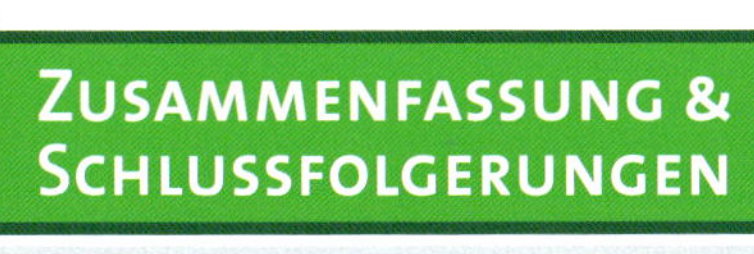

## Zusammenfassung & Schlussfolgerungen

Die Geometrie des Platzes zu verstehen ist der Schlüssel für das grundlegende taktische Konzept der Positionierung.

Viele der „Regeln für das Match“, die im nächsten Abschnitt vorgestellt werden, leiten sich aus diesem Konzept ab. Hier sind einige Beispiele:

1. **Taktisches Konzept: Ein Spieler sollte so lange cross spielen, bis er den Gegner mit einem Schlag die Linie herunter in Bedrängnis bringen kann.**
   Grund: Wenn der Spieler cross spielt, bleibt er in der Nähe seiner Idealposition für den nächsten Schlag.
2. **Taktisches Konzept: Ein Spieler sollte sich dem Netz mit einem Angriffsball longline nähern, es sei denn, er kann den Gegner mit einem Cross-Ball in Bedrängnis bringen.**
   Grund: Mit einem Longline-Angriffsball bleibt der Spieler dichter an seiner idealen Position, um den Platz am Netz abzudecken.
3. **Taktisches Konzept: Ein Spieler sollte einen hohen Ball cross spielen, wenn er nach hinten gedrängt wird.**
   Grund: Der Spieler sollte aus der Bedrängnis einen hohen Ball cross spielen, damit er genug Zeit hat, um nach dem Schlag wieder in seine ideale Position zu kommen.

Der folgende Abschnitt vertieft die taktischen Elemente des Spiels und soll Ihnen helfen, ein taktisches Grundrezept für Ihre Spieler zu erstellen.

# Regeln für das Match

Dieses Trainingssystem ist einzigartig und effektiv, weil es Ihnen helfen kann, drei wichtige Ziele zu erreichen:

1. **Die Entwicklung der Schlagflexibilität** bei allen Spielern (perfekte Spieler mit besseren Waffen) – Teil II des Buches.
2. **Den Spielern vermitteln, wann sie welchen Schlag einsetzen können** (perfekte Spieler, die wissen, wie sie ihre Waffen einsetzen können) – Teil III des Buches.
3. **Konstante Leistungen auf hohem Niveau erzielen** (Spieler, die dies immer wieder und auch unter Druck tun können) – Teil IV des Buches.

Nach der Lektüre von Teil zwei (Abschnitte drei, vier und fünf) sollten Sie mit dem Konzept der Schlagflexibilität vertraut sein und eine ziemlich klare Vorstellung davon haben, wie Sie es entwickeln können. Jetzt besteht die Herausforderung darin, Ihren Spielern beizubringen, wie sie diese wertvollen, variablen Schläge effektiv einsetzen können. **Die „Regeln für das Match" werden Ihnen als Fahrplan dienen.**

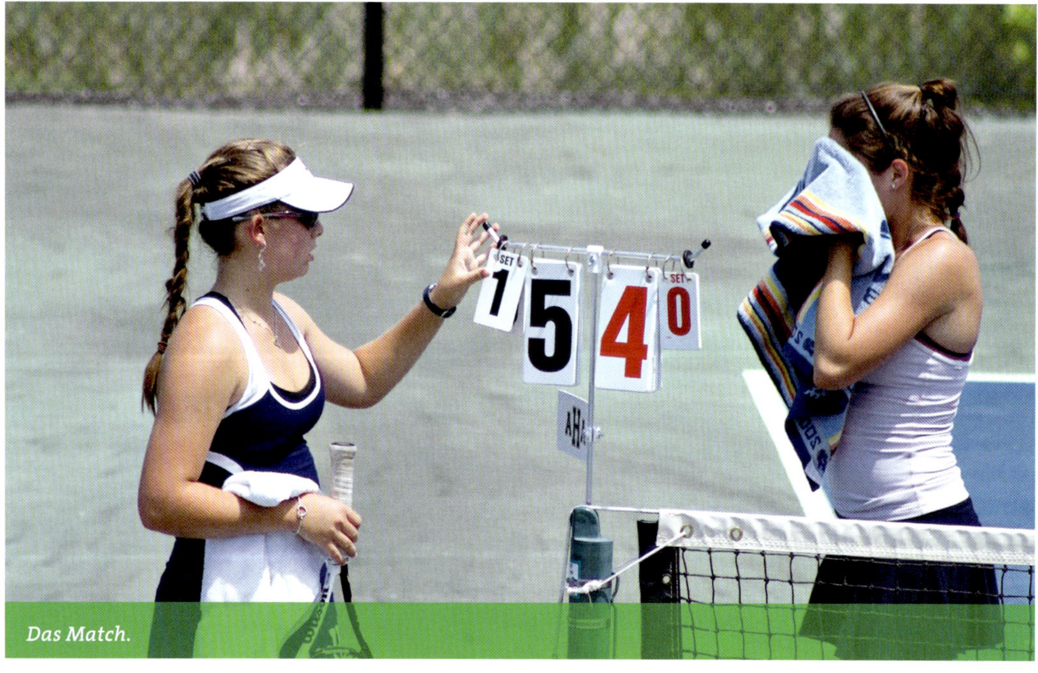


*Das Match.*

## EG's Edgars Tipps

Im Tennis gibt es wie bei fast allen Dingen im Leben eine Reihe von Regeln, die das Leben leichter machen, wenn sie befolgt werden. Auf der Grundlage meiner Erfahrung habe ich eine umfangreiche Liste von Regeln zusammengestellt, die ich für die wichtigsten strategischen Konzepte im Tennis halte. Sie fassen mein Verständnis des Spiels zusammen. Sie beschreiben die ideale Reaktion auf jede Situation, der ein Spieler auf dem Spielfeld begegnen kann. Ähnlich wie bei einem Schach-Handbuch, das den besten Zug für jede Stellung auf dem Brett beschreibt, sind diese Regeln die Theorie hinter der Taktik. Und sie sind der erste Schritt, um den Spielern verständlich zu machen, wie sie ihre Waffen effektiv einsetzen können. Sie müssen verstehen, welche Schläge sie auswählen müssen, um die beste Chance auf den Punktgewinn zu haben.

Diese Regeln basieren auf meiner persönlichen Wahrnehmung und können leicht von Ihren taktischen Konzepten und denen anderer Trainer abweichen. Sie haben mir als Fahrplan bei der Entwicklung meiner Spieler sehr geholfen.

Dennoch ist es wichtig, ein taktisches Konzept zu entwickeln, auch wenn Sie nicht unbedingt mit allen Regeln einverstanden sind. Um einem Spieler beizubringen, taktisch kluges Tennis zu spielen, müssen Sie zunächst definieren, was Taktik im Tennis bedeutet. Und das tun die Regeln für das Match.

Sobald Sie Ihren taktischen Plan haben, besteht die nächste Herausforderung darin, diese Regeln weiterhin in die Spielweise Ihrer Spieler zu integrieren. Aber zunächst möchte ich Ihnen genau erläutern, was ich mit den Regeln für das Match meine. (Mein gesamtes strategisches Konzept finden Sie in der Bibliothek der Regeln für das Match am Ende des Buches).

Wenn Sie Ihre eigenen Regeln zusammensetzen, ist es äußerst wichtig, dass Sie eine umfangreiche Arbeit leisten und jedes mögliche Szenario während eines Matches abdecken. Wenn Sie meine Bibliothek mit den Regeln für das Match durchgehen, werden Sie sehen, dass ich mehrere Regeln für alle folgenden Bereiche habe:

## Einzel:

- erster Aufschlag
- zweiter Aufschlag
- allgemeiner Aufschlag
- Return nach dem ersten Aufschlag
- zweiter Aufschlag
- allgemeine Returns
- Ballwechsel
- Angriffsspiel
- Passierbälle
- Spiel
- wichtige Punkte / Big Points

## Doppel:

- allgemeines Spiel
- spezifische Positionen:
  - Server
  - Partner des Aufschlägers
  - Returnspieler
  - Partner des Returnspielers
  - Verschiedene Formationen

Die Analyse sollte sehr detailliert sein. Schließlich wollen Sie den Spielern beibringen, was sie in **jeder** Situation auf dem Platz tun können, sowohl im Einzel als auch im Doppel.

Hier sind zwei Beispiele für alle Regeln, die ich für zwei Kategorien aus der oben stehenden Liste entwickelt habe: Ballwechsel im Einzel und Partner des Aufschlägers im Doppel.

Diese Regeln sind im Grunde genommen die Ratschläge, die Sie Ihren Spielern in jeder möglichen Situation in einer Punktsituation geben würden.

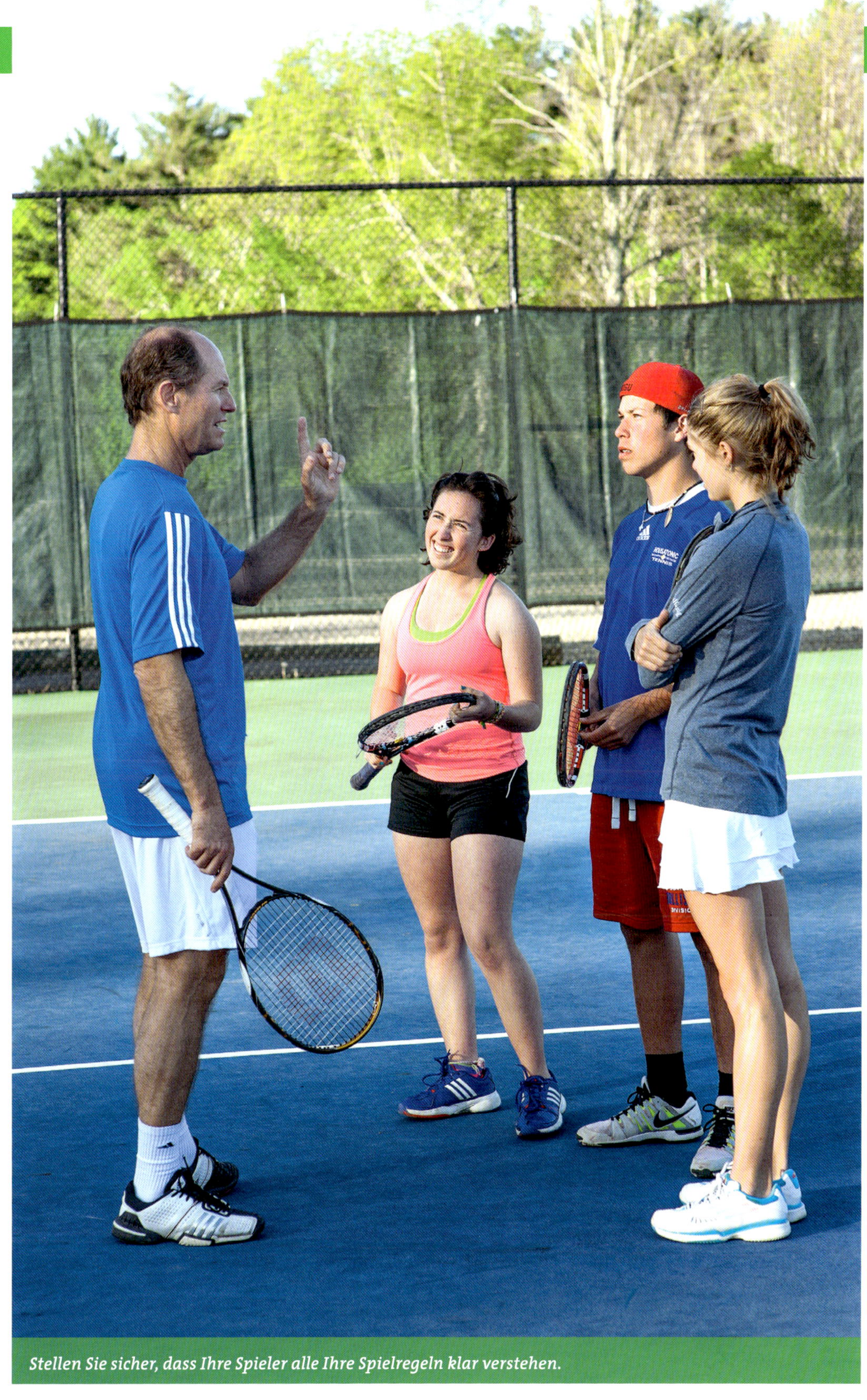

*Stellen Sie sicher, dass Ihre Spieler alle Ihre Spielregeln klar verstehen.*

# Regeln für das Match – Einzel

## Regeln für Ballwechsel

**Spielen Sie konsequent, sonst verlieren sie gegen sich selbst.**

Der härteste Schlag bringt Ihnen keine Punkte, wenn er nicht im Feld landet. Spielen Sie aggressiv, aber mit einem Tempo, das Sie kontrollieren können. Fragen Sie sich beim Seitenwechsel: Verliere ich aufgrund meiner Fehler oder schlägt mich der Gegner? Ihr Gegner sollte Sie immer mit seinem Können schlagen, und nicht durch Ihre Fehler.

**Passen Sie Ihren Schwung an den ankommenden Ball an (kurze Ausholbewegung für geblockte, tiefe Schläge und bei kurzen und flachen Bällen).**

Ein häufiger Fehler ist, bei jedem Ball die gleiche Ausholbewegung zu benutzen, was zu einem sehr uneinheitlichen Spiel führt. Jeder Schlag hat andere Eigenschaften und sollte entsprechend behandelt werden. Verwenden Sie im Allgemeinen lange Ausholbewegungen bei sehr langsamen Bällen oder wenn Sie weit hinter der Grundlinie schlagen. Verwenden Sie kurze Ausholbewegungen, wenn die Bälle schnell oder sehr lang kommen und wenn Sie sich nahe am Netz befinden oder der Ball sehr kurz und flach ist.

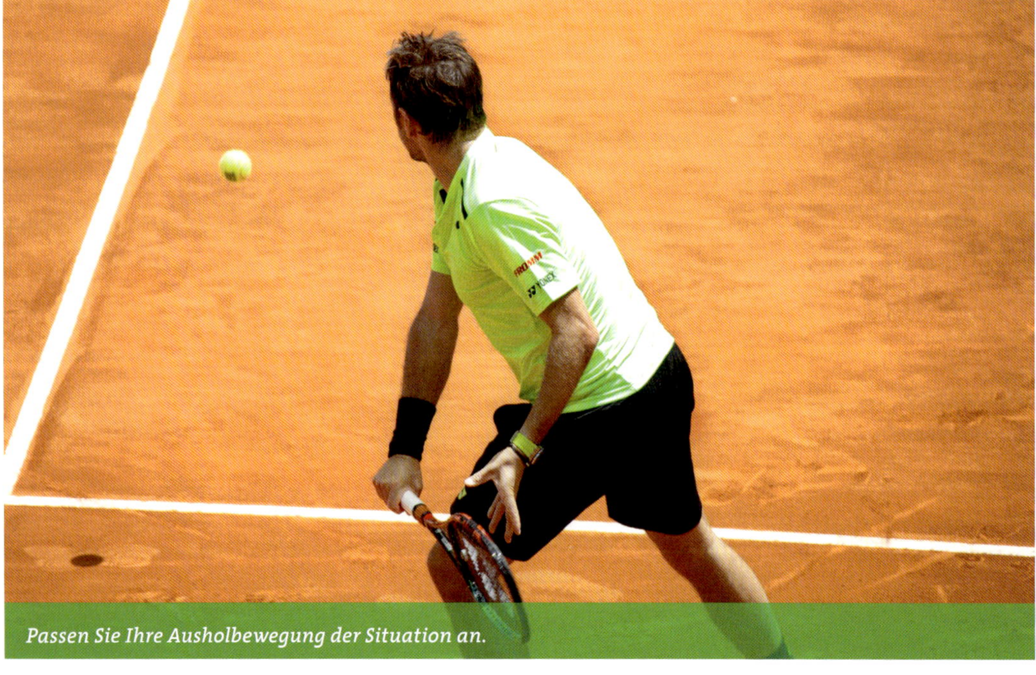

*Passen Sie Ihre Ausholbewegung der Situation an.*

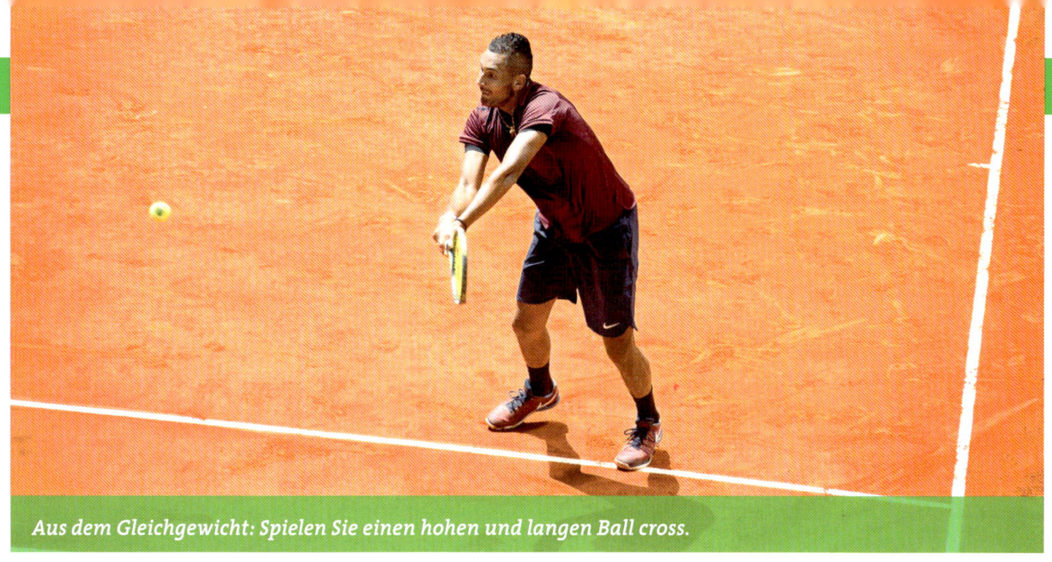

*Aus dem Gleichgewicht: Spielen Sie einen hohen und langen Ball cross.*

**Spielen Sie neutrale und hohe Topspinbälle hauptsächlich cross.**

Um die Geometrie des Platzes optimal auszunutzen, sollten sie oft cross spielen, um nach jedem Schlag schnell in Ihre Ausgangsposition zu kommen. Spielen Sie nur longline, wenn Sie sich vor der Grundlinie befinden und den Gegner in Bedrängnis bringen können. Wenn Sie longline spielen, ist es schwieriger, den nächsten Schlag des Gegners abzudecken. Aber wenn der Gegner aus dem Gleichgewicht ist, kann er nicht kontern, auch wenn Sie nicht in der idealen Position sind, um den Platz abzudecken.

**Spielen Sie mit Winkel, wenn Sie sich in einer Angriffsposition vor der Grundlinie befinden.**

Versuchen Sie, den Gegner über die Einzellinie hinauszubewegen.

Ein kurzer Ball des Gegners ist die ideale Situation, um den Gegner mit einem kurzen flachen Winkelball über die Einzellinie nach außen zu treiben und das Spielfeld zu öffnen. Der Versuch, hinter der Grundlinie einen Winkel zu schlagen, ist nicht sehr effektiv, da er den Gegner höchstwahrscheinlich nicht aus dem Platz drängt und zu riskant ist.

**Wenn Sie in einer defensiven Position und aus dem Gleichgewicht geraten sind, spielen Sie am besten einen hohen Ball cross oder in die Mitte des Platzes.**

Nur so gewinnen Sie Zeit, um wieder in die ideale Platzposition zu gelangen, bevor der Gegner den nächsten Schlag ausführen kann. Wenn Sie den Ball cross oder in die Mitte spielen, haben Sie die Chance, das Gleichgewicht und die Kontrolle über den Punkt wiederzuerlangen. Das Gleichgewicht ist ein Schlüsselelement, denn Tennis ist auch ein Kampf ums Gleichgewicht. Der Spieler, der während eines Matches öfter im Gleichgewicht bleiben kann, wird normalerweise gewinnen.

Im Idealfall sollten Sie immer versuchen, sich vorwärtszubewegen, um den Ball zu treffen, aber manchmal zwingt Sie der Schlag des Gegners dazu, sich rückwärtszubewegen. Versuchen Sie in dieser Situation möglichst keine aggressiven und flachen Schläge, da es sehr schwierig ist, in der

Rückwärtsbewegung flache und aggressive Bälle weit hinter der Grundlinie auszuführen. Spielen Sie stattdessen lieber einen hohen, aggressiven und vor allem langen Ball.

**Wenn Sie den Gegner in Schwierigkeiten gebracht haben, sollten Sie auch versuchen, möglichst schnell in den Platz zu kommen und die Bälle im Aufsteigen zu spielen.**
Wenn Sie den Ball früh nehmen, hat der Gegner nach seinem letzten Schlag weniger Zeit, zur Mitte des Platzes zurückzukommen, um den nächsten Schlag abzudecken. Gute Spieler haben gelernt, die Situationen zu erkennen, in denen der Gegner in Schwierigkeiten ist und kurze Bälle spielt. Sobald dies geschieht, bewegen sie sich nach vorne und versuchen, den Ball früh zu spielen oder ihn sogar aus der Luft zu nehmen.

Als Bundestrainer des Deutschen Tennisbundes habe ich die Top-Nachwuchsspielerinnen trainiert, die den Übergang von den Junioren zu den Profis probiert haben. Wir haben immer wieder trainiert, nach einem aggressiven Schlag in den Platz zu gehen und den nächsten Ball früh zu spielen, wenn möglich sogar aus der Luft. Die Juniorinnen waren überrascht, wie gut sich die Profis mit hohen Bällen aus defensiven Situationen retten konnten. Sie konnten die Gegnerin dazu bringen, zusätzliche Schläge zu spielen, selbst wenn der Punkt schon fast verloren war. Die jungen Mädchen waren es nicht gewohnt, dass ihre guten Schläge noch einmal zurückkamen. Sie haben viele Punkte verloren, nachdem sie den Punkt vermeintlich schon gewonnen hatten. Ihr Fehler war, dass sie die hohen Bälle aus der Defensive kommen gesehen und fallen gelassen haben, sodass die Gegnerinnen genügend Zeit hatten, ihr Gleichgewicht wiederherzustellen.

**Wenn Sie die Rückhand umlaufen, sollten Sie den Angriff immer mit einer Vorhand von innen nach außen beginnen (inside-out).**
Spielen Sie nicht mit der Vorhand die Linie hinunter (inside-in), bis Sie den Punkt unter Kontrolle haben.
Wenn Sie die Rückhand umlaufen, befinden Sie sich in der Nähe oder außerhalb der Seitenlinie. Wenn Sie eine Vorhand die Linie hinunter zur gegnerischen Vorhand spielen (vorausgesetzt, beide Spieler sind Rechtshänder), sind Sie nicht in der Lage, einen cross gespielten Konter in die offene Ecke abzudecken. Wenn Sie die Vorhand umlaufen, spielen Sie den Ball von innen nach außen zur Rückhand des Gegners und warten Sie, bis sie einen kurzen Ball haben, mit dem Sie den Gegner mit einem Longline-Schlag in Bedrängnis bringen können.

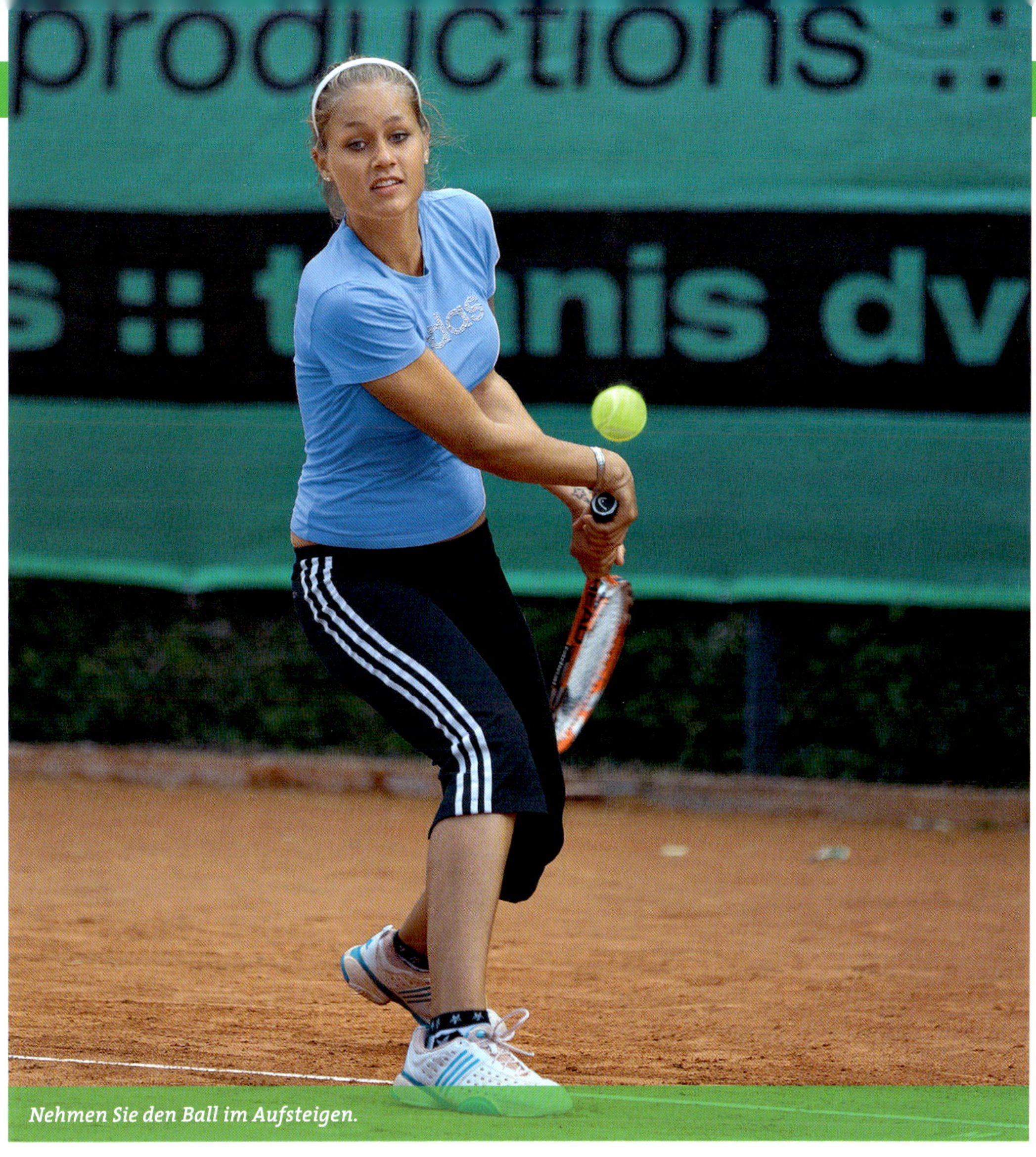

*Nehmen Sie den Ball im Aufsteigen.*

**Spielen Sie nur einen Stoppball, wenn Sie den Punkt unter Kontrolle haben und Sie sich innerhalb des Spielfeldes befinden. Versuchen Sie, ihn zu verstecken, indem Sie einen anderen Schlag antäuschen.**

Stoppbälle werden im professionellen Tennis wieder vermehrt eingesetzt und tragen dazu bei, das Spiel spannender zu machen. Sie sind eine gute Möglichkeit, einen Rhythmuswechsel in den Ballwechsel einzubauen und den Gegner aus dem Gleichgewicht zu bringen. Sie sind großartige Waffen, wenn sie sparsam und zum richtigen Zeitpunkt eingesetzt werden.

Es ist jedoch wichtig daran zu denken, dass ein Stoppball nur dann effektiv ist, wenn man den Gegner überraschen kann. Ein effektiver Stoppball sollte vor der Grundlinie und in einer aggressiven Position gespielt werden. Wenn der Gegner einen harten langen Schlag erwartet, wird er überrascht und hat wenig Zeit zu reagieren. Wenn Sie versuchen, einen Stopp aus einer Position hinter der Grundlinie zu spielen, ist der Schlag schwieriger auszuführen, und der Gegner hat mehr Zeit zu reagieren und loszulaufen.

**Suchen Sie ständig nach Gelegenheiten, in den Platz zu gehen und den Ball früh zu nehmen.**
Bewegen Sie sich immer diagonal zum Ball, d. h. kürzen Sie den Weg zum Ball ab, indem Sie den Winkel verkürzen. Wenn Sie den Ball im Aufsteigen spielen, hat der Gegner weniger Zeit, den Platz abzudecken. Wenn Sie sich diagonal zum Ball bewegen anstatt seitlich, dann werden Sie den Gegner ständig unter Zeitdruck setzen.

**Variieren Sie das Tempo, die Höhe und den Drall des Balles, um einen kurzen Schlag vom Gegner zu erzwingen.**
Je mehr Variationen Sie einsetzen, desto wahrscheinlicher ist es, dass Ihr Gegner eine falsche Entscheidung trifft. Im Tennis spielt die Koordinationsfähigkeit eine große Rolle. Der Spieler braucht sie, um den Ball konsequent im idealen Moment zu treffen. Schon geringe Abweichungen beim Treffpunkt können zu großen Abweichungen bei der Flugbahn des Balles führen. Unterschiedliche Rotationen, Höhen und Geschwindigkeiten führen wahrscheinlich zu mehr Fehlern des Gegners.

Diese Beispiele sollten Ihnen helfen zu verstehen, was ich mit den Regeln für das Match meine. Sie sind im Grunde genommen Richtlinien zur Lösung der häufigsten Situationen auf dem Platz.

Dasselbe Konzept sollte auch im Doppel verwendet werden. Schauen wir uns nun Beispiele von Regeln für das Doppel an, um das Konzept weiter zu verdeutlichen.

# Regeln für das Match – Doppel

## Partner des Aufschlägers

Die meisten Spieler geben dem Aufschläger die Schuld, wenn sie als Team ein Aufschlagspiel verlieren, aber ironischerweise ist der Spieler am Netz wahrscheinlich genauso schuldig, außer der Aufschläger ist ein Meister der Doppelfehler. Als Partner eines Aufschlägers trägt er eine große Verantwortung. Befinden Sie sich einmal in dieser Situation, dann sollten Sie ihrem Partner helfen, indem Sie diese einfachen Gesetze befolgen:

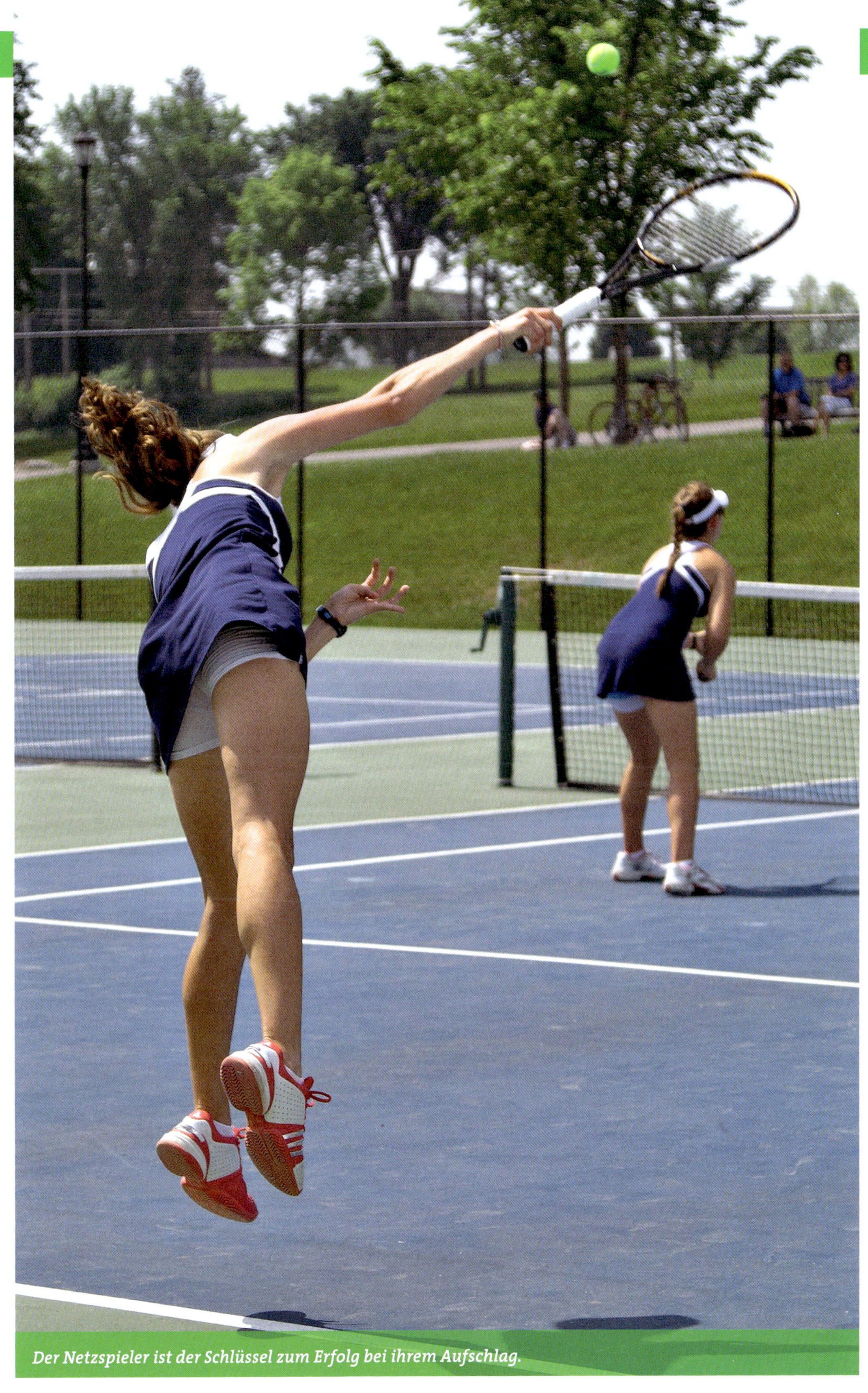
*Der Netzspieler ist der Schlüssel zum Erfolg bei ihrem Aufschlag.*

## Theorie und Taktik

**Seien Sie aktiv und decken Sie einen großen Bereich am Netz ab.**

Die meisten Netzspieler sind der Meinung, dass ihre Hauptaufgabe darin besteht, den Korridor abzudecken oder ihren Partner aufzumuntern, wenn er aufschlägt. Wenn Sie am Netz stehen, sollten Sie immer aktiv sein. Decken Sie so viel vom Platz ab, wie Sie können. Machen Sie die Mitte des Platzes zu Ihrem Bereich. Versuchen Sie, jeden Ball in der Mitte abzufangen, den Sie irgendwie erreichen können. Sie können in der Mitte Vorhand-Volley spielen, und Ihr Partner müsste eine Rückhand oder einen Rückhand-Volley spielen.

Am Netz sollten Sie auch versuchen, die Aufmerksamkeit der Gegner auf sich lenken und sie dazu verleiten, longline zu spielen, indem Sie ständig versuchen, ihre cross gespielten Bälle abzufangen.

**Ziehen Sie beim Aufschlag Ihres Partners immer drei Möglichkeiten in Betracht: Warten, kreuzen und antäuschen. Variieren Sie Ihre Entscheidungen.**

Als Partner des Aufschlägers sollten Sie versuchen, die Gegner zu verunsichern. Sie müssen die Gegner durch ständige Bewegung beschäftigen. Jedes Mal, wenn Ihr Partner aufschlägt, müssen Sie nach dem Zufallsprinzip zwischen den folgenden Aktionen abwechseln:

**Warten:** Sie decken Ihre Seite des Spielfeldes ab.

**Kreuzen:** Sie versuchen den Return abzufangen, auch wenn er auf der anderen Seite des Spielfeldes ist.

**Antäuschen:** Sie bewegen sich früh in die Mitte des Spielfeldes und öffnen Ihre Seite, um den Returnspieler dazu zu verleiten, die Linie hinunter zu schlagen. Dann bewegen Sie sich schnell zurück, um den Volley wegzuspielen. Variieren Sie Ihre Aktionen und lassen Sie den Returnspieler weiter im Dunkeln. Sie werden schon allein viele Punkte durch Returnfehler gewinnen, weil der Gegner anfängt Sie anstatt den Ball zu beobachten.

**Geplantes Kreuzen**

Besprechen Sie mit Ihrem Partner vor dem Punkt, wenn Sie planen zu kreuzen. Sie können sich dann sehr schnell auf die andere Seite bewegen, ohne sich Gedanken über den Korridor machen zu müssen. Da Ihr Partner weiß, dass Sie kreuzen werden, kann er Ihre Seite des Spielfeldes abdecken.

**Bleiben Sie dicht am Netz, wenn der Returnspieler nicht lobbt.**

Je dichter Sie am Netz stehen, umso einfacher ist es, das Netz abzudecken und einen Volley zu spielen. Wenn der Gegner keine Lobs spielt, bleiben Sie dicht am Netz und nutzen Sie alle hohen Möglichkeiten, Volleys zu spielen.

**Bewegen Sie sich in die Richtung des Aufschlages.**

Wenn Ihr Partner aufschlägt, sollte Ihre Ausgangsposition etwa in der Mitte des Aufschlagfeldes sein. Sobald der Aufschlag unterwegs ist, gehen Sie ein paar Schritte in die Richtung des Aufschlages. Diese Bewegung wird Sie in die beste Position bringen, um den Platz für den Return abzudecken. Inzwischen sollten Sie eine recht klare Vorstellung von den taktischen Richtlinien haben. In Abschnitt 13 finden Sie mein vollständiges taktisches Handbuch bzw. die Regeln für das Match. Nutzen Sie diese Regelsammlung als Leitfaden für die Erstellung Ihres eigenen taktischen Handbuchs. Unabhängig davon, ob Sie meine oder Ihre eigenen Regeln verwenden, besteht Ihre nächste Aufgabe darin, Übungen zu entwickeln. Mit diesen Übungen sollten Ihre Spieler immer wieder spezifische Situationen trainieren, bis sie in der Lage sind, auf jeden einzelnen Schlag des Gegners automatisch so zu reagieren. Nur damit haben sie die beste Chance auf den Punktgewinn.

**EG's Edgars Tipps**

**Das Aufschreiben der Regeln für das Match ist eine sehr wichtige Übung für jeden Trainer. Dadurch sind Sie gezwungen, das Spiel genau zu analysieren und genau festzulegen, was Sie Ihren Spielern vermitteln sollten. Die Übung wird Ihnen eine klare Struktur liefern. Bis ein „Tennis-GPS“ erfunden wird, ist dies ihr bestes Werkzeug, um Ihre Spieler optimal vorzubereiten.**

Im nächsten Kapitel werde ich aufgezeigen, wie Sie Ihre taktischen Richtlinien nutzen können, um Ihren Spielern zu helfen, Prozent-Tennis zu spielen.

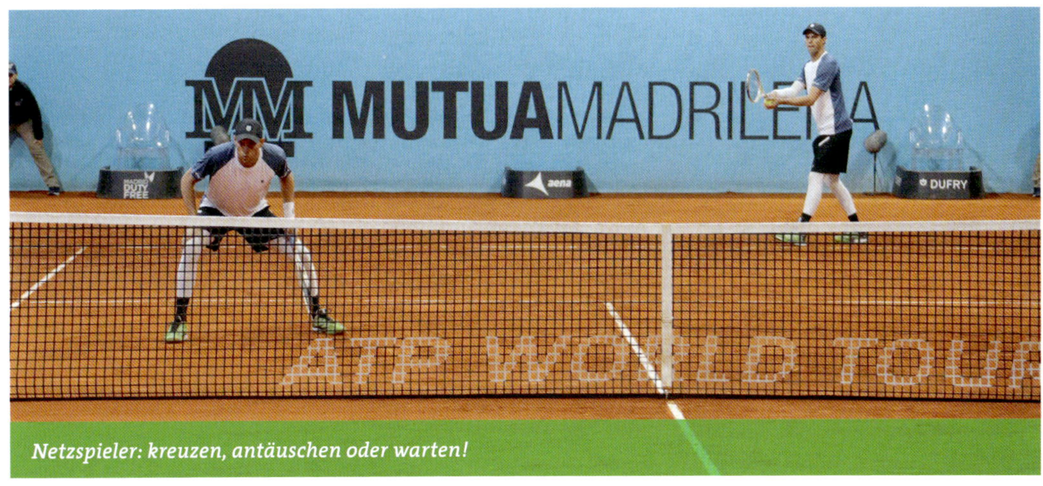


*Netzspieler: kreuzen, antäuschen oder warten!*

## Zusammenfassung & Schlussfolgerungen

Jeder Trainer sollte sich einen taktischen Leitfaden für seine Spieler ausdenken, damit sie verstehen, was sie in jeder Situation auf dem Platz tun müssen. Als Trainer sollten Sie das Spiel in alle Situationen zerlegen, mit denen ihre Spieler in einem Match konfrontiert sind. Dazu gehören Situationen mit dem Aufschlag, Return, Ballwechsel an der Grundlinie, Angriff, Netzspiel und Passierball. Dann sollten sie jeder Situation eine klar definierte Regel zuordnen, die die Spieler bei jedem Match anwenden können. Die Spieler müssen alle taktischen Gesetze auswendig lernen und so lange trainieren, bis sie in ihrem Unterbewusstsein verankert sind. Denken Sie daran, dass die meisten Schläge während eines Matches automatisch ausgeführt werden. Ein Spieler erkennt die Situation und wählt automatisch den richtigen Schlag.
Um dies zu erreichen, müssen die Spieler ständig diesen Spielsituationen ausgesetzt sein und lernen, die richtige Antwort auszuwählen, bis sie automatisch wird.

Im folgenden Abschnitt erkläre ich Ihnen, wie Sie dieses Ziel erreichen können.

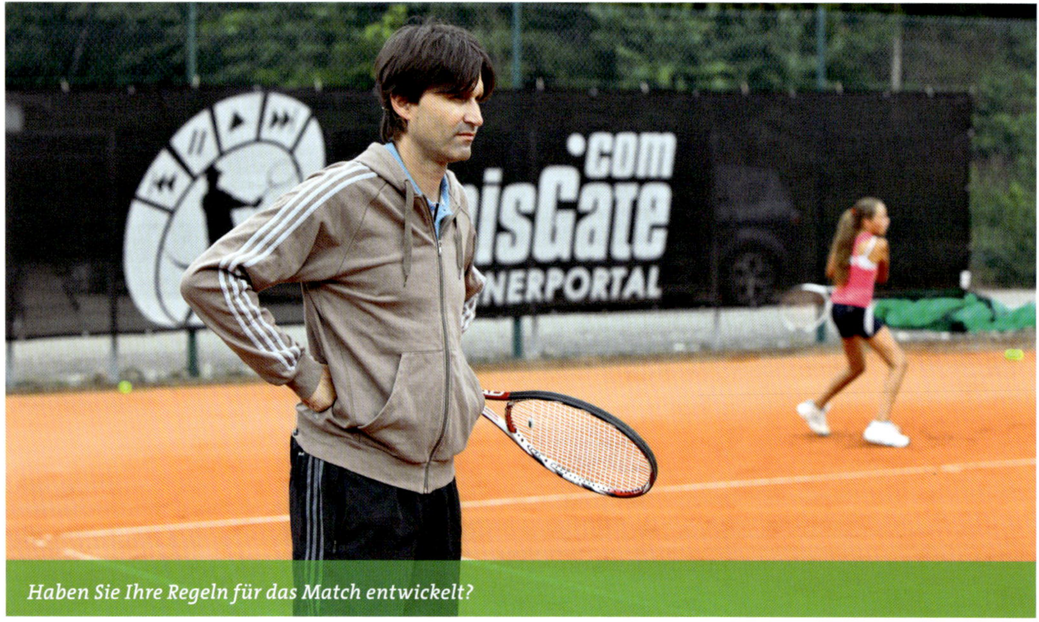


*Haben Sie Ihre Regeln für das Match entwickelt?*

## SPASS BEHALTEN

Wettkampftennis ist ein ernsthaftes Geschäft, das totales Engagement erfordert. Es ist extrem herausfordernd und anspruchsvoll. Wenn Spieler damit ihren Lebensunterhalt verdienen, vergessen sie manchmal, dass es nur ein Spiel ist. Und Spiele sollten eigentlich immer Spaß machen.

Spaß ist ein ausgezeichneter Motivator, und hervorragende Trainer finden immer Wege, das Training spannend zu gestalten. Natürlich werden einige Übungen mehr Spaß machen als andere, und einige werden vielleicht nicht sehr angenehm sein, aber die Erfahrung sollte insgesamt positiv sein.

Als Coach sollten Sie ihre Trainingseinheiten so umsetzen, dass sie herausfordernd sind und Spaß machen. Die Entwicklung herausragender Spieler ist ein langfristiger Prozess. Als Trainer müssen Sie ein Umfeld schaffen, in dem die Spieler Tag für Tag motiviert zum Training erscheinen.

**Seien Sie kreativ und vergessen Sie niemals den Spaß.**

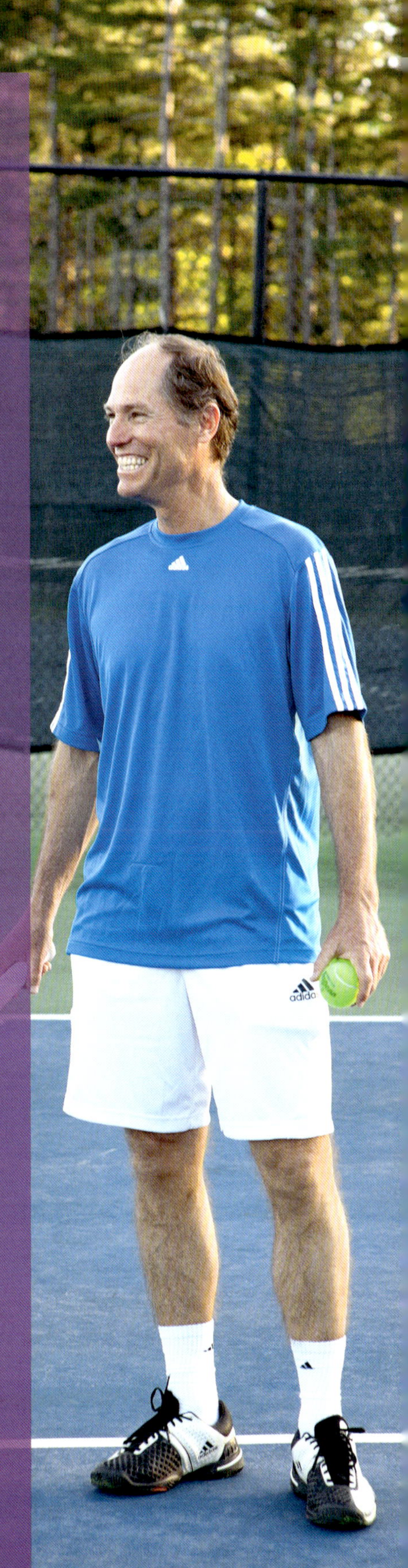

# Die Integration der taktischen Regeln

Im letzten Kapitel wurde verdeutlicht, wie wichtig es ist, taktische Regeln für die Spieler zu entwickeln. Die Spieler sollen verstehen, wann bzw. in welcher Situation sie welchen Schlag einsetzen können. Es reicht jedoch nicht aus, nur die Theorie der Taktik zu kennen. Während eines Punktes gibt es selten Zeit zum Nachdenken. Die Spieler müssen in der Lage sein, eine Situation zu erkennen und automatisch mit dem Schlag zu reagieren, mit dem sie die besten Chancen haben, den Punkt zu gewinnen. Daher müssen die Spieler viele Übungen durchführen, die ihnen vermitteln, wie sie ihr Spiel um diese Regeln herum aufbauen können.

Es gibt zwei Arten von Übungen, mit denen ich den Spielern beibringe, wie sie die Regeln in ihre Matches einbauen können. Erstens gibt es Übungen mit Standard-Antworten, bei denen die Spieler die richtige Antwort wählen müssen, und zweitens gezielte taktische Übungen.

Beide Arten von Übungen setzen die Spieler immer wieder taktischen Situationen aus, bis sie in der Lage sind, diese während eines Matches automatisch zu erkennen und optimal zu reagieren.

# Standard-Antworten

Übungen, bei denen die Spieler die richtige Antwort wählen müssen, nennt man auch geschlossene Übungen. Hier soll der Spieler immer wieder die beste taktische Antwort auf einen bestimmten Schlag trainieren. Für einen bestimmten Schlag gibt es normalerweise nur wenige Antwortmöglichkeiten, die dem Spieler die besten Chancen geben, den Punkt zu gewinnen. Diese richtigen Antworten nenne ich „Standard-Antworten". Wenn ein Spieler beispielsweise mit einem tollen Schlag des Gegners aus dem Platz gedrängt wird, besteht seine beste Möglichkeit darin, einen hohen, langen Ball cross zu spielen, mit dem er die besten Chancen hat, wieder zurück in den Punkt zu kommen.

Die Übungen für Standard-Antworten lassen sich in zwei Gruppen unterteilen: Übungen aus dem Korb und Spielsituationen.

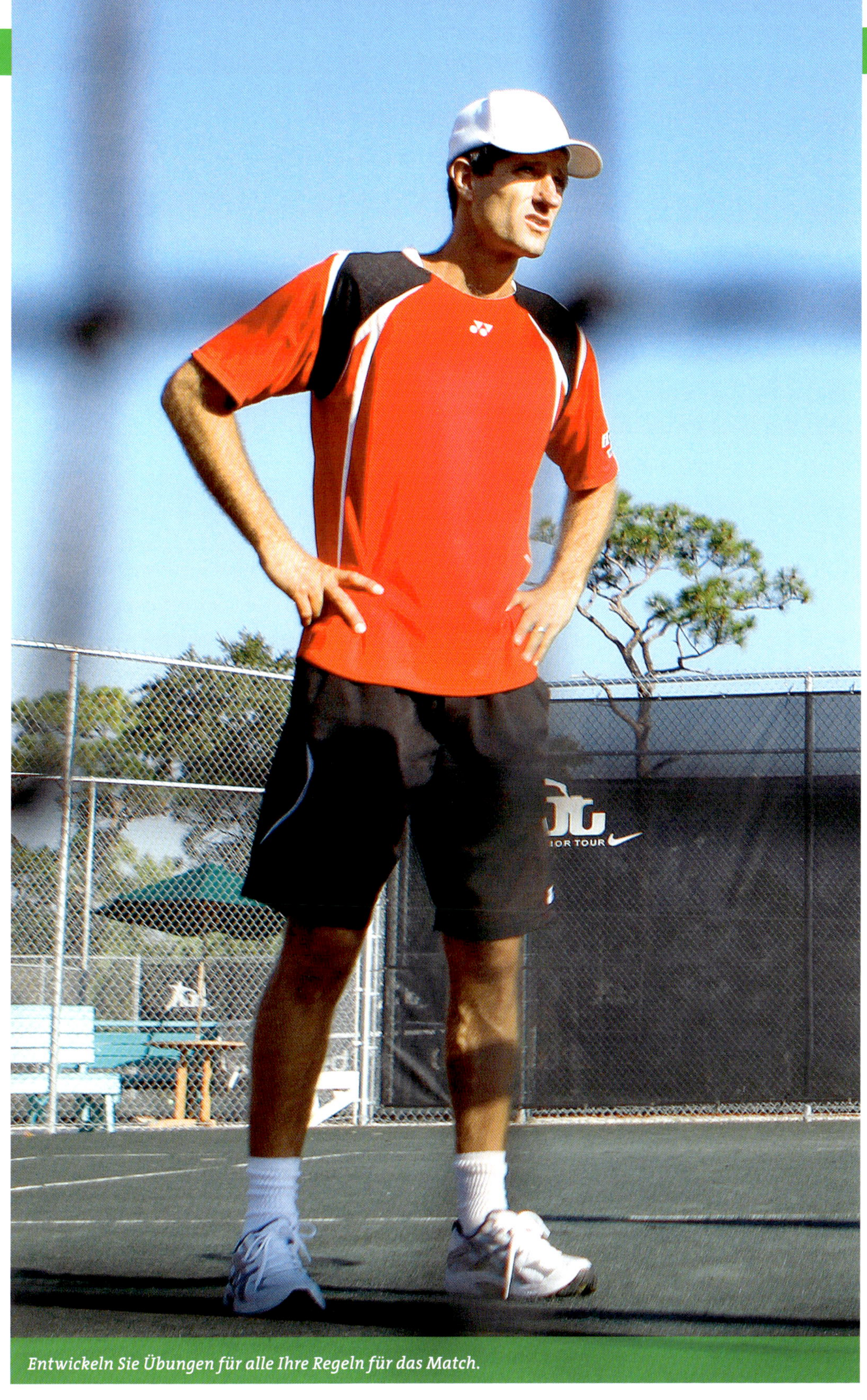

*Entwickeln Sie Übungen für alle Ihre Regeln für das Match.*

## Standard-Antworten trainieren mit Übungen aus dem Korb

Bei diesen Übungen spielen Sie den Ball aus dem Korb zu, damit der Spieler immer wieder die richtige Reaktion auf eine vorgegebene Situation trainieren kann. Diese Übungen werden in zwei Phasen durchgeführt. In der ersten Phase spielen Sie immer wieder den gleichen Schlag an, und der Spieler übt die richtige Reaktion auf diesen Schlag. Wenn das Ziel beispielsweise darin besteht, dass der Spieler aus der Defensive einen langen, hohen Ball cross spielen soll, können Sie immer wieder einen langen Ball anspielen. Wenn Sie möchten, dass der Spieler als Reaktion auf einen Stoppball einen langen Ball die Linie hinunter spielt, spielen Sie Stopps an. Der Spieler soll sie erlaufen und lang die Linie hinunter spielen. Das ist relativ einfach.

In der zweiten Phase sollten Sie das Anspiel variieren, der Spieler muss die Situation erkennen und entsprechend reagieren. Um auf das erste Beispiel auf den hohen Ball aus der Defensive zurückzukommen: Variieren Sie ihr Anspiel, und erst wenn der Spieler einen langen Ball bekommt und aus dem Platz gedrängt wird, soll er mit dem langen, hohen Ball cross antworten.

## Standard-Antworten – Übungen für Spielsituationen

Übungen für Spielsituationen sind grundsätzlich anspruchsvoller als Übungen aus dem Korb. Es handelt sich dabei um Übungen, bei denen zwei oder vier Spieler eine Spielsituation

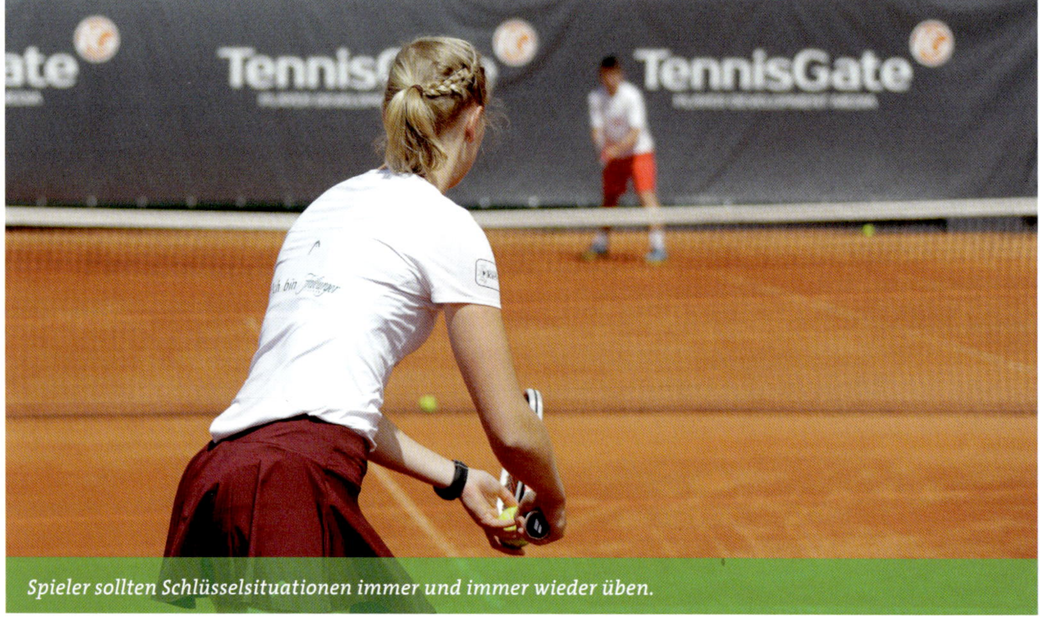

*Spieler sollten Schlüsselsituationen immer und immer wieder üben.*

trainieren und Punkte spielen. Bei diesen Übungen spielen Sie oder ein Spieler einen Ball an, um den Gegner zu zwingen, immer wieder die richtige Reaktion auf eine vorgegebene Situation zu trainieren. Nachdem der Spieler auf den angespielten Ball reagiert hat, wird der Punkt ausgespielt. Diese Art von Übungen ermöglicht es Ihnen, sich auf mehr als eine taktische Reaktion gleichzeitig zu konzentrieren und diese zu kontrollieren. Die Reaktion eines Spielers auf das Anspiel zwingt den Gegner dazu, seine eigene Reaktion auf diesen Schlag zu bewerten und weiterzuentwickeln. Wenn Sie beispielsweise möchten, dass Ihr Spieler den Angriffsball mit einer Vorhand inside-out beginnt, dann würden Sie ihm einen kurzen und langsamen Ball auf die Rückhand-Seite zuspielen. Wenn der Ball sehr lang gespielt ist, soll der Gegner mit einer Rückhand cross antworten, bei einem kurz gespielten Ball soll er longline spielen. Dann wird der Punkt ausgespielt.

## Gezielte taktische Übungen

Die gezielten taktischen Übungen sind dem offenen Spiel um Punkte am ähnlichsten. Sie sind ein Schlüsselelement im Entwicklungsprozess der Spieler. Genau wie die Standard-Antworten sollen sie den Spielern beibringen, taktisch kluges Tennis zu spielen. Bei diesen taktischen Übungen sind die Spieler auf dem Platz mit verschiedenen Situationen konfrontiert, die sie zwingen, die Regeln für das Match anzuwenden. Die Übungen sind anspruchsvoller, da jeder Spieler eine variable Situation erkennen und entscheiden muss, wie er darauf reagieren soll. Es sind sehr ähnliche Situationen, wie sie im Match vorkommen. Wenn Sie beispielsweise möchten, dass Ihre Spieler verstehen, wann sie in einer Angriffsposition sind und wann sie neutral oder defensiv spielen sollten, können Sie die folgende Übung durchführen:

Die Spieler spielen Einzelpunkte, müssen aber „Ja" oder „Nein" rufen, bevor der Ball des Gegners das Netz überquert. „Ja" bedeutet, dass sie in der Lage sind anzugreifen und dies auch tun werden. „Nein" bedeutet, dass sie sich in einer defensiven oder neutralen Position befinden und entsprechend spielen werden.

**Die gezielten taktischen Übungen sollten möglichst immer mit einem Aufschlag und einem Return beginnen. Dies gestaltet die Übungen realistischer und gibt den Spielern mehr Möglichkeiten, die beiden wichtigsten Schläge in ihre Übungen zu integrieren.**

EG's Edgars Tipps

Die Übungen für Standard-Antworten und die gezielten taktischen Übungen sind darauf ausgelegt, die taktischen Regeln in die Matches Ihrer Spieler zu integrieren. Ihre Aufgabe als Trainer besteht darin, jede Regel aufzugreifen und Übungen zu entwickeln, die Ihre Spieler immer wieder bestimmten Situationen aussetzen. Diese müssen Ihre Spieler trainieren, bis sie diese automatisch erkennen und entsprechend reagieren können.

Hier sind einige Beispiele von Regeln, die ich in den letzten Kapiteln vorgestellt habe.

**Regel: Passen Sie Ihren Schwung an den ankommenden Ball an (zum Beispiel: machen Sie eine kurze Ausholbewegung für geblockte Schläge und Halbvolleys, und bei flachen kurzen Schlägen als Antwort auf kurze Bälle).**

## Standard-Antworten aus dem Korb

Spielen Sie schnelle, flache und kurze Bälle aus dem Korb an. Der Spieler soll seine Ausholbewegung verkürzen. Spielen Sie dann langsame Bälle an, der Spieler kann nun seine Ausholbewegung vergrößern. Nach einer Weile variieren Sie das Anspiel und der Spieler soll sich richtig entscheiden.

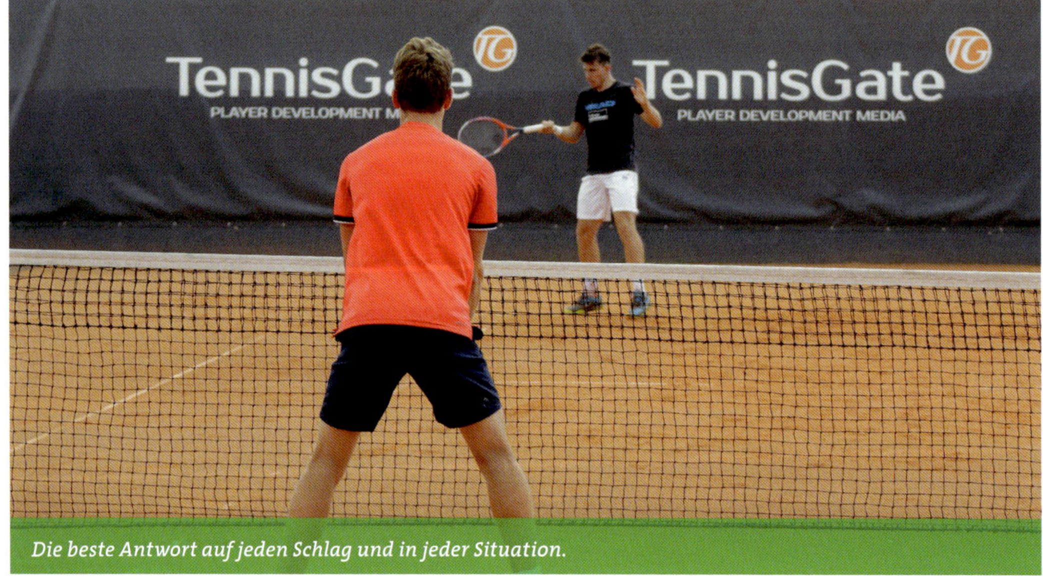


*Die beste Antwort auf jeden Schlag und in jeder Situation.*

## Standard-Antwort in einer Spielsituation

Zwei Spieler sind auf dem Platz und spielen Einzelpunkte. Variieren Sie ihr Anspiel und lassen Sie einen Spieler den Punkt beginnen, indem er auf Ihr Anspiel mit der richtigen Ausholbewegung antworten muss. Sie können dasselbe Anspiel immer wieder verwenden, wenn ein Spieler Schwierigkeiten hat, seine Ausholbewegung an einen bestimmten Schlag anzupassen.

## Gezielte taktische Übung

Die Spieler spielen Ballwechsel im Einzelfeld. Sie sollen die jeweilige Länge ihrer Ausholbewegung auf der Grundlage des ankommenden Balls laut ansagen. Die Spieler sollen „lang“ oder „kurz“ rufen, bevor der Ball des Gegners das Netz überquert. Nach einer Weile können die Spieler auf dieselbe Weise Punkte spielen.

**Regel: Nur Bälle vor der Grundlinie dürfen longline gespielt werden.**

## Standard-Antwort aus dem Korb

Bei dieser Übung spielen Sie Bälle aus dem Korb an, bei denen der Spieler in den Platz hineingehen kann. Der Spieler soll sich in den Platz bewegen und longline spielen. Variieren Sie nach einer Weile ihr Anspiel, und lassen Sie den Spieler hinter der Grundlinie cross und vor der Grundlinie longline spielen.

## Standard-Antwort in einer Spielsituation

Zwei Spieler stehen an der Grundlinie. Spielen Sie den Ball lang an. Der Spieler soll auf das Anspiel cross antworten, wenn er sich hinter der Grundlinie befindet, und longline, wenn er sich vor der Grundlinie befindet. Der Punkt wird ausgespielt.

## Gezielte taktische Übung

## Übung 1

Die Spieler spielen Punkte und dürfen nur longline schlagen, wenn sie sich vor der Grundlinie befinden.

## Übung 2

Die Spieler spielen Punkte. Sobald sie longline spielen, müssen sie den Punkt aber mit den nächsten zwei Schlägen gewinnen, sonst verlieren sie den Punkt.

**Regel: Die Reaktion auf einen Stoppball sollte immer ein langer Ball longline sein. Es sei denn, der Spieler ist sehr früh am Ball und kann cross angreifen.**

## Standard-Antwort aus dem Korb

Spielen Sie Stoppbälle aus dem Korb an. Der Spieler soll sie erlaufen und longline spielen. Wenn er genug Zeit und die Kontrolle hat, kann er cross spielen.

## Standard-Antwort in einer Spielsituation

Zwei Spieler sind auf dem Platz und spielen Einzel. Spielen Sie einen Stoppball an, den einer der Spieler erlaufen und longline spielen muss. Wenn er die Kontrolle hat, kann er cross spielen. Der Punkt wird ausgespielt.

## Gezielte taktische Übung

Zwei Spieler spielen Einzelpunkte. Wer mit einem Stoppball einen direkten Punkt gewinnt, erhält drei Punkte. Der Spieler, der den Stopp erläuft und den Punkt gewinnt, egal ob mit longline oder cross, erhält drei Punkte. Verliert er jedoch mit einem Cross-Ball den Punkt, werden ihm drei Punkte abgezogen.

## Regeln für das Doppel

Dasselbe Konzept kann für das Doppel verwendet werden. Hier sind einige Beispiele:

**Regel: Ein Lob sollte immer aus der Luft genommen werden, es sei denn, es ist ein extrem hoher defensiver Lob.**

## Standard-Antwort aus dem Korb

Ein Spieler steht am Netz, in der gleichen Position, als ob sein Partner aufschlägt. Als Trainer versuchen Sie, ihn mit einem hohen Ball zu überlobben. Der Spieler reagiert so schnell wie möglich und versucht, einen Schmetterball zu spielen. Bei fortgeschrittenen Spielern können Sie damit beginnen, dass der Spieler das Netz berührt. Variieren Sie nach einer Weile das Zuspiel, um den Spieler am Netz mit einem Lob zu überraschen.

## Standard-Antwort in einer Spielsituation

Vier Spieler nehmen ihre Doppelpositionen auf dem Platz ein. Überlobben Sie einen der Spieler am Netz. Der Spieler reagiert so schnell wie möglich und versucht, einen Schmetterball zu spielen.

Der Punkt wird ausgespielt. In ähnlicher Weise können die Spieler den Punkt ausspielen, wobei einer der Spieler aufschlägt und der Returnspieler lobbt. Wenn der Ball den Gegner überlobbt, ist der Punkt beendet. Bei fortgeschrittenen Spielern sollte der Netzspieler das Netz berühren.

## Gezielte taktische Übung – drei, zwei, eins

Die Punkte werden ausgespielt, zwei Spieler sind am Netz und zwei an der Grundlinie. Das Team am Netz beginnt den Punkt mit einem Anspiel aus der Hand. Der Punkt wird ausgespielt. Jeder nicht erzwungene Fehler gibt einen Punkt. Jeder direkte Punkt gibt zwei Punkte. Das Team am Netz kann drei Punkte erzielen, wenn sie mit einem Schmetterball einen Punkt machen. Das Team an der Grundlinie kann drei Punkte gewinnen, wenn der Ball auf der anderen Seite entweder vor oder hinter den Netzspielern mit einem guten Lob aufspringt. (Sobald der Ball aufspringt, ist der Punkt vorbei.) Das Spiel wird gespielt, bis ein Team 21 Punkte erreicht.

**Regel: Die Spieler am Netz müssen immer sehr aktiv sein und einen großen Bereich abdecken.**

## Standard-Antwort aus dem Korb

Ein Spieler steht am Netz, sein Partner ist der Aufschläger. Der Trainer spielt den Ball und simuliert dabei einen Return. Der Trainer variiert das Anspiel und der Spieler soll jeden Schlag abdecken, der zwischen dem Doppelkorridor und der Mitte des Spielfelds ist (einschließlich Lobs).

## Standard-Antwort in einer Spielsituation

Vier Spieler stehen in der Doppelformation. Ein Spieler schlägt auf und der Trainer spielt einen Return, der zwischen der Mitte des Platzes und der Seitenlinie des Doppelspielers aufkommt. Der Spieler am Netz (Partner des Aufschlägers) versucht, so viele Returns wie möglich abzufangen. Der Punkt wird ausgespielt.

## Gezielte taktische Übung

## Übung 1

Vier Spieler spielen Doppel. Jeder durch Kreuzen gewonnene Punkt zählt doppelt.

## Übung 2

Vier Spieler spielen Doppel. Der Aufschläger spielt Serve-and-Volley. Der Aufschläger muss jeden Ball, der durch die Mitte kommt, seinem Partner überlassen. Der Partner des Aufschlägers muss versuchen, alle Returns in der Mitte abzufangen.

# Übungen

EG's Edgars Tipps

Dies sind nur einige Beispiele dafür, wie Sie auf der Grundlage der Regeln für das Match Übungen entwerfen können, die Ihre Spielern in ihre Matches übernehmen sollen. Die Anzahl der Übungen ist allein durch Ihre Vorstellungskraft begrenzt.

Als ich mit dem Coaching begonnen habe, bin ich gerne zu den Trainerkonferenzen gegangen, da ich dort viele neue Übungen kennengelernt habe. Ich habe mir noch keine Gedanken darüber gemacht, dass ich eigene Übungen entwickeln könnte. Das Erstellen von eigenen Übungen erschien mir zu kompliziert, und es war sehr einfach, sie von anderen zu übernehmen. Übungen sind jedoch nur ein Mittel, um verschiedene Situationen auf dem Platz zu trainieren. Es gibt keine guten oder schlechten Übungen. Sie müssen danach bewertet werden, ob sie einem Spieler helfen können, sein Spiel zu verbessern. Also scheuen Sie sich nicht, damit zu experimentieren. Sie finden viele weitere Übungen, die ich in der Vergangenheit erfolgreich eingesetzt habe, in der Übungssammlung in Abschnitt 14. Verwenden Sie sie und wagen Sie es, Ihre eigenen zu erstellen.

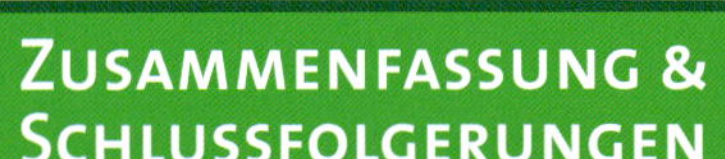

## Zusammenfassung & Schlussfolgerungen

Sobald Sie taktische Regeln oder Regeln für das Match aufgestellt haben, sollten Sie die passenden Übungen mit Standard-Antworten und taktischen Spielsituationen entwickeln. Damit können Sie Ihren Spielern helfen, die taktischen Regeln in ihr Match zu integrieren, damit sie automatisch die beste Reaktion auf jeden einzelnen Schlag des Gegners wählen können. Entwerfen Sie Übungen rund um die Regeln für das Match, damit Ihre Spieler permanent auf verschiedene Situationen reagieren können, denen sie während eines Matches begegnen.

Haben Sie es geschafft, Ihren Spielern beizubringen,

1. wie sie flexible Schläge entwickeln und
2. wie und wann sie diese einsetzen sollen,

dann können Sie tief durchatmen. Sie haben die ersten zwei Ziele meines Systems erreicht.

Die folgenden Abschnitte konzentrieren sich auf das dritte Ziel meines Systems. Dieses besteht darin, die Leistungsfähigkeit der Spieler zu optimieren und konstante Leistungen zu erbringen. In diesem Teil des Buches stelle ich drei wichtige Themen vor: Beinarbeit, Spielweise und Druck. Diese drei Themen werden Ihnen helfen, die Fähigkeiten Ihrer Spieler weiter zu verbessern.

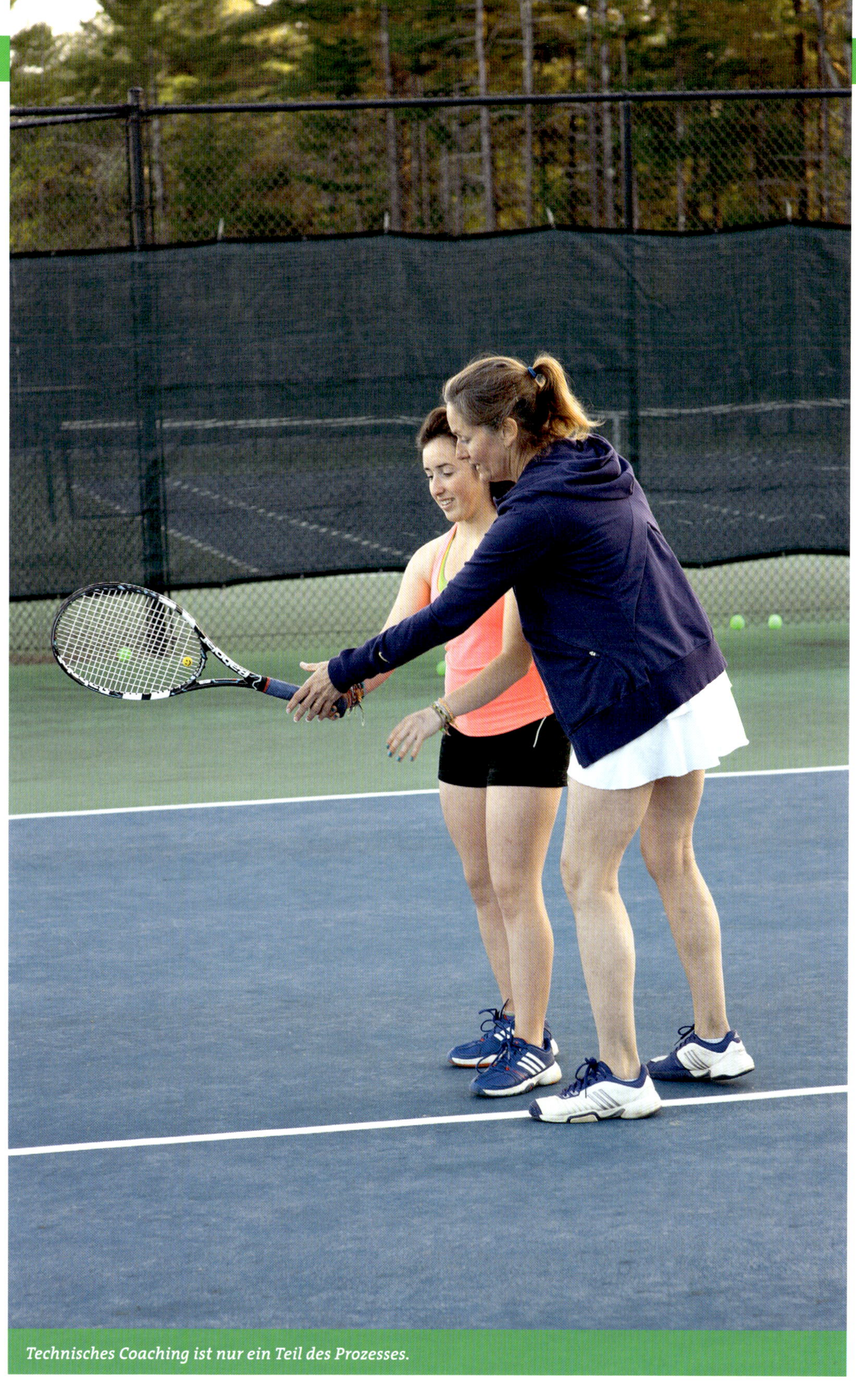

*Technisches Coaching ist nur ein Teil des Prozesses.*

# Spieler sind niemals „Ihre" Spieler

Effektives Coaching erfordert ein enormes persönliches und emotionales Engagement des Trainers, was oft zu einer pseudo-mentalen Adoption der Spieler durch ihre Trainer führt.

Trainer bezeichnen die Spieler, die sie trainieren, gerne als „meine Spieler", was eine Art von Besitzanspruch andeutet. Ebenso verwenden sie gerne die Formulierung „Er hat mir meinen Spieler weggenommen", was impliziert, dass jemand etwas genommen hat, was ihm gehört. Spieler werden Ihr Fachwissen suchen, solange Sie ihnen das bieten, was sie gerade brauchen. Sie werden die Trainingsorte wechseln, sobald jemand Ihnen ein besseres Trainingsumfeld bieten kann.

Es ist ein wettbewerbsintensives Geschäft, und Spieler sind immer auf der Suche nach einem Vorteil. Wo ein Spieler trainieren möchte, wird von vielen Faktoren beeinflusst. Die Entscheidung für einen Trainingsstützpunkt richtet sich nach: der Anzahl der Athleten im Programm, dem Spielniveau, dem Alter der Teilnehmer, dem Verhältnis von Spielern zu Trainern, der Anlage, dem Zeitplan, der Bequemlichkeit, dem Trainerstil und anderen persönlichen Erwägungen.

Als Trainer ist es wichtig, das im Hinterkopf zu behalten. Die meisten Spieler durchlaufen sehr gerne Ihr Programm, insbesondere wenn Sie eine hervorragende Arbeit leisten. Aber auch wenn Sie sich entscheiden, Ihre eigenen Ressourcen für die Unterstützung eines Spielers einzusetzen, ist die Wahrscheinlichkeit groß, dass ein Spieler Ihr Programm früher oder später verlässt, selbst wenn Sie einen Vertrag abgeschlossen haben.

Realistisch betrachtet ist es für einen Trainer sehr schwierig, das beste Trainingsumfeld während der gesamten Karriere eines Spielers zu bieten. Wenn die Spieler älter und besser werden, sind ihre Bedürfnisse ganz anders. Sie werden viel mehr reisen müssen, und es wird immer schwieriger, Trainingspartner auf ihrem Niveau zu finden.

Es ist nie leicht für einen Trainer, wenn ein Starschüler wegen der enormen Investitionen ausscheidet, die für die Entwicklung eines Spitzenspielers erforderlich sind. Aber es ist Teil des Jobs als Coach.

Die Spieler werden gehen, manche früher, manche später. Nehmen Sie es nicht persönlich. Sie sind niemals „Ihre" Spieler.

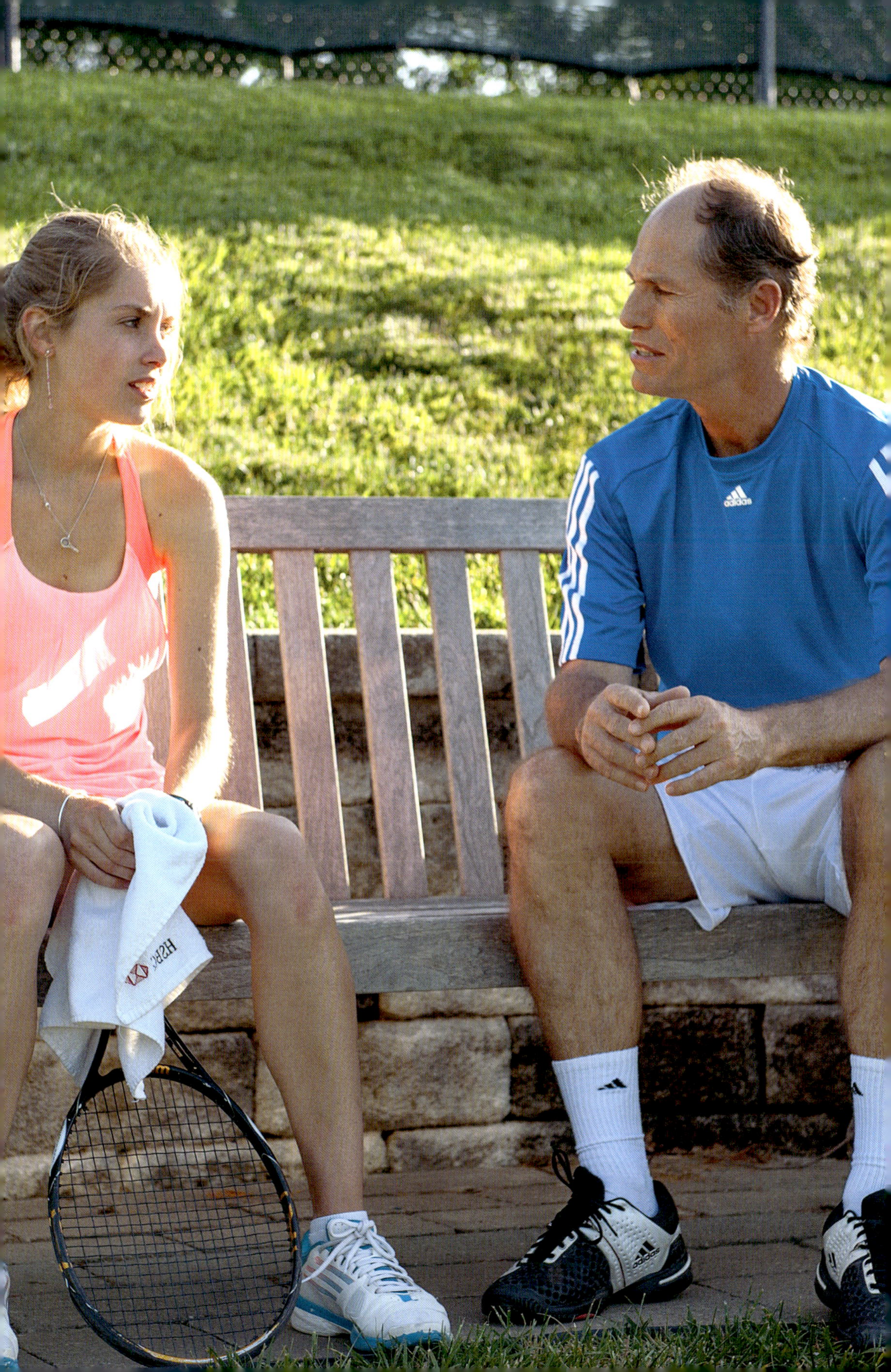
adidas
HSBC

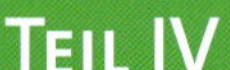

Teil IV

# Optimierung der Spielweise für konstante Leistungen

In diesem Abschnitt werden drei wichtige Aspekte des Spiels untersucht, die Sie berücksichtigen müssen, um die Spielweise Ihrer Spieler zu optimieren und konstante Leistungen zu erzielen: Beinarbeit, Spielweise und Druck. Diese Themen werden die Diskussion über die Entwicklung der Spieler abrunden.

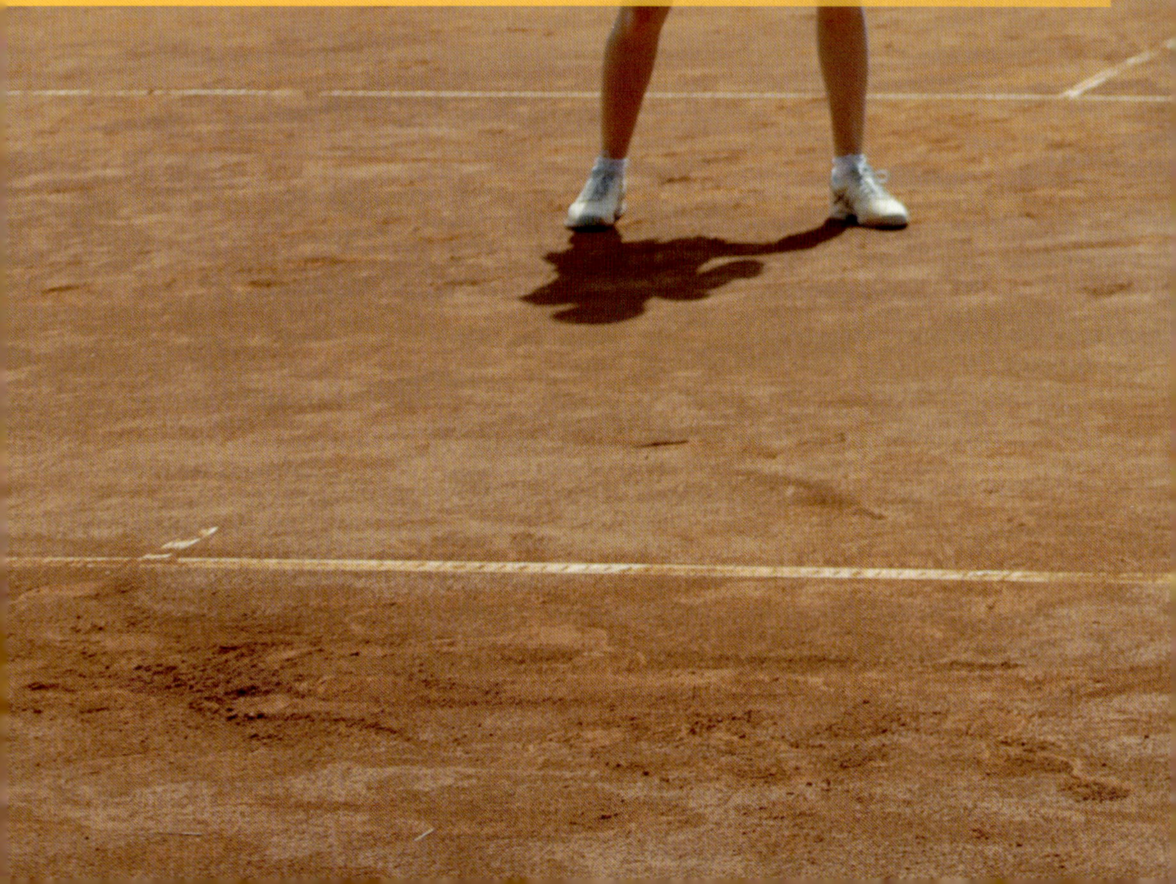

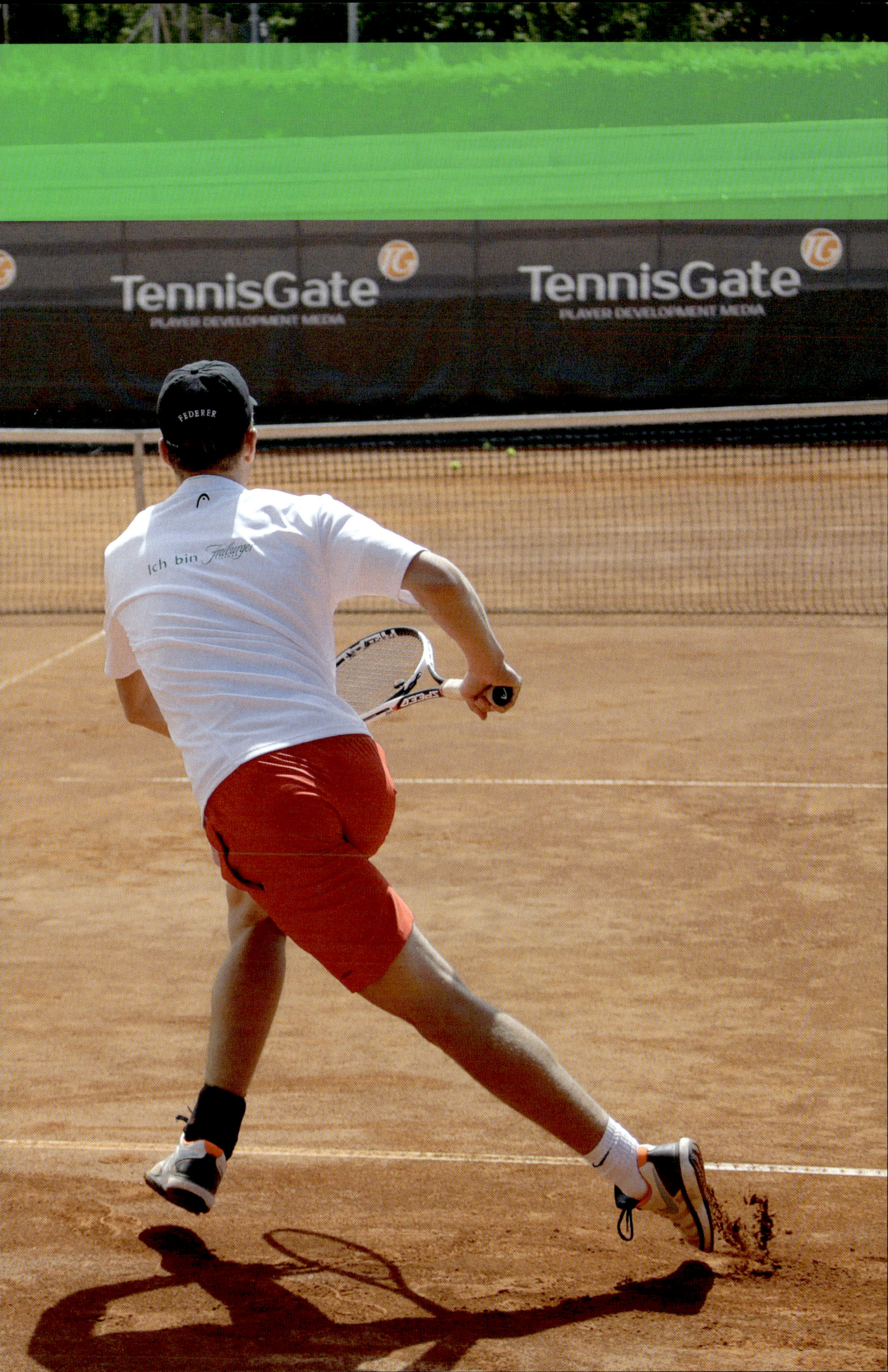

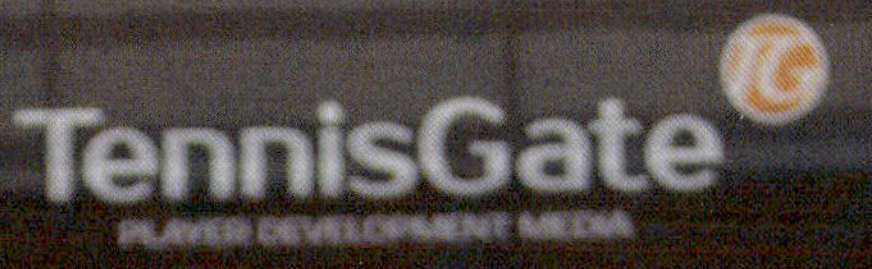
TennisGate
PLAYER DEVELOPMENT MEDIA

# Beinarbeit

Tennis ist ein Spiel, bei dem die Spieler sich immer bewegen müssen. Es kommt bei jedem einzelnen Schlag darauf an, dass sie die optimale Position finden, um den Ball im Gleichgewicht spielen zu können. Die Bewegung ist ein so wichtiger Bestandteil des Spiels, dass sich eine leichte Veränderung der Bewegungsfähigkeit eines Spielers direkt auf seine Leistungsfähigkeit auswirkt.

Wenn Sie sich die Karriere von professionellen Tennisspielern anschauen, können Sie feststellen, dass die Leistungsfähigkeit bei älteren Spielern unweigerlich abnimmt. Es ist sehr selten, dass Spieler ihr Leistungsniveau nach dem 35. Lebensjahr aufrechterhalten können. Das ist dann oftmals der Zeitpunkt, an dem die meisten Spitzenspieler in der Rangliste zurückfallen und über ihren Rücktritt nachdenken. Was geschieht in diesem Alter? Vergessen die Spieler plötzlich, wie man den Ball trifft? Nein, das ist mit Sicherheit nicht der Fall. Der Hauptgrund für den Leistungsabfall ist eine Abnahme ihrer Bewegungsfähigkeit. Wenn sie langsamer werden, verlieren sie den Kampf um die optimale Positionierung vor dem Schlag an jüngere und schnellere Athleten, und ihre Schläge werden weniger effektiv. Sie fangen an, mehr Schläge nicht im Gleichgewicht zu spielen, und dadurch verlieren sie die Kontrolle, die Kraft und infolgedessen auch die Tennismatches.

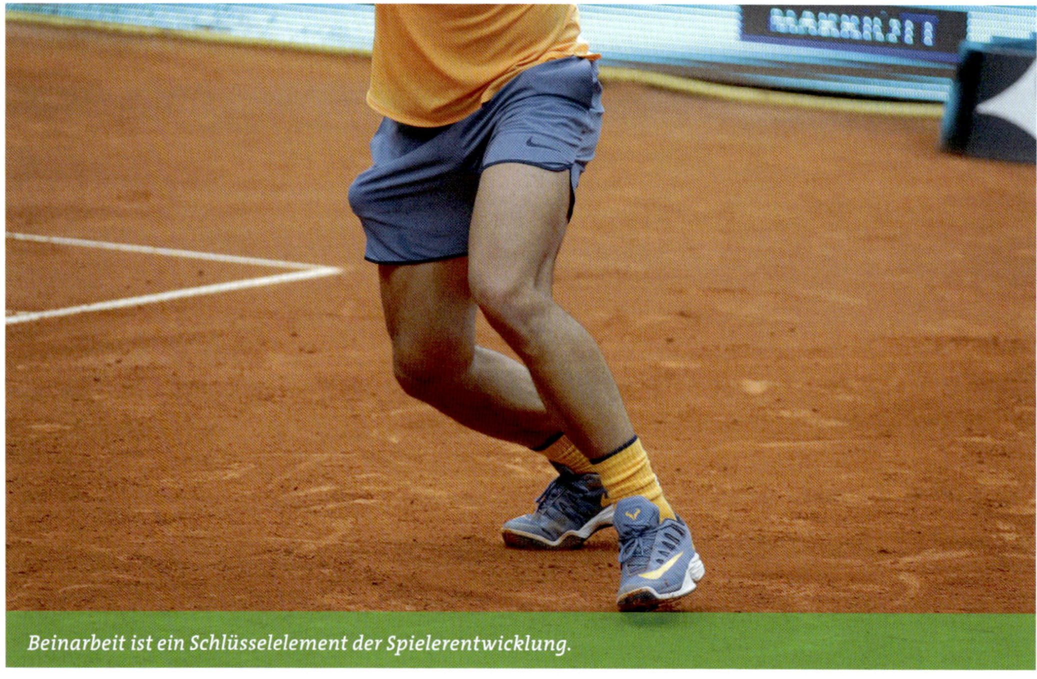

*Beinarbeit ist ein Schlüsselelement der Spielerentwicklung.*

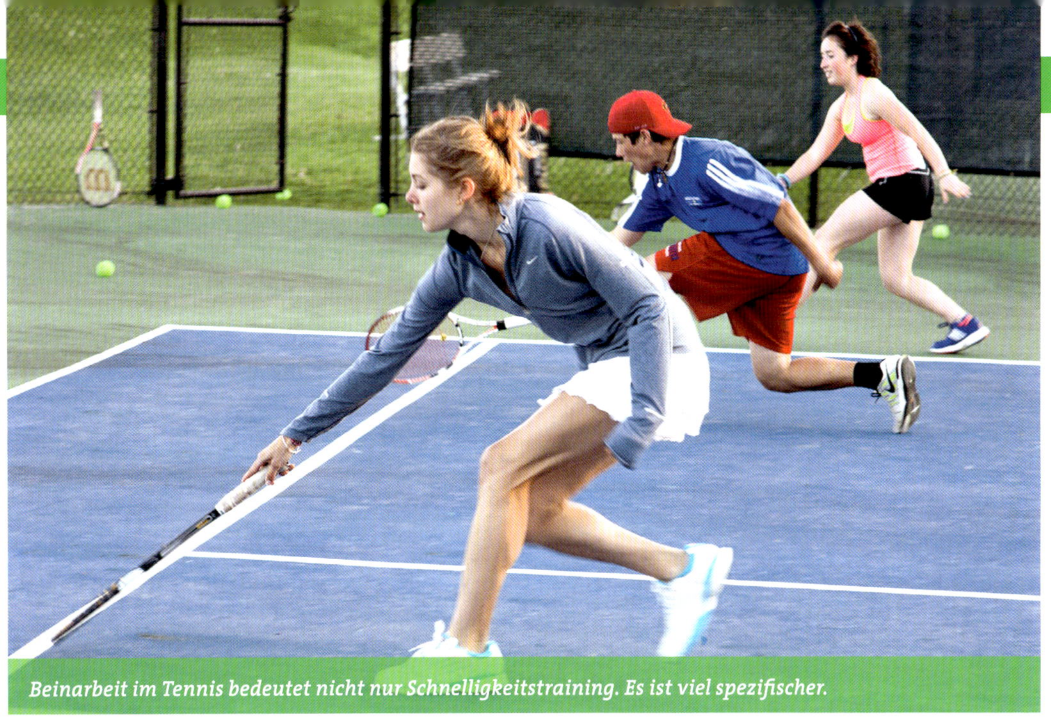

*Beinarbeit im Tennis bedeutet nicht nur Schnelligkeitstraining. Es ist viel spezifischer.*

Die Art und Weise, wie sich Tennisspieler bewegen, hat einen großen Einfluss auf ihr Spiel. Tennis ist ein Spiel mit Prozentsätzen, bei dem der Gewinn einiger Extrapunkte während eines Matches den Unterschied zwischen Sieg und Niederlage ausmachen kann. Wenn Sie das nächste Mal einem Ihrer Spieler bei einem Match zuschauen, analysieren Sie alle Punkte, die er verloren hat, weil er den Ball gar nicht oder schlecht erreichen konnte. Vielleicht war der Ball gar nicht so weit weg. Notieren Sie außerdem alle Punkte, bei denen er aus dem Gleichgewicht war und den Ball verschlagen hat oder dem Gegner nur eine Vorlage zurückspielen konnte. Sie werden wahrscheinlich überrascht sein, dass ein großer Prozentsatz der verlorenen Punkte auf eine nicht ausreichende Beinarbeit zurückzuführen ist. Denken Sie an die Auswirkungen in seinem Spiel, die ein paar zusätzliche Zentimeter der Reichweite ausmachen könnten. Wie viele Bälle könnte er noch erreichen? Wie viele Fehler könnte er vermeiden? Wie viele Bälle unter Druck könnte er noch ins Feld spielen? Und noch wichtiger, wie viele enge Matches könnte er noch gewinnen?

Die Beinarbeit ist ein wesentlicher Bestandteil im Tennis. Jeder Spieler, der seine Leistungsfähigkeit ernsthaft verbessern will, sollte das Training der Beinarbeit in seinen Trainingsplan aufnehmen. Bevor ich jedoch fortfahre, möchte ich noch etwas klarstellen: Beinarbeit im Tennis ist nicht nur gleichbedeutend mit Schnelligkeitstraining. Schnelligkeit ist nur eine der vielen Komponenten der Beinarbeit auf dem Platz. Es gibt viele schnelle Spieler, die sich auf dem Platz nicht sehr gut bewegen. Und es gibt viele langsame Athleten, die sich sehr effektiv zum Ball stellen. Was ist mit dem achtzigjährigen Spieler, der immer zu wissen scheint, wo der Ball landen wird? Und ich spreche hier nicht von „Yoda", für alle „Star Wars"-Fans. Jeder von uns kennt jemanden mit dieser Fähigkeit. Es gibt Spieler, die langsam erscheinen, aber immer in der richtigen Position sind. Sogar auf professioneller Ebene sehen Sie das. Andy Murray ist ein gutes Beispiel. Er scheint von einer Seite des Platzes auf die andere zu gleiten. Wie steht es mit Lindsay Davenport? Sie war zwar nicht sehr schnell, aber sie wusste immer, wie man andere Fähigkeiten als nur Geschwindigkeit einsetzt, um erfolgreich zu sein.

Tennisspieler sollten so viele Bälle wie möglich in einer ausbalancierten Position erreichen, in der sie den bestmöglichen Schlag ausführen können. Sie sollten also alle Trainingsprogramme der Beinarbeit für das Tennis in diesem Sinne gestalten. Mit anderen Worten, gestalten Sie das Training der Beinarbeit so, dass Ihre Spieler möglichst viele Schläge in einer idealen Schlagposition spielen können. Sie sollten sich nicht nur auf die Verbesserung der athletischen Fähigkeiten konzentrieren.

Vor diesem Hintergrund sollte jedes effektive Trainingsprogramm darauf abzielen, jeden der unten aufgeführten Faktoren zu verbessern. Ich habe diese Zielbereiche in zwei Gruppen eingeteilt: die athletischen Faktoren und die tennisspezifischen Faktoren.

## Athletische Faktoren

- Kraft
- Ausdauer
- aerobe Ausdauerfähigkeit
- anaerobe Ausdauerfähigkeit
- Schnelligkeit
- Beweglichkeit
- Koordinationsfähigkeit

## Tennisspezifische Faktoren

- mentale Stärke
- tennisspezifische Beinarbeit
- Geometrie des Platzes
- Antizipation

Diese Faktoren müssen bei der Gestaltung eines effektiven Trainingsprogramms für die Beinarbeit berücksichtigt werden. Der Grund, warum die meisten Trainingsprogramme scheitern, ist ihre Tendenz, sich ausschließlich auf die athletischen Faktoren zu konzentrieren.

Die folgende Geschichte soll als Beispiel dienen. Ein Trainer arbeitet mit einem Spieler, der sich schlecht bewegt. Kein Problem, denkt er. Wir entwerfen ein Programm, das ihn schneller macht. Der Spieler hebt Gewichte, dehnt sich, macht Sprints und trainiert seine Beweglichkeit. Der Spieler beginnt schneller zu laufen, wird stärker und verbessert seine Beweglichkeit. Es gibt jedoch ein kleines Problem: Die Beinarbeit des Spielers auf dem Platz verbessert sich nicht. Der Spieler ist stärker und schneller, aber er kann den Platz immer noch nicht optimal abdecken.

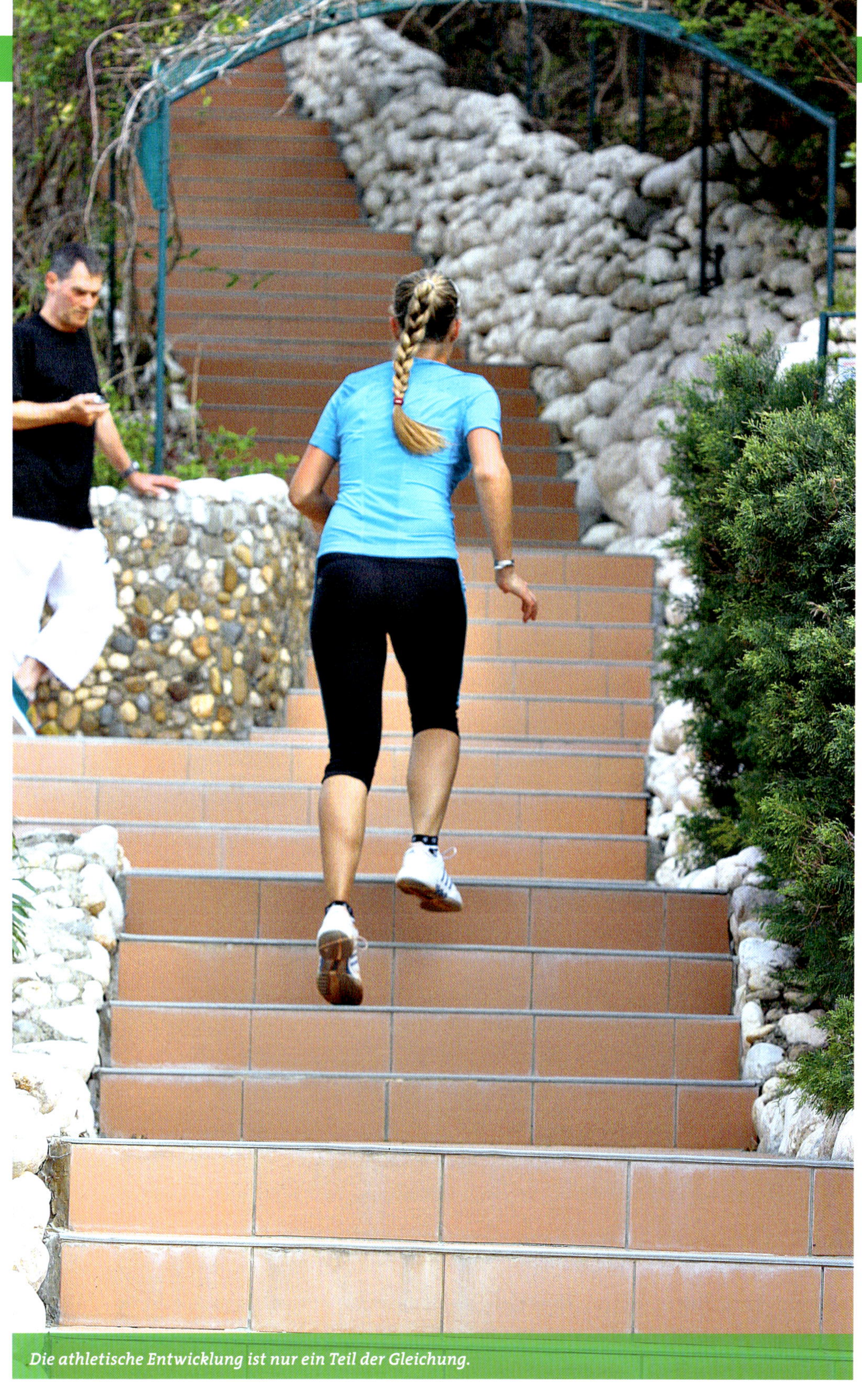

*Die athletische Entwicklung ist nur ein Teil der Gleichung.*

Ich habe dieses Szenario schon viele Male miterlebt. Die Verbesserung der athletischen Fähigkeiten eines Spielers ist nur ein Teil der Gleichung. Wenn ein Spieler nicht weiß, wie er sich auf dem Platz bewegen soll, dann wird die Verbesserung seiner Athletik nur zu minimalen Leistungssteigerungen führen. Natürlich wird auch der umgekehrte Ansatz nicht funktionieren. Eine ausschließliche Konzentration auf die tennisspezifischen Faktoren ohne Verbesserung der athletischen Basis wird ebenfalls zu suboptimalen Leistungen führen. Das Training der Beinarbeit benötigt einen ganzheitlichen Ansatz. Eine wirkliche Verbesserung können Sie nur erreichen, wenn Sie alle Faktoren (tennisspezifisch und athletisch) berücksichtigen und trainieren.

Das folgende Diagramm stellt die ideale Erfolgsformel dar.

## Das Leistungsdreieck

Das Leistungsdreieck veranschaulicht alle Elemente, die ein Spieler haben muss, um sich auf dem Platz optimal zu bewegen.

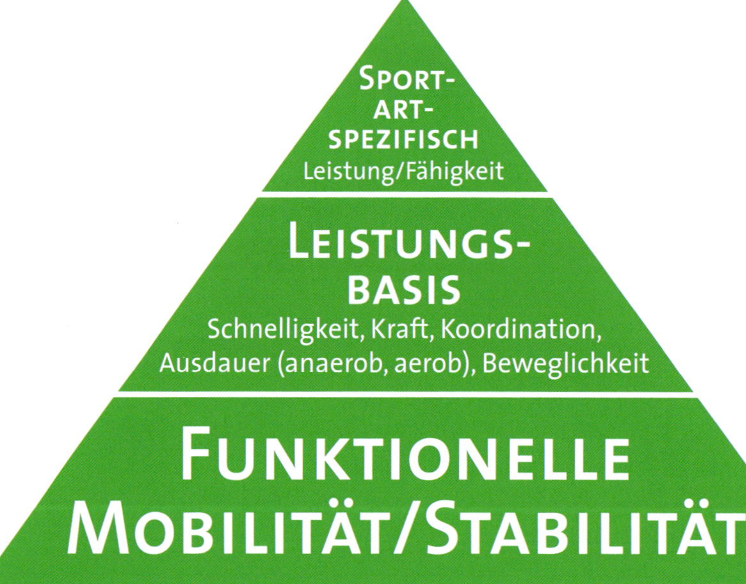


Basis des Dreiecks ist eine solide funktionelle Mobilität/Stabilität. Ein Spieler braucht einen starken, flexiblen Körper, bei dem alle Muskeln im Gleichgewicht sind und alle Gelenke richtig funktionieren. Sobald das erreicht ist, muss der Spieler daran arbeiten, seine Leistung oder athletische Basis zu verbessern, wozu Kraft, Ausdauer (aerob, anaerob), Schnelligkeit, Beweglichkeit und Koordination gehören.

An der Spitze der Pyramide steht das sportartspezifische Training, das alle Faktoren umfasst, die ich vorhin erwähnt habe: mentale Vorbereitung, tennisspezifische Beinarbeit, Geometrie des Platzes und Antizipation. Alle Elemente des Leistungsdreiecks sind wichtig und müssen entwickelt werden, auch wenn einige dieser Fähigkeiten zu verschiedenen Zeiten der Saison stärker betont werden.

Der Rest dieses Kapitels wird sich ausschließlich auf tennisspezifische Faktoren konzentrieren, die zur Verbesserung der Bewegungsfähigkeit eines Spielers berücksichtigt werden sollten. Funktionelle Mobilität und sportliche Entwicklung sind zwar ebenso wichtig, aber zu umfangreich, um in diesem Buch sinnvoll untersucht zu werden.

## Mentale Stärke

Der Erfolg, die Beinarbeit Ihres Spielers auf dem Platz zu verbessern, hängt vor allem von einem Faktor ab: von der mentalen Einstellung des Spielers, seiner Intensität, Disziplin und Entschlossenheit. Die Verbesserung der Beinarbeit ist nicht einfach, sondern erfordert einen hohen körperlichen und mentalen Aufwand. Tennis spielen ist harte Arbeit, und je früher ein Spieler dies begreift, desto schneller wird er anfangen, sich zu verbessern. Oft versuchen Spieler, einen einfacheren Weg zu finden. Die Realität ist jedoch, dass es keine Abkürzungen zum Erfolg gibt. Je härter ein Spieler arbeitet, desto besser wird er spielen. Wenn ein Spieler seine Beinarbeit verbessern will, muss er sich jedes Mal darauf konzentrieren, wenn er auf dem Platz steht. Alte Gewohnheiten müssen geändert und neue geschaffen werden. Er muss bereit sein, bessere und effektivere Bewegungsabläufe neu zu erlernen, und das beginnt mental in seinem Kopf.

Die gute Nachricht ist, dass einige wenige Änderungen in den Denkmustern Ihrer Spieler einen großen Unterschied in der Beinarbeit auf dem Platz ausmachen können. Es gibt fünf allgemeine Regeln, auf denen jedes tennisspezifische Trainingsprogramm aufbauen sollte. Lassen Sie Ihre Spieler die folgenden Regeln auswendig lernen und sie konsequent anwenden. Auf diese Weise lassen sich die fünf Bewegungsgesetze auf dem Platz erklären:

1. Streben Sie danach, jeden Ball in der optimalen Schlagzone zu treffen.
2. Halten Sie die Intensität hoch.
3. Versuchen Sie, jeden Ball zu erreichen, egal, wo er aufkommt.
4. Erwarten Sie immer, dass der Ball noch einmal zurückkommt.
5. Reagieren Sie, raten funktioniert nicht.

# Beinarbeit

## 1. Streben Sie danach, jeden Ball in der optimalen Schlagzone zu treffen

Jeden Ball in der optimalen Schlagzone zu treffen, ist die Grundlage für eine optimale Beinarbeit auf dem Platz. Tennis ist ein Geschicklichkeitsspiel, jeder Schlag ist anders. Um einen effektiven Schlag auszuführen, muss ein Spieler viele Faktoren wie Geschwindigkeit, Höhe und Drall des ankommenden Balles analysieren und seinen Schwung entsprechend anpassen. Daher führt ein durchschnittlicher Spieler im Laufe eines Matches mehrere hundert Variationen der fünf grundlegenden Schlagmuster (Vorhand, Rückhand, Vorhand-Volley, Rückhand-Volley und Schmetterball) aus, und das macht das Spiel so schwierig. Eine Rückhand zu lernen ist eine Sache, aber mehrere hundert verschiedene Arten von Rückhandschlägen zu beherrschen, ist eine ganz andere Geschichte. Aber genau darum geht es beim Tennis: Jeder Spieler muss mit den Schlägen des Gegners klarkommen. Er muss die notwendigen Anpassungen vornehmen und die effektivste Antwort finden. Wie können Sie das auf die Beinarbeit übertragen?

Wie Sie sehen können, erhöhen diese Variationen den Schwierigkeitsgrad des Spiels enorm. Wie viel einfacher wäre es, wenn der Ball jedes Mal genau an der gleichen Stelle, mit der gleichen Geschwindigkeit und mit dem gleichen Drall aufkäme. Im Tennis ist jedoch jeder Schlag anders. Spieler mit einer guten Beinarbeit können sich besser an den Ball anpassen und den Ball öfter im idealen Treffpunkt spielen.

Der ideale Ort und die optimale Position, den Ball zu treffen, sind von Spieler zu Spieler verschieden. Viele Faktoren, wie z. B. Schlagmuster, Griff, Kraft, Größe usw., bestimmen den optimalen Treffpunkt. Sobald die ideale Schlagposition und der ideale Treffpunkt einmal festgelegt sind, wird ein Spieler mit einer guten Beinarbeit häufiger in der Lage sein, den Ball im Gleichgewicht zu spielen, und weniger Fehler machen.

Wie also findet ein Spieler den idealen Treffpunkt und die ideale Beinstellung?
Am einfachsten geht dies durch Ausprobieren. Der Spieler soll auf dem Platz alle Schläge durchprobieren. Schlagen Sie eine Weile Bälle mit der Vorhand, dann mit der Rückhand, dann gehen Sie zu Vorhandvolleys über, und so weiter. Bei jedem Schlag soll der Spieler sich auf seine Beine konzentrieren und darauf achten, welche Position sich am besten anfühlt. Wenn ein Spieler sich in einer bestimmten Position wohlfühlt, soll er sie für eine Weile beibehalten. Wenn er sich in dieser Schlagposition weiterhin wohlfühlt, hat er die ideale Position für diesen Schlag gefunden. Auf der Vorhandseite könnte die ideale Position irgendwo zwischen einer offenen Position (dem

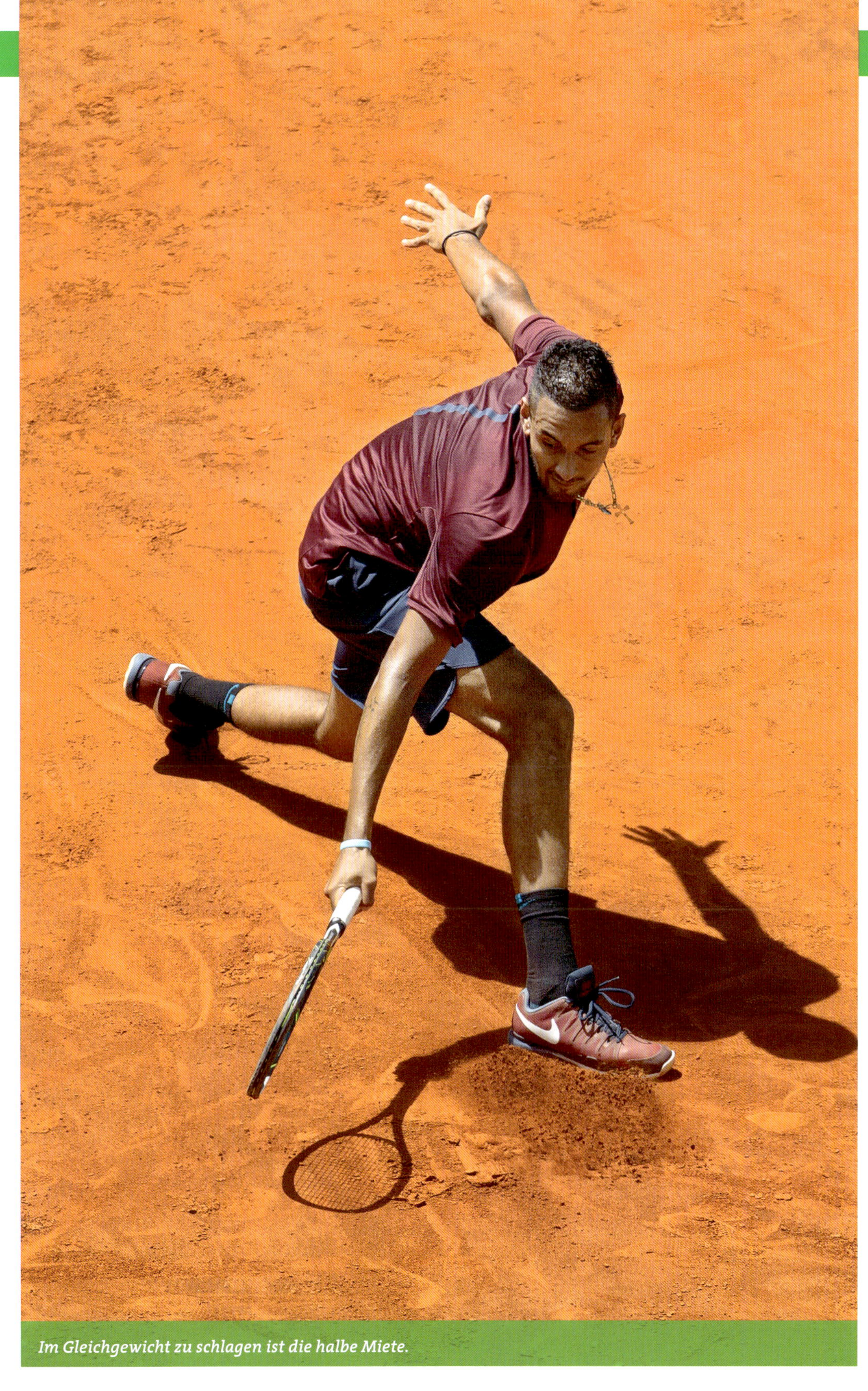

*Im Gleichgewicht zu schlagen ist die halbe Miete.*

Netz zugewandt, wobei die imaginäre Linie zwischen den Füßen parallel zum Netz verläuft) und einer geschlossenen Position (die imaginäre Linie zwischen den Füßen ist senkrecht zum Netz) liegen. Achten Sie darauf, dass Ihre Spieler ihre Füße nicht über die imaginäre Linie zwischen den Füßen stellen, da diese Position sie daran hindert, ihr Gewicht effektiv zu übertragen. Bei der Rückhand liegt die ideale Beinstellung irgendwo in der Nähe der geschlossenen Position (die imaginäre Linie zwischen den Füßen ist fast senkrecht zum Netz). Bei den Volleys sollte der Spieler möglichst immer einen Schritt zum Ball machen. Oft muss der Spieler den Schritt jedoch schräg nach vorne machen, um den Ball zu erreichen.

Sobald Ihre Spieler die ideale Position für jeden Schlag gefunden haben, sollten sie diese beibehalten und ihren Fokus auf den Treffpunkt verlagern. Sie sollten so lange mit verschiedenen Treffpunkten experimentieren, bis sie auch hier einen finden, der für sie am besten funktioniert. Ihr idealer Treffpunkt sollte es ihnen ermöglichen, locker durchzuschwingen und während des gesamten Schlages ihr Gleichgewicht zu behalten. Um ihren idealen Treffpunkt zu testen, sollten sie ihren Körper nach dem Schlag in der Endposition einfrieren, ohne die Füße zu bewegen. In der Position können sie schauen, ob sie das Gleichgewicht halten können. Wenn sie frei schwingen können, ohne ihre Füße, ihren Körper oder Kopf bewegen zu müssen, dann haben sie ihren idealen Treffpunkt gefunden.

EG's EDGARS TIPPS

Offensichtlich ist es nicht möglich, jeden Ball im optimalen Treffpunkt zu treffen. Spieler sollten sich jedoch immer bemühen, dies zu tun. Es wird ihnen helfen, eine ausgezeichnete Beinarbeit zu entwickeln, die zusammen mit den übrigen tennisspezifischen Faktoren ihr Spiel insgesamt verbessern wird.

## 2. Halten Sie die Intensität hoch.

Um sich auf dem Platz effektiv bewegen zu können, muss ein Spieler ein bestimmtes Energieniveau aufrechterhalten. Dieses erlaubt seinem Körper, sich auf Kommandos schnell und kraftvoll zu bewegen. Er braucht einen wachen Geist und ein ideales Maß an Spannung in seinen Muskeln. Zu viel oder zu wenig Muskelspannung bremst ihn aus. Wenn Sie wollen, dass Ihre Spieler auf dem Platz schnell sind, müssen sie immer bereit sein, damit sie bei jedem Ball alles geben können. Ich bin immer wieder erstaunt über Spieler, die sich darüber beklagen, dass sie auf dem Platz

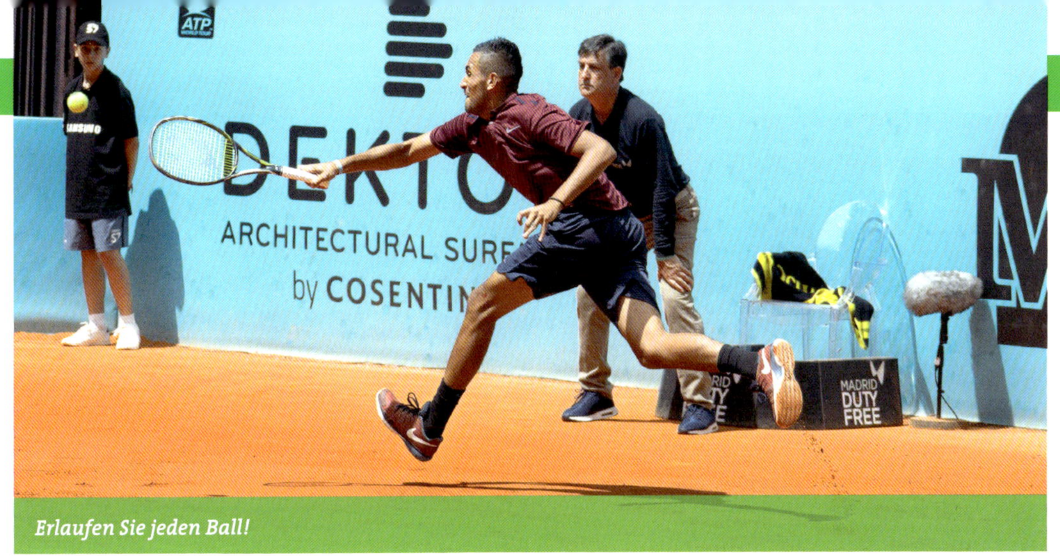

*Erlaufen Sie jeden Ball!*

langsam sind, aber gleichzeitig so aussehen, als ob sie beim Spielen fast einschlafen würden. Wenn ein Spieler mehr Bälle erreichen will, muss er bereit sein, sich zu bewegen. Er muss sich auf den Zehenspitzen bewegen, immer in Bewegung sein und um jeden Ball kämpfen. Er muss sich jedes Mal auf den bestmöglichen Schlag des Gegners vorbereiten. Er darf sich nicht überraschen lassen. Egal, ob der Gegner einen super Ball oder eine einfache Vorlage spielt, er muss bereit sein.

Die Spieler sollten sich auf den Zehenspitzen bewegen und zwischen den Schlägen auf der Stelle hüpfen. Das ist eine gute Angewohnheit und hilft, die Intensität beizubehalten. Es ist immer einfacher, sich aus der Bewegung explosiv zu bewegen. Sie können das mit dem Schieben eines Autos vergleichen. Beim ersten Versuch, das Auto zu bewegen, stoßen Sie auf viel Widerstand, aber sobald das Auto zu rollen beginnt, wird die Aufgabe viel einfacher. Dasselbe gilt für den menschlichen Körper. Wenn ein Spieler nur rumsteht, verlangsamt er automatisch seinen ersten Schritt zum Ball. Wenn er sich jedoch auf den Zehenspitzen bewegt, wird die erste Reaktion viel schneller sein. Für mich bedeutet in Bewegung sein, dass ein Spieler immer auf seinen Zehenspitzen bleibt. Sie müssen keinen wilden lateinamerikanischen Tanz ausführen, eine kontinuierliche Gewichtsverlagerung von einem Bein auf das andere reicht aus. Lassen Sie Ihre Spieler mit verschiedenen Intensitäten zwischen den Schlägen experimentieren, bis sie ihren idealen Intensitätsgrad gefunden haben. Dann müssen sie es sich zur Gewohnheit machen, auf dem Platz kontinuierlich mit dieser Intensität zu arbeiten.

## 3. Versuchen Sie, jeden Ball zu erreichen, egal, wo er aufkommt

Ihre Spieler müssen sich bewegen. Effektive Beinarbeit im Tennis erfordert frühes Wahrnehmen und frühes Reagieren. Das heißt, je früher sie in der Lage sind zu antizipieren, wo der Ball des Gegners landen wird, desto besser sind die Chancen, schnell zu reagieren und den Ball im Gleichgewicht zu erreichen. Sobald der Gegner den Ball trifft, bleibt keine Zeit für eine Analyse. Entweder sie bewegen sich oder der Punkt ist verloren. Die meisten Spieler möchten jedoch gerne Energie sparen. Warum sollten sie zum Ball laufen, wenn sie ihn doch nicht bekommen werden? Spieler entwickeln oft ein mentales Muster. Es gibt Schläge, bei denen sie glauben, sie nicht erreichen zu können, und solche, die sie vielleicht noch bekommen können. Jedes Mal, wenn der Gegner trifft, bewerten sie ihre Chancen, den Ball zu erlaufen. Wenn sie glauben, dass der Ball erreichbar ist, versuchen sie, ihn zu erlaufen, aber wenn sie glauben, dass der Ball zu weit von ihnen entfernt landet, versuchen sie nicht einmal, ihn zu bekommen. Auf diese Weise werden sie Punkt für Punkt ihre Wahrnehmungsfähigkeit beeinflussen. Sie werden die Bälle erreichen, die ihnen leicht erscheinen, und sie werden die Schläge nicht erreichen, die ihnen zu weit entfernt erscheinen. Das alles wird zu einer sich selbst erfüllenden Prophezeiung. Ein Spieler ist nur so schnell, wie er glaubt, dass er es ist. Wenn er aber besser werden will, muss er seine Überzeugungen ändern. Die Spieler müssen aufhören, sich geistig einzuschränken. Die Einstellung sollte sein: „BEWEG DICH EINFACH, DU KÖNNTEST DICH SELBST ÜBERRASCHEN!“

In diesem Sinne möchte ich hier ein paar hilfreiche Richtlinien aufzeigen, die alle Spieler während jeder Trainingseinheit befolgen sollten:

**Bewegen Sie sich zu jedem Ball, auch wenn Sie glauben, dass er ausgeht oder dass er zu weit weg ist.**
Ein Spieler muss nach dem Motto leben: „BEWEG DICH!“, und daran arbeiten, sich mit einer guten Beinarbeit zum Ball zu bewegen. Viele Spieler haben sich angewöhnt, zuerst mit dem Oberkörper auf den Ball zu reagieren, indem sie versuchen, den Ball mit dem Schläger zu erreichen. Wenn das nicht gelingt, dann bewegen sie ihre Beine. Noch schlimmer ist, dass manche Spieler noch nicht einmal versuchen, den Ball zu erreichen. Sie drehen einfach den Kopf, um den Ball vorbeifliegen zu sehen. Aber ein starker Nacken wird nicht allzu viele Matches gewinnen.

Ungeachtet des Gegners, sollte sich ein Spieler immer zum Ball bewegen. Er kann vielleicht nicht alle erwischen, aber er sollte es zumindest jedes Mal versuchen. Das Ziel des Spielers kann beispielsweise sein, jeden Ball noch zu berühren, selbst wenn der Schlag des Gegners im Aus landet. Er kann auch probieren, den Ball zu berühren, bevor dieser den Zaun erreicht. Wenn er die kurzen Bälle nicht nach dem ersten Aufsprung bekommen kann, sollte er sie nach dem zweiten oder dritten Aufsprung nehmen. Aber er sollte nie aufhören, sich zu bewegen, bis er den Ball erreicht. Dies wird den Spielern helfen, zwei häufige Fehler in der Ausübung der Beinarbeit zu korrigieren: schlecht zum Ball zu starten und zu früh aufzugeben. Manche Spieler machen zwar den ersten Schritt zum Ball, laufen dann aber nicht durch und geben dann Bälle auf, die sie hätten erreichen können.
„LAUFEN SIE DURCH, BIS SIE DEN BALL ERREICHEN.“

Langsame Spieler analysieren die Schläge des Gegners, um abzuwägen, ob es sich überhaupt lohnt, zum Ball zu laufen. Wenn der Ball ausgehen könnte oder außer Reichweite zu sein scheint, machen sie sich nicht einmal die Mühe loszulaufen. Das Problem bei diesem Denkprozess ist, falls sie sich doch zum Laufen entschließen, sind sie bereits einen halben Schritt hinterher.

Besonders häufig passiert es bei Spielern am Netz, dass sie nicht zum Ball starten. Die Spieler müssen sich daran gewöhnen, in die Richtung jedes Balles zu springen, auch wenn sie wissen, dass sie ihn nicht erreichen können. Der erste Schritt zu einer besseren Beinarbeit besteht darin, den ersten Schritt zu tun. Oft gewöhnen sich die Spieler daran, Passierbällen nachzuschauen, ohne zu versuchen, den Ball zu berühren. Sie sollten sich zumindest immer in die Richtung des Schlages bewegen. Nach und nach werden sie anfangen, mehr von diesen Passierbällen zu erreichen. Trainieren Sie Ihre Spieler in der Annahme, dass sie jeden Ball erreichen können. Denn die Gedanken werden immer zur Realität werden. „Wenn Sie glauben, dass Sie einen Ball nicht erreichen können, haben Sie recht. Dann werden Sie ihn auch nicht erreichen. Bewegen Sie sich, Sie werden sich selbst überraschen."

**Lassen Sie den Ball nie zweimal aufspringen.**

Wenn das Ziel des Trainings darin besteht, im Match besser zu spielen, dann muss das Training die gleichen Regeln haben wie ein Match. In einem Match darf kein Ball zweimal aufspringen, und auch im Trainingsmatch sollte es das nicht geben. Ein wichtiger Teil der Beinarbeit besteht darin, das beabsichtigte Ziel jedes Schlages frühzeitig zu erkennen und entsprechend zu reagieren. Ein Spieler

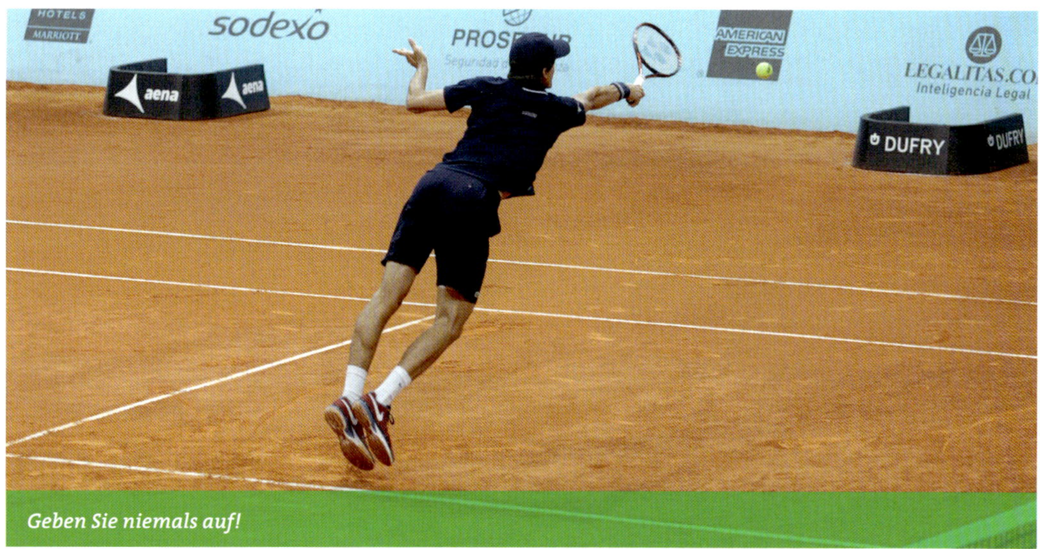


*Geben Sie niemals auf!*

muss in der Lage sein, die Richtung und die Länge eines jeden Schlages so schnell wie möglich zu bestimmen. Dabei sind beide Attribute gleich wichtig. Wenn ein Spieler im Trainingsmatch Bälle zweimal aufspringen lässt, kann er keine gute Wahrnehmungsfähigkeit für die Länge entwickeln. **Möglicherweise kann er die Richtung des Balles sehr früh erkennen, aber ohne das Element Länge wird es unmöglich sein, den Ball im Gleichgewicht zu erreichen.**

Lassen Sie einen Lob niemals aufspringen, versuchen Sie immer, den Schmetterball zu spielen. Wenn möglich vermeiden Sie Rückhand-Schmetterbälle. Die meisten Spitzenspieler werden diesen Schlag sehr selten spielen, weil sie wissen, es ist viel effektiver, einen normalen Schmetterball zu spielen. Ein Rückhand-Schmetterball sollte nur als Notschlag verwendet werden. Die Spieler sollten sich gut bewegen, um unter den Ball zu kommen. Dann werden sie eine viel bessere Chance haben, den Punkt zu gewinnen. Darüber hinaus sollte ein Spieler einen Lob niemals aufspringen lassen, es sei denn, er ist sehr, sehr hoch. Den Ball aufspringen zu lassen, wird zu einer defensiven Situation und stärkt das Selbstvertrauen des Gegners. Es gibt nichts Beruhigenderes als zu wissen, dass man den Lob erfolgreich gegen einen Gegner einsetzen kann. Seien wir ehrlich, Lobs zu spielen ist einer der einfachsten Schläge im Tennis. Und mit einem Lob konsequent Punkte zu gewinnen, ist der Traum eines jeden Spielers. Lassen Sie die Gegner für jeden Punkt arbeiten. Zwingen Sie ihn, schwierigere Schläge zu spielen, indem Sie um jeden Lob kämpfen.

## 4. Erwarten Sie immer, dass der Ball nochmal zurückkommt.

SCHLAGEN UND BEWEGEN sind die Schlüsselwörter in diesem Abschnitt. Bringen Sie Ihren Spielern bei, sich nach dem Schlag sofort auf den nächsten Ball vorzubereiten. Sie sollten niemals stehen bleiben und warten. Sie sollten immer versuchen, nach dem Schlag so schnell wie möglich den Platz abzudecken. Unabhängig davon, ob ihr Schlag gut oder schlecht war, sie müssen davon ausgehen, dass der Ball zurückkommt, und sie müssen die Intensität beibehalten. Nach jedem Schlag gibt es eine ideale Position, um den Platz abzudecken. Diese Position variiert, je nachdem, wo der Schlag aufkommt. Idealerweise sollten sie sich auf der Winkelhalbierenden positionieren, wie es in der Geometrie des Platzes erläutert wurde.

Die Spieler sollten besonders bei den folgenden drei Situationen darauf achten, ihre Intensität aufrechtzuerhalten:

1. nach einem zwingenden Schlag, der mit hoher Wahrscheinlichkeit den Punktgewinn bringt;
2. nach einem schlechten Schlag, der höchstwahrscheinlich den Punktverlust bringt;
3. nach einem Passierball, der mit hoher Wahrscheinlichkeit den Punktgewinn bringt.

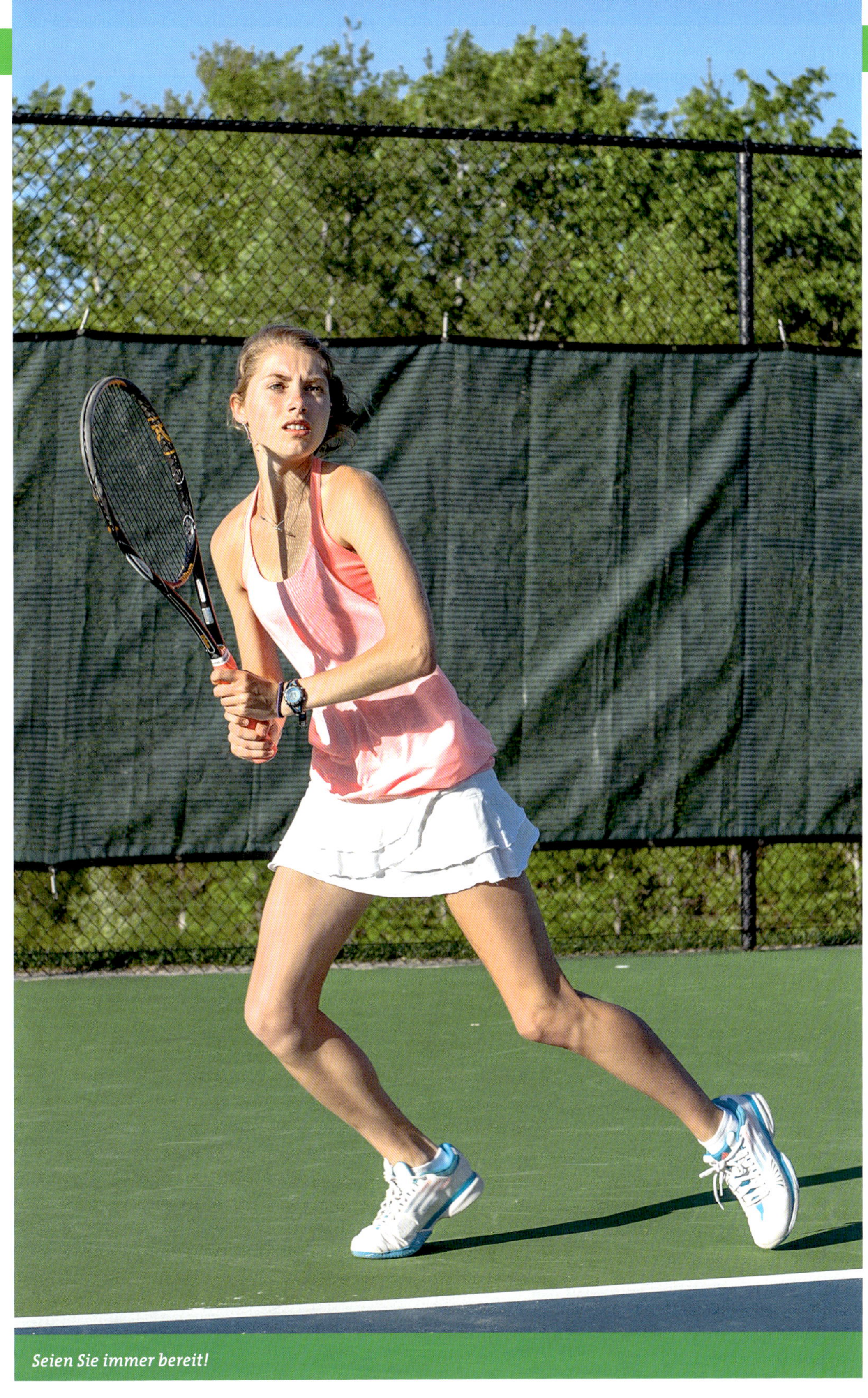
*Seien Sie immer bereit!*

Eine effiziente Platzabdeckung ist eines der wichtigsten Elemente einer effektiven Beinarbeit auf dem Platz. Im nächsten Abschnitt werde ich dieses wichtige Element eingehend analysieren.

## 5. Reagieren Sie, raten funktioniert nicht.

**EG's Edgars Tipps**

Spieler mit einer guten Beinarbeit reagieren auf den Schlag des Gegners, während Spieler mit einer schlechten Beinarbeit raten.

Während eines Matches gibt es nur wenige Momente, in denen es sich auszahlt zu erraten, wohin der Ball kommt. Wenn der Gegner beispielsweise einen so leichten Schlag hat, dass Sie nur eine Chance haben, wenn Sie sich bewegen, bevor er den Ball trifft. Mit anderen Worten, raten Sie nur, wenn Sie ein Wunder brauchen, um den Punkt noch zu gewinnen. In jeder anderen Situation bringt Ihnen die Reaktion auf den Schlag mehr Punkte.

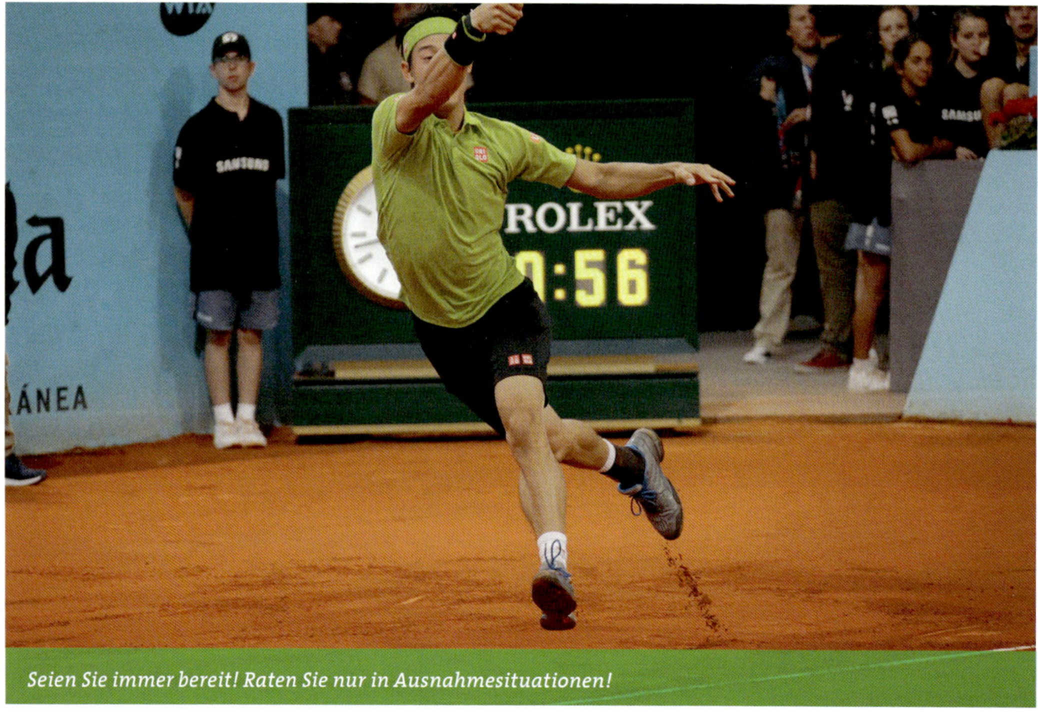


*Seien Sie immer bereit! Raten Sie nur in Ausnahmesituationen!*

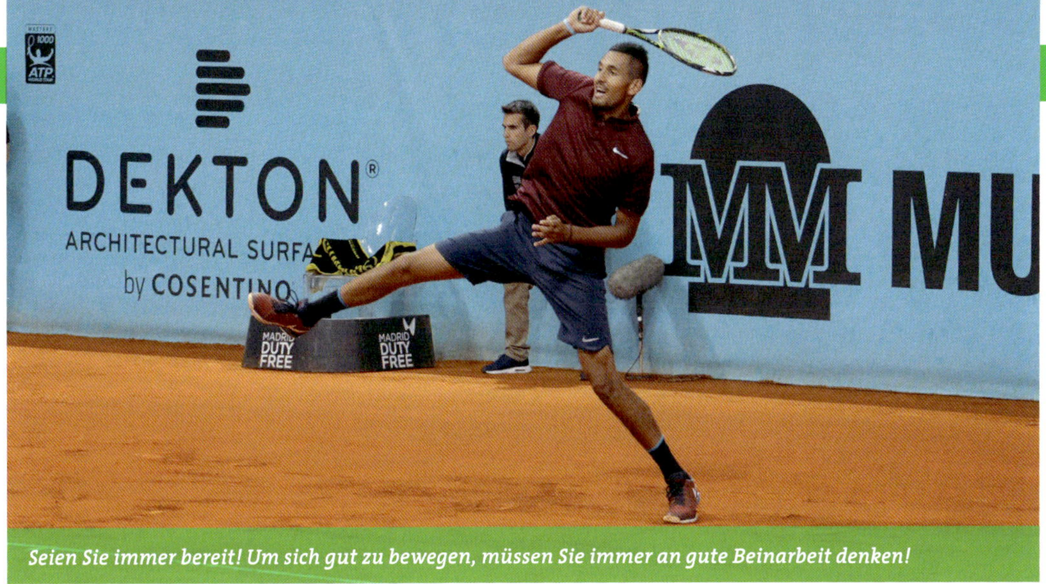


*Seien Sie immer bereit! Um sich gut zu bewegen, müssen Sie immer an gute Beinarbeit denken!*

Das Problem beim Raten ist, dass man eine 50 : 50-Chance hat. Wenn Sie richtig raten, erreichen Sie den Ball, aber wenn Sie falsch raten, verlieren Sie den Punkt.

Viele Spieler raten, wenn sie am Netz sind. Unerfahrene Spieler glauben, dass sie ohne Raten keinen Passierball erreichen können. Die Wahrheit ist jedoch, dass die meisten Passierbälle nur wenige Meter vom Volleyspieler vorbeifliegen. Wenn der Spieler lernt, sich zum Ball zu bewegen, sobald der Gegner ihn trifft, bleibt auch genügend Zeit, den Ball zu erreichen.

Wenn Ihre Spieler das nächste Mal Volleys trainieren, sollen sie sich ausschließlich darauf konzentrieren, wann der Gegner den Ball berührt. Dieser Moment ist das Signal für Bewegung. Sie sollen auf den Treffpunkt des Gegners reagieren.

## Beinarbeit auf dem Platz (Der Bewegungskreislauf)

Sobald Ihre Spieler die mentale Seite der Beinarbeit im Tennis verstanden haben, können sie an der Optimierung ihrer Beinarbeit auf dem Platz arbeiten. Um ihnen die Merkmale einer effektiven Beinarbeit auf dem Platz verständlich zu machen, müssen sie zunächst den „Bewegungskreislauf" verstehen. Es handelt sich um eine Reihe von grundlegenden Bewegungsmustern, die die Spieler beherrschen und immer wieder wiederholen müssen.

Jeder Bewegungskreislauf beginnt, kurz bevor der Gegner den Ball trifft, und er endet, nachdem der Spieler den Platz abgedeckt hat. Ein Spieler absolviert also während jedes Punktes einen oder mehrere Bewegungskreisläufe, abhängig davon, wie lange der Punkt andauert. Das folgende

Beispiel soll die verschiedenen Komponenten eines jedes Bewegungskreislaufs veranschaulichen. Stellen Sie sich einen Spieler vor, der sich auf einen Return vorbereitet. Bevor der Gegner aufschlägt, macht er sich mental und physisch bereit (Komponente eins); kurz vor dem Ballkontakt des Gegners macht er einen Split Step, um in die Richtung des eintreffenden Schlages zu reagieren, (Komponente zwei); dann bewegt er seinen Körper mit einem explosiven ersten Schritt und einigen Anpassungsschritten so schnell wie möglich in Richtung des Balles und schlägt ihn (Komponente drei); nach dem Schlag muss er abstoppen und den Platz abdecken (Komponente vier). Zusammenfassend kann man also sagen, die vier Komponenten des Bewegungskreislaufs sind:

1. mentale und körperliche Aufmerksamkeit oder Intensität,
2. Split Step,
3. erster Schritt und Anpassungsschritte,
4. Platz abdecken.

## 1. Mentale und körperliche Aufmerksamkeit oder Intensität

Wie Sie inzwischen wissen, beginnt Beinarbeit im Kopf. Die mentale Bereitschaft wird die Grundlage für eine Verbesserung der Beinarbeit schaffen. Alle Ratschläge in diesem Abschnitt sollen dem Spieler helfen, ein ideales Intensitätsniveau auf dem Platz beizubehalten. Niemand kann sich im Halbschlaf schnell bewegen. Athleten müssen in dem Moment bereit sein und lebendig aussehen, wenn sie den Platz betreten. Genau wie ein Rennfahrer zu Beginn eines Rennens sollten sie mit einem Fuß auf dem Gaspedal und dem anderen auf der Bremse sein. Sobald sich die Flagge bewegt, startet der Rennfahrer.

Die Flagge ist der Gegner, der mit dem Ball in Kontakt kommt. Sobald der Gegner den Ball berührt, muss der Spieler bereit sein zu starten. Wer es schafft, bei jedem Ball schnell zu starten und früh am Ball zu sein, kann am Ende vielleicht den Sieg mit Champagner feiern. Trainieren Sie also Ihre Athleten, bereit zu sein und schnell zu starten. Achten Sie darauf, dass ihr Motor jedes Mal an ist, wenn sie das Spielfeld betreten.

## 2. Split Step

Ein guter Split Step ist die Voraussetzung für jede explosive Bewegung, die eine Richtungsänderung beinhaltet. Der Split Step ist ein kontrollierter Sprung kurz vor dem ersten explosiven Schritt. Er wird ausgeführt, wenn der Gegner seinen Vorwärtsschwung beginnt. Dieser Sprung ermöglicht es Ihrem Spieler, seinen Körper in einen Zustand des Gleichgewichts und der Vorspannung zu bringen, aus dem er sich explosiv bewegen kann. Damit der Split Step wirksam ist, landet der

Spieler normalerweise mit leicht gebeugten Knien und in einer neutralen Position gleichmäßig auf beiden Fußballen. Das bedeutet, er lehnt sich weder nach vorne noch nach hinten oder zur Seite. In einigen Fällen kann ein Spieler jedoch sein Gewicht schon in der Luft verlagern und mit seinem Gewicht hauptsächlich auf dem Bein landen, das er zum Abstoßen in Schlagrichtung verwendet. Dadurch gewinnt er wertvolle Zeit, um den Ball zu erreichen.

Die Spieler sollten den Split Step zeitlich so planen, dass sie auf ihren Zehen landen, wenn der Gegner den Ball berührt, und sich dann nach der Landung sofort in Richtung des Balles bewegen. Diese Bewegung sollte eine einzige flüssige Aktion ohne Zögern sein. Wenn sie richtig ausgeführt wird, fühlt sich die Bewegung explosiv und präzise an. Wie bereits erwähnt, versuchen einige Spieler zu erraten, wohin der Gegner den Ball spielen wird. Dies behindert in der Regel die Bewegungsfähigkeit des Spielers, da es nach einer falschen Vermutung unmöglich ist, den Ball noch zu erreichen. Die Spieler müssen lernen, entspannt zu bleiben und zu reagieren.

Probleme mit dem Split Step sind normalerweise auf zwei Gründe zurückzuführen. Sie sind entweder auf technische Mängel bei der Ausführung des Split Steps oder auf Probleme mit dem Timing der Bewegung zurückzuführen. Wenn der Sprung zu früh oder zu spät begonnen wird, beeinträchtigt dies seine Wirksamkeit, selbst wenn er technisch korrekt ausgeführt wird. Eine zu frühe Landung wird den ersten Schritt verlangsamen, da sich die Muskeln durch die Pause nach

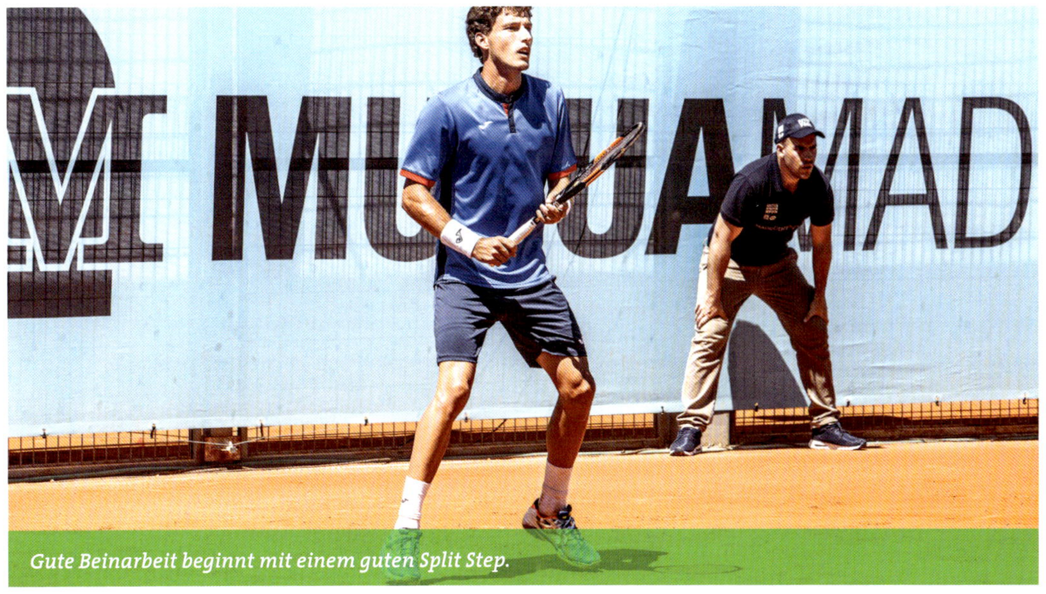

*Gute Beinarbeit beginnt mit einem guten Split Step.*

dem Split Step entspannen, bevor sie sich zum Ball bewegen. Der Spieler bewegt sich nur dann mit optimaler Geschwindigkeit, wenn seine Muskeln sofort nach der Landung auf dem Boden kontrahieren können. Technische Probleme mit dem Split Step treten eher auf, wenn der Spieler versucht, die Schlagrichtung zu erraten, und sich zu dieser Seite neigt. Dadurch gerät der Spieler automatisch aus dem Gleichgewicht. Wenn sich ein Spieler zu einer Seite bewegt und der Gegner auf die andere Seite schlägt, dann sind die Chancen, den Ball zu erreichen, sehr gering. Wenn Sie also nicht „Yoda“ sind und die Kraft mit Ihnen ist, raten Sie nicht. Seien Sie bereit und machen Sie einen sauberen Split Step, wenn Ihr Gegner zu schwingen beginnt. Reagieren Sie bei der Landung auf den Schlag. Sie sollten zumindest in der Lage sein, jedes Mal in die richtige Richtung zu starten.

Mit den nachfolgenden Übungen können Sie Ihren Spielern helfen, den Split Step zu meistern.

Als Erstes sollten Sie die Technik des Split Steps überprüfen. Lassen Sie den Athleten einen Schritt und einen Split Step machen. Überprüfen Sie die Landung. Steht er auf den Fußballen? Ist er im Gleichgewicht? Vergewissern Sie sich, dass er in der Lage ist, seine Landeposition zu halten, ohne einen Schritt machen zu müssen. Wenn Sie feststellen, dass sich der Spieler in irgendeine Richtung neigt, lassen Sie es ihn weiter versuchen, bis er völlig ruhig landen kann. Achten Sie auf eine leichte Kniebeuge, bei der sein Gewicht auf die Fußballen verteilt ist. Sie sollten in der Lage sein, eine Kreditkarte unter seine Fersen zu schieben. Sobald er dies fünfmal hintereinander korrekt tun kann, bitten Sie ihn, den Split Step zu machen und sich danach zu bewegen. Simulieren Sie die Bewegung, die erforderlich ist, um einen Ball zu schlagen. Sie können das zuerst auf der Vorhandseite, dann auf der Rückhandseite und dann bei einem Schmetterball probieren. Überprüfen Sie auch die Leichtigkeit des Spielers. Seine Bewegungen sollten immer explosiv und flüssig sein und „leichtfüßig“ aussehen. Jetzt ist es an der Zeit, diese Bewegungen auf dem Platz auszuprobieren.

Bei der zweiten Übung geht es darum, den Split Step beim Spielen umzusetzen. Bitten Sie den Spieler, das Wort „Split“ zu sagen, wenn sich der Schläger seines Gegners in Bewegung setzt, und gleichzeitig einen Split Step auszuführen. Er sollte den Kontakt seiner Füße auf dem Boden mit dem Treffpunkt des Gegners synchronisieren. Der Spieler sollte sich in die Richtung des Schlages bewegen, sobald er landet. Das Timing ist entscheidend. Ein zu früher oder zu später Split Step ist wirkungslos, und der Athlet kann nicht auf den Schlag des Gegners reagieren.

Bitten Sie den Spieler, bei der nächsten Übung dicht am Netz zu stehen, um seine Reaktionszeit zu verkürzen und seine Schwäche zu entlarven.

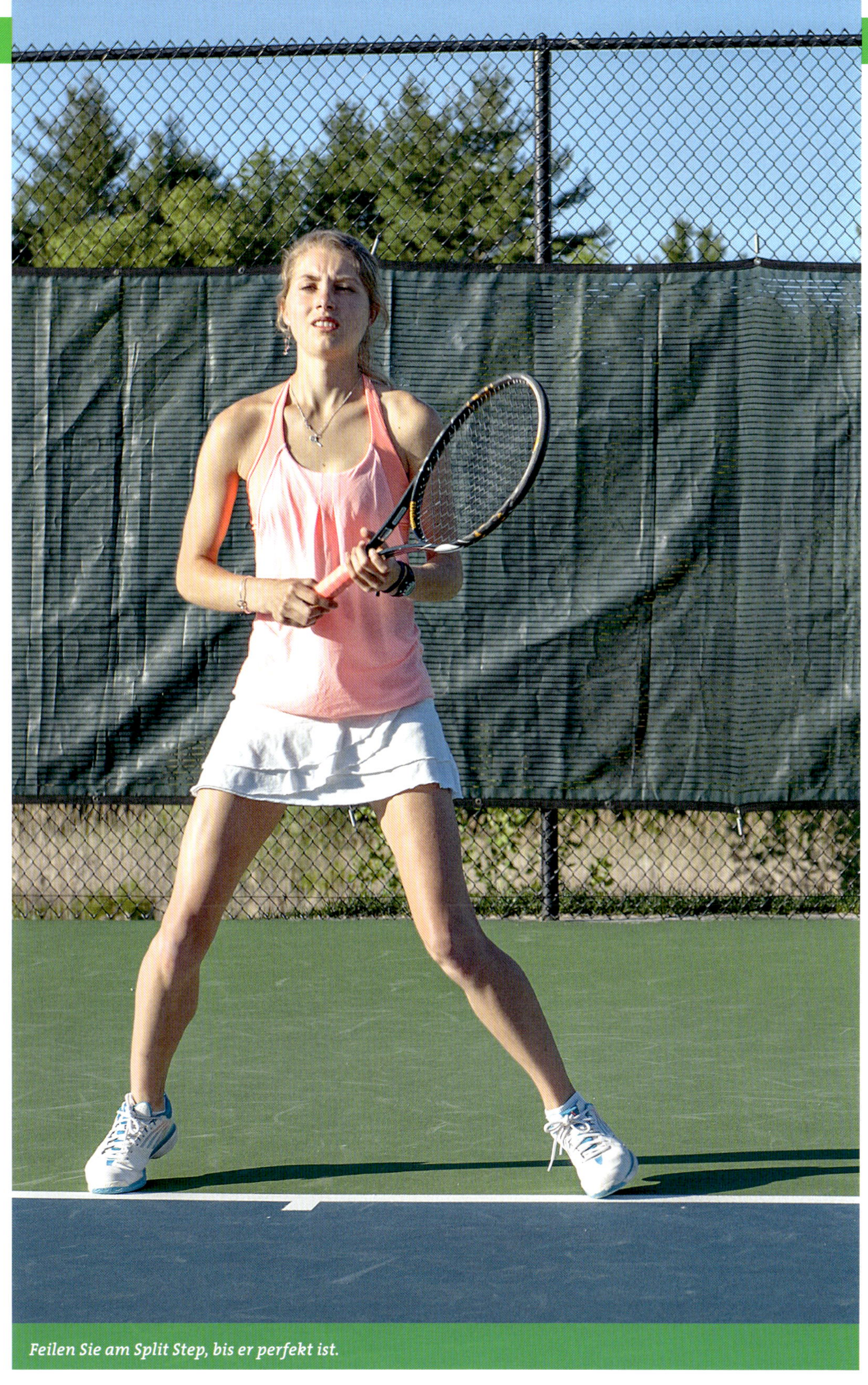

*Feilen Sie am Split Step, bis er perfekt ist.*

Sie (oder ein anderer Spieler) spielen einen Ball von der Grundlinie an, indem Sie ihn zunächst hochwerfen, aufkommen lassen und dann versuchen, den Netzspieler zu passieren. Variieren sie das Anspiel, damit der Netzspieler reagieren und sich in verschiedene Richtungen bewegen muss. Achten Sie darauf, auch Lobs zu spielen. Dann lassen Sie den Spieler kurz vor der Aufschlaglinie starten und sich auf das Netz zubewegen, sobald Sie den Ball nach oben werfen. Der Netzspieler muss bereit sein, auf den Schlag zu reagieren. Wenn Sie anfangen zu schwingen, muss der Spieler einen Split Step machen und sich in die Richtung des Schlages bewegen. Wenn Sie feststellen, dass er sich nicht jedes Mal in Richtung des Balles bewegen kann, stimmt entweder das Timing seines Split Steps nicht richtig oder er verliert beim Landen das Gleichgewicht. Diese Übung sollte regelmäßig durchgeführt werden und der Spieler sollte dies in seinen Matches anwenden. Sie werden auf jeden Fall einen Unterschied feststellen, wenn er das Konzept „Rate nicht, beweg dich" verstanden hat.

## 3. Erster Schritt und Anpassungsschritte

Unsere nächste Station auf dem Weg zu einer besseren Beinarbeit ist der erste Schritt. Sobald ein Spieler sich mit seinem Split Step wohlfühlt, muss er sich darauf konzentrieren, seinen ersten Schritt zu verbessern. Tennis ist ein Spiel mit kurzen, kraftvollen Sprints. Die Distanzen, die ein Spieler beim Laufen zu einem Ball zurücklegt, sind selten länger als zwei bis vier Meter. Daher erreicht ein Spieler nie wirklich die volle Geschwindigkeit, bevor er zum Schlagen abbremsen muss. Aus diesem Grund ist ein schneller Start unerlässlich, um die Chance zu verbessern, den Ball im Gleichgewicht zu erreichen.

Betrachten Sie den ersten Schritt als eine Verlängerung des Split Steps. Sobald der Spieler auf den Fußballen landet, kann er starten. Er senkt seinen Schwerpunkt ab und drückt kräftig gegen den Boden, um in Richtung des eintreffenden Schlages zu explodieren. Ein häufiger Fehler vieler Spieler ist die Abstimmung ihrer Bewegung auf die Geschwindigkeit des ankommenden Balles. Wenn der Ball langsam kommt, bewegen sie sich langsam, und wenn der Ball schneller kommt, bewegen sie sich schneller. Sie bewegen sich mit einer Geschwindigkeit, die es ihnen erlaubt, den Ball bei ihrem letzten Schritt abzufangen, wobei sie sich keinen Raum für Fehler in ihrer Wahrnehmung lassen.

Ein Spieler sollte jede Bewegung zum Ball explosionsartig beginnen und dann Unterschiede in der Geschwindigkeit des ankommenden Balles ausgleichen. Er sollte sich schnell bewegen und dann langsamer werden, um den Ball zu treffen. Die Spieler müssen es sich zur Gewohnheit machen, sich schnell zum ankommenden Ball zu bewegen. Sie sollen die zusätzliche Zeit nutzen, um kleinere Anpassungen vorzunehmen, damit sie während ihres Schlages perfekt ausbalanciert sind.

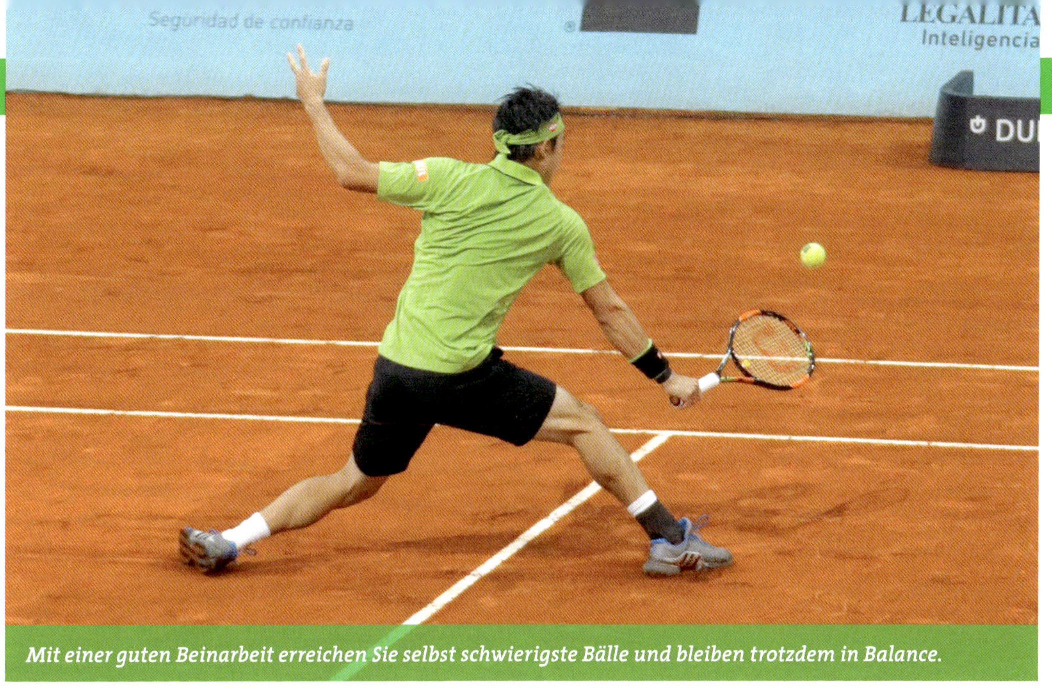


*Mit einer guten Beinarbeit erreichen Sie selbst schwierigste Bälle und bleiben trotzdem in Balance.*

Zusammenfassend lässt sich sagen, dass ein explosiver erster Schritt zum Ball die Chancen Ihrer Spieler erhöht, ihre ideale Position zu erreichen. Es ist sehr schwierig, die genaue Geschwindigkeit des ankommenden Balls wahrzunehmen. Ein schnell gespielter Ball wird immer schwer erreichbar sein, wenn ein Spieler einen langsamen ersten Schritt macht. Ein explosiver erster Schritt hingegen sichert die richtige Position unabhängig von der Geschwindigkeit des ankommenden Balls.

**EG's EDGARS TIPPS**

Ein Spieler, der sich gut bewegt, wird immer schnell starten und sich dann anpassen.

Nachfolgend habe ich ein paar Übungen aufgelistet, die den ersten Schritt verbessern sollen. Bitte gehen Sie diese Übungen in der Reihenfolge durch, in der sie hier vorgestellt werden, da sie aufeinander aufbauen.

Bei der ersten Übung stehen Sie mit einem Ballkorb an der Aufschlaglinie, und der Spieler stellt sich ohne Schläger hinter die Grundlinie in die Mitte des Platzes. Werfen Sie einen Ball nach oben und spielen Sie ihn in eine beliebige Richtung. Der Spieler soll einen Split Step machen, wenn Sie beginnen zu schwingen. Dann soll er versuchen, seinen Körper direkt hinter dem ankommenden Ball zu positionieren, sodass er ihn am Ende mit beiden Händen direkt vor sich fängt. Je früher der Spieler in der Lage ist, seinen Körper in die gewünschte Position zu bringen, desto besser. Ziel dieser Übung ist es, dass der Spieler seinen Körper schnell in eine Position bringen kann, in der er auf den Ball wartet. Beginnen Sie mit einigen leichten Bällen und spielen Sie mit der Zeit schwieriger an.

# Teil IV – Abschnitt 8

## Beinarbeit

Die Ausgangsposition für die zweite Übung ist die gleiche wie bei der ersten. Der einzige Unterschied besteht darin, dass der Spieler diesmal mit einem Schläger auf der Grundlinie steht. Beginnen Sie die Übung, indem Sie den Platz in drei gleiche Bereiche aufteilen. Verwenden Sie dazu eine beliebige Art von Markierungen. Sobald die Markierungen platziert sind, spielen Sie die Bälle so an, dass sie außerhalb der Markierungen landen. Diesmal soll der Spieler versuchen, sich so schnell wie möglich in die ideale Position zu bewegen, den Ball zu schlagen und wieder in die Mitte zurückzukehren. Er sollte in der Lage sein, sich zu einer Position außerhalb der Markierung zu bewegen, bevor das Anspiel das Netz überquert. Als Trainer sollten Sie den Spieler ab und zu testen, indem sie einen Ball absichtlich ins Netz schlagen. Der Spieler sollte die Markierung bereits erreicht haben, wenn der zugespielte Ball im Netz landet. Spielen Sie zu Beginn einzelne Bälle an. Sobald der Spieler sich mit dem Drill wohler fühlt, können Sie mehrere Bälle hintereinander anspielen. Spielen Sie maximal sechs Bälle hintereinander an, sonst kann der Spieler nicht die ganze Zeit 100 Prozent geben.

Eine gute Übung für die Beinarbeit ist das Spiel „Fangen und Schlagen". Ziel des Spiels ist es, einen regulären Satz zu spielen, bei dem ein Spieler den Ball schlägt und der andere ihn fängt und wirft. Es gelten die gleichen Regeln wie bei einem regulären Tennisspiel, außer dass der Spieler mit dem Schläger nur einen Aufschlag ausführen darf. Der Spieler, der den Ball fängt und wirft, muss aus der gleichen Position werfen, aus der er den Ball fängt. Bei diesem Spiel wird der Spieler ohne

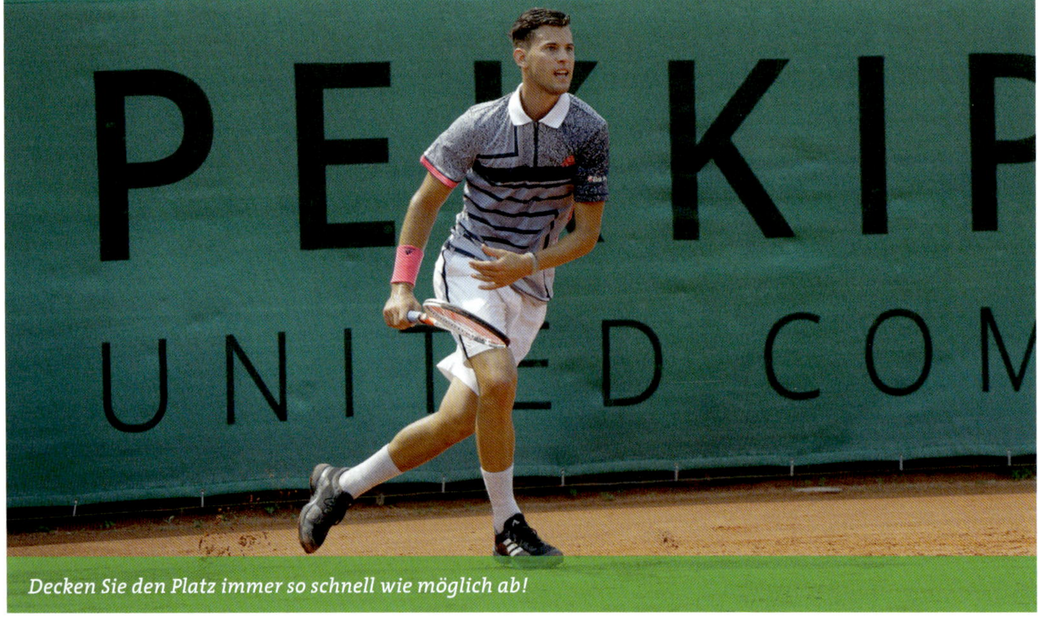

*Decken Sie den Platz immer so schnell wie möglich ab!*

Schläger gezwungen, den Ball mit den Beinen und nicht mit den Armen zu erreichen. Im Wesentlichen ist der werfende Spieler gezwungen, sich aufgrund der begrenzten Reichweite, die er ohne den Schläger hat, viel schneller zu bewegen.

## 4. Platz abdecken

Das Hauptziel des Platzabdeckens besteht darin, dass der Spieler sich vor dem nächsten Schlag so gut wie möglich positioniert. Obwohl dies ein sehr wichtiger Teil des Bewegungskreislaufs ist, wird in der Regel wenig Zeit für die Arbeit an der Platzabdeckung aufgewendet. Die Spieler neigen dazu, in dieser Bewegungsphase wertvolle Zeit zu verschwenden, da sie entweder den Schwung ihres Körpers nicht schnell genug stoppen können oder einfach nur dastehen und ihren Schlag beobachten. Als Trainer kann man oft beobachten, dass ein Spieler zum Ball läuft, den Ball schlägt und einfach weiterläuft. Andere bleiben nach dem Schlag stehen und beobachten ihren Ball. Sie bewegen sich erst dann zurück auf den Platz, wenn sie merken, dass der Gegner den Ball tatsächlich zurückschlägt. Dann ist es aber zu spät, und die Spieler sind frustriert.

**EG's Edgars Tipps**

**Im Tennis geht es darum, keine Zeit zu verlieren. Ein Spieler muss schlagen und sich bewegen, oder er verliert den Punkt.**

Ein Spieler kann nur nachdenken oder den Ball beobachten, während er sich zurück in die Mitte des Spielfelds bewegt. Das Schlagen und Platzabdecken sollten automatisch erfolgen. Hier sind einige spezifische Richtlinien, die Ihren Schülern helfen sollen, effizienter den Platz abzudecken.

Das Platzabdecken besteht aus zwei Teilen: Zunächst müssen Sie verhindern, dass der Spieler sich nach dem Schlag weiter aus dem Spielfeld bewegt. Er sollte so schnell wie möglich wieder auf das Spielfeld zurückkehren. Der erste Gedanke nach dem Schlagen des Balls sollte darin bestehen, den Schwung des Körpers abzustoppen. Je weiter der Schlag vom Spieler entfernt ist, desto schwieriger ist diese Aufgabe. Am besten geht das, wenn der Außenfuß richtig platziert ist. Wird der Schlag in der offenen Position ausgeführt, ist der Außenfuß bereits in der Position, die seitliche Bewegung zu stoppen. Wird der Schlag jedoch in der geschlossenen Position ausgeführt, wie beispielsweise bei einer einhändigen Rückhand, muss der Spieler seinen Körper beim Schlagen drehen, sodass er seinen Schlag zum Netz hin beendet und den Außenfuß einsetzen kann, um den Körperschwung abzustoppen. Im Wesentlichen muss ein Spieler bei weiten Bällen laufen, schlagen und rotieren, den Außenfuß setzen und sein Körpergewicht zurück in die Mitte des Spielfeldes verlagern, sodass er ohne zusätzliche Schritte nach dem Schwung stoppen kann. Wenn er sich darüber zudem nach der Drehung und dem Aufsetzen des Außenfußes nach unten sinken lässt, kann er im Gleichgewicht bleiben und seinen Schwung besser stoppen. Sobald der Spieler stoppen kann, muss er danach so schnell wie möglich wieder den Platz abdecken.

Spielt der Spieler einen Schlag in der Nähe der Mitte, sollte er normalerweise Side Steps machen, um sich zurückzubewegen. Er sollte immer dem Gegner gegenüberstehen, es sei denn, er befindet sich in einer Position, in der er die Richtung des nächsten Schlages erraten muss (z. B. wenn sich der Gegner darauf vorbereitet, einen kurzen, hohen Ball zu spielen). In diesem Fall muss der Spieler raten und so schnell wie möglich in eine Richtung laufen.

Andererseits sollte sich ein Spieler jedes Mal, wenn er weit aus dem Spielfeld und in die Nähe der Seitenlinie gedrängt wird, mit einem oder zwei explosiven Kreuzschritten und Side Steps zurückbewegen. (Ein Kreuzschritt bedeutet einfach, das Außenbein über das Innenbein zu bringen, wenn man sich seitlich bewegt). Bei extrem weiten Bällen ist es effizienter, einen guten Kreuzschritt als ersten Schritt zu verwenden. Mit einem Kreuzschritt kann man sich schneller zur Mitte des Spielfelds zurückbewegen.

Denken Sie daran, dass ein Spieler eine ideale Position auf dem Platz erreichen sollte, bevor der Gegner seinen Schwung beginnt. Sobald der Gegner zu schwingen beginnt, muss der Spieler jede seitliche Bewegung mit einem Split Step unterbrechen, um ausbalanciert und für den nächsten Schlag bereit zu sein. Wie Sie sehen können, beginnt also irgendwo zwischen dem Ende der Abdeckphase und dem Beginn des Schwungs des Gegners ein neuer Bewegungszyklus, und der ganze Prozess wiederholt sich.

Mit diesen Übungen können Sie an der Platzabdeckung arbeiten:
Zuerst sollte der Spieler trainieren, wie er bei weiten Bällen den Schwung seines Körpers so schnell wie möglich abbremsen kann. Trainieren Sie das zunächst ohne Ball. Der Spieler sollte in der Mitte des Spielfeldes beginnen und zu einer Seitenlinie laufen und so tun, als ob er einen Ball spielt. Achten Sie darauf, dass er seinen Schlag mit dem Gesicht zum Netz und mit beiden Füßen parallel zur Grundlinie beendet. Wenn er in der offenen Position schlägt, geschieht dies automatisch, aber bei einer geschlossenen Position muss er sich drehen und den Außenfuß platzieren, um den

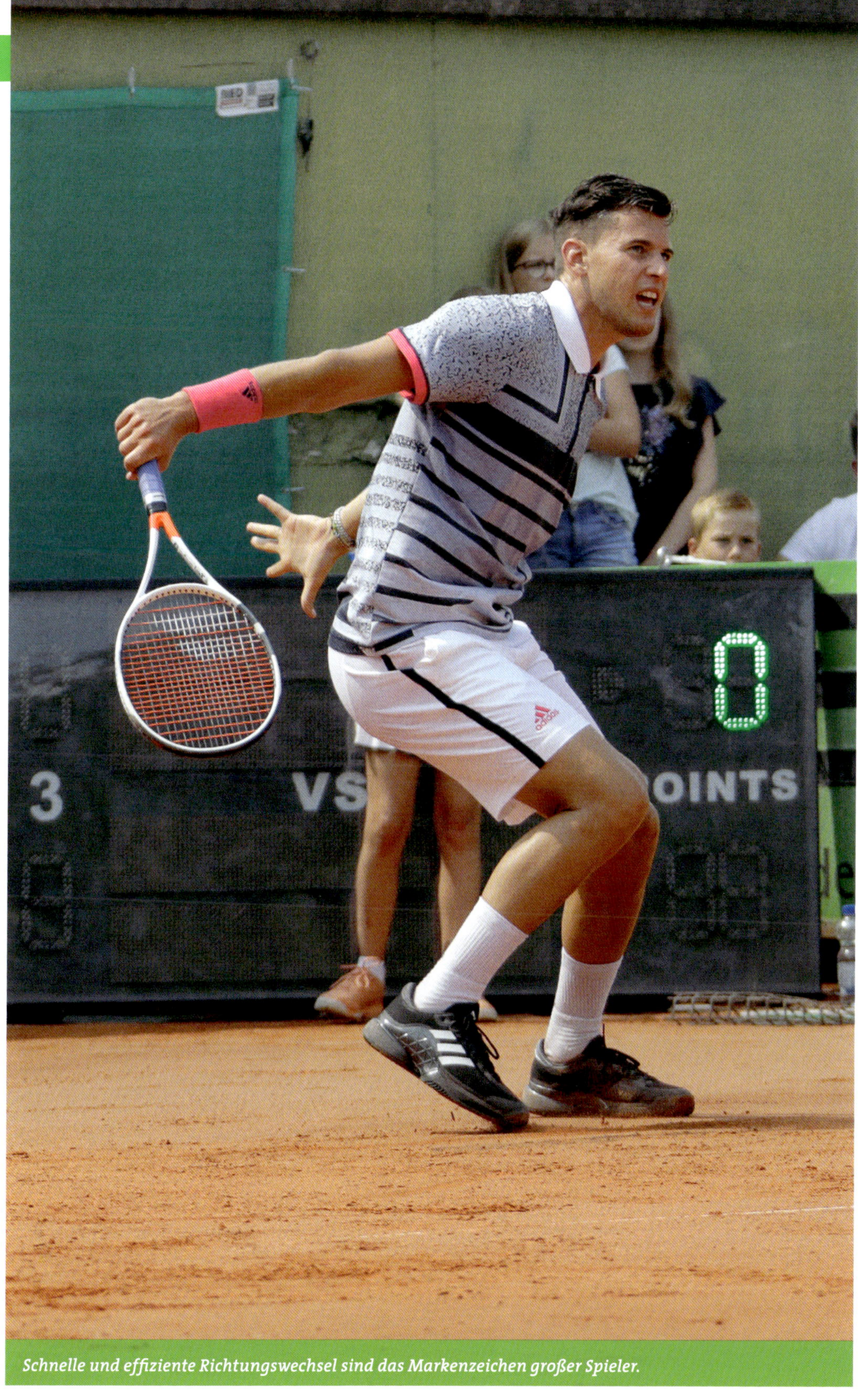

*Schnelle und effiziente Richtungswechsel sind das Markenzeichen großer Spieler.*

Schwung seines Körpers abzubremsen. Wiederholen Sie diese Übung auf der anderen Seite. Seien Sie auf der Rückhandseite vorsichtig, besonders wenn der Spieler eine einhändige Rückhand schlägt. Achten Sie darauf, dass er sich nach dem Schlag und nicht während des Schlages dreht. Eine zu frühe Drehung wird seinen Schlag negativ beeinflussen. Sobald er sich dabei wohlfühlt, fügen Sie einige Side Steps hinzu, um wieder in die Mitte zu gelangen. Das Abbremsen und Platzabdecken sollten eine flüssige Bewegung sein.

Als Nächstes sollte der Spieler das im Ballwechsel trainieren. Spielen Sie dem Spieler die Bälle in die Ecken und trainieren sie das Schlagen und Stoppen.

Die Side Steps oder Kreuzschritte, um den Platz abzudecken, sollten auf die gleiche Weise trainiert werden. Üben Sie die Bewegungen zunächst ohne den Ball und fügen Sie dann den eigentlichen Schlag hinzu. Sie können das Spielfeld in drei Bereiche unterteilen, so wie Sie es beim Üben des ersten Schritts getan haben. Platzieren Sie zwei Kegel oder Bälle als Markierungen genau zwischen der Mitte und den Seitenlinien (einen etwa zwei Meter links von der Mitte der Grundlinie und einen etwa zwei Meter rechts davon). Diese Kegel unterteilen das Spielfeld in eine Zone für Side Steps und eine zweite für Kreuzschritte. Jedes Mal, wenn ein Spieler einen Ball in der zweiten Zone schlagen muss, beginnt er seine Platzabdeckung mit einem Kreuzschritt. Immer wenn er einen Ball in der ersten Zone schlägt, soll er Side Steps benutzen, um sich zurückzubewegen.

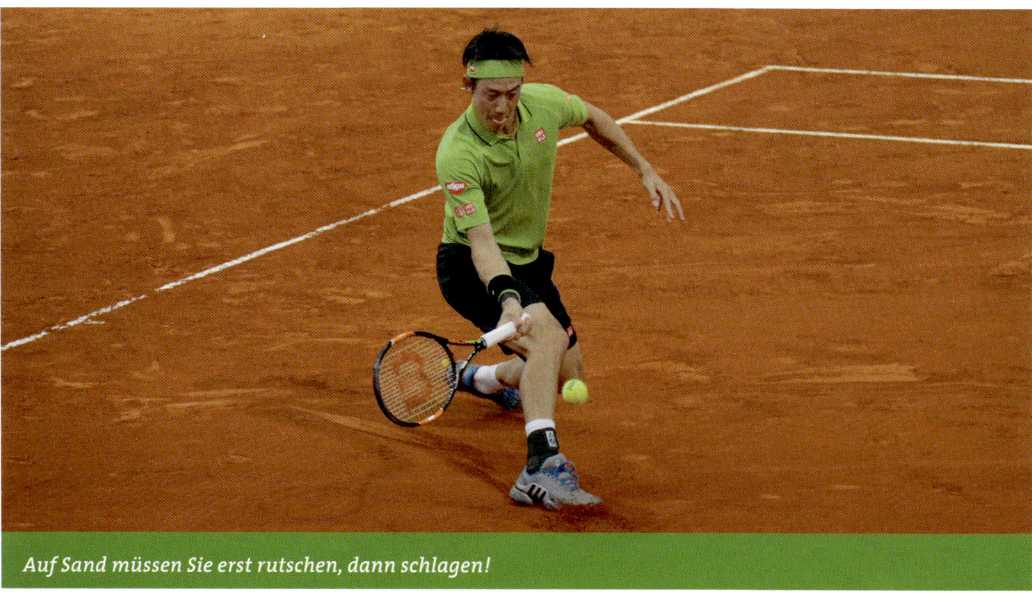

*Auf Sand müssen Sie erst rutschen, dann schlagen!*

Alle Bewegungen des Spielers sollten flüssig und leichtfüßig sein. Stellen Sie sicher, dass der Spieler seinen Schlag beendet, bevor er sich zurückbewegt. Der Spieler soll versuchen, sanft abzustoppen, indem er seinen Außenfuß aufsetzt und seinen Körper dabei absenkt. Wenn er sich mit diesem Schrittmuster vertraut macht, können Sie ihn mit immer schwierigeren Bällen fordern.

Diese Methode der Platzabdeckung ist für das Spiel auf Hartplätzen gedacht. Das Spiel auf Sandplätzen erfordert eine etwas andere Herangehensweise, da man hier durch Rutschen stoppt.

Rutschen bringt man den Spielern am besten zunächst ohne Ball bei. Der häufigste Fehler, den Hartplatzspezialisten machen, ist, in das Rutschen zu springen, anstatt tatsächlich mit dem Fuß nach vorne zu rutschen. Im Grunde genommen erfordert das Rutschen nur, dass der Spieler aktiv mit dem Fuß nach vorne rutscht, anstatt einen Schritt zu machen. Um richtig zu rutschen, muss der Spieler sein Körpergewicht auf dem hinteren Fuß halten und den vorderen Fuß mit wenig Gewicht nach vorne schieben. Denken Sie auch daran, dass er nicht jedes Mal, wenn er den Ball trifft, rutschen muss. Das Rutschen sollte vor allem bei weiten Bällen oder beim Vorwärtslaufen zu sehr kurzen Bällen angewendet werden. Wenn es richtig gemacht wird, ist der Spieler in der Lage, sein Rutschen zeitlich so zu steuern, dass er zu schwingen beginnt, sobald er steht. Der eigentliche Schwung sollte aus einer statischen Position ausgeführt werden.

In einigen wenigen Fällen, z. B. beim Erlaufen eines sehr weiten Balles, muss der Spieler nach dem Schlag rutschen. Das Rutschen nach dem Schlag sollte jedoch auf Notschläge beschränkt bleiben, da es das Abdecken verzögert.

Wie jede andere Fertigkeit muss das Rutschen trainiert werden. Und wenn Sie möchten, dass sich Ihr Spieler auf einem Sandplatz wohlfühlt, müssen Sie das Rutschen zu einer Priorität machen.

**EG's EDGARS TIPPS**

Der Bewegungskreislauf ist der Kernpunkt der Beinarbeit auf dem Platz. Ihre erste Priorität bei jedem Training sollte sein, dass Ihre Spieler jede Phase des Bewegungskreislaufs beherrschen. Fehler in diesem Bereich verlangsamen einen Spieler immer und schwächen die Wirkung jedes Trainingsprogramms außerhalb des Platzes ab.

# Antizipation

Die meisten Menschen denken, Antizipation bedeutet im Voraus zu wissen, wohin der Gegner schlagen wird. Das ist jedoch eine sehr vereinfachte und unvollständige Definition. Manchmal kann ein Spieler Hinweise aufgreifen, die die Schlagrichtung des Gegners verraten. In den meisten Fällen wird ein Spieler aber nur in der Lage sein, die Möglichkeiten einzugrenzen oder eine Option zu verwerfen. Eine bessere Definition für Antizipation lautet daher: Informationen über die mögliche Flugbahn des Balls zu sammeln, bevor der Gegner den Ball tatsächlich trifft.

Es gibt drei Möglichkeiten, wie ein Spieler einen Schlag antizipieren kann: Hinweise aus dem Schwungmuster des Gegners, Hinweise aus bestimmten Spielsituationen und die Tendenzen des Gegners.

## Hinweise aus dem Schwungmuster des Gegners

Unzählige Studien haben gezeigt, dass es einen deutlichen Unterschied bei den Hinweisen gibt, die fortgeschrittene Spieler und Anfänger beim Spielen beobachten. Durch den Einsatz von Vision-Tracking-Geräten wurde nachgewiesen, dass sich Anfänger hauptsächlich auf den Ball oder den gegnerischen Schläger konzentrieren, während Fortgeschrittene sich auf andere Körperteile konzentrieren und nützliche Informationen gewinnen.

Einige der wichtigsten Hinweise im Schwungmuster des Gegners sind: seine Haltung (offen, halboffen oder geschlossen), der Schlägerkopf (offen oder geschlossen), das Timing des Treffpunktes (spät, normal oder früh), das Schwungmuster (von unten nach oben, von oben nach unten, kurz, lang, schnell, langsam usw.). Schlaue Spieler interpretieren alle verfügbaren Elemente, um die möglichen Eigenschaften des gegnerischen Schlages effektiv zu bestimmen. Ein Spieler in einer geschlossenen Position, einem offenen Schlägerkopf und einem kurzen Schwung von oben nach unten wird wahrscheinlich nicht in der Lage sein, einen aggressiven Passierball cross zu schlagen.

## Hinweise zu bestimmten Spielsituationen

Jede Situation erleichtert oder erschwert bestimmte Schläge. Es gibt nur wenige Möglichkeiten für jede Situation auf dem Platz. Dies setzt natürlich voraus, dass der Spieler gewinnen möchte und keinen unmöglichen Schlag für die Galerie vorzieht.

Ein Beispiel: Ein hoher, kurzer Ball erlaubt es dem Spieler, von der Mitte des Platzes aus aggressiv zu schlagen, um zu versuchen, den Punkt zu beenden. Ein sehr flacher, kurzer Ball würde den

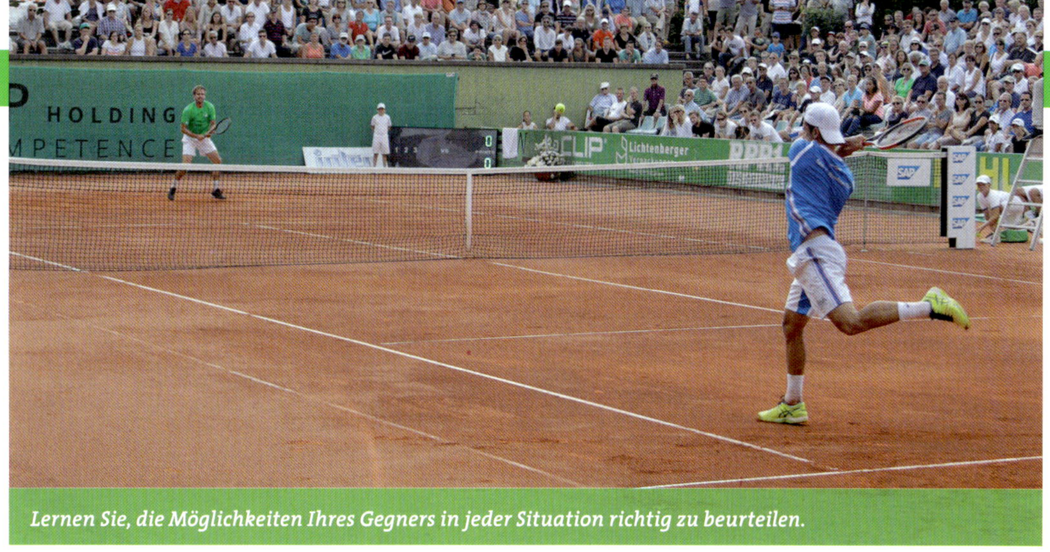


*Lernen Sie, die Möglichkeiten Ihres Gegners in jeder Situation richtig zu beurteilen.*

Spieler zu einem konservativeren Annäherungsschlag zwingen. Dasselbe gilt für jedes mögliche Szenario auf dem Platz. Daher wird ein erfahrener Spieler verschiedene Situationen erkennen und in der Lage sein, mögliche Ergebnisse vorherzusehen.

## Vorlieben des Gegners

Jeder Spieler hat Lieblingsschläge. Es ist die Aufgabe eines jeden Spielers, die Lieblingsschläge des Gegners während des Matches zu identifizieren und entsprechend abzudecken. So kann es zum Beispiel sein, dass ein Spieler beim Return seine Ausgangsposition verschieben muss, weil der Gegner gerne nach außen aufschlägt. Oder er muss bei jedem Schlag des Gegners bereit sein, die unglaublichen Vorhand-Cross-Schläge seines Gegners abzudecken. Jeder Spieler hat Vorlieben, und bessere Spieler nutzen dieses Wissen zu ihrem Vorteil. Große Spieler nutzen alle Elemente, um die Schläge des Gegners vorauszusehen. Es ist ein unbewusster Prozess, der auf Tausenden von Stunden auf dem Platz beruht. Wie Detektive sind sie in der Lage, sich das Bild jeder Situation auf dem Platz anzuschauen und die relevanten Hinweise herauszufiltern, die ihnen helfen, den Schlag des Gegners zu antizipieren. Eine gute Antizipation ist im Grunde ein Nebenprodukt jahrelanger Erfahrung. Ein gutes Coaching kann diesen Prozess jedoch beschleunigen.
Hier sind einige Dinge, die Sie als Coach tun können:

## Zeigen Sie Ihren Spielern, worauf Sie beim Match achten sollten.

Als Trainer ist es manchmal schwer zu verstehen, wie Spieler einen offensichtlichen Schlag des Gegners nicht erkennen können. Wenn dies jedoch passiert, können Sie Ihre Spieler beispielsweise auf die Hinweise aufmerksam machen, die Sie verwendet haben, um die Schläge Ihrer Gegner vorherzusagen. Erinnern Sie sich daran, dass Sie diese „offensichtlichen“ Hinweise nur erkennen konnten, weil Sie viel mehr Zeit auf dem Platz verbracht haben und immer wieder den gleichen Situationen ausgesetzt waren.

## Beschreiben Sie spezifische Hinweise in Situationen als Teil Ihrer Regeln für das Match.

Es gibt bestimmte Situationen während eines Matches, die häufig zu ähnlichen Reaktionen des Gegners führen. Diese Reaktionen sind entweder die bestmöglichen, die einfachsten oder die einzig möglichen Reaktionen. Diese Situationen müssen in die Regeln für das Match integriert und entsprechend geübt werden. Hier sind einige Beispiele aus der Übungssammlung mit den Regeln für das Match, in denen der Spieler auf wahrscheinliche Schläge des Gegners vorbereitet wird.

1. Gehen Sie nach dem ersten Aufschlag in den Platz, um einen kurzen Return anzugreifen.
2. Variieren Sie die Position beim Return, um sich auf den Aufschlag des Gegners einzustellen. Decken Sie seinen Lieblingsschlag ab.
3. Versuchen Sie immer, in den Platz zu gehen und den Ball früh zu nehmen, wenn Sie den Gegner in Schwierigkeiten gebracht haben.
4. Wenn Sie mit einer Vorhand inside-out angreifen, decken Sie den Longline-Passierball ab.
5. Bewegen Sie sich bei einem Passierball des Gegners diagonal nach vorne in das Spielfeld, um den Volley weit vorne zu spielen.

Bei diesen Regeln wird ein Spieler darauf aufmerksam gemacht, auf einen bestimmten Schlag zu achten. Mit anderen Worten, er wird dazu gebracht, die wahrscheinlichste Reaktion des Gegners zu „antizipieren".

## Trainieren Sie regelmäßig Spielsituationen und gezielte taktische Übungen

Spielsituationen und gezielte taktische Übungen sind darauf ausgelegt, die Spieler wiederholt den verschiedenen Situationen auszusetzen, denen sie während eines Matches begegnen werden. Diese müssen sie so lange trainieren, bis sie in der Lage sind, jede Situation zu erkennen und automatisch den Schlag auszuführen, der ihnen die beste Chance auf den Punktgewinn bietet. Das Durchführen dieser Art von Übungen verbessert oft nicht nur die Schlagwahl, sondern wirkt sich auch sehr positiv auf die Antizipationsfähigkeit der Spieler aus. Die ständige Wiederholung derselben Situation wird den Spielern beibringen, auf welche Schläge sie während eines Punktes am ehesten treffen werden.

## Ermutigen Sie Ihre Spieler, so oft wie möglich Matches zu spielen.

Um die Antizipationsfähigkeiten zu verbessern, gibt es nichts Besseres, als Matches zu spielen. Ein Match ist nichts anderes als eine Reihe von Situationen, die immer wieder auftauchen. In seiner

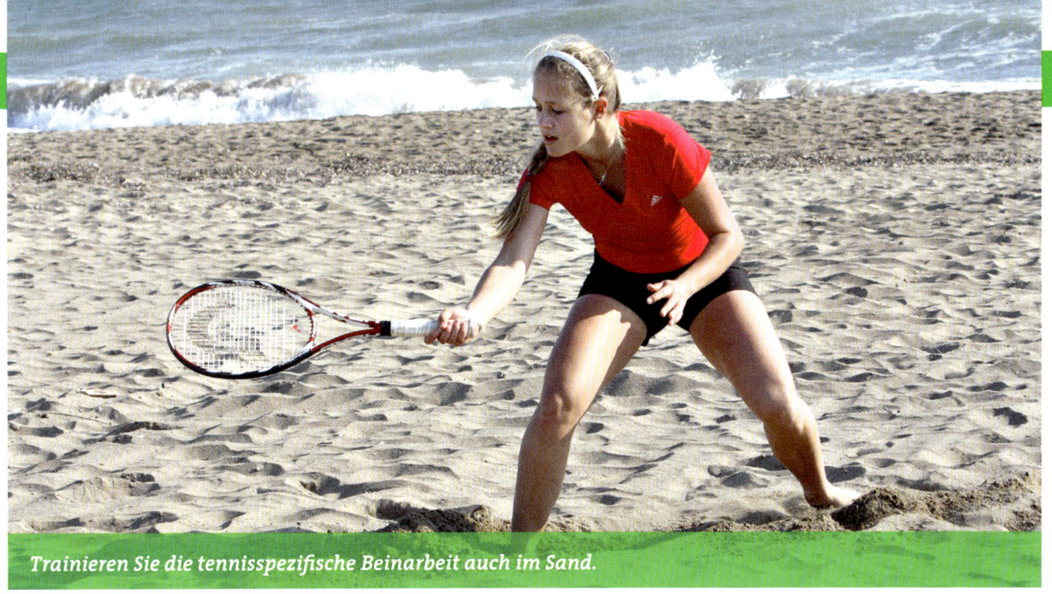

*Trainieren Sie die tennisspezifische Beinarbeit auch im Sand.*

Grundform ist jeder Punkt eine Kombination aus Aufschlag, Return, Ballwechsel, Angriff oder Verteidigung. Je mehr Matches die Spieler spielen, desto schneller werden sie die wahrscheinlichen Antworten auf jeden ihrer Schläge erfahren.
Diese Schritte helfen Ihnen, die Antizipationsfähigkeiten Ihrer Spieler zu verbessern, aber es ist ein langer Prozess mit wenigen Abkürzungen.

## Zusammenfassung & Schlussfolgerungen

Das Training der Beinarbeit muss aufgrund seiner enormen Wirkung im Spiel ein Hauptbestandteil des Hochleistungstrainings sein. Neben den athletischen Faktoren, die außerhalb des Platzes verbessert werden können, wie z. B. Kraft, Ausdauer, Schnelligkeit, Beweglichkeit und Koordination (die nicht Teil dieses Buches sind,) gibt es wichtige tennisspezifische Faktoren, an denen jeder angehende Wettkampfspieler ständig feilen sollte, wie z. B. tennisspezifische Beinarbeit (der Bewegungskreislauf), die mentale Herangehensweise an die Beinarbeit auf dem Platz und die Antizipation.

Moderate Verbesserungen in diesen Bereichen können zu einer erheblichen Leistungssteigerung führen.

Das Training der Beinarbeit ist eines der drei wichtigsten Elemente, die dazu beitragen, die Leistung Ihrer Spieler zu optimieren. Die beiden anderen Elemente sind die Wahl der idealen Spielweise für jeden Spieler und der Umgang mit Wettkampfdruck. Diese beiden Themen werden in den nächsten beiden Kapiteln behandelt.

# Vergessen Sie niemals die „Schwächeren“

Coaches von leistungsorientierten Spielern haben meistens selektive Erinnerungen an die Spieler, mit denen sie gearbeitet haben. Immer wieder hört man Trainer all die großen Spieler erwähnen, die sie trainiert haben. Und meistens haben sie sie nicht nur trainiert, sondern „gemacht“, als wären die Spieler Lebkuchenfiguren. Manchmal hört man den Namen eines Spielers, der mit so vielen Trainern in Verbindung gebracht wird, dass man sich fragen muss, wie ein Spieler an so vielen verschiedenen Orten zur gleichen Zeit trainieren konnte.

Tatsache ist, dass „einen Spieler machen“ ein Begriff ist, der im Hochleistungssport viel zu locker verwendet wird. Viele Trainer prahlen gerne mit „ihrem“ Spieler, wenn sie ihn einige Zeit trainiert haben, mit ihm Bälle geschlagen haben, ihn kennen, ihn beim Trainieren zugesehen haben oder in einigen Fällen sogar nur in der Nähe wohnen. Andererseits hört man Trainer kaum von den weniger erfolgreichen Spielern sprechen, die sie tatsächlich trainiert haben. Vor allem nicht von denen, die ganz unten in der Rangliste stehen.

Als Trainer von vielen Spielern ist es die Norm, dass die meisten Ihrer Spieler unterdurchschnittliche Leistungen erbringen, zumindest was ihre Erwartungen betrifft. Jeder, der an Wettkämpfen teilnimmt, träumt irgendwann einmal davon, ein hochrangiger Profi zu sein. Aber nur sehr wenige erreichen dieses Ziel. Immerhin gibt es nur 100 Spieler auf der Welt, die in der Rangliste unter den ersten 100 platziert sind. Daher ist die Erfolgsquote eines Trainers extrem niedrig. Diese Tatsache könnte erklären, warum so viele Trainer versuchen, auf der Erfolgswelle zu reiten, wenn sie die Chance dazu haben.

Es ist jedoch wichtig, sich daran zu erinnern, dass hinter jedem Ausnahmespieler, den Sie trainiert haben, viele andere Spieler stehen, denen Sie nicht so viel helfen konnten, wie Sie es sich gewünscht hätten. Diese Athleten sind es, die Sie auf dem Boden der Tatsachen halten und die Sie daran erinnern, sich ständig zu verbessern. Eine objektive Bewertung sollte alle Spieler einbeziehen, die Sie trainieren, nicht nur die außergewöhnlichen.

## Genießen Sie Ihren Erfolg, aber vergessen Sie nicht die „Schwächeren“.

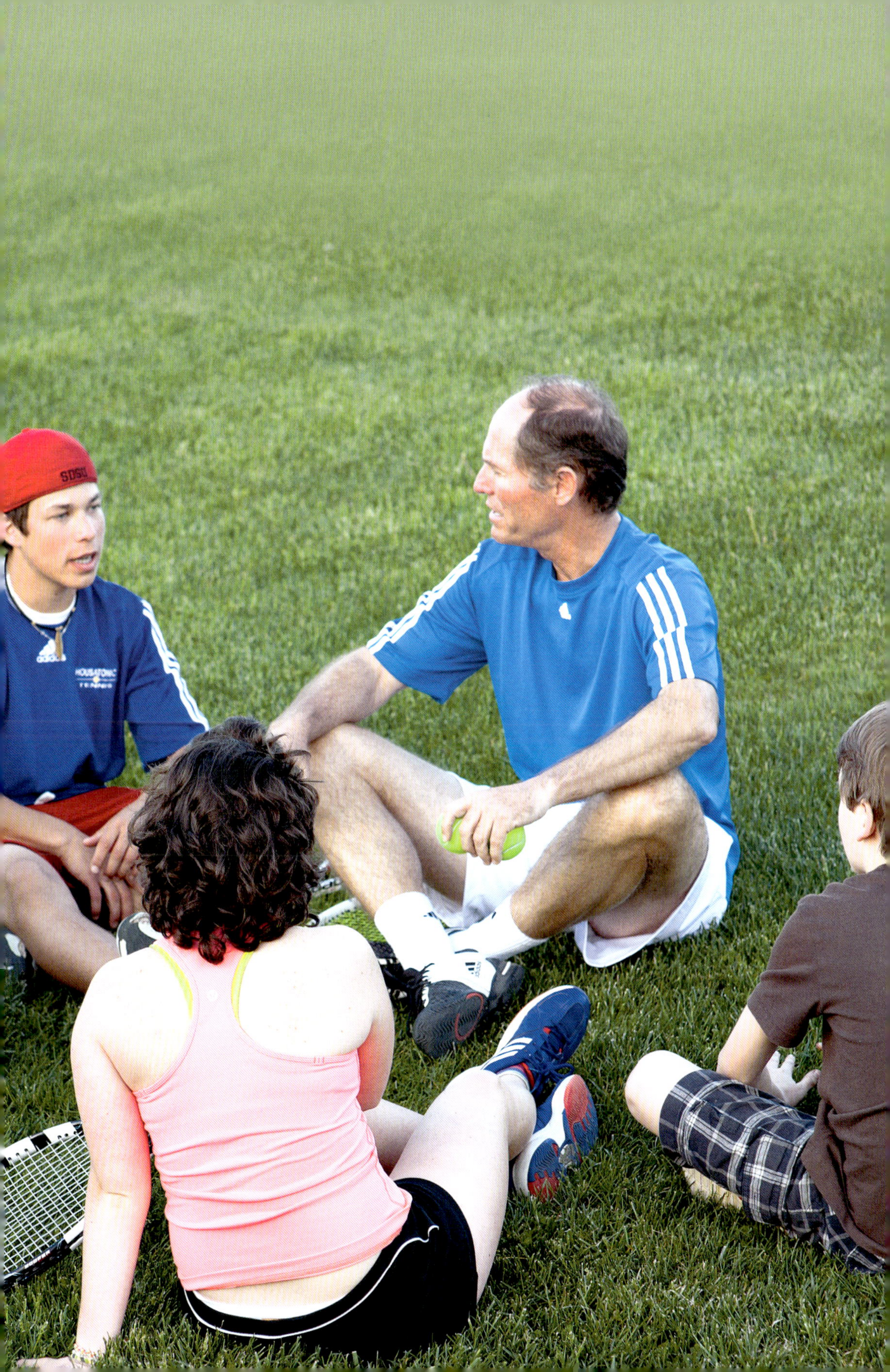
SDSU

# Vier Spielweisen

Im Laufe meiner Trainerlaufbahn wurden mir schon oft die folgenden Fragen gestellt: Was macht einen Spieler großartig? Sind die Spieler unter den ersten Hundert besser? Arbeiten sie härter? Sind sie bessere Wettkämpfer? Was zeichnet sie aus?

Ich habe über die Antworten nachgedacht und bin zu dem Schluss gekommen, dass es keine bestimmte Sache gibt, die sie von anderen unterscheidet. Jeder Spieler ist anders. Manche sind sehr groß, manche sind muskulös, manche konkurrieren sehr gut, manche haben große offensive Fähigkeiten, manche haben große defensive Fähigkeiten usw. Was die Spieler großartig macht, ist die Kombination ihrer Fähigkeiten. Spieler auf dem höchsten Niveau haben gelernt, ihre Spielweise mit ihren persönlichen Eigenschaften auf sehr effektive Weise zu kombinieren. Es gibt ein Gleichgewicht in ihrer Spielweise, bei dem jede Komponente wichtig ist.

Es ist wie ein wunderbares Rezept. Nimmt man eine der Zutaten weg, leidet das Gericht. Wo wäre Roger Federer ohne seine geniale Kreativität? Können Sie sich Rafael Nadal ohne seine Schnelligkeit und seinen Kampfgeist vorstellen? Wie wäre es mit Serena Williams, wenn sie kleiner und weniger kräftig wäre? Ohne diese Eigenschaften wären diese Spieler immer noch sehr gut, aber sie müssten ganz anders spielen.

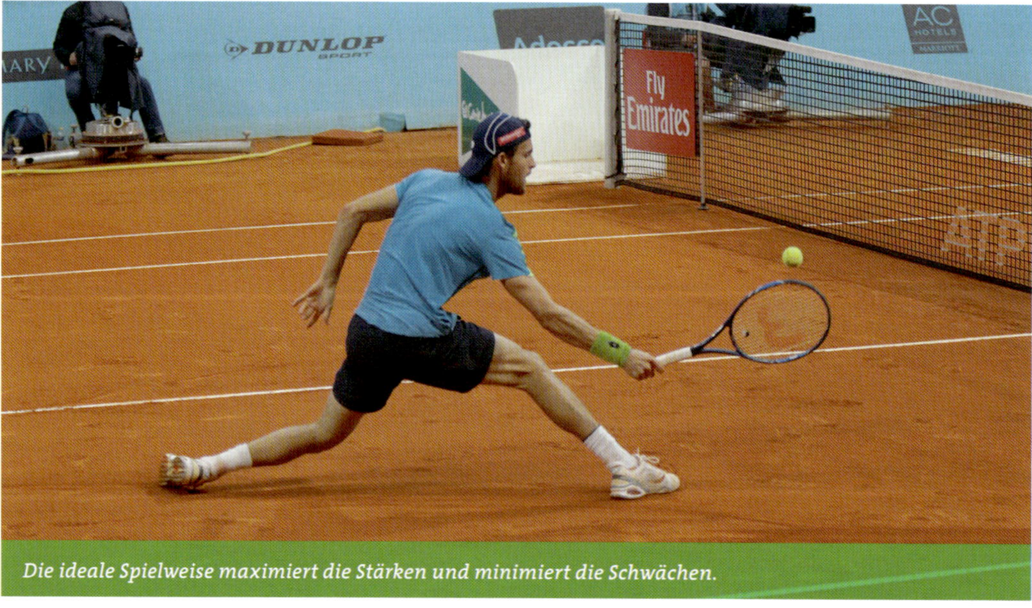


*Die ideale Spielweise maximiert die Stärken und minimiert die Schwächen.*

EG's EDGARS TIPPS

Als Coach ist es Ihre Aufgabe, das Puzzle zusammenzusetzen. Alle Spieler sind unterschiedlich. Um ihr Potenzial auszuschöpfen, müssen Sie ihnen helfen, eine Spielweise zu entwickeln, die die Persönlichkeit, die körperlichen Eigenschaften und die technischen Fähigkeiten perfekt miteinander verbindet.

Und als wenn diese Aufgabe im Juniorenbereich nicht schon gewaltig genug wäre, dann müssen Sie dies in einer sich ständig verändernden Umgebung trainieren. Veränderungen in Größe, Kraft, emotionaler Reife und anderer Fähigkeiten wirken sich auf das Spiel aus. Um erfolgreich zu sein, müssen Sie diese Veränderungen wahrnehmen und sich entsprechend anpassen.

Es ist besonders wichtig, den jungen Spielern eine komplette Spielweise beizubringen, die sie in die Lage versetzt, sich anzupassen, wenn sie wachsen. Sie müssen eine technische Basis schaffen, die flexibel genug ist, um jede Spielweise zu unterstützen. Wenn der Körper erst einmal reif ist, ist es sehr schwierig, dem Repertoire eines Spielers neue technische Fähigkeiten hinzuzufügen. Sie können immer einige Bereiche verbessern, aber die Spieler werden immer Schwierigkeiten haben, später in ihrer Karriere eine neue Fähigkeit einzubauen.
Als Trainer am College gab es für mich nichts Frustrierenderes, als mit einem 1,90 m großen Neuling zu arbeiten, der als kleiner Junge nie gelernt hatte Volleys zu spielen. Mit vielen Trainingsstunden und viel Geduld verbesserten sich seine Volleys, aber die Instinkte am Netz waren nie ganz so natürlich wie die von Spielern, die als Jugendliche gelernt hatten, am Netz zu spielen.

Das Doppelteam von Bob und Mike Bryan ist ein gutes Beispiel für den Aufbau einer starken Basis. Als ich als Mitglied der Nationalmannschaft mit ihnen reiste, um internationale Turniere zu spielen, habe ich gesehen, wie sie aufgrund ihrer Größe viele Jahre damit zu kämpfen hatten. Sie reiften körperlich später als ihre Altersgenossen und wurden oft von viel größeren und stärkeren Gegnern überwältigt. Sie hatten jedoch immer ein sehr ausgeglichenes Spiel und fühlten sich überall auf dem Platz wohl. Das hat ihnen natürlich sehr geholfen, als sie reifer geworden sind. Sie hätten sich in ihren Teenagerjahren leicht als Grundlinienspieler spezialisieren können, um den Größenunterschied auszugleichen. Hätten sie das getan, wären sie nicht als eines der besten Doppelteams in die Geschichte eingegangen. Wie also können Sie einem Spieler helfen, seine ideale Spielweise zu finden? Eine Spielweise, die seine Stärken hervorhebt und seine Schwächen abschirmt?

Die Grundlage dafür sind die vier Spielweisen.

## Die vier Spielweisen

Mit der Wahl von einer der vier Spielweisen beginnt der Prozess der Optimierung: Konterspieler, aggressiver Grundlinienspieler, Angriffsspieler und der Allround-Spieler (komplette Spieler). Heutzutage konzentriert sich die Elite im Tennis jedoch auf zwei Spielweisen: den aggressiven Grundlinienspieler und den Allround-Spieler (kompletten Spieler). Nachfolgend finden Sie eine Beschreibung der vier verschiedenen Spielweisen sowie der verschiedenen Strategien, wie man gegen sie bestehen kann. Diese Beschreibungen sollen Ihnen ein klares Bild von jeder der vier Spielweisen mit ihren Vor- und Nachteilen vermitteln und helfen, für jeden Ihrer Spieler die ideale Strategie auszuwählen. Für einige Ihrer Spieler wird die ideale Spielweise sehr offensichtlich sein. Bei anderen ist es vielleicht schwieriger, die optimale Spielweise herauszufinden.

## Der Konterspieler

Der Konterspieler ist ein Spieler, der die Geschwindigkeit des Gegners ausnutzt. Er nimmt sich Zeit, um den Punkt vorzubereiten. Er spielt hauptsächlich von der Grundlinie aus und macht dabei nur sehr wenige Fehler. Das sind die wesentlichen Merkmale großer Konterspieler:

- **Mental:** Großer Kämpfer, der um jeden Ball rennt, sehr gute Konzentration und hohe Intensität. Dies ermöglicht es ihm, während des gesamten Matches sehr konstant zu spielen. Er gibt nie auf und ist sehr geduldig.
- **Körperlich:** wendig, schnell, mit guter Balance und Ausdauer.
- **Muster und Spielfähigkeiten:**
    - Er hat gute defensive Fähigkeiten. Er verteidigt hoch und spielt viel cross. Er ist sehr geschickt in der Defensive. Er kann gut mit schnellen Bällen umgehen.
    - Er spielt gerne lange Ballwechsel (hauptsächlich cross). Er kann konstant lange Bälle spielen. Er weiß, wann er in den Platz gehen muss, um die Richtung zu ändern.
    - Er kann gute Winkel spielen, wenn er sich innerhalb des Platzes befindet.
    - Er hat gute Kurz-Cross-Passierbälle. Er geht in den Platz, um den Ball früh zu spielen.
    - Er hat einen guten Topspin und kann defensive Lobs spielen.
    - Er ist ein guter Returnspieler, der den Punkt mit einem soliden Return beginnt. Damit verhindert er, dass der Aufschläger sofort in die Offensive geht.

## Strategien gegen einen Konterspieler

Normalerweise bewegt sich ein Konterspieler gut. Er hat zwar meistens nicht so viel Kraft, aber er nutzt die Geschwindigkeit des ankommenden Balles. Einen Konterspieler müssen Sie dazu zwingen, seine eigene Kraft zu erzeugen, indem Sie das Tempo des Balls verringern und die Höhe verändern. Spielen Sie hohe und flache Bälle, variieren Sie Ihr Spiel. Da ein Konterspieler in der Regel nicht angreifen wird, ist es wichtig, Geduld zu haben und auf Angriffsmöglichkeiten zu warten. Seien Sie bereit, längere Punkte zu spielen, und warten Sie auf einen kurzen Ball, mit dem Sie ihn in Bedrängnis bringen können. Es ist kontraproduktiv, zu früh zu aggressiven Schlägen überzugehen. Konterspieler sind ausgezeichnete Defensivspieler, und Sie werden immer einen Weg finden, um wieder in den Punkt zu kommen und Sie einen zusätzlichen Ball schlagen zu lassen.

Eine andere Strategie, die Sie gegen einen Konterspieler anwenden können, ist, ihn auf dem Platz vor und zurück zu bewegen und nicht nur seitwärts. Konterspieler bewegen sich sehr gut seitlich und schlagen gerne aus dem Lauf. Sie fühlen sich aber normalerweise nicht sehr wohl, wenn sie sich vorwärtsbewegen oder am Netz spielen müssen.

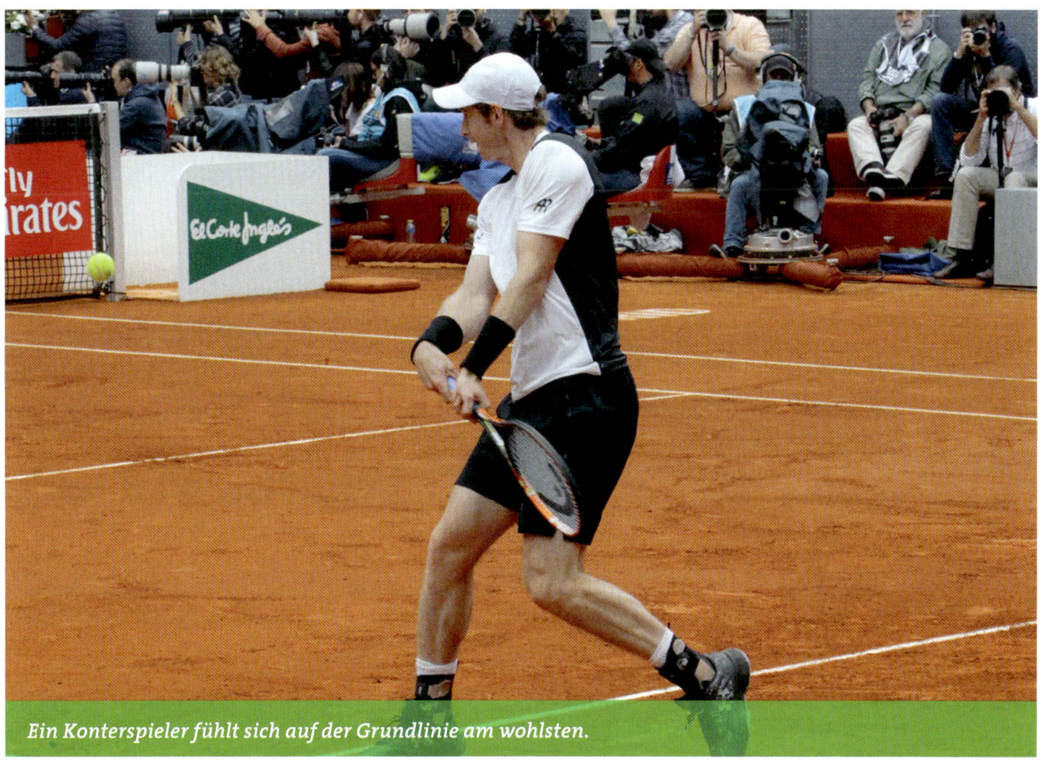


*Ein Konterspieler fühlt sich auf der Grundlinie am wohlsten.*

Eine dritte Strategie, die vielleicht funktionieren, aber auch riskant sein könnte, ist, besonders aggressiv zu sein. Wenn Sie versuchen, schnell den Punkt zu gewinnen, hat der Konterspieler keine Chance, seinen Rhythmus zu finden.

## Aggressiver Grundlinienspieler

Der aggressive Grundlinienspieler ist ein Spieler, der immer auf Angriff aus ist. Er kann normalerweise sehr schnell spielen und hat ein oder zwei Waffen, mit denen er seinen Gegner in Berdängnis bringen kann. Ein aggressiver Grundlinienspieler ist:

- **Mental:** fokussiert, hat eine gute Körpersprache, ist aggressiv und sehr entschlossen.
- **Körperlich:** groß, kräftig und explosiv.
- **Muster und Spielfähigkeiten:**
  - Er hat einen guten ersten Aufschlag, um jeden Gegner unter Druck zu setzen, und die Kontrolle über den Punkt zu übernehmen. Er greift kurze Returns sofort an.
  - Er greift zweite Aufschläge gerne an.
  - Er spielt so viel wie möglich vor der Grundlinie und nimmt die Bälle früh.
  - Er beherrscht das Konzept, den Ball cross zu spielen und dann longline anzugreifen.
  - Er setzt die Vorhand inside-out effektiv ein, öffnet den Platz von innen nach außen und greift dann longline an.
  - Er beherrscht den Schlag auf Schulterhöhe, um kurze hohe Bälle anzugreifen.

### Strategien gegen einen aggressiven Grundlinienspieler

Der aggressive Grundlinienspieler ist nicht sehr geduldig und wird versuchen, den Punkt schnell zu gewinnen. Sie müssen geduldig sein und ihn zum Spielen bringen. Je länger der Punkt, desto besser sind Ihre Chancen. Es ist sehr wichtig, alle Returns ins Feld zu spielen und zu versuchen, alle Bälle des aggressiven Grundlinienspielers zurückzubekommen. Lassen Sie nicht zu, dass er zu viele direkte Punkte macht. Versuchen Sie, jeden Ball wenigstens noch zu berühren. Bringen Sie ihn dazu, ein bisschen mehr aus sich herauszuholen, und zwingen Sie ihn zu Fehlern. Der aggressive Grundlinienspieler wird höchstwahrscheinlich so oft wie möglich seine Vorhand benutzen und wird konsequent seine Rückhand umlaufen. Wenn er mit einer Vorhand von innen nach außen angreift, spielen Sie mit ihrer Rückhand die Linie hinunter. Dadurch wird der Spieler gezwungen, sich auf die Vorhandseite des Platzes zu bewegen und seine Lieblingsposition zu verlassen. Dadurch wird es auch leichter, mit dem nächsten Schlag auf seine Rückhand zu zielen.

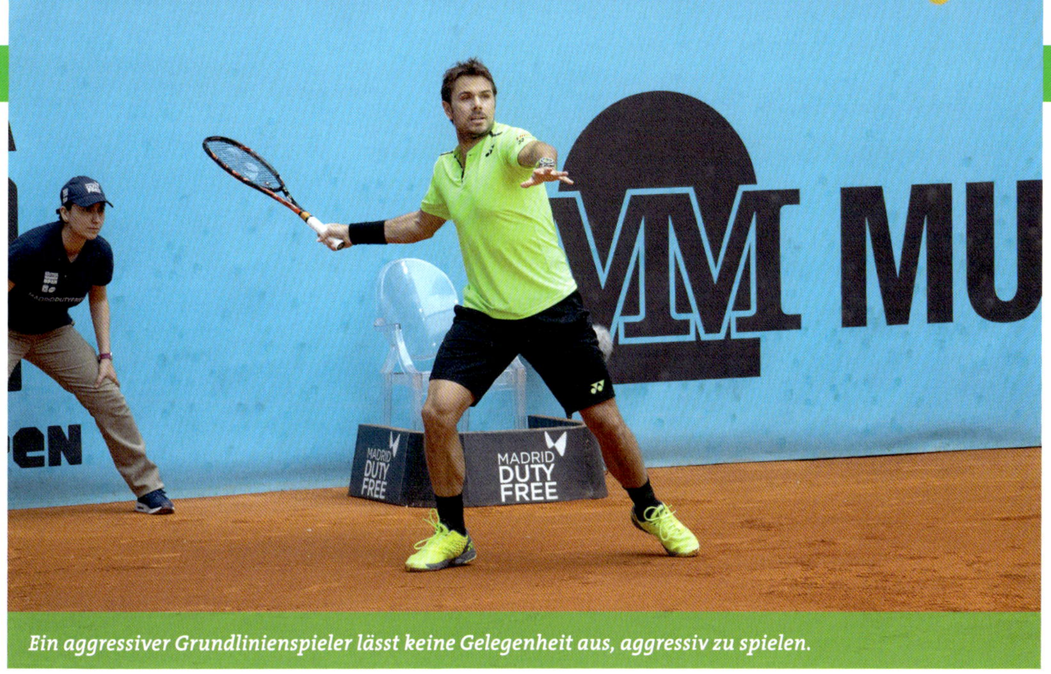


*Ein aggressiver Grundlinienspieler lässt keine Gelegenheit aus, aggressiv zu spielen.*

# Der Angriffsspieler

Der Angriffsspieler versucht, so oft wie möglich ans Netz zu kommen. Früher gab es viele Serve-and-Volley-Spieler, dabei sind die Spieler nach jedem Aufschlag ans Netz vorgerückt. Heutzutage ist das eher selten der Fall. Angriffsspieler bringen den Gegner, wann immer sie eine Chance haben, in Bedrängnis und beenden den Punkt am Netz. Hier sind die Eigenschaften des Angriffsspielers:

- **Mental:** entschlossen, selbstbewusst, mutig und ausdauernd.
- **Körperlich:** wendig, groß, gute Reflexe, schnell, gute Antizipation, gute Hände.
- **Muster und Spielfähigkeiten:**
  - Er hat einen soliden ersten Aufschlag mit einem hohen Prozentsatz.
  - Er hat einen ausgezeichneten zweiten Aufschlag mit guter Länge.
  - Er hat gute Kontrolle, Platzierung und Drallvariationen beim Aufschlag.
  - Er kann alle Arten von Volleys und Halbvolleys.
  - Er deckt den Lob sehr effektiv ab.
  - Er wendet die folgenden Muster sehr gut an: Aufschläge nach außen und Volleys in das offene Feld oder Aufschläge zum T und lange Volleys.
  - Er ist in der Lage, mit den Volleys zu punkten.
  - Sein Grundmuster hinter der Grundlinie besteht darin, konsequent cross zu spielen, bis er einen kurzen Ball bekommt, mit dem er die Schwäche des Gegners angreifen kann.
  - Er hat einen guten Slice.
  - Er kann sehr gut Chip-and-Charge spielen.

## Strategie gegen einen Angriffsspieler

Ein Angriffsspieler fühlt sich am Netz viel wohler als an der Grundlinie, und genau dort müssen Sie ihn festnageln. Versuchen Sie, einen großen Prozentsatz der ersten Aufschläge ins Feld zu spielen. Schlagen Sie ihm mit dem zweiten Aufschlag auf den Körper, um zu verhindern, dass er mit dem Return ans Netz kommt. Es ist sehr wichtig, dass Sie den Angriffsspieler mit konsequenten Returns und Passierbällen zum Volleyspielen bringen.

Bei zweiten Aufschlägen könnte es sich auszahlen, ein gewisses Risiko einzugehen und auf aggressive Returns zu setzen, um den Gegner in der Defensive zu halten und zweimal darüber nachzudenken, ob er mit den zweiten Aufschlägen ans Netz gehen soll. Bringen Sie den Angreifer so oft wie möglich zum Volleyspielen. Versuchen Sie nicht, ihn schon mit dem ersten Passierball zu passieren, sondern bereiten sie einen guten zweiten Passierball vor.

Spielen Sie viele Lobs, damit der Angriffsspieler nicht zu nahe am Netz steht. Ist seine Grundposition weiter hinten, können Sie ihn besser passieren. Und letztendlich können Sie versuchen, vor ihm ans Netz zu gehen, um ihn unter Druck zu setzen und zu schauen, wie gut er passieren kann.

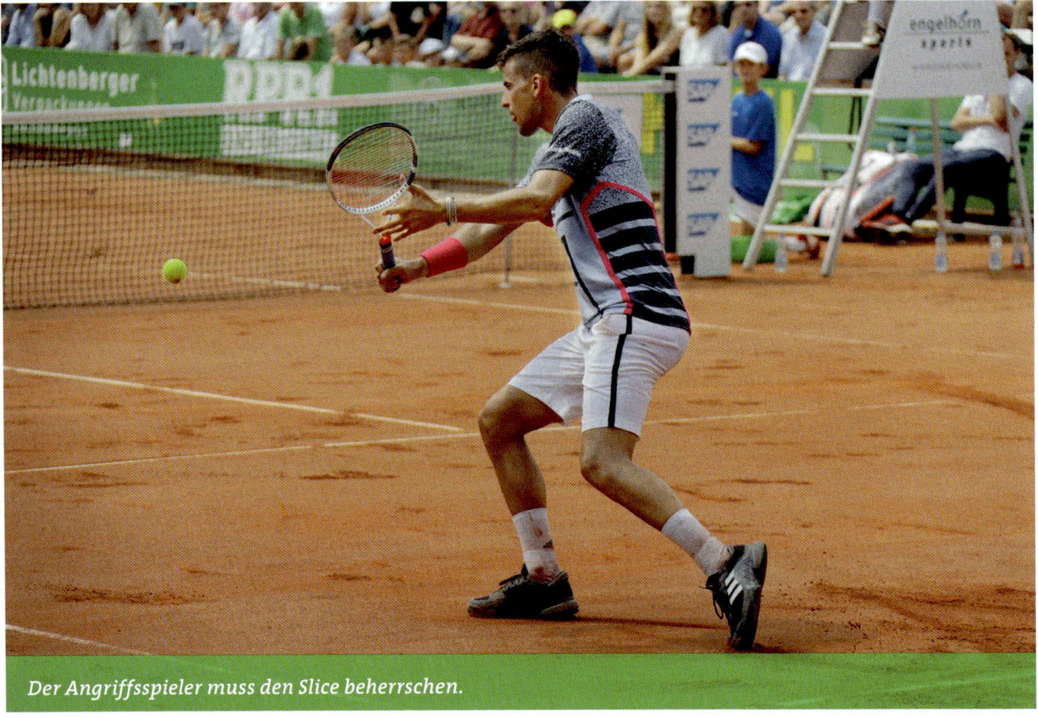


*Der Angriffsspieler muss den Slice beherrschen.*

# Der Allround-Spieler (Kompletter Spieler)

Der Allround-Spieler ist der flexibelste Spieler. Er fühlt sich an der Grundlinie genauso wohl wie am Netz und ist in der Lage, sein Spiel entsprechend den Eigenschaften des Gegners anzupassen. Hier ist sein Profil:

- **Mental:** intelligent, analytisch, flexibel und in der Lage, den Fokus und den emotionalen Zustand je nach Bedarf zu verändern.
- **Körperlich:** sehr athletisch, überdurchschnittlich in allen Bereichen.
- **Muster und Spielfähigkeiten:**
  Er hat alle defensiven und offensiven Muster gemeistert und verfügt über ein sehr gutes Verständnis der grundlegenden Konzepte des Spiels, wie z. B.:
  - Hauptsächlich cross spielen und longline angreifen.
  - Wann immer es möglich ist, vor der Grundlinie zu spielen.
  - Kurze Bälle oder Winkelbälle zu spielen, um die Richtung zu ändern.
  - Er mischt Serve-and-Volley und Grundlinienspiel.
  - Gelegentliches Chip-and-Charge, um den Gegner unter Druck zu setzen.
  - Außerdem hat dieser Spieler ein sehr komplettes Spiel. Er beherrscht alle verschiedenen Schläge und Drallvarianten und weiß, wann er sie einsetzen muss. Er spielt sowohl in der Offensive als auch in der Defensive effektiv.

## Strategie gegen einen Allround-Spieler

Der Allround-Spieler ist in der Lage, am Netz oder an der Grundlinie zu spielen. Er weist in der Regel keine Schwächen auf, hat aber im Allgemeinen auch keine herausragenden Stärken. Dieser Spielertyp wird versuchen, seinen Gegnern sein Spiel aufzuzwingen und deren Schwächen auszunutzen. Gegen diese Art von Spieler besteht die wichtigste Taktik darin, einen Weg zu finden, das eigene Spiel durchzusetzen. Hier sollten Sie die eigenen Stärken gegen die Schwächen des Gegners einsetzen.

Im Allgemeinen ist es für jeden Spieler, unabhängig vom Gegner, die erste Priorität, dem Gegner seine Spielweise aufzuzwingen. Der nächste Schritt besteht darin, leichte Anpassungen vorzunehmen, um die Schwächen des Gegners auszunutzen oder sich auf einen anderen Belag einzustellen. Es ist unmöglich, dass ein Spieler seine eigene Spielweise aufgrund der Spielweise des Gegners oder wegen des Belags drastisch verändert. Ein Angriffsspieler könnte sich auf Sand oder gegen einen sehr guten Passierballspieler einige Punkte mehr zurückhalten. Er kann aber nicht erfolgreich wie ein aggressiver Grundlinienspieler spielen. Ebenso wird ein Konterspieler nicht sehr erfolgreich sein, wenn er versucht, auf Rasen zum Angriffsspieler zu werden. Er wird vielleicht versuchen, etwas öfter ans Netz zu kommen als „zum Händeschütteln am Ende des Matches", aber eine komplette Änderung seiner Spielweise wird nur zu einer schlechteren Leistung führen. Daher ist es für Sie als Trainer äußerst wichtig, dass Sie Ihren Spielern dabei helfen herauszufinden, welcher Spielstil am besten zu ihren individuellen Eigenschaften passt. Arbeiten Sie an der Entwicklung der technischen, taktischen, physischen und mentalen Fähigkeiten, die erforderlich sind, um mit dieser bestimmten Spielweise erfolgreich zu sein. Widmen Sie den physischen und mentalen Eigenschaften Ihrer Spieler besondere Aufmerksamkeit, da diese meist angeboren und nicht sehr formbar sind.

Jeder Spieler kann einige seiner körperlichen Eigenschaften wie Kraft, Schnelligkeit, Ausdauer, Beweglichkeit und Koordination durch Training leicht verändern, aber größere Veränderungen werden kaum zu erreichen sein. Mit anderen Worten: Ein langsamer Spieler kann durch Training schneller werden, aber er wird nie so schnell sein wie ein Spieler, der mit schnellen Muskelfasern geboren wurde. Zudem wird ein kleiner Spieler nie groß werden, selbst mit dem besten Training der Welt. In die gleiche Richtung gehen auch die Persönlichkeitsmerkmale, die zwar etwas flexibler, aber auch schwer zu formen sind. Ein ängstlicher Spieler könnte durch Übung mutiger werden, aber die ursprüngliche Tendenz zur Vorsicht wird immer vorhanden sein. Daher müssen Sie bei der Wahl einer geeigneten Spielweise als Erstes die Frage beantworten: Hat mein Spieler irgendwelche körperlichen Eigenschaften, die seine Fähigkeit einschränken, mit einer bestimmten Spielweise effektiv zu spielen? Zum Beispiel: Wäre der Spieler langsam, käme es nicht in Frage, ihn zu einem guten Konterspieler auszubilden. Es könnte einfacher sein, bei ihm an der Entwicklung von Waffen zu arbeiten, um ein aggressiver Grundlinienspieler zu werden. Wenn der Spieler sehr klein ist, wäre es sehr schwierig, aus ihm einen Angriffsspieler zu machen. Vielleicht wäre es einfacher, ihn als Konterspieler auszubilden.

Nach der Analyse der physischen Aspekte besteht der nächste Schritt darin, die mentalen Faktoren zu betrachten. Wenn ein Spieler sehr entscheidungsfreudig und ungeduldig ist, wird es für ihn schwierig sein, lange Ballwechsel zu spielen. Er sollte also eine Spielweise wählen, die es ihm erlaubt, aggressiv zu sein und Risiken einzugehen. Schließlich müssen Sie sich als Trainer die technischen und taktischen Fähigkeiten des Spielers ansehen und bestimmen, wie die gewählte Spielweise effektiv wird. Diese Fähigkeiten sind völlig flexibel und für jeden Spieler erreichbar, sodass sie das letzte Merkmal sein sollten, das bei der Wahl der Spielweise zu berücksichtigen ist. Nichts-

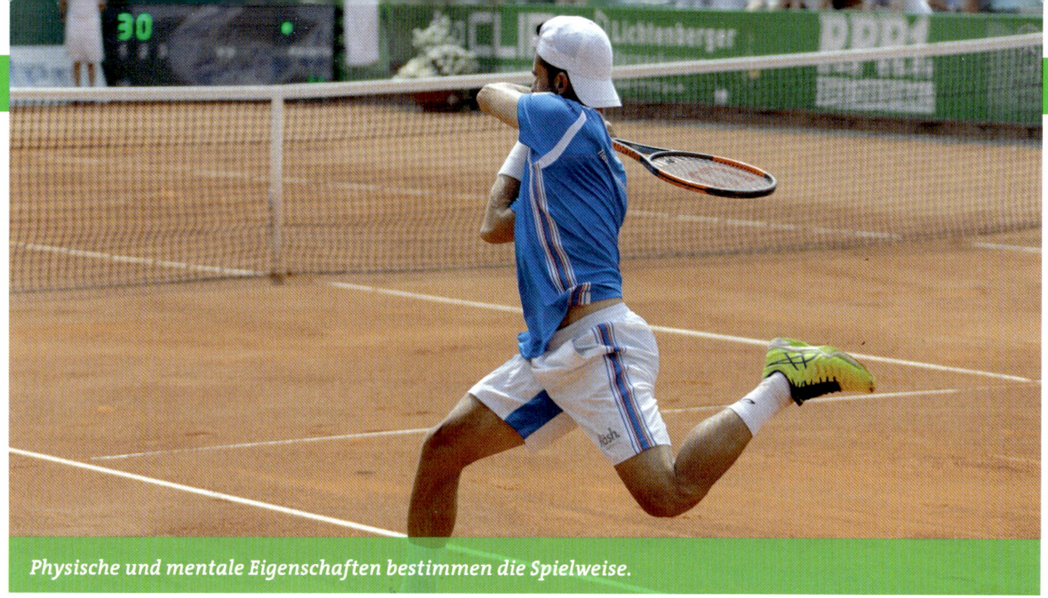

*Physische und mentale Eigenschaften bestimmen die Spielweise.*

destotrotz sind das Verständnis und die Beherrschung der technischen und taktischen Werkzeuge, die zum Spielen der gewählten Spielweise erforderlich sind, von entscheidender Bedeutung.

Zusammenfassend könnte die beste Vorgehensweise darin bestehen, mit der Bewertung eines Spielers wie folgt zu beginnen:

**Physische Merkmale:**
Körpergröße: groß, mittel oder klein
Kraft: stark, mittel oder schwach
Schnelligkeit und Wendigkeit: schnell, mittel oder langsam
Ausdauer: hoch, mittel oder schwach

**Mentale Merkmale:**
Selbstvertrauen: hoch, mittel oder niedrig
Geduld: hoch, mittel oder niedrig
Aggressivität: hoch, mittel oder niedrig
Analytische Fähigkeiten: hoch, mittel oder niedrig
Durchhaltevermögen: hoch, mittel oder niedrig
Mentale Flexibilität: hoch, mittel oder niedrig

**Technische/taktische Merkmale:**
Waffen: Was sind seine Waffen?
Schwächen: Was sind seine Schwächen?
Bevorzugte Muster: Welche sind sie?

In welchen Situationen fühlt er sich am wohlsten: wenn der Gegner angreift, wenn der Gegner lange, gleichmäßige Ballwechsel spielt, wenn er den Ballwechsel kontrolliert oder verteidigt, wenn er aufschlägt oder returniert usw.? In welchen Situationen fühlt er sich am unwohlsten: wenn der Gegner angreift, wenn der Gegner lange, gleichmäßige Ballwechsel spielt, wenn er den Ballwechsel kontrolliert oder verteidigt, wenn er aufschlägt oder returniert usw.?

Nach dieser Bewertung und auf der Grundlage der wesentlichen Merkmale (siehe oben), sollten Sie und der Spieler die optimale Spielweise wählen und an der Entwicklung der Bereiche arbeiten, in denen er Schwächen zeigt. Das ist jedoch erst der Anfang des Prozesses. Sobald Sie eine geeignete Spielweise für Ihre Spieler bestimmt haben, müssen Sie noch spezifischer sein und ihnen beibringen, wie sie ihre Stärken innerhalb der gewählten Spielweise optimieren können. Das System jedes einzelnen Athleten muss individualisiert werden. Jeder Spieler ist anders. Sie können den aggressiven Grundlinienspieler für mehrere Ihrer Spieler wählen, aber jeder wird ihn etwas anders ausführen. Während einer der Spieler sehr erfolgreich sein Spiel um seine fantastische Vorhand herum aufbaut, ist ein anderer vielleicht besser in der Lage, seine Rückhand longline einzusetzen. Der Dritte muss möglicherweise seinen Aufschlag als Stütze für sein Spiel einsetzen.

Es ist Ihre Aufgabe als Trainer, diese Unterschiede zu erkennen und allen Spielern zu helfen, ihre Spielweise noch weiter zu verfeinern.

Jeder Spieler muss individuelle Muster um seine eigenen Stärken herum entwickeln. Zum Beispiel sollte ein Spieler mit einer schnellen Vorhand daran arbeiten, die Rückhand zu umlaufen, um seine Vorhand inside-out und inside-in zu schlagen. Bei Schlägen auf Schulterhöhe sollte er sich wohlfühlen und möglichst aggressiv sein. Gleichzeitig muss er aber auch an anderen Bereichen seines Spiels arbeiten, die ihm helfen, diese Waffe effektiver einzusetzen. Dazu gehört z. B.:

- ein starker erster Aufschlag, mit dem er kurze Returns erzwingt, die er angreifen kann;
- eine Vorhand aus dem Lauf, mit der er die Kontrolle über den Punkt behält, oder
- ein gut getarnter Stoppball, den er als Abwechslung einsetzen kann.

Wie Sie sehen, reichen ein rundum flexibles Spiel und ein solides taktisches Verständnis nicht aus, um ein Elitespieler zu werden.

**EG's EDGARS TIPPS**

Die letzte Herausforderung besteht darin, dass Sie die Spielweise eines jeden Spielers optimieren, indem Sie das Puzzle zusammensetzen und spezifische und individualisierte Spielmuster für jeden Athleten entwickeln.

An diesem Punkt hört das Coaching auf, eine Wissenschaft zu sein und wird zu einer „Kunst".

## ZUSAMMENFASSUNG & SCHLUSSFOLGERUNGEN

Große Spieler konnten ihre Spielweise individualisieren, um ihre Stärken hervorzuheben und ihre Schwächen zu neutralisieren. Die unterschiedlichen Spielweisen zu verstehen, ist ein wesentlicher Teil des Prozesses. Sobald die ideale Spielweise festgelegt ist, besteht das Ziel darin, so viele der Eigenschaften zu entwickeln, wie nötig sind, um erfolgreich zu spielen. Passen Sie die gewählte Spielweise individuell jedem Spieler an.

Bei einigen Spielern kann das sehr einfach sein, da die physischen und mentalen Eigenschaften schon zu einer bestimmten Spielweise passen. Bei anderen Spielern ist es vielleicht nicht so einfach. Wenn Sie einen kleinen, schnellen Spieler haben, der als Junior beim Serve-and-Volley sehr erfolgreich ist, stehen Ihnen möglicherweise einige schwierige Entscheidungen bevor, da diese Spielweise möglicherweise nur funktioniert, solange er jung ist.

Bis zu diesem Punkt habe ich ein umfassendes System vorgestellt, um solide flexible Schläge zu entwickeln, die taktischen Regeln in das Spiel Ihrer Spieler zu integrieren, ihnen aufzuzeigen, wie sich die Spieler besser bewegen können und die für sie passende Spielweise zu verstehen und auszuwählen. All das ist jedoch nutzlos, wenn ein Spieler unter Druck keine Leistung bringen kann.

Die wahre Prüfung eines jeden Spielers besteht jedoch darin, sein bestes Tennis zu spielen, wenn es darauf ankommt. Es gibt nicht viel Geld oder Ruhm dafür, ein Trainingsweltmeister zu sein. Im nächsten Abschnitt werde ich einige Ideen vorstellen, mit denen Sie Spielern helfen können, unter Druck besser zu spielen.

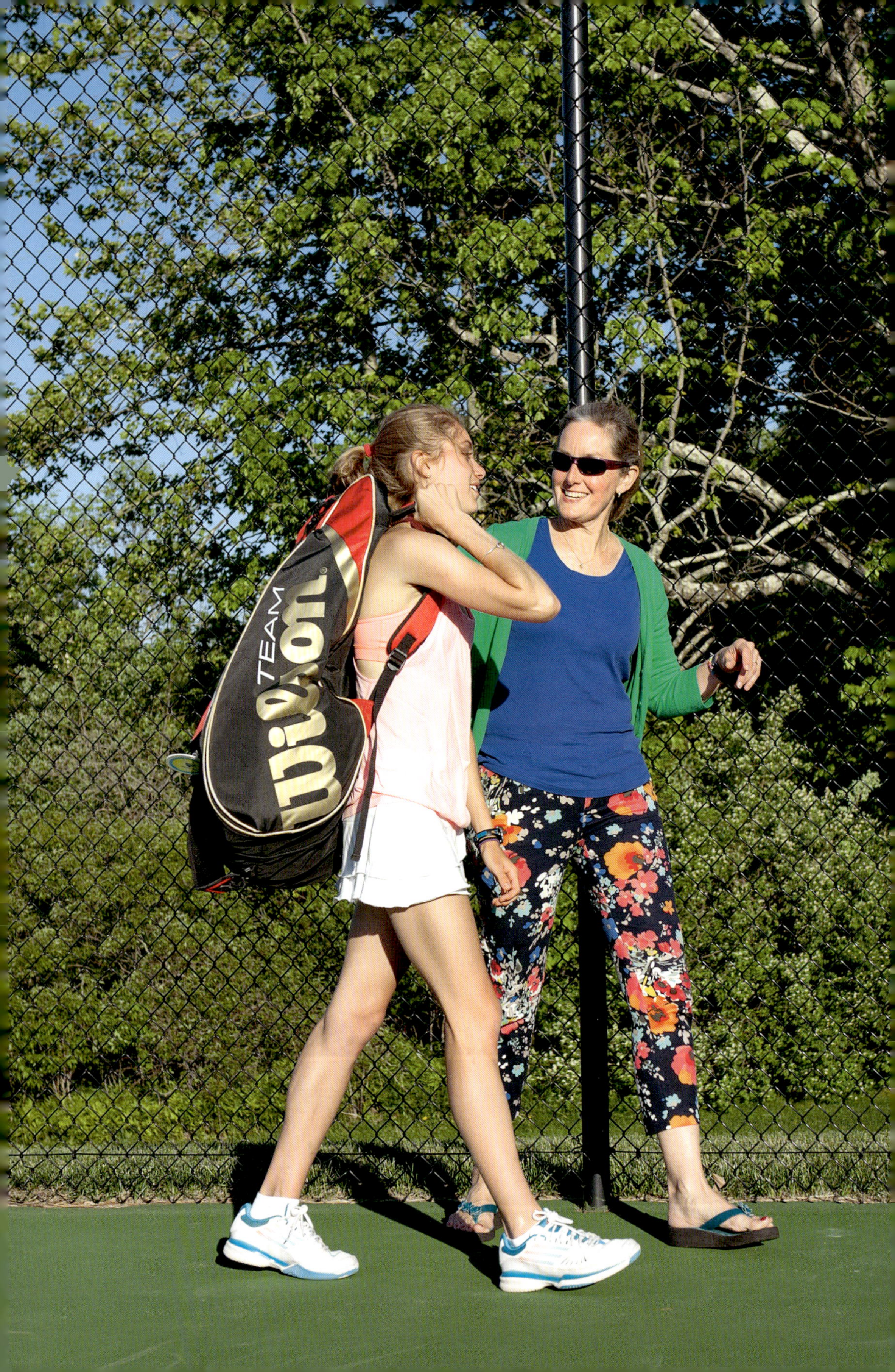
TEAM
Wilson

# Die Eltern gehören dazu

Der Umgang mit einem aufdringlichen, fordernden oder überheblichen Elternteil macht nicht viel Spaß, aber er ist ein Bestandteil der Arbeit eines Trainers.

Die Sportart Tennis zieht diese Art von Eltern an. Es gibt nur wenige Sportarten, die so anspruchsvoll sind wie Tennis. Tennis auf hohem Niveau zu spielen, erfordert ein enormes zeitliches, finanzielles und emotionales Engagement, nicht nur vom Spieler, sondern auch von der ganzen Familie.

Man muss eine übertrieben motivierte Persönlichkeit sein, um sein Kind jeden Tag zum Training zu bringen, die Wochenenden und Ferien bei Turnieren zu verbringen und auch noch viel Geld dafür zu bezahlen. Manche Eltern wechseln sogar den Arbeitsplatz oder den Wohnort, damit ihr Kind Tennis spielen kann.

Es ist ein hoher Preis und es ist verständlich, dass Eltern frustriert sind, wenn ihr Kind ihre Erwartungen nicht erfüllt. Und da die meisten Eltern noch nie auf Wettkampfniveau Tennis gespielt haben, sind ihre Erwartungen tendenziell etwas unrealistisch.

Wenn das Kind nicht die erwünschte Leistung erbringt, ist die einzige Möglichkeit, etwas zu verändern, der Trainer. Ist der Trainer nicht in der Lage, das Kind erfolgreicher zu machen, dann ist es an der Zeit, einen anderen zu suchen. Verstehen Sie mich nicht falsch, die meisten Eltern, die ich im Laufe meiner Karriere kennengelernt habe, waren wunderbar. Aber ich bin auch auf eine ganze Reihe von Herausforderungen gestoßen.

Das Einzige, was man mit schwierigen Eltern tun kann, ist zu versuchen, ihnen Ihre Coaching-Philosophie zu erklären. Wenn sie den Entwicklungsprozess besser verstehen, werden sie oft leichter damit umgehen können und vielleicht sogar Ihre größten Fürsprecher werden. Wenn wirklich gar nichts funktioniert, dann ist es das Beste, getrennte Wege zu gehen.

Egal, ob einfach oder schwierig, die Eltern sind immer ein sehr wichtiger Bestandteil in der Karriere eines Spielers. Akzeptieren Sie sie als Teil des Teams. Schließlich arbeiten Sie beide an dem gleichen Ziel, nämlich dem Spieler zu helfen, sein Potenzial voll auszuschöpfen.

# Umgang mit Wettkampfdruck

Druck ist Teil jeder Wettkampfsituation. Zu lernen, damit umgehen zu können, ist eine der wichtigsten Fähigkeiten, die ein Wettkampf-Tennisspieler entwickeln muss. Wir alle haben schon von Druck und Nervenflattern oder Nervosität während eines Matches gehört, aber was genau bedeutet das?

Manchmal lernt man als Trainer seine wertvollsten Lektionen von den eigenen Schülern, so wie ich im Sommer 1993. Zu dieser Zeit habe ich als Nationaltrainer für die USTA gearbeitet und war mit einer Gruppe von Spielern in Italien. Eines Nachmittags habe ich mit mehreren Spielern auf der Tribüne gesessen. Wir haben einem Spieler aus dem Team zugeschaut, der gegen einen sehr soliden italienischen Spieler gespielt hat. Die Partie war eng und mehrmals ist der junge Amerikaner bei wichtigen Punkten gescheitert. Er hat aggressiv gespielt, aber er hat die Linie immer um einige Zentimeter verfehlt. Nach einem dieser Fehler hat ein anderer Spieler des Teams, Paul Goldstein, einen Kommentar geäußert, der meine Sicht auf das Spiel für immer veränderte. Sein Kommentar war sehr einfach: „Er hat Nervenflattern."

Meine erste Reaktion war, die Bemerkung zurückzuweisen. Als Spieler war ich immer sehr vorsichtig, wenn ich Nerven bekam. Und offensichtlich hat dieser Spieler seine Schläge nicht verkrampft gespielt oder nur über das Netz geschoben. Tatsächlich war er in diesen Schlüsselpunkten ziemlich aggressiv. Aber Paul bestand weiterhin darauf.

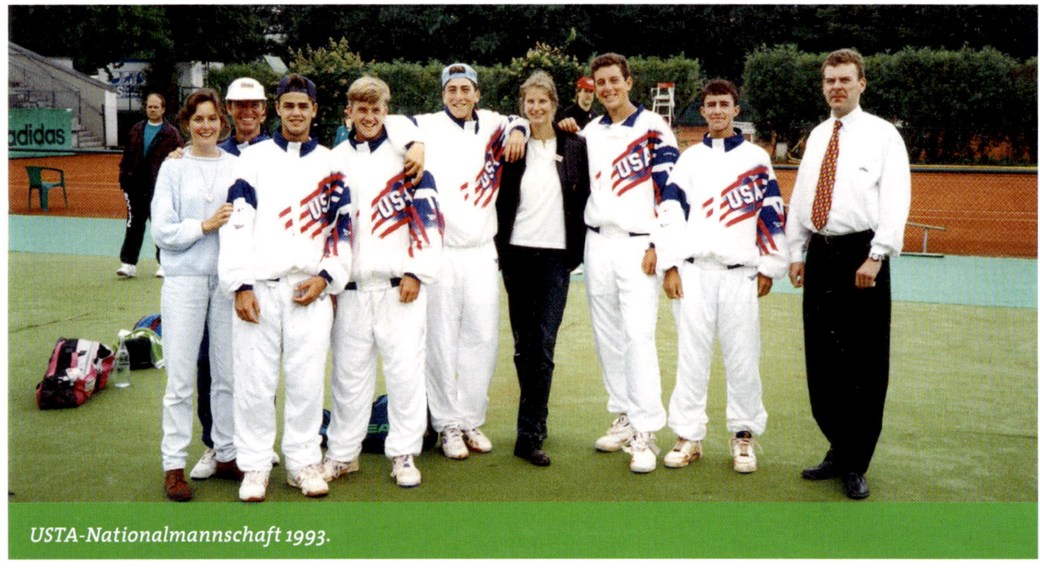


*USTA-Nationalmannschaft 1993.*

Paul war nicht nur ein großer Wettkämpfer, sondern auch ein sehr analytischer Spieler. Es hat immer Spaß gemacht, mit ihm zu diskutieren. Nach einigem Hin-und-her-Diskutieren begann ich, seinen Standpunkt zu verstehen. Aus seiner Sicht gab es keine Entschuldigung dafür, die wichtigen Punkte zu verschlagen. Man musste den Gegner zum Spielen bringen, alles andere war inakzeptabel. Genau das machte ihn zu einem so harten Gegner.

Seine Bemerkungen blieben mir ein paar Tage lang im Gedächtnis, und langsam begann ich, meine Sichtweise auf das Nervenflattern zu ändern. Paul half mir zu verstehen, dass man durch Nervenflattern im Grunde genommen Fehler unter Druck macht, die man normalerweise nicht machen würde. Dies äußert sich in vielerlei Hinsicht: Man fängt an, die Bälle zu schieben, zu schnell zu spielen, zu verkrampfen, mit dem Rahmen zu treffen usw. Die Drucksituationen auf diese Weise zu betrachten, hat einen großen Unterschied in meinem Spiel und in meiner Fähigkeit, Spielern zu helfen, gemacht. Vielen Dank, Paul!

Wie können wir als Trainer Tennisspielern helfen, im Match unter Druck ihre volle Leistungsfähigkeit zu erbringen? Es gibt viele sportpsychologische Bücher auf dem Markt, die sich mit diesem Thema befassen. Sie geben Ratschläge, um Athleten zu helfen, ihre Leistung zu optimieren. Eine ausführliche Diskussion über sportpsychologische Techniken würde den Rahmen dieses Buches jedoch sprengen. Ein Trainer sollte sich aber zumindest mit diesen drei Bereichen befassen, um seinen Spielern zu helfen, bessere Wettkämpfer zu werden:

1. Konzentration
2. Entspannung
3. wettkampffreundliches Umfeld

Zwei der wichtigsten Fähigkeiten im Tennis, die zu einem konstanten Leistungsniveau führen, sind Konzentration und Entspannung. Zur Konzentration gehört das Beobachten des Treffpunktes. Die Entspannung setzt voraus, dass sich der Spieler unabhängig von den Umständen mental und körperlich entspannen kann. Können Spieler diese beiden Punkte regelmäßig umsetzen, sind sie in der Lage, zwei der häufigsten Fehlerquellen zu beseitigen.

Das hört sich einfach an, aber in vielen Fällen werden diese beiden Bereiche nicht mit der ihnen gebührenden Bedeutung behandelt. Viele Trainer und Spieler verstehen die Bedeutung dieser Elemente nicht und neigen dazu, die Lösung für ihre Fehler in anderen Bereichen des Spiels zu suchen.

# Umgang mit Wettkampfdruck

Das wichtigste Ziel eines jeden Spielers sollte es sein, die Fehler zu eliminieren, die auf mangelnde Konzentration oder auf körperliche und/oder mentale Belastung zurückzuführen sind. Dieses Ziel sollte in allen Trainings- oder Spielsituationen stets präsent sein. Ihre Aufgabe als Trainer ist es, Wege finden, um diese Konzepte in ihren Programmen im Vordergrund zu halten.

Hier sind einige Ideen, wie Sie dies erreichen können.

## KONZENTRATION

Der Erfolg oder Misserfolg eines Schlages im Tennis hängt vom Treffpunkt ab. Die große Herausforderung für jeden Spieler besteht darin, den Ball genau zum richtigen Zeitpunkt in der Mitte der Schlagfläche zu treffen. Das kann er nur erreichen, indem er sich voll und ganz auf den immer näher kommenden Ball konzentriert.

Die meisten Spieler beobachten den Ball relativ gut von der gegnerischen Seite des Spielfelds, bis er auf ihrer Seite aufspringt. Wenn sich der Ball dann ihrem Treffpunkt nähert, haben sie Schwierigkeiten, die Konzentration aufrechtzuerhalten. Das führt zu ungewollten Fehlern oder zum Kontrollverlust. Das Problem wird in den folgenden Situationen noch verschärft:

- Drucksituationen, wie das Schlagen eines Passierballes, das Returnieren eines harten Aufschlags oder das Schlagen aus dem vollen Lauf;
- Situationen, in denen der Spieler zusätzliche Zeit hat, z. B. bei einem hohen langsamen Volley, einem hohen langsamen Schlag in die Mitte des Platzes oder einem drucklosen Aufschlag;
- Übergangssituationen, wie z. B. Angriff ans Netz;
- Aufschlag. Sie müssen ihre Spieler daran erinnern, dass eine totale Konzentration auf den Ball nicht nur bei Grundschlägen, sondern ganz besonders beim Aufschlag wichtig ist. Beim Aufschlag kommt es auf perfektes Timing und die Koordination der verschiedenen Körpersegmente, des Schlägers und des Balles an.

Bei all diesen Fällen neigen die Spieler dazu, zu früh nach vorne zu schauen und den Ball nicht bis zum Treffpunkt zu verfolgen. Diese Fehler müssen durch die Verbesserung der Konzentrations- und Beobachtungsfähigkeit beseitigt werden.
Die nachfolgenden Übungen können Ihnen dabei helfen, die Konzentrationsfähigkeit auf dem Platz zu verbessern.

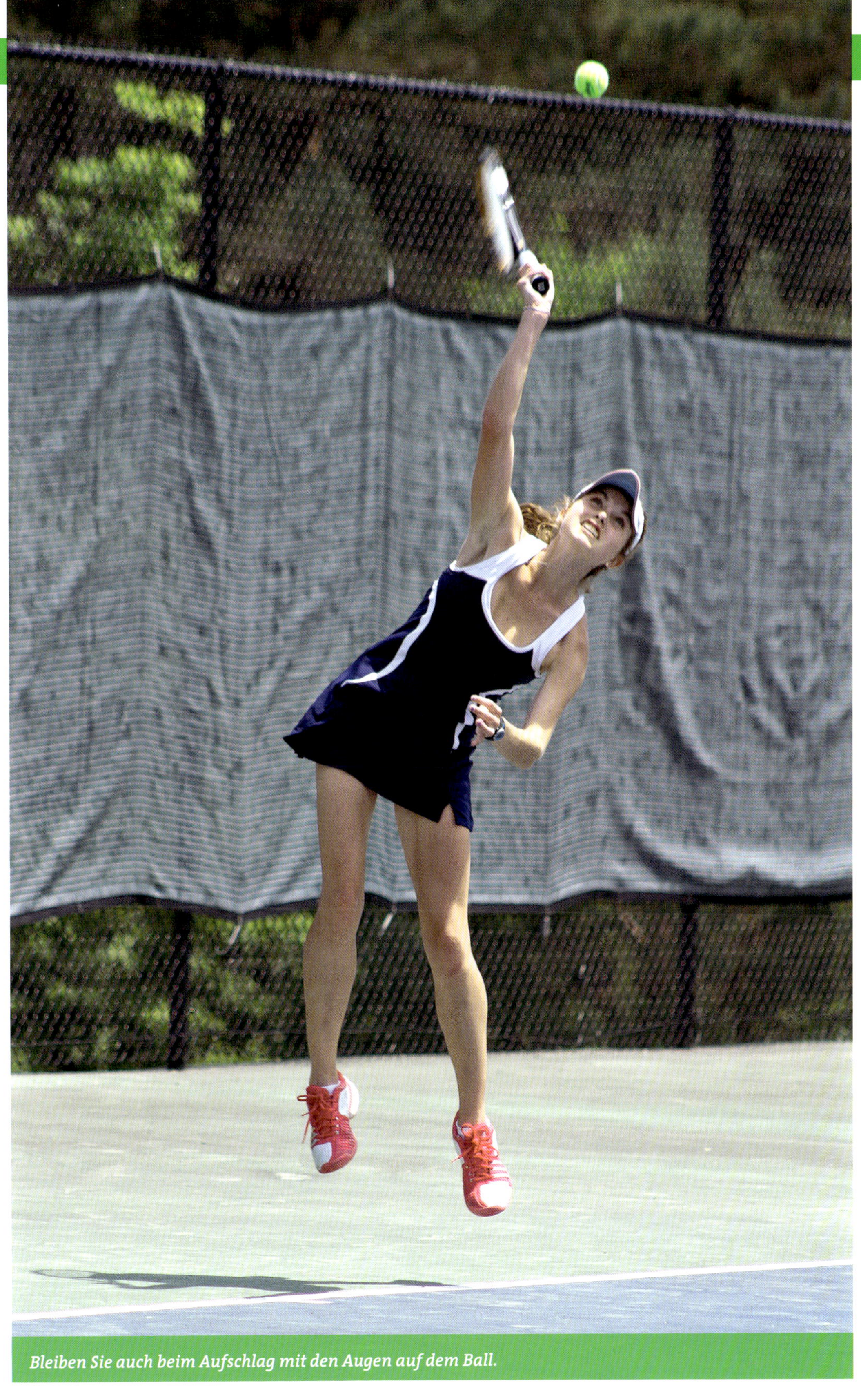

*Bleiben Sie auch beim Aufschlag mit den Augen auf dem Ball.*

## Hopp – Hit

Die Spieler spielen Ballwechsel oder Punkte. Jedes Mal, wenn der Ball aufkommt, sollen sie „hopp" – und wenn sie den Ball treffen, „hit" rufen. (Es können auch andere Begriffe verwendet werden.) Dadurch sind die Spieler gezwungen, sich während des gesamten Punktes oder des Ballwechsels auf den Ball zu konzentrieren.

## Ballwechsel mit dem Griff

Die Spieler spielen hohe Bälle. Sie müssen den Ball mit dem Griff des Schlägers stoppen, bevor sie ihn zurückspielen. Um den Ball mit dem Griff zu stoppen, müssen sie den Schläger verkehrt herum halten und den Griff auf Augenhöhe haben, um den Treffpunkt zu erleichtern. Dann sollten sie den Ball einmal aufspringen lassen, bevor sie ihn hoch zu dem anderen Spieler schlagen. Durch den Versuch, den Ball mit dem Griff zu stoppen, sind die Spieler gezwungen, sich bis zum Treffpunkt voll auf den Ball zu konzentrieren.

## Ballwechsel mit der Griffkappe

Die Spieler spielen hohe Bälle. Sie müssen den Ball mit der Griffkappe des Schlägers stoppen, bevor sie ihn zurückspielen. Um den Ball mit der Griffkappe zu stoppen, müssen sie den Schläger verkehrt herum halten und den Griff auf Augenhöhe haben, um den Treffpunkt zu erleichtern. Dann sollten sie den Ball einmal aufspringen lassen, bevor sie ihn hoch zu dem anderen Spieler schlagen. Durch den Versuch, den Ball mit der Griffkappe zu stoppen, sind die Spieler gezwungen, sich bis zum Treffpunkt voll auf den Ball zu konzentrieren.

## Return mit dem Griff

Beim Return passiert es sehr häufig, dass man den Ball aus den Augen verliert. Die Spieler sollen versuchen, den Aufschlag mit dem Griff zu stoppen, indem sie den Schläger verkehrt herum halten. Sie sollen nicht versuchen, den Ball zu schlagen, sondern nur ihn zu stoppen. Durch den Versuch, den Ball mit dem Griff zu stoppen, sind die Spieler gezwungen, sich bis zum Treffpunkt voll auf den Ball zu konzentrieren.

# ENTSPANNUNG

Die zweithäufigste Quelle für unerzwungene Fehler ist die Anspannung.

Nur wenn der Körper in einem Zustand von ruhiger Intensität ist, kann ein Spieler sein volles Potenzial entfalten. Er ist locker und entspannt, aber voll engagiert. Damit sich alle Gelenke frei bewegen können, dürfen nur die Muskeln aktiviert werden, die zur Ausführung der jeweiligen Aufgabe benötigt werden. Auf diese Weise ist der Körper in der Lage, die vom Gehirn gesendeten Signale zu beachten und die erforderliche Aktion ohne Störungen auszuführen.

Die meisten Spieler sind beim Schwingen nicht sehr effizient und wenden zu viel Kraft und Energie auf. Das jedoch wirkt sich negativ auf ihre Leistung aus. Die Spieler müssen ihre Bewegungen fließen lassen, indem sie den Körper effizient arbeiten lassen, und das kann nur durch ständige Aufmerksamkeit erreicht werden. Die Spieler sollten kontinuierlich daran arbeiten, die gleichen Schläge mit weniger Anstrengung zu schlagen, indem sie sich häufig Fragen stellen wie: Schwinge ich den Schläger oder schiebe ich ihn? Bin ich während des Schwungs völlig locker oder nicht? Entdecke ich irgendwo Spannung?
Die Antwort auf diese Fragen wird den Spielern helfen, die Bereiche im Körper mit unnötigen Spannungen zu erkennen, und sie dann zu entspannen.

Es ist wichtig zu beachten, dass das Spannungsniveau jedes Spielers bei jedem Schlag eine

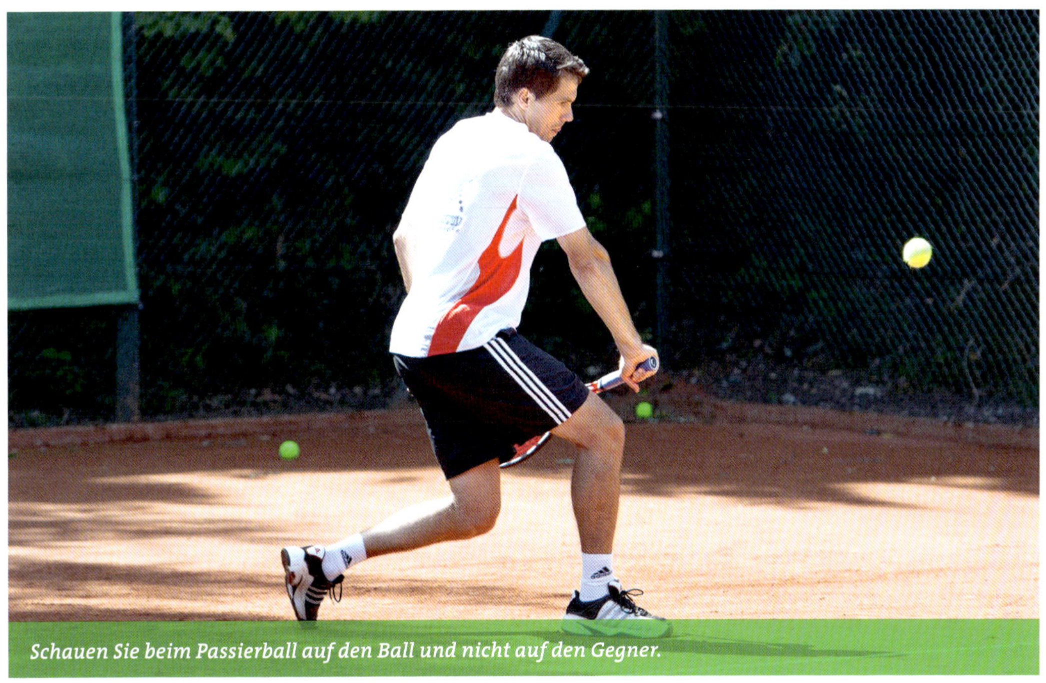

*Schauen Sie beim Passierball auf den Ball und nicht auf den Gegner.*

automatische Reaktion ist. Wenn der Spieler nicht bewusst versucht, jeden Teil seines Körpers zu analysieren, um irgendeine Form von Spannung zu erkennen, wird er sie nie bemerken. Ich habe mit vielen Spielern gearbeitet, die behaupteten, entspannt zu sein, während sie in Wirklichkeit völlig verkrampft waren. Nur durch bewusste Anstrengungen waren diese Spieler in der Lage, ihre Problembereiche zu erkennen und neue Gewohnheiten zu entwickeln. Diese neuen Gewohnheiten haben ihnen geholfen, immer lockerere, flüssigere und beständigere Schwünge zu entwickeln.

Es ist besonders wichtig, Spielern dabei zu helfen, unerwünschte Spannungen in Schlägen zu entdecken, mit denen sie in der Vergangenheit Schwierigkeiten hatten. Ein technisch fehlerhafter Schlag führt in der Regel zum Aufbau eines hohen, negativen Spannungsniveaus. Und wenn der Spieler nicht bewusst daran arbeitet, diese Muskelspannung während eines bestimmten Schlages zu reduzieren, wird der Schlag weiter leiden, auch wenn sich die Technik verbessert.

Neben der bewussten Analyse gibt es auch viele Übungen, die den Spielern helfen können, effizienter zu schwingen. Dazu gehören zum Beispiel alle Entspannungsübungen, die ich im Abschnitt über die Schlägerkopfbeschleunigung (Kapitel fünf) behandelt habe: **Der schwere Schläger, der Dreifingerschwung und Schwingen mit drei Geschwindigkeiten.**

Zumindest aber sollten Sie dafür sorgen, dass die Spieler lernen, ihren Schläger bei jedem Schwung so locker wie möglich zu halten. Das ist ein großer Schritt in die richtige Richtung. Ein ruhiger Schwung kann nur mit einem lockeren Griff erreicht werden. Probieren Sie es aus und Sie werden von den Ergebnissen überrascht sein.

## Wettkampffreundliches Umfeld

Die nächste Aussage ist wahrscheinlich eine der wichtigsten im ganzen Buch:

**EG's Edgars Tipps**

Kein Spieler wird sein Potenzial außerhalb eines Wettkampfes ausschöpfen. Die einzige Möglichkeit zu lernen, wie er dem Wettkampfdruck standhalten kann, besteht darin, sich ihm ständig zu stellen.

So einfach ist das! Wenn Sie leistungsorientierte Spieler entwickeln wollen, müssen Sie ein Umfeld erschaffen, in dem die Spieler ständig kämpfen und sich beweisen müssen. Ihre wichtigste Handlung als Trainer, um mental starke Spieler zu entwickeln, ist es, so oft wie möglich Trainingsmatches- und Turniermatches in den Trainingsplan aufzunehmen und ein sehr wettkampforientiertes Umfeld zu schaffen. Ist der Trainingsalltag voll von technischen Übungen, taktischen Übungen und anderen Übungen, bei denen es um Punkte geht, werden die Spieler dazu gezwungen zu lernen, mit Widrigkeiten umzugehen.
Anbei finden Sie Übungen, mit denen Sie Ihre Spieler unter Wettkampfdruck setzen können.

## Übungen mit Wettkampfdruck

Übungen mit Wettkampfdruck sind dazu gedacht, die Spieler während des Trainings unter Druck bzw. Stress zu setzen. Damit können sie ihre wahre Spielstärke testen und sich auf den echten Wettkampf vorbereiten. Es gibt zwei Arten von Übungen mit Wettkampfdruck: Schlagserien und Übungen mit Stress.

## Schlagserien

Schlagserien sind die besten Übungen, um den Spielern zu helfen, ihre Spielstärke besser kennenzulernen. Bei Schlagserien versuchen die Spieler gemeinsam, eine Reihe aufeinanderfolgender Schläge zu absolvieren. Zum Beispiel: einen Aufschlag, einen Return, einen ersten Volley und einen Passierball. Diese Schläge sollen eine typische Schlagkombination während eines Punktes widerspiegeln. Ziel dieser Übungen ist es, den Spielern beizubringen, wie aggressiv sie spielen können, ohne Fehler zu machen. Sie kombinieren die Idee, schnell zu schwingen, ohne die Kontrolle zu verlieren. Bei diesen Übungen werden die Spieler ständig ihre Fähigkeit testen, bei verschiedenen Schlaggeschwindigkeiten die Kontrolle zu behalten.

Meiner Erfahrung nach neigen die meisten Spieler dazu, ihr Können zu überschätzen und zu viele unerzwungene Fehler zu machen. Diese Schlagkombinationen sind ausgezeichnete Realitätsprüfungen, da sie die Athleten zwingen, ihre Fähigkeiten objektiv zu bewerten. Um ein großer Wettkämpfer zu werden, muss ein Spieler eine klare Vorstellung davon haben, was er auf dem Platz gut kann und womit er zu kämpfen hat. Wenn man in ein Match geht und genau weiß, was man zu tun hat, dann hat man einen großen Vorteil. Wenn Sie wissen, welchen Schlag Sie in den meisten Punktsituationen beherrschen und mit welcher Geschwindigkeit Sie Ihre Schläge kontrollieren können, ist es einfach, in der Spur zu bleiben. Wenn Sie in dieser Situation Fehler bei Schlägen machen, die Sie normalerweise beherrschen, müssen Sie Ihre Aufmerksamkeit auf den mentalen Aspekt Ihres Spiels richten: Ihre Gefühle, Ihren Fokus, Ihr Spannungsniveau, Ihre Gedanken usw. Die Antworten werden da sein.

Wenn Sie andererseits Ihr Spiel nicht perfekt verstehen, ist es schwierig, nach einer Antwort zu suchen. Machen Sie Fehler mit Schlägen, die Sie normalerweise erfolgreich ausführen? Versuchen Sie, mit einer Geschwindigkeit zu spielen, die Sie nicht wirklich kontrollieren können? Schlagen Sie mit genug Drall? Haben Sie den richtigen Schlag für diese spezielle Situation gewählt? Es gibt viele Möglichkeiten, und wenn Sie sich während eines Matches zu viele Frage zu stellen, könnten Sie ihr Selbstvertrauen verlieren. Ich erinnere mich, dass ich irgendwann in meiner Karriere mal einen Trainer hatte, der mir immer wieder andere Signale gab. Er sagte mir: „Geh ans Netz“, aber wenn ich ein paar Punkte verlor, sagte er: „Bleib hinten“ oder „Sei aggressiv“, dicht gefolgt von „Spiel konstant“, wenn ich die nächsten Punkte nicht gewonnen hatte. Es ist unnötig zu sagen, dass es unmöglich war, mit diesen widersprüchlichen Ideen zu spielen.
Wie Sie wissen, ist die mentale Stärke im Wettkampftennis äußerst wichtig. Sportpsychologen haben eine große Anzahl verschiedener Techniken entwickelt, um den Spielern zu helfen, aber solange der Spieler sein Spiel nicht versteht, sind all diese Techniken nutzlos.

Hier sind einige der Übungen, die Ihren Spielern dabei helfen können, ihr Spiel besser zu verstehen:

## Langsam, schneller, am schnellsten (cross, longline, Hosenträger)

Die Spieler schlagen Bälle in einer bestimmten Reihenfolge und werden dabei immer schneller, bis sie einen Fehler machen. Zum Beispiel: Die Spieler A und B spielen neutrale Vorhandbälle cross und spielen nach jeweils fünf Schlägen schneller. Erst spielen sie fünf Bälle in ihrer normalen Ballwechselgeschwindigkeit, dann fünf schneller und fünf so schnell wie möglich.

## Schlagserien mit unterschiedlichen Geschwindigkeiten

Diese Übung ist der vorherigen sehr ähnlich. Die Spieler sollen Ballwechsel spielen und acht Bälle in Folge fehlerfrei schlagen. Fehler sollten mit Sprüngen oder einer anderen Aktivität bestraft werden. Sobald die Spieler in der Lage sind, drei bis fünf Serien von acht Bällen ohne Fehler in Folge zu schlagen, sollen sie ihre Geschwindigkeit erhöhen und die Übung wiederholen.

## Mehrere Schlagserien

Die Spieler sollen versuchen, Serien von drei oder vier Schlägen mit einer bestimmten Schlagkombination fehlerfrei auszuführen. Es zählen nur die fehlerfreien Durchgänge. Um die Übungen anspruchsvoller zu gestalten, können die Spieler mehrere Kombinationen hintereinander ausführen. Wenn einer von ihnen einen Fehler macht, müssen sie wieder von vorne beginnen. Ein Beispiel: Zwei Spieler müssen fünf Serien von je sechs neutralen Schlägen absolvieren. Wenn einer der Spieler beim fünften Schlag der fünften Serie einen Fehler macht, müssen sie noch einmal von vorne beginnen.

Bei dieser Art von Übungen steigt der Druck, je näher die Spieler ihrem angestrebten Ziel kommen. Darüber hinaus können Sie jeden Fehler durch eine kurze körperliche Aktivität (fünf Känguru-Sprünge) bestrafen. Nachstehend finden Sie einige Beispiele für Schlagserien:

## Angriffsball/Passierball/Volley

Spieler A spielt einen kurzen Ball, Spieler B nähert sich dem Netz mit einem Angriffsball longline, Spieler A spielt einen Passierball cross, Spieler B spielt einen Volley in die offene Ecke.

## Vorhand inside-out

Ein Spieler spielt zwei Vorhandbälle inside-out und einen inside-in. Der Gegner spielt immer neutrale Bälle zurück auf die Rückhandseite des Gegners.

## Aufschlag/Return/Angriff

Spieler A schlägt auf, und B blockt den Return kurz. A nähert sich dem Netz mit einem Schlag in die offene Ecke.

## Aufschlag/Return/Ballwechsel

Spieler A macht einen Aufschlag auf die Rückhand, B schlägt den Return über die Aufschlaglinie hinaus zurück. A spielt einen neutralen Ball cross, und B schlägt einen neutralen Ball zurück.

**Hinweis:** Sobald die Spieler die Serie erfolgreich abgeschlossen haben, sollten sie die Übung wiederholen und versuchen, schneller zu spielen. Sie müssen diesen Prozess fortsetzen, bis sie anfangen, die Kontrolle zu verlieren.

Wie Sie sehen, gibt es unendlich viele Übungen, die Sie entwickeln können. Seien Sie kreativ und denken Sie sich Übungen aus, die auf die Bedürfnisse Ihrer Spieler zugeschnitten sind.

# ÜBUNGEN UNTER STRESS

Übungen unter Stress sollen den Spielern vermitteln, wie sie sich im Wettkampf verhalten sollen. Bei diesen Übungen treten immer zwei Spieler gegeneinander an. Um das Ziel zu erreichen, sollten negative Konsequenzen für den Verlierer in die Übung eingebaut werden (zum Beispiel irgendeine Art von körperlicher Aktivität, Bälle einsammeln, dem Gewinner ein Sportgetränk kaufen usw.).

## Schläger wechseln

Zwei Spieler spielen einen Satz. Sie können jederzeit einen Schlägerwechsel ansagen. Dies zwingt die Spieler zu lernen, sich auf unerwartete Situationen während des Wettkampfes einzustellen.

## Ein Aufschlag

Die Spieler spielen einen Satz mit nur einem Aufschlag.
Dieser Drill wird ihnen helfen, einen besseren zweiten Aufschlag zu entwickeln und ihnen auch beibringen, wie sie mit dem Druck umgehen, bei wichtigen Punkten nur einen zweiten Aufschlag zu haben.

**Variation:**

Zwei Spieler spielen einen Satz mit einem Aufschlag. Der Spieler, der den Aufschlag oder den Return verschlägt, verliert zwei Punkte.

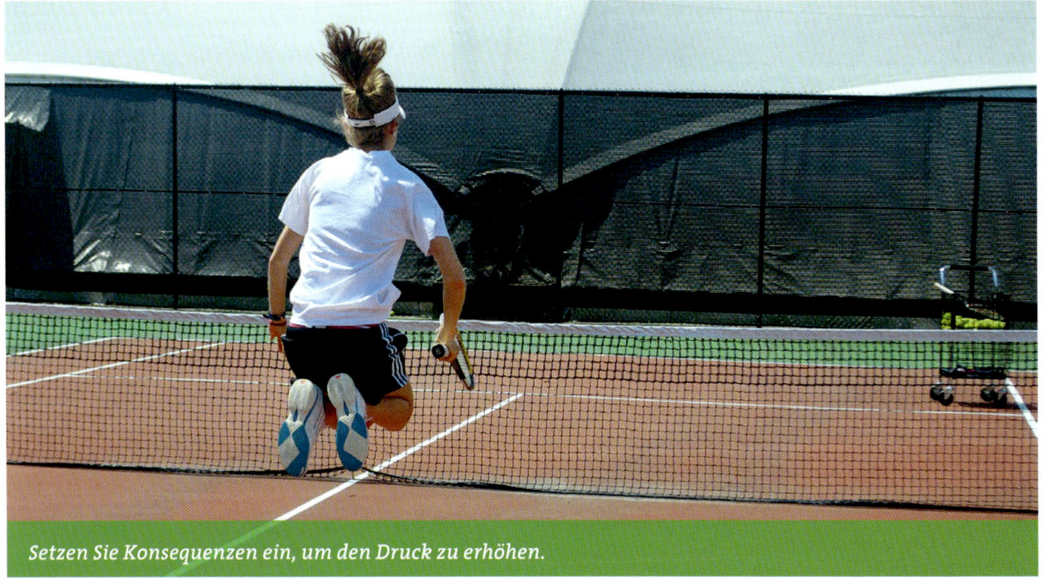

*Setzen Sie Konsequenzen ein, um den Druck zu erhöhen.*

**Variation:**
Der Spieler, der den Aufschlag oder den Return verschlägt, verliert das Spiel.

## Drei Punkte in einer Reihe

Zwei Spieler spielen einen Satz. Sie können nur ein Spiel gewinnen, wenn Sie drei Punkte in Folge gewinnen. Dies zwingt die Spieler, sich auf jeden Punkt zu konzentrieren. Jedes Mal, wenn einer der Spieler zwei Punkte hintereinander gewinnt, sind sie einer wichtigen Situation ausgesetzt.

Alle diese Übungen zwingen die Spieler, in der Praxis mit zusätzlichem Druck umzugehen, wodurch das tatsächliche Spielgeschehen simuliert wird.

**Weitere Übungen unter Stress finden Sie in der Übungssammlung.**

# Konsequenzen

Eine Diskussion darüber, wie der Druck in der Praxis erhöht werden kann, wäre nicht vollständig, ohne den Gebrauch von „Konsequenzen" zu erwähnen. Ich habe dieses Werkzeug in mehreren der Übungen im ganzen Buch verwendet. Die Verwendung zusätzlicher Konsequenzen, die an bestimmte Schläge oder Situationen geknüpft sind, ist eine ausgezeichnete Möglichkeit, den Druck in Übungen oder Matches zu erhöhen. Hier sind zwei gängige Arten von Konsequenzen, die Sie verwenden können:

## Den Wert eines Fehlers erhöhen

Zum Beispiel: Wenn der Spieler einen bestimmten Schlag verfehlt, an dem er gerade arbeitet, verliert er mehr als einen Punkt oder sogar das ganze Spiel.

## Lassen Sie den Spieler nach einem Fehler oder verlorenen Spiel körperliche Arbeit verrichten.

Zum Beispiel: Für jeden Doppelfehler muss der Spieler zehn Känguru-Sprünge machen. Wählen Sie Konsequenzen, die einfach und schnell umzusetzen sind. Halten Sie bei körperlicher Arbeit die Wiederholungen gering. Es ist kein Konditionstraining. Fünf Liegestützen sollen in erster Linie lästig sein und den Druck aufbauen. Die Konsequenzen sind nicht dazu gedacht, die Spieler in Form zu bringen.

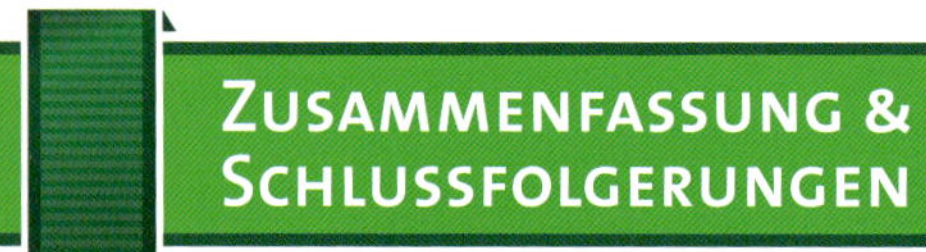


Mit Druck umzugehen ist eine wesentliche Fähigkeit, die für Tennismatches entwickelt werden muss. Der Druck wird immer da sein. Wenn Sie Ihren Spielern beibringen, wie sie damit umgehen können, werden sie definitiv einen Vorteil haben. Nutzen Sie die aufgeführten Beispiele, um den Druck in der Praxis zu erhöhen. Sobald Sie die Konzepte verstanden haben, denken Sie sich Ihre eigenen Übungen aus. Denken Sie jedoch daran, dass echter Turnierdruck nur durch das Spielen von Turnieren erzeugt werden kann. Achten Sie darauf, dass Sie eine großzügige Anzahl von Matches in Ihr Training einbeziehen und Ihren Spielern einen umfangreichen Turnierplan zur Verfügung stellen. Je nach Alter sollten die Spieler 40 bis 80 Matches pro Jahr bestreiten.

# Allgemeine Zusammenfassung

Bis zu diesem Punkt habe ich Ihnen ein vollständiges und strukturiertes Spielerentwicklungsprogramm vorgestellt, das Ihnen und Ihren Spielern einen Wettbewerbsvorteil verschaffen wird. Die Kernphilosophie des Programms lässt sich wie folgt zusammenfassen:

1. Entwickeln Sie bessere Waffen als der Gegner (Schlagflexibilität) durch ein hohes Maß an Variabilität in Ihrem Training und durch kontinuierliche Verbesserung der Schlägerkopfbeschleunigung.
2. Bringen Sie den Spielern bei, wie sie diese Waffen einsetzen können, indem Sie die Regeln für das Match festlegen und diese Regeln durch Übungen in ihr Training einbauen.
3. Bringen Sie Ihren Spielern bei, wie sie sich auf dem Platz effizienter bewegen können.
4. Helfen Sie den Spielern, eine Spielweise zu wählen, die ihren physischen, mentalen und technischen Fähigkeiten entspricht.
5. Bringen Sie den Spielern durch Übungen für Drucksituationen bei, wie sie in Matches und Turnieren besser mit Druck umgehen können.

Ich möchte noch einmal betonen, dass Sie versuchen müssen, diese fünf Ziele gleichzeitig zu entwickeln. Ihre Übungen müssen ein gutes Gleichgewicht zwischen der Entwicklung der Schlagflexibilität, der Einbeziehung aller taktischen Elemente, den Übungen mit Wettkampfdruck und Trainingsmatches schaffen und gleichzeitig Ihren Spielern einen umfassenden Turnierplan bieten. In den nächsten beiden Abschnitten geht es darum, wie Sie alles zusammenfügen können, damit das System besser funktioniert.

## Arbeiten Sie weiter an Ihrem Spiel!

Ich finde es immer seltsam, wenn Coaches aufhören, an ihrem eigenen Spiel zu arbeiten. Es hat einfach keinen Sinn. Es sei denn, sie sind körperlich nicht in der Lage, das zu tun. Wenn sie versuchen, eine Fertigkeit zu lehren, sollten sie selbst in der Lage sein, sie nach bestem Wissen und Gewissen auszuführen und ständig danach streben, besser zu werden. Trainer, die diesen Bereich vernachlässigen, machen einen großen Fehler. Das ständige Streben, sich als Spieler zu verbessern, wird Sie zu einem viel besseren Trainer machen. Sie sind ein Vorbild. Wenn Sie in Form sind und gute Schläge zeigen, werden Sie Ihre Glaubwürdigkeit und Ihr Selbstvertrauen definitiv verbessern. Als Trainer ist es auch sehr nützlich, wenn Sie mit Ihren Spielern spielen können. Je besser Sie als Spieler sind, desto länger werden Sie mit ihnen mithalten können.

Aber am wichtigsten ist, dass Ihre eigenen Kämpfe mit dem Spiel Ihnen helfen, sich in Ihre Spieler hineinzufühlen und sie aus der Erfahrung heraus zu unterrichten. Es ist leichter, als Trainer erfolgreich zu sein, wenn Sie den Entwicklungsprozess durchlebt haben. Wenn Sie die Frustration der Spieler verstehen, Matches zu verlieren, die sie hätten gewinnen sollen, oder die Frustration, sich nicht so schnell verbessern zu können, wie sie es gerne hätten. Oder die Nervosität vor Matches und den Muskelkater des Konditionstrainings. Je mehr Sie an Ihrem eigenen Spiel arbeiten, desto besser werden Sie das Tennisspiel verstehen. Diese Erfahrung wird für Ihre Schülerinnen und Schüler von unschätzbarem Wert sein.

## Trainieren Sie weiter und lernen Sie weiter!

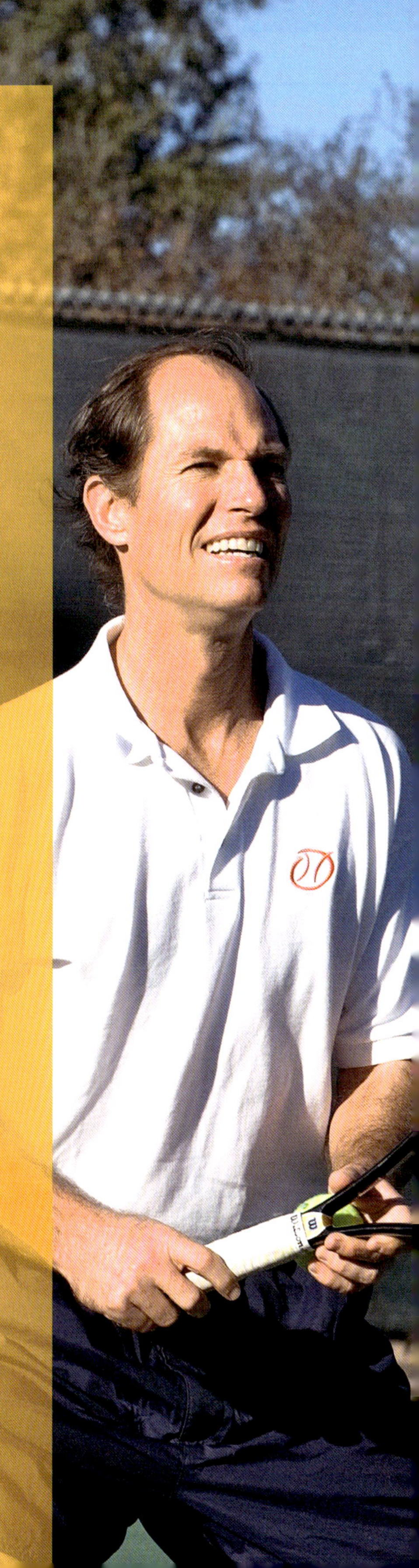

Teil V

# Alle Teile zusammenfügen

In diesem Abschnitt wird Ihnen vermittelt, wie Sie Ihre Trainingseinheiten planen und verwalten können, damit das System effektiv ist und funktioniert.

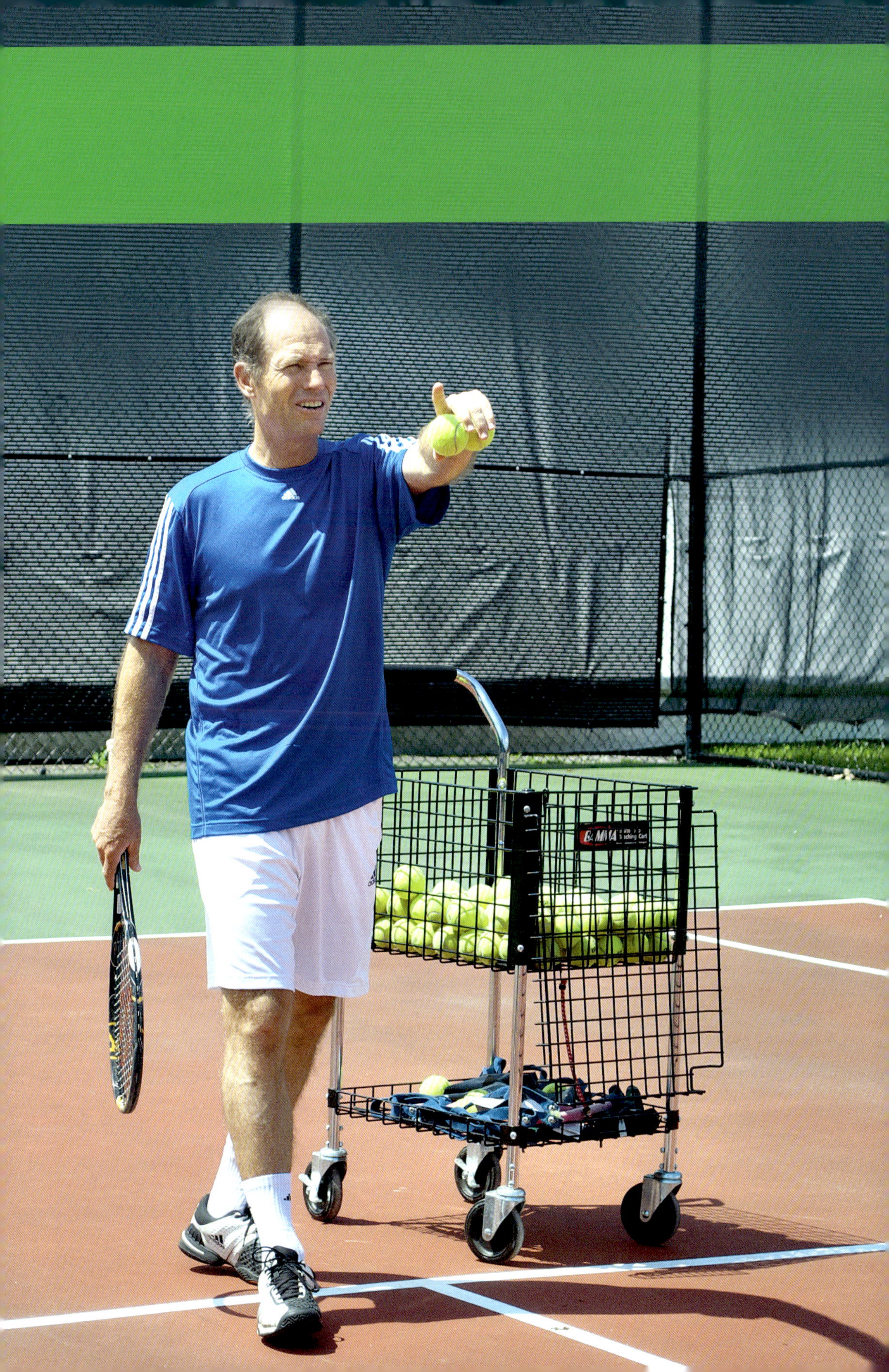

# Teil V – Abschnitt 11
# Alle Teile zusammenfügen

## Der Ausbildungsplan

An diesem Punkt sollten Sie ein allgemeines Verständnis für alle Instrumente haben (den Aufbau flexibler Schläge, die Regeln für das Match, die Einbeziehung dieser Regeln in die Matches der Spieler, die Beinarbeit und sportliche Entwicklung, die Auswahl einer geeigneten Spielweise für die Spieler, die Schulung der Spieler im Umgang mit Druck und das Spielen von Matches und Turnieren), die Ihnen zur Verfügung stehen, um Spieler optimal zu entwickeln. In diesem Kapitel werde ich alles zusammenfassen und Ihnen aufzeigen, wie Sie Ihre Übungen planen können, um den Trainingsprozess so effizient wie möglich zu gestalten.

Es gibt sehr viel Literatur über Trainingsmethodik und Periodisierung im Sport, die Sie verwenden können, um den Trainingsprozess zu optimieren. Ich werde die allgemeinen Konzepte der Trainingslehre verwenden, um das Spielerentwicklungssystem in diesem Buch in einen praktikablen Trainingsplan zu integrieren.

Die Periodisierungstheorie erklärt, wie Sie das Jahr in verschiedene Trainingszyklen unterteilen können. Jeder Zyklus sollte mehrere Trainingsphasen bis hin zu einer Wettkampfphase umfassen. Die Trainingsphasen sollten sehr allgemein beginnen, mit der Zeit spezifischer werden und in die

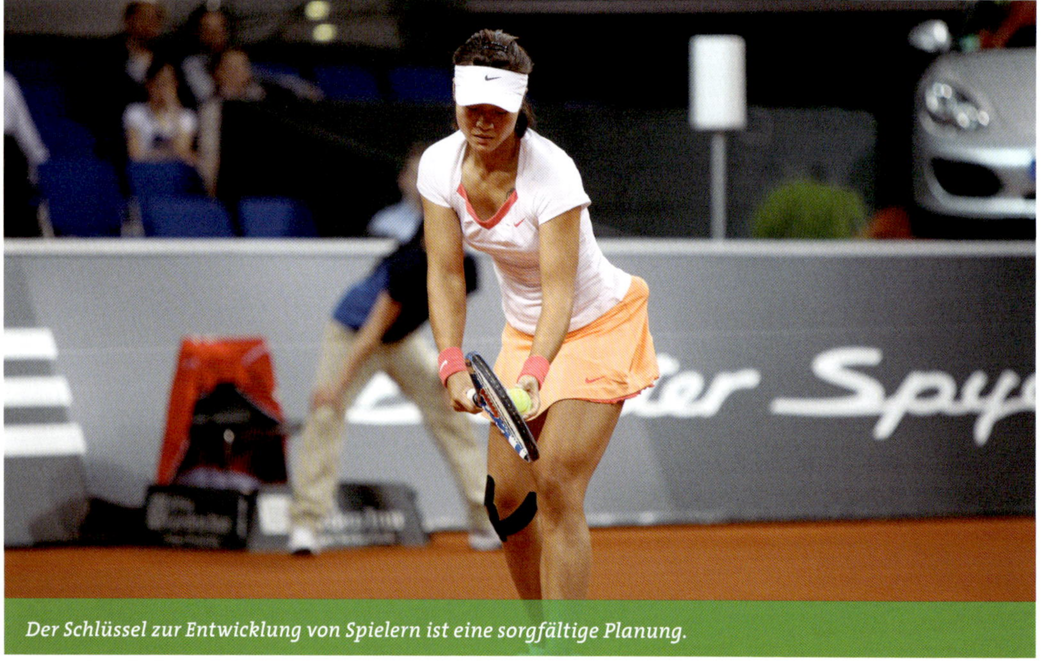

*Der Schlüssel zur Entwicklung von Spielern ist eine sorgfältige Planung.*

Wettkampfphase münden. In der Wettkampfphase sollte der Athlet dann bereit sein, seine beste Leistung zu erbringen. Ich unterteile meinen Trainingszyklus gerne in vier Phasen, jede mit einem spezifischen Ziel:

**Phase 1:** Allgemeine Trainingsphase
Ziel: Die Schlagflexibilität entwickeln.

**Phase 2:** Vorwettkampfphase
Ziel: Die Regeln für das Match in das Training integrieren und in die Trainingsmatches der Spieler einbauen.

**Phase 3:** Wettkampfphase
Ziel: Die Leistung im Wettkampf optimieren.

**Phase 4:** Übergangsphase
Ziel: Ausruhen und erholen.

In jeder dieser Phasen werden Sie mit Ihren Spielern an allen Aspekten ihres Spiels arbeiten: Schlagflexibilität, Regeln für das Match, Matches, Übungen mit Wettkampfdruck etc. Der Schwerpunkt wird jedoch in jeder Phase anders sein.

In der allgemeinen Trainingsphase sollten Sie sich mindestens 50 Prozent der Zeit auf die Entwicklung der Schlagflexibilität konzentrieren (Übungen aus dem Korb, Übungen an der Wand, Schlagtraining und Schlagtraining um Punkte). Nutzen Sie die restliche Zeit, um an allen anderen Aspekten des Spiels zu arbeiten.

In der Vorwettkampfphase sollten Sie sich mindestens 50 Prozent der Zeit darauf konzentrieren, den Spielern beizubringen, wie sie die Regeln für das Match in ihr Spiel integrieren können (Übungen mit Standard-Antworten und gezielte taktische Übungen). Nutzen Sie die restliche Zeit, um an allen anderen Aspekten des Spiels zu arbeiten.

In der Wettkampfphase sollten mindestens 50 Prozent der Zeit mit Spielen um Punkte verbracht werden. Nutzen Sie die restliche Zeit, um an Übungen mit Wettkampfdruck, taktischen Spielsituationen und individueller Arbeit mit jedem Spieler zu arbeiten.

# Alle Teile zusammenfügen

Die Übergangsphase ist im Grunde eine Erholungsphase, in der die Spieler eine aktive Pause einlegen und nur wenig Zeit auf dem Platz verbringen, um sich auf die nächste Trainingsphase vorzubereiten.

Das Training von Wettkampfspielern ist keine exakte Wissenschaft, und Sie müssen die Länge dieser Phasen auf der Grundlage des Zeitplans und der Fähigkeiten der Spieler anpassen. Eine Phase kann einen Monat oder einen Tag dauern. Wenn meine Spieler zum Beispiel im September mit dem Training beginnen, um sich auf eine Wettkampfphase im Dezember vorzubereiten, könnte ich mich für eine Vorbereitungsphase von sechs Wochen, eine Vorwettkampfphase von sechs Wochen und eine Wettkampfphase von vier Wochen entscheiden.

Ich könnte mich auch dafür entscheiden, zwei Zyklen mit allen Phasen vor der Hauptwettkampfphase im Dezember durchzuführen. Zyklus eins, 1. September bis 15. Oktober, und Zyklus zwei, 16. Oktober bis 30. November. In diesem Fall würde jede Phase innerhalb eines Zyklus etwas weniger als zwei Wochen dauern.

Eine andere Möglichkeit wäre, jede Woche als einen Zyklus zu behandeln: Montag und Dienstag (allgemeine Trainingsphase), Mittwoch und Donnerstag (Vorwettkampfphase), Freitag und Samstag (Wettkampfphase), Sonntag (Übergangsphase).

**EG's EDGARS TIPPS**

Das ist die Kunst des Coachings. Es gibt kein Rezept für das beste Trainingsprogramm. Allerdings ist es sehr hilfreich, in Phasen zu denken. Es bietet eine Richtlinie und einen systematischen Ansatz für das Training.

Schließlich ist es sehr wichtig sicherzustellen, dass der Trainingsplan alle Aspekte des Spiels berücksichtigt. Achten Sie in jeder Trainingsphase auf ein Gleichgewicht zwischen der Arbeit an Grundschlägen und der Arbeit am Netzspiel, zwischen Angriff und Verteidigung. Schließen Sie Aufschlag und Return und alle Spezialschläge ein. Arbeiten Sie mit einer größeren Gruppe, können Sie vielleicht abwechselnd einen Tag Grundschläge, dann Volleys, einen Tag Angriffsspiel und am nächsten Defensivspiel usw. einplanen.

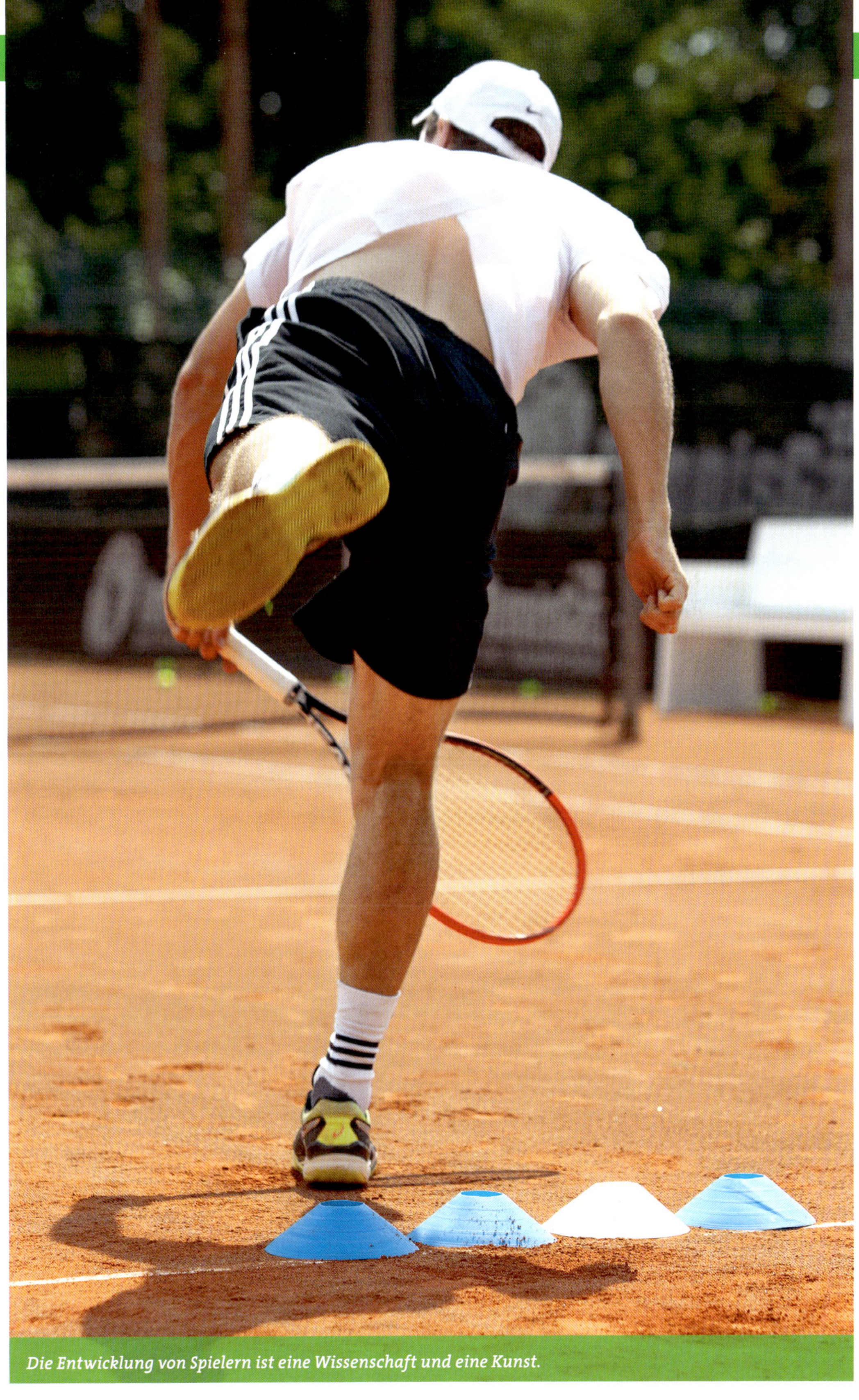

*Die Entwicklung von Spielern ist eine Wissenschaft und eine Kunst.*

# Alle Teile zusammenfügen

Als ich das nationale Trainingszentrum in Mexiko geleitet habe, haben wir immer Montag, Mittwoch und Freitag Grundschläge und Dienstag und Donnerstag Volleys trainiert. Das hat sehr gut funktioniert. Dienstags und donnerstags haben wir an allen Bereichen des Netzspiels gearbeitet: Volleys, Schmetterbälle, Angriffsbälle, Aufschlag und Volley, Return und Volley, Doppel usw. Die übrige Zeit lag der Schwerpunkt eher an der Grundlinie. Es war eine gute Möglichkeit, komplette Spieler zu entwickeln und die Übungen mit Abwechslung und Spaß durchzuführen.

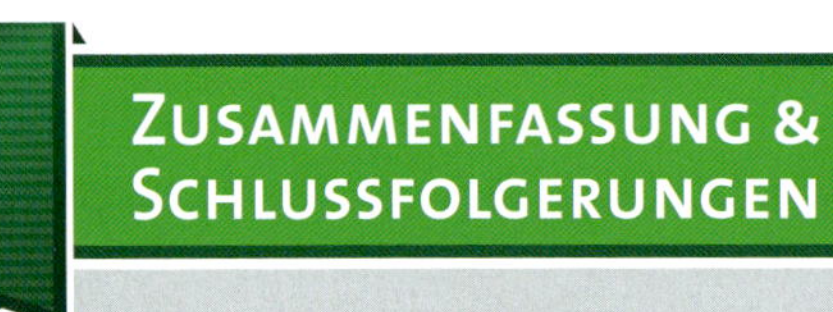

## Zusammenfassung & Schlussfolgerungen

Um bessere Spieler zu entwickeln, müssen Sie sich auf verschiedene Ziele konzentrieren: flexible Schläge entwickeln, die Regeln für das Match verstehen, diese Regeln in das Training einbauen, Ihren Spielern beibringen, wie sie sich auf dem Platz effizient bewegen, eine geeignete Spielweise für Ihre Spieler wählen, Ihren Spielern beibringen, wie sie mit Druck umgehen können, und genügend Spielsituationen und Matches einbauen, damit das alles funktioniert. Der gesamte Prozess ist nicht sequenziell, sodass all die verschiedenen Fertigkeiten gleichzeitig behandelt werden müssen.

In diesem Kapitel habe ich Ihnen erklärt, wie Sie das alles zusammenfügen und wie Sie Übungen entwickeln können, um das System effektiver zu gestalten. Das Denken in Trainingsphasen und die Anpassung dieser Phasen an die Bedürfnisse der Spieler ist der beste Weg, um alle Entwicklungskonzepte umzusetzen.

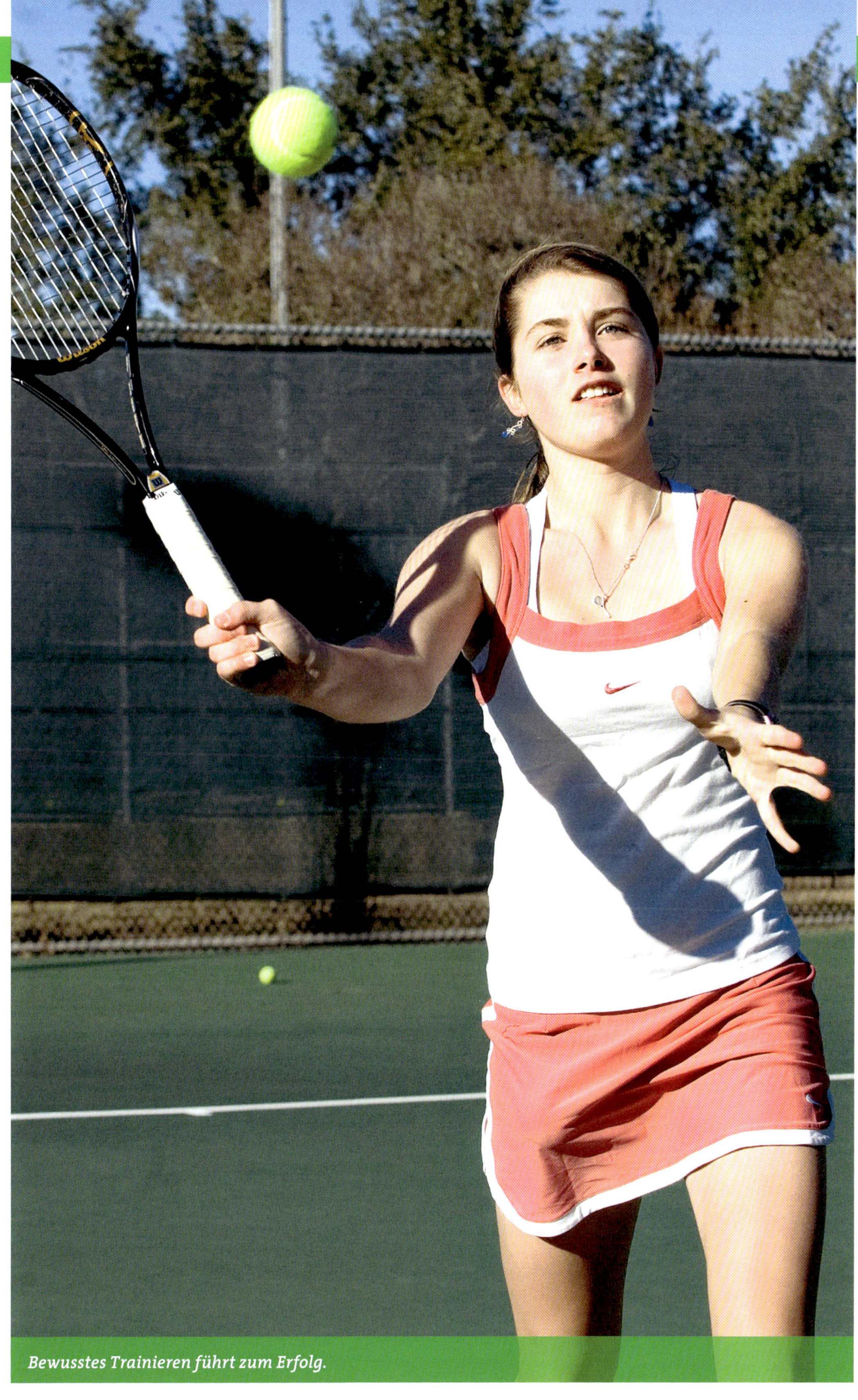

*Bewusstes Trainieren führt zum Erfolg.*

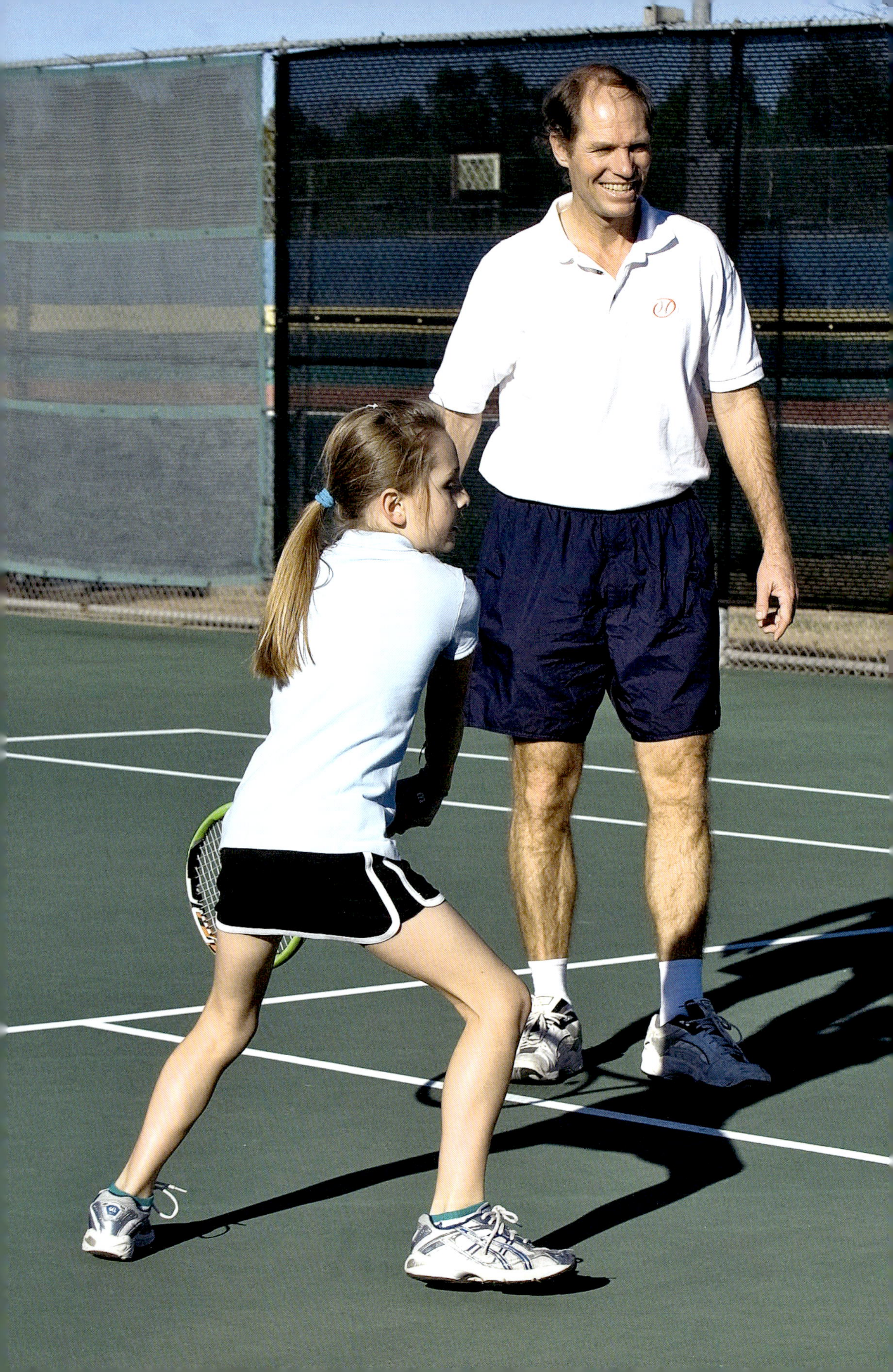

## Genießen Sie den Prozess

Coaching ist ein sehr emotionales Unterfangen mit ständigen Höhen und Tiefen. Gerade wenn Sie denken, dass alles gut läuft und alle Spieler gute Leistungen bringen, ist das Desaster nur ein Turnier entfernt. Schlimme Niederlagen, eine Verletzung, eine Krankheit, ein persönliches Problem, ein schlechter Tag oder Motivationsverlust sind nur einige der häufigen Ereignisse, die sich negativ auf Ihre Spieler auswirken und alle Ihre Pläne auf den Kopf stellen können.

Während meiner Amtszeit als Nationaltrainer in Deutschland gab es drei Mädchen, die das Finale der Europameisterschaften unter vierzehn oder unter sechzehn Jahren erreicht haben und mit siebzehn Jahren wegen Krankheit oder Burnout nicht mehr Tennis spielen konnten. Und das waren keine Einzelfälle, ich habe im Laufe meiner Karriere viele ähnliche Fälle erlebt.

Aber harte Zeiten vergehen auch, wenn man es am wenigsten erwartet. Manchmal reicht ein gutes Match, um einen Spieler wieder auf die richtige Bahn zu bringen. Ein großartiges Beispiel dafür ist Vince Spadea, Teil der ersten Gruppe von Spielern der USTA-Junioren-Nationalmannschaft, mit dem ich nach Australien gereist bin. Vince schaffte es 1999 auf der ATP-Tour in die Top 20 auf Platz 19. Danach durchlief er die größte Pechsträhne in der Geschichte des Profitennis, und seine Ranglistenposition fiel auf 237.

Die meisten Leute hätten zu diesem Zeitpunkt aufgegeben, aber Vince arbeitete weiter. Nach 21 Erstrundenniederlagen brach er die Serie in Wimbledon ab und schlug Greg Rusedski am Eröffnungstag mit 6 : 3, 6 : 7 (5), 6 : 3, 6 : 7 (8), 9 : 7. Von diesem Tag an kletterte Vince in der Rangliste wieder nach oben und erreichte 2005 seine höchste Ranglistenposition mit Platz 18. Das war eine erstaunliche Leistung und ein bewundernswertes Beispiel für Beharrlichkeit.

Die Karriere eines Spielers ist völlig unvorhersehbar, ebenso wie die Welt des Coachings. Es ist eine Achterbahnfahrt mit berauschenden Höhen und erdrückenden Tiefen. Aber das Wissen darum hilft Ihnen, die richtige Perspektive zu behalten.

Genießen Sie Ihre Arbeit und nehmen Sie Siege oder Niederlagen nicht zu ernst, beide sind nur ein Teil des Prozesses.

**„Seien sie nicht nur glücklich, wenn Sie etwas erreichen. Sie werden nur etwas erreichen, wenn Sie glücklich sind.“**

# Schlussbemerkung und allgemeine Zusammenfassung

## Schlussbemerkung

In diesem Buch finden Sie ein komplettes Spielerentwicklungsprogramm mit einer klaren Struktur, voller Übungen und Ideen. Es gibt jedoch noch eine weitere Sache, die ich wegen ihrer extremen Bedeutung für die Spielerentwicklung hervorheben möchte. Die besten Übungen der Welt machen noch keinen guten Spieler. Um ein großartiger Spieler zu werden, müssen sie so viel wie möglich spielen. Schließlich heißt es „Tennis spielen" und nicht „Tennis trainieren".

Die Spieler sollten mindestens die Hälfte ihrer Zeit auf dem Platz mit dem Spielen von Sätzen, Matches und Turnieren verbringen. Dort lernen sie alles zusammenzufügen, Fortschritte zu überprüfen und Sie als Trainer können die notwendigen Anpassungen am Trainingsplan vornehmen.

Obwohl die meisten Reaktionen automatisch erfolgen, sobald der Ball im Spiel ist, hat das Tennisspiel eine wichtige strategische Komponente, die ebenfalls beherrscht werden muss. Das Ziel dieses Buches ist es, Spieler zu entwickeln, die einige wichtige, dem Spiel zugehörige Regeln verstehen und sie beachten. Genauso wichtig ist es, dass sie lernen, ihr Spiel leicht an den Gegner anzupassen (Strategie). Zum Beispiel: Gegen einen Gegner mit einer sehr schwachen Rückhand zu spielen kann die Grundtaktik „longline ans Netz angreifen" verändern, um diese Schwäche auszunutzen. Eine überraschende Änderung der Taktik bei wichtigen Punkten könnte den Spielgewinn bringen. Ein gutes Beispiel dafür ist ein überraschendes Chip-and-Charge bei 4 : 4, 30 : 40, mit dem der Gegner nicht rechnet.

Diese geringfügigen Änderungen an den grundlegenden taktischen Konzepten, die für den Erfolg so wichtig sind, können nur durch Spielerfahrung erlernt werden. Darüber hinaus lernen sie nur durch das Spielen von Matches, mit dem Wettkampfdruck umzugehen. Und Wettkampfdruck ist im Training nur sehr schwer nachzustellen. Der Einsatz von Übungen mit Wettkampfdruck wird ihnen helfen, aber es ist nicht ganz dasselbe. Nutzen Sie ausgiebig die Gelegenheit, Trainingsmatches und Turniere zu spielen.

**EG's Edgars Tipps**

Wenn ich zwischen zwei Methoden zur Entwicklung von Spielern wählen müsste, die entweder zu 100 Prozent auf Übungen oder 100 Prozent auf Matches basiert, habe ich keinen Zweifel daran, dass 100 Prozent Matches zu spielen bessere Spieler hervorbringen wird.

Ich wollte mir diesen Punkt für das Ende des Buches aufheben. Zu viele junge Spieler setzen nur dann einen Fuß auf den Platz, wenn sie an einer offiziellen Trainingseinheit mit einem Trainer teilnehmen. Am Ende werden sie keine Champions, sondern Trainingsweltmeister.

Trainieren ist großartig, intelligent trainieren ist besser, aber viele Matches zu spielen ist unerlässlich. Hier möchte ich betonen, dass beim Tennisspielen die Abwechslung wichtig ist. Bringen Sie Ihren Spielern bei, immer gegen jeden zu spielen und alles mitzuspielen: Einzel, Doppel und Mixed. Besonders wichtig ist es, Ihren Spielern zu vermitteln, dass sie die Möglichkeit suchen sollten, so oft wie möglich gegen Gegner zu spielen, gegen die sie es hassen zu spielen. Sie sind diejenigen, die sie herausfordern und an denen sie wachsen werden. Ermutigen Sie sie dazu, gegen sie zu spielen und sich mit ihrer unbequemen Spielweise auseinanderzusetzen. Es liegt in der menschlichen Natur, das zu „hassen", was wir am meisten brauchen. Übergewichtige Menschen hassen es, sich gesund zu ernähren, steife Menschen hassen es, sich zu dehnen, durchgefallene Studenten hassen es zu studieren, und Tennisspieler hassen es, gegen unbequeme Gegner zu spielen. Die Spieler sollten gegen jeden antreten, damit sie sich verbessern können!

Allzu oft höre ich Eltern und Schüler, die nur gegen bessere Spieler spielen möchten, weil sie die Einzigen sind, die ihnen „helfen", ihr Spiel zu entwickeln. Das ist Unsinn, denn nur wenn man gegen alle Arten von Spielern spielt, wird man besser. Gegen bessere Spieler zu spielen ist bequem, weil man sich keinem Druck aussetzen muss. Man kann entspannt spielen und braucht keine Angst zu haben zu verlieren. Die wirkliche spielerische Reife kommt, wenn man gegen jemanden verlieren könnte, der einen nicht schlagen sollte.

Große Champions sind offen für alle Herausforderungen und nutzen jede Gelegenheit, um zu spielen und sich zu verbessern. Wenn der Gegner viel schwächer ist, werden sie sich verbessern, indem sie versuchen, ihn mit ihren Schwächen zu schlagen, und indem sie an ihren eigenen Fähigkeiten feilen. Auch ein schwächerer Gegner bietet eine gute Gelegenheit, am mentalen Spiel zu arbeiten, indem sie beispielsweise versuchen, jeden einzelnen Punkt zu gewinnen.

Wenn der Gegner auf gleichem Niveau ist, wird er versuchen, zu kämpfen und alles zu tun, um zu gewinnen. Wenn der Gegner besser ist, wird er hart arbeiten, um jeden einzelnen Punkt unabhängig von der Punktzahl so gut wie möglich zu spielen. Es ist eine großartige Gelegenheit herauszufinden, wo die eigenen Schwächen liegen, indem man analysiert, wie der Gegner in der Lage ist, Schläge zu kontern.

# Schlussbemerkung und allgemeine Zusammenfassung

Das erinnert mich an eine kleine Geschichte vor vielen Jahren, als ich mit der Junioren-Nationalmannschaft der USA an Turnieren in Europa teilnahm.

Justin Gimelstob, in den 1990er Jahren ein hochrangiger Juniorenspieler, spielte bei einem internationalen Jugendturnier in Mailand gegen einen österreichischen Spieler namens Stefan Koubek und verlor haushoch, sodass er völlig frustriert den Platz verließ. Nachdem er sich beruhigt hatte, sagte ich ihm, er solle sich beim nächsten Mal bei Stefan dafür bedanken. Dieser hatte ihn darauf hingewiesen, dass es sehr einfach war, seinen schwachen zweiten Aufschlag anzugreifen! Stefan machte damals einen großartigen Job, er nutzte Justins Schwäche aus und sandte eine klare Botschaft: „Entweder du verbesserst deinen zweiten Aufschlag oder du wirst in Zukunft noch öfter solche Rückschläge erleben.“ Justins Aufschlag hatte sich in der Folgezeit deutlich verbessert, sodass er zu einem sehr soliden Profispieler unter den ersten Hundert wurde.

## Spielen, spielen, spielen und aus allen Erfahrungen lernen!

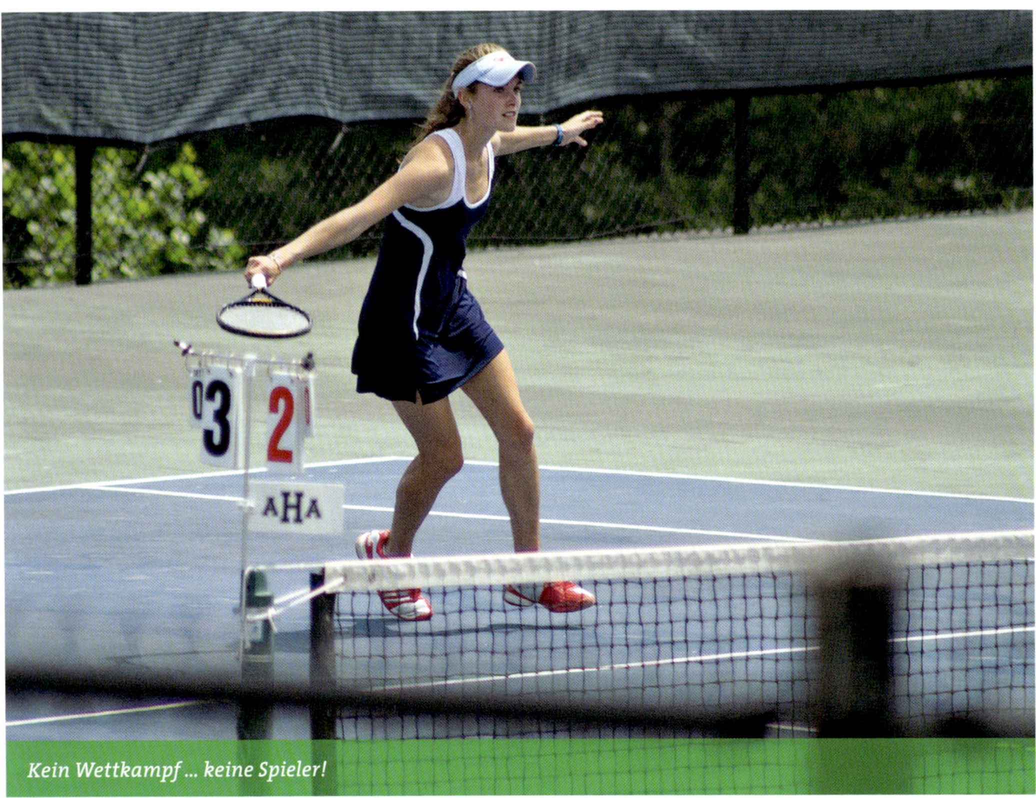


*Kein Wettkampf ... keine Spieler!*

## Zusammenfassung & Schlussfolgerungen

An dieser Stelle möchte ich den Hauptteil meines Buches mit der Zusammenfassung des Spielerentwicklungssystems abschließen:

1. Identifizieren und trainieren Sie die verschiedenen Schlagvarianten, die im Spiel verwendet werden können (technische Flexibilität).
2. Helfen Sie den Spielern, all diese verschiedenen Schlagvarianten zu beherrschen, indem Sie sie ständig trainieren und an der Schlägerkopfbeschleunigung arbeiten (technische Flexibilität).
3. Stellen Sie Ihre Regeln für das Match auf.
4. Bringen Sie den Spielern die Regeln für das Match, die verschiedenen Spielweisen und das Konzept der Geometrie des Platzes bei (taktisches Wissen).
5. Integrieren Sie diese Konzepte in ihre Trainingseinheiten, indem Sie Übungen aus dem Korb, Standardübungen und taktische Spielsituationen durchführen.
6. Setzen Sie das Training der Beinarbeit als integralen Bestandteil des Programms ein, auf und neben dem Tennisplatz.
7. Helfen Sie Ihren Spielern, mit Stress umzugehen, indem Sie Übungen mit Wettkampfdruck anwenden (taktische Beherrschung).
8. Geben Sie den Spielern reichlich Gelegenheit zum Spielen, Spielen und Spielen! (Härte des Spiels).

Tennis ist ein Spiel fürs Leben. Es ist herausfordernd, aufregend und macht Spaß. An diesem Punkt des Buches habe ich meine Erklärung des von mir vorgeschlagenen Spielerentwicklungssystems abgeschlossen. Die letzten beiden Abschnitte sollen Ihnen helfen, das System in Ihren Unterricht zu integrieren. Abschnitt 13 listet **alle Regeln für das Match** auf, die ich als taktische Richtlinien verwende. Abschnitt 14 ist die Übungssammlung, die **alle bereits erwähnten Übungen** sowie viele andere Übungen beinhaltet, die in der Vergangenheit für mich funktioniert haben und die Sie zur Ergänzung Ihres Trainingsprogramms verwenden können.

**Ich hoffe, dieses Buch hat Ihnen geholfen, das Tennisspiel besser zu verstehen, und es macht Sie zu einem besseren Trainer oder Spieler.**

## Großartiges Coaching ist nur ein Teil der Gleichung

Es ist wichtig zu verstehen, dass Sie als Trainer in der Spielerentwicklung nur ein Teil der Gleichung sind. Mehrere andere Aspekte sind bei der Ausbildung von Spielern ebenso wichtig.

Nachdem ich als Nationaltrainer für die USA und Deutschland gearbeitet hatte, kehrte ich nach Mexiko zurück, um dort das nationale Spielerentwicklungsprogramm zu unterstützen. Mit Rafael Osuna und Raul Ramirez, die in ihren jeweiligen Epochen zu den besten Spielern der Welt gehörten, hat Mexiko einige Erfolge im internationalen Tennis erzielt. Nach ihnen waren vier oder fünf Spieler in den Top 50 der Welt zu finden, aber das ist mehr als zwei Jahrzehnte her. Seitdem gab es in Mexiko keinen einzigen Top-100-Spieler im Einzel. Meine Aufgabe bestand also darin, bei der Ausarbeitung eines Plans zur Entwicklung eines Top-100-Spielers in der nahen Zukunft zu helfen.

Im Vergleich zu den USA und Deutschland, wo ich zuvor gearbeitet hatte, verfügt Mexiko über extrem wenige Ressourcen für den Sport im Allgemeinen, und Tennis bildet da keine Ausnahme. Deshalb musste ich mit einem sehr begrenzten Budget einen durchführbaren Plan ausarbeiten. So kam ich auf die Idee, ein sich selbst finanzierendes nationales Trainingszentrum zu gründen. Es handelte sich im Grunde genommen um eine Tennisakademie, in der die Spieler bezahlen würden, um dort zu trainieren. Aus Sponsorengeldern könnten Stipendien vergeben und die Reisekosten unserer Spitzenspieler bezahlt werden.

Mexiko ist ein großes Land mit einer begrenzten Anzahl von Spielern. Die meisten guten Spieler sind isoliert und haben es schwer, herausfordernde Wettkämpfe zu finden. Es war eine gute Möglichkeit, sie zusammenzubringen, um ihre Entwicklung zu fördern. Ich konnte pro Jahr 100.000 US-Dollar sammeln und leitete das Zentrum sechs Jahre lang, bis uns das Geld ausging. Wir konnten etwa 20 unserer Top-Junioren im Trainingszentrum unterstützen und gründeten vier oder fünf Schulen in verschiedenen Teilen Mexikos, wo wir etwa 400 Spieler nach einem von uns entwickelten standardisierten System trainierten. Die Spieler des Zentrums gingen vormittags zur Schule und trainierten nachmittags vier Stunden lang. Wir konnten auch Gruppen bilden und im Rahmen der ITF rund um die Welt reisen. In diesen sechs Jahren erreichten drei unserer Spieler die Top 50 der Junioren-Weltrangliste, und die meisten von ihnen erhielten am Ende ein College-Stipendium in den USA. Es gibt immer noch einige wenige auf dem ATP-Zirkus, wobei einer von ihnen in den ersten 100 im Doppel platziert ist. Es war ein guter Versuch, und ich betrachte das Projekt als Erfolg. Wir waren jedoch weit davon entfernt, einen Top-100-Spieler im Einzel auszubilden, obwohl die Qualität des Trainings, das wir anboten, mit der vieler Top-Akademien und nationaler Trainingszentren auf der ganzen Welt vergleichbar war.

Gutes Training ist sehr wichtig für die Entwicklung von Spielern, aber es steckt noch viel mehr dahinter. Ohne eine große Basis von Spielern, ohne Wettkämpfe, ohne Ressourcen für internationale Reisen und ohne die volle Unterstützung der Familien ist es äußerst schwierig, einen Weltklassespieler zu entwickeln. Darüber hinaus ist es selbst mit all diesen Faktoren nie leicht, einen Weltklassespieler zu entwickeln. Sehen Sie sich nur ein Land wie England an. Sie haben in den letzten 25 Jahren Millionen von Pfund für ihr Spielerentwicklungsprogramm ausgegeben, um Einrichtungen zu bauen, Trainer auszubilden, die besten Trainer der Welt für ihr Programm zu rekrutieren, ihre besten Spieler finanziell zu unterstützen, und bis zu diesem Zeitpunkt haben sie nur begrenzte Ergebnisse erzielt. Es war ein gewaltiges Unterfangen, und ich bin sicher, dass sie in Zukunft einige wenige Spitzenspieler haben werden. Aber bisher verlief der Prozess schmerzhaft langsam. Auf der anderen Seite sieht man Länder wie Serbien oder Belgien, die mit einer kleinen Bevölkerung und begrenzten Ressourcen im letzten Jahrzehnt immens erfolgreich waren.

Damit sind wir bei einem Aspekt angelangt, der nicht übersehen werden darf: „Die natürliche Ordnung". Das ist ein Begriff, den ich benutze, um die Tatsache zu beschreiben, dass jeder Mensch bei jeder Anstrengung ein unterschiedliches Fähigkeitsniveau hat. Für mich gibt es in jeder Gruppe von Menschen immer eine Rangfolge der natürlichen Fähigkeiten für jede Tätigkeit.
Die folgende hypothetische Situation wird helfen, dies zu klären:

Wenn Sie unbegrenzte Ressourcen und die Fähigkeit hätten, die 100 besten Talente der Welt zu rekrutieren, um sie gemeinsam an einer Akademie auszubilden, und wenn Sie auch in der Lage wären, jedes Programm so zu individualisieren, dass es genau das bietet, was jeder Spieler braucht, um sein Potenzial zu erreichen, dann hätten Sie nach einigen Jahren 100 großartige Spieler, aber auch eine Nummer eins und eine Nummer 100 in der Gruppe. Selbst in dieser kleinen Gruppe wäre ein Spieler der beste der Gruppe und einer der schlechteste. So ist es nun einmal. Es wird immer eine natürliche Ordnung geben.

## Coaching ist nur ein Teil der Gleichung!

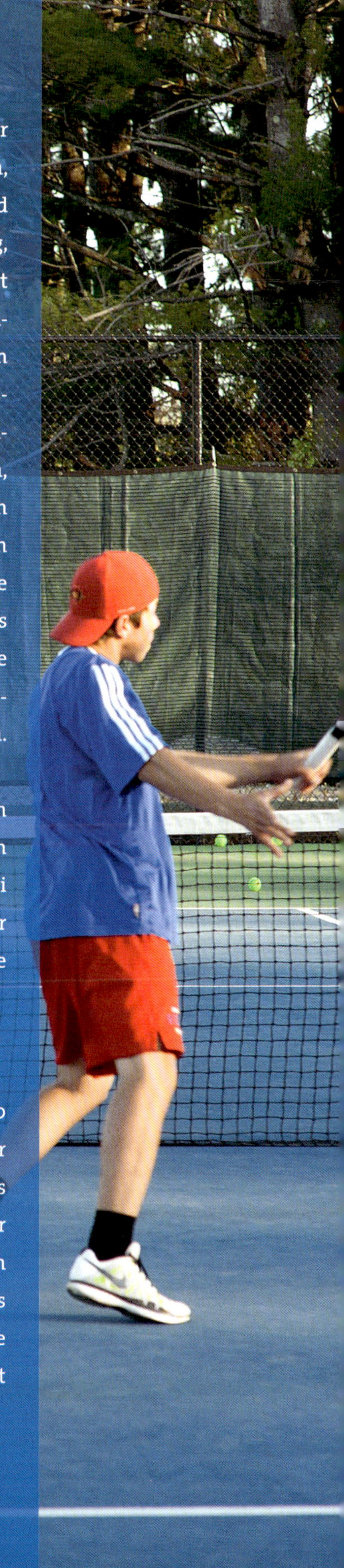

TEIL VI

# Referenzen & Bibliothek

Dieser Abschnitt ist eine Ergänzung zu meinem Coaching-System.

Hier finden Sie die Regeln für das Match, die ich als taktische Richtlinien verwende, alle Übungen aus dem Buch und viele andere, die mir gefallen, sowie ein Glossar mit wichtigen Begriffen, die im gesamten Buch verwendet werden.

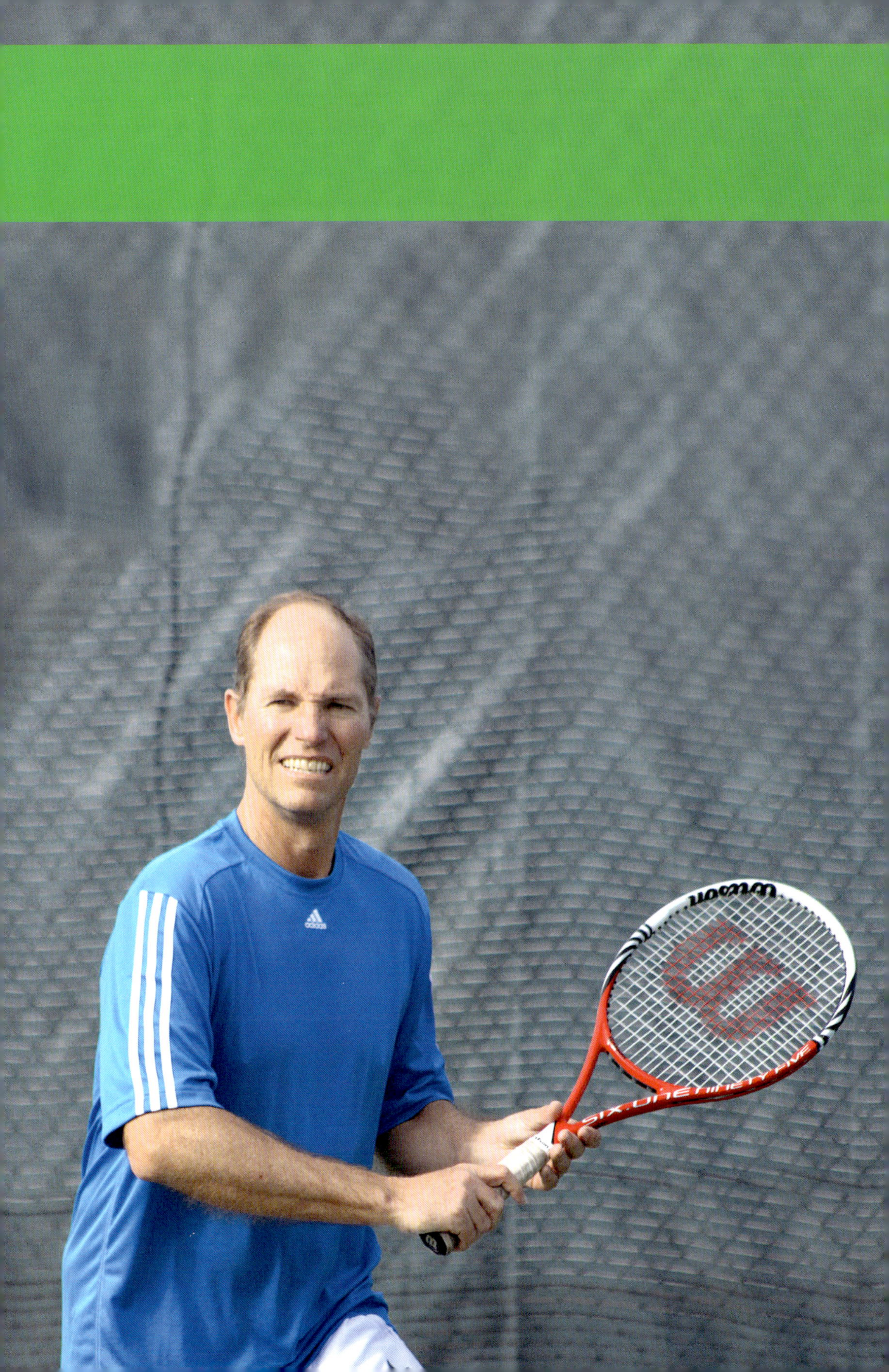

# REGELN FÜR DAS MATCH

In diesem Abschnitt finden Sie meine persönlichen taktischen Entwürfe für Einzel und Doppel, die Regeln für das Match. Es ist das Herzstück meiner taktischen Ratschläge und ein Schlüsselaspekt meines Trainingssystems: Bringen Sie Ihren Spielern bei, wie sie ihre Waffen effektiv einsetzen können. Entwickeln Sie Ihre Standard-Antworten und gezielten taktischen Übungen mit diesen Regeln.

# REGELN FÜR DAS MATCH – EINZEL

## REGELN FÜR DEN AUFSCHLAG

### Erster Aufschlag

**Zwingen Sie Ihren Gegner mit dem ersten Aufschlag, einen schwachen Return zu spielen, und übernehmen Sie die Kontrolle über den Punkt.**

Der erste Aufschlag muss wie eine „Waffe" sein, nicht nur eine Vorschau auf den zweiten Aufschlag. Nutzen Sie den Vorteil von zwei Aufschlägen, indem Sie beim ersten Aufschlag aggressiv sind. Sie werden im Wettkampftennis nicht sehr weit kommen, wenn Sie die Punkte mit dem ersten Aufschlag nicht kontrollieren können. Ich würde sogar sagen, dass ein Spieler im Männertennis, der nicht in der Lage ist, konstant über 115 Meilen pro Stunde aufzuschlagen, auf der Tour nicht allzu lange durchhalten wird.

**Passen Sie Ihren Aufschlag so an, dass Sie mindestens 50 Prozent der ersten Aufschläge ins Feld spielen. Versuchen Sie, auf 70 Prozent zu kommen.**

Ein sehr schneller Aufschlag ist nur dann wirksam, wenn er das Ziel trifft. Ein „Riesen-Aufschlag" kann den Gegner lediglich beim Einspielen erschrecken. Er hilft Ihnen aber nur dann, das Spiel zu gewinnen, wenn Sie ihn konstant ins Feld spielen.

**Gehen Sie in den Platz, um kurze Returns anzugreifen.**

Denken Sie daran, dass Sie mit dem ersten Aufschlag einen schwachen Return erzwingen wollen. Stellen Sie also sicher, dass Sie bereit für einen kurzen Ball sind. Es gibt nichts Schlimmeres, als einen super Aufschlag zu treffen und dann nicht bereit für den schwachen Return zu sein. Wenn Sie sich das nächste Mal ein professionelles Tennismatch ansehen, zählen Sie, wie viele Punkte der Aufschläger mit seinem zweiten Schlag gewinnt. Es sind bestimmt viele.

**Variieren Sie die Richtung, das Tempo und den Drall.**

Selbst ein sehr harter Aufschlag wird nicht sehr effektiv sein, wenn er jedes Mal auf die gleiche Stelle gespielt wird. Der Schlüssel zu einem guten Aufschlag ist es, den Gegner im Unklaren zu lassen. Verwenden Sie verschiedene Drall-Varianten, Geschwindigkeiten und Ziele.

**Spielen Sie den Aufschlag auf den Körper.**

Der Aufschlag auf den Körper ist eine großartige Option, die oft nicht genug genutzt wird. Ein guter Aufschlag auf den Körper ist besonders effektiv bei wichtigen Punkten und gegen einen Gegner, der sehr gut returniert.

**Setzen Sie Ihren Slice-Aufschlag ein, um nach außen oder aufs T zu schlagen.**

Ein Slice-Aufschlag dreht sich vom Spieler weg. Der zusätzliche Drall ermöglicht es Ihnen, den Aufschlag mit mehr Winkel nach außen zu spielen und so den Gegner aus dem Platz zu drängen. Dies ist auch ein besonders effektiver Aufschlag gegen Spieler mit extremen Griffen oder Linkshänder.

## Zweiter Aufschlag

**Das Ziel des zweiten Aufschlages ist es, den Returnspieler in einer neutralen Position zu halten.**

Aus der Sicht des Returnspielers ist ein zweiter Aufschlag eine Gelegenheit zum Angriff. Ihr Ziel als Aufschläger ist es sicherzustellen, dass Sie nicht in die Defensive geraten. Wenn der Gegner permanent Ihren zweiten Aufschlag angreifen kann, sollten Sie den Hinweis beherzigen und anfangen, zweite Aufschläge zu trainieren.

**Schlagen Sie vor allem auf die Schwäche des Gegners auf.**

Ein sehr wichtiges Element des zweiten Aufschlages ist die Platzierung. Sie sollten in der Lage sein, den Gegner zum Return mit seinem schwächeren Schlag zu zwingen und ihm nicht erlauben, Ihren Aufschlag zu umlaufen und seine Stärke zu nutzen. Das Ziel des zweiten Aufschlages ist es, den Gegner von einem Angriff abzuhalten. Und wenn Sie nicht in der Lage sind, ihn mit seinem schwächeren Schlag zum Return zu zwingen, werden Sie den Punkt höchstwahrscheinlich in der Defensive beginnen.

**Wenn Ihr Gegner gerne Chip-and-Charge spielt, schlagen sie den Aufschlag auf den Körper.**

Viele Angriffsspieler werden mit dem zweiten Aufschlag des Gegners ans Netz kommen. Dafür müssen sie sich auf das Netz zubewegen, bevor der Aufschläger den Ball berührt, sodass sie den Ball im Spielfeld treffen können. Ein Aufschlag in den Körper wird den reibungslosen Übergang zum Netz erheblich erschweren, da der Angreifer sich vom Ball wegbewegen muss und dabei an Schwung verliert.

**Spielen Sie den zweiten Aufschlag in der Geschwindigkeit, mit der Sie 100 Prozent ins Feld spielen können.**

Ein Doppelfehler gehört zu den schlimmsten Fehlern im Tennis. Abgesehen davon, dass es Sie den Punkt kostet, ist er ein Schlag gegen Ihr Selbstvertrauen. Nichts beeinträchtigt Ihr Selbstvertrauen mehr, als wenn Sie sich nicht auf Ihren zweiten Aufschlag verlassen können. Sie müssen die ideale Balance zwischen Kraft und Kontrolle finden. Erinnern Sie sich an das alte Sprichwort: „Ein Spieler ist nur so gut wie sein zweiter Aufschlag."

## Allgemeine Regeln für den Aufschlag

**Spielen Sie Serve-and-Volley, wenn der Gegner beim Return mehr als einen Meter hinter der Grundlinie steht.**

Wenn der Gegner beim Return weit von der Grundlinie entfernt steht, ist es leichter, nach dem Aufschlag näher ans Netz zu kommen. Sind Sie näher am Netz, können Sie einen höheren Volley schlagen. Der Aufschlag und der Return müssen eine längere Strecke zurücklegen, sodass Sie mehr Zeit haben, um ans Netz zu kommen. Überraschen Sie den Returnspieler, indem Sie nach Ihrem Aufschlag öfter ans Netz kommen.

**Spielen Sie Serve-and-Volley, wenn der Gegner oft mit Slice returniert.**

Ein Slice-Return ist ein kontrollierter Schlag mit wenig Kraft. Ein Slice-Return garantiert, dass Sie zumindest immer an den Ball kommen. Der Rest liegt bei Ihnen. Diese Strategie ist noch wirksamer, wenn Sie den Gegner überraschen können. In diesem Fall werden Sie normalerweise mit einem einfachen Volley konfrontiert.

**Schlagen Sie vor allem auf die Schwäche des Gegners auf. Variieren Sie aber die Richtung und den Drall.**

Eine Variation von 25 Prozent reicht aus, um den Gegner im Dunkeln zu lassen.

Wenn Sie mit Ihrem Aufschlag die Kontrolle über den Punkt gewinnen wollen, ist es eine gute Strategie, auf die schwächere Seite aufzuschlagen. Wenn Sie jedoch den Gegner im Ungewissen lassen, haben Sie einen zusätzlichen Vorteil. Um dies zu erreichen, genügt es, einen von vier Aufschlägen zu ändern.

**Schlagen Sie bei wichtigen Punkten auf die schwache Seite auf.**

Manchmal haben Tennisspieler eine eigenartige Denkweise. Wenn sie einem Gegner mit einem

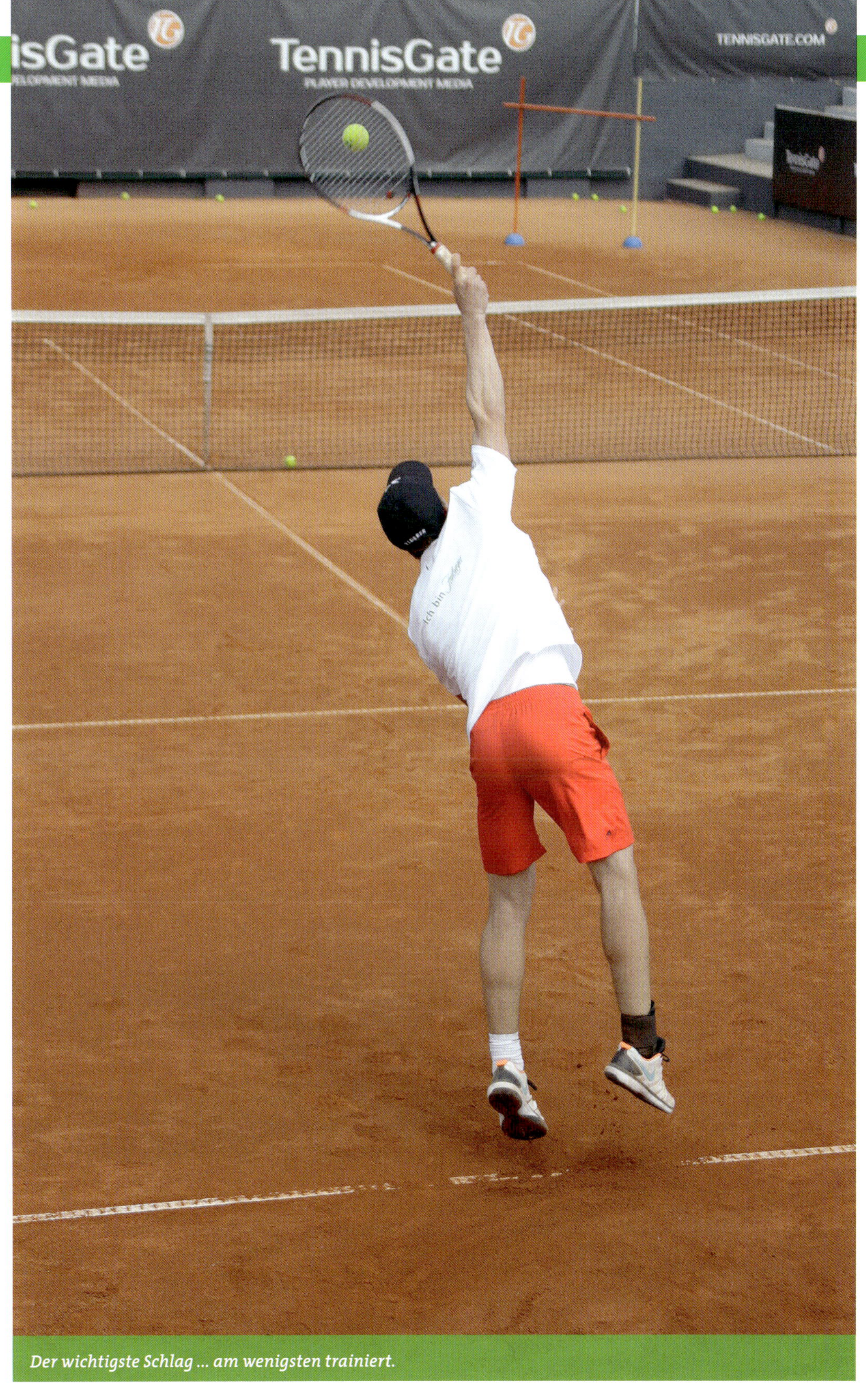


*Der wichtigste Schlag ... am wenigsten trainiert.*

viel schwächeren Schlag gegenüberstehen, wählen sie oft die wichtigen Punkte, um ihn zu „überraschen". Ich habe das immer und immer wieder erlebt. Einer meiner Spieler hat einmal ein enges Match gegen einen Gegner mit einer viel schwächeren Rückhand gespielt. Plötzlich, bei 4 : 4 und Einstand, hat er versucht, den Gegner zu „überraschen", und auf seine Vorhand aufgeschlagen. Das Ergebnis war nicht so schön. Der Einzige, der überrascht war, war der Aufschläger, denn der Return ist an ihm vorbeigeschossen. Lernen Sie Prozenttennis zu spielen. Wenn der Gegner einen starken Schlag hat, möchten Sie bestimmt nicht, dass er ihn bei wichtigen Punkten einsetzt. Wechseln Sie die Richtung beim Aufschlag, wenn Sie führen, aber nicht bei wichtigen Punkten.

**Konzentrieren Sie sich auf den Treffpunkt, wenn Sie unter Druck stehen oder wenn Sie das Gefühl haben, dass Ihr Aufschlag wackelt.**

Die meisten Spieler wissen, wie wichtig es ist, den Ball bei Grundschlägen oder Volleys anzuschauen. Sie glauben aber nicht, dass dies auch auf den Aufschlag zutrifft.

**EG's EDGARS TIPPS**

Ein optimaler Treffpunkt ist der Schlüssel zu einem soliden Schlag, und der Aufschlag ist da keine Ausnahme. Für einen optimalen Treffpunkt müssen alle Körperteile koordiniert werden. Um dies effektiv zu tun, müssen Sie den Ball bis zum Treffpunkt anschauen.

Der häufigste Fehler beim Aufschlag, insbesondere unter Druck, ist das zu frühe Herunterziehen des Kopfes.

**Versuchen Sie, den Gegner mit Ihrem Aufschlag zu bewegen.**

Ausgewogenheit ist der Schlüssel zu einem guten Return. Ein gut platzierter Aufschlag, bei dem der Gegner sich bewegen muss, ist effektiver als ein harter Aufschlag, den er ohne viel Bewegung ausbalanciert zurückschlagen kann.

**Arbeiten Sie daran, den Slice und den ersten Aufschlag mit dem gleichen Ballwurf in verschiedene Richtungen zu schlagen.**

Auf dem Profi-Zirkus ist die Reaktionszeit für den Return des Gegners oft kürzer als die Reaktionszeit für den Aufschläger den Return zu erreichen. Der Returnspieler muss sich in Bewegung setzen, bevor der Aufschläger den Ball berührt. Dies kann er nur erreichen, wenn der Returnspieler in der

Lage ist, bestimmte Hinweise vom Aufschläger wahrzunehmen, bevor er den Ball berührt. Das kann zum Beispiel der Ballwurf sein. Daher muss ein guter Aufschläger in der Lage sein, mit demselben Ballwurf die Richtung und den Drall zu variieren. Das kann man üben, indem jemand nach dem Ballwurf ansagt, wohin der Aufschlag gehen soll (Körper, T oder außen).

**Folgen Sie beim Serve-and-Volley der Richtung Ihres Aufschlages.**
Die ideale Position am Netz hängt von der Richtung des letzten Schlages ab. Ein Schlag auf die rechte Seite erfordert eine Position rechts von der Mitte und umgekehrt. Dasselbe Konzept gilt für Serve-and-Volley. Die beste Position nach einem Aufschlag in die Mitte ist in der Mitte. Die beste Position am Netz nach einem Aufschlag nach außen ist ebenfalls auf der Seite. Dem Ball zu folgen ist ein einfacher Weg, um jedes Mal die ideale Position zu erreichen.

**Verwenden Sie einen Slice-Aufschlag auf den Körper, wenn der Gegner sehr gut returniert.**
Viele Spieler, vor allem große, brauchen etwas Platz, um den Ball gut zu treffen. Sie sind es gewohnt, dass sie sich seitlich bewegen müssen. Überraschen Sie sie mit einem Aufschlag auf den Körper.

**Achten Sie darauf, dass Sie nach einem Doppelfehler den ersten Aufschlag auf den Körper spielen.**
Nichts macht Sie als Spieler verletzlicher als ein Doppelfehler. Wenn Sie nach einem Doppelfehler den ersten Aufschlag verschlagen, haben Sie wahrscheinlich Angst vor einem erneuten Doppelfehler. Um diese unangenehme Situation zu vermeiden, sollten Sie den ersten Aufschlag nach einem Doppelfehler so ausführen, als wäre er ein zweiter Aufschlag.

# Regeln für den Return

## Return auf den ersten Aufschlag

**Spielen Sie den Return lang in die Mitte des Spielfeldes oder cross.**
Beim Return auf einen ersten Aufschlag passiert es oft, dass man den Ball spät trifft. Wenn Sie auf die Mitte des Spielfelds oder cross zielen, haben Sie eine bessere Chance, den Return zu treffen. Wenn Sie zu spät sind, geht der Ball im schlimmsten Fall longline, aber er landet immer noch im Feld. Wenn Sie longline spielen und zu spät sind, dann ist der Ball im Aus.

**Blocken Sie den Return mit einem Slice.**
Das Ziel eines geblockten Returns ist es, den Gegner zum Spielen zu bringen. Sie müssen jedoch sicherstellen, dass der Gegner den Return nicht angreifen kann. Wenn Sie den Return mit Topspin

blocken und er zu kurz wird, hat der Gegner einen leichten Schlag auf Schulterhöhe. Wenn Sie den Return mit Slice blocken und er zu kurz wird, dann hat der Gegner einen flachen Ball, der schwer zu spielen ist.

**Spielen Sie den Return lang und versuchen Sie, den Punkt in einer neutralen Position zu beginnen.**
Das Ziel des Aufschlägers ist es, mit seinem ersten Aufschlag einen schwachen Return zu erzwingen. Das Ziel des Returnspielers ist ein neutraler Schlag, um nicht in die Defensive zu geraten. Konzentrieren Sie sich darauf, den Ball nicht schnell, sondern lang zu spielen.

## Return auf den zweiten Aufschlag

**Spielen Sie nur longline, wenn Sie den Gegner unter Druck setzen können.**
Ansonsten spielen sie lieber in die Mitte oder cross. Wenn der Ball die Linie hinunter keine Qualität hat, dann sind Sie durch einen aggressiven Cross verwundbar.

**Passen Sie beim zweiten Aufschlag Ihre Returnposition an.**
Benutzen Sie Ihre „Waffe" und bewegen Sie sich in den Platz, um den Ball früh zu nehmen.
Ein zweiter Aufschlag ist eine gute Gelegenheit anzugreifen. Wenn Sie beim Return in den Platz gehen, sind Sie in einer besseren Position, um aggressiv zu spielen. Achten Sie außerdem darauf, dass Sie einen langsamen zweiten Aufschlag ausnutzen und sich gut bewegen, um Ihren besten Schlag zu nutzen. Das kann auf zwei Arten geschehen: Wenn Sie vor dem Aufschlag des Gegners

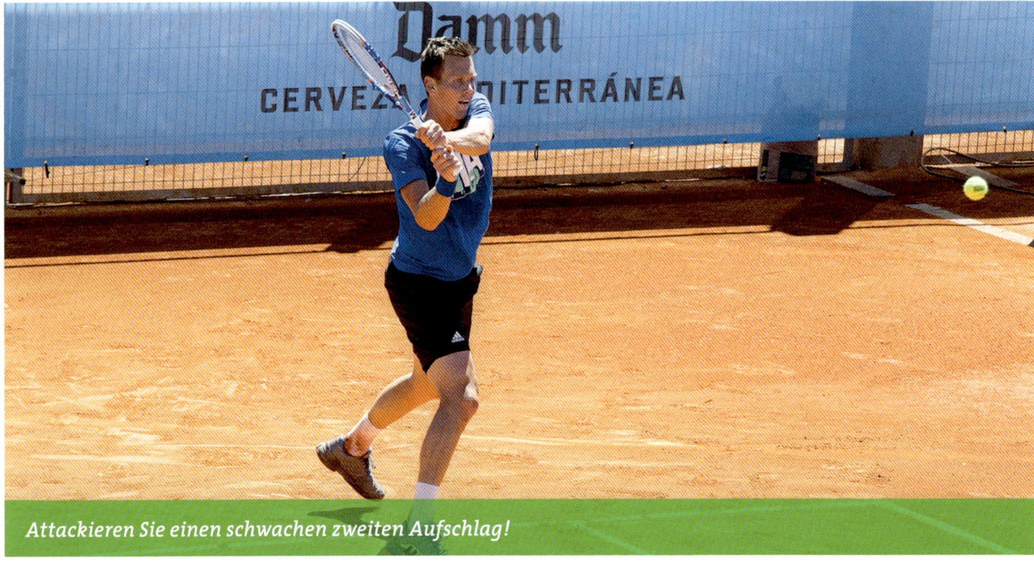

*Attackieren Sie einen schwachen zweiten Aufschlag!*

in den Platz gehen, kann der Gegner Sie sehen und denkt vielleicht noch einmal über seinen Aufschlag nach. Hoffentlich überlegt er es sich dann anders. Wenn Sie den Gegner überraschen wollen, dann bewegen Sie sich in dem Moment in den Platz, wenn er den Ball hochwirft.

Ich habe in meiner Karriere viele wichtige Punkte gewonnen, indem ich mich bei einem wichtigen Spiel und 30 : 40 vor dem zweiten Aufschlag des Gegners in den Korridor oder in den Platz bewegt habe. Meine Gegner haben dann des Öfteren einen Doppelfehler gemacht. Wenn Sie in diesem entscheidenden Moment Ihre Position auf dem Platz ändern, zwingt das den Gegner zum Umdenken. Das reicht in der Regel aus, um einen Doppelfehler zu erzwingen.

**Bewegen Sie sich bei Kick-Aufschlägen diagonal auf den Ball zu, um ihn früh zu spielen.**
Lassen Sie den Ball nicht über Ihre Schultern kommen. Es ist sehr schwierig, einen soliden Return zu schlagen, wenn der Ball oberhalb der Schultern ist.

**Versuchen Sie bei einem schwachen Aufschlag, den Punkt mit dem Return zu kontrollieren.**
Eines der grundlegenden taktischen Konzepte des Tennisspiels besteht darin, den Ball konstant lang zu spielen, bis man vom Gegner einen kurzen Ball erhält, den man angreifen kann. In vielen Fällen ist der zweite Aufschlag der erste kurze Ball, den Sie bei einem Punkt bekommen. Lassen Sie sich die Gelegenheit zum Angriff nicht entgehen. Seien Sie aggressiv.

**Wenn Sie die Rückhand umlaufen, spielen Sie die Vorhand inside-out, es sei denn, Sie versuchen einen Winner (direkten Punkt) zu machen.**
Wenn Sie die Rückhand umlaufen, sind Sie anfällig für einen guten cross gespielten Ball des Gegners. Spielen Sie so lange mit der Vorhand von innen nach außen, bis Sie den Punkt unter Kontrolle haben. Verwenden Sie die Vorhand inside-in nur in Momenten, in denen Sie den Gegner aus dem Gleichgewicht bringen können.

**Spielen Sie den Return auf einen nach außen gespielten Aufschlag cross oder in die Mitte. Spielen Sie nur dann die Linie hinunter, wenn Sie auf einen Winner (direkten Punkt) aus sind.**
Aufschläge nach außen treiben Sie aus dem Platz. Wie Sie aus dem Kapitel über die Geometrie des Platzes wissen, kommen Sie mit einem cross gespielten Ball einfacher zurück in Ihre „ideale" Position. Wenn Sie longline spielen und dem Gegner nicht wehtun können, sind Sie anfällig für einen cross, der Sie leicht in die Defensive bringt. Wenn Sie sich also entscheiden, longline zu spielen, seien Sie sehr aggressiv und setzen Sie den Gegner unter Druck.

## Chip-and-Charge

**Beginnen Sie sich vorwärtszubewegen, wenn der Gegner den Ball hochwirft.**

Oft warten Spieler beim Chip-and-Charge auf den Ball und bewegen sich erst nach dem Schlag ans Netz. Um bei Chip-and-Charge effektiv zu sein, müssen Sie den Ball in der Vorwärtsbewegung spielen. Um dies zu erreichen, müssen Sie sich schon nach vorne bewegen, wenn der Gegner zum Aufschlag wirft. Machen Sie einen Split Step, wenn der Gegner den Ball berührt, und bewegen Sie sich dann sofort in Richtung des ankommenden Balles. Nehmen Sie den Ball früh und bewegen Sie sich weiter in Richtung Netz, wobei der Übergang so flüssig wie möglich sein sollte. Ihr Ziel ist es, möglichst dicht ans Netz zu kommen, um Ihren ersten Volley zu schlagen.

**Versuchen Sie, auf der Vorteilseite möglichst mit der Rückhand und auf der Einstand-Seite mit der Vorhand Chip-and-Charge zu spielen.**

Beim Chip-and-Charge ist es sehr wichtig, den Platz effektiv abzudecken. Deshalb sollten Sie den Schlag verwenden, der Sie nach dem Return in die bestmögliche Position bringt. Ein häufiger Fehler beim Chip-and-Charge ist, auf der Vorteil-Seite die Rückhand zu umlaufen und so den ganzen Platz zu öffnen.

**Spielen Sie in die Mitte oder longline, es sei denn, Sie können den Gegner unter Druck setzen.**

Wenn Sie mit dem Return cross angreifen, sind Sie anfällig für einen Longline-Passierball. Sie haben wahrscheinlich keine Zeit, die ideale Position am Netz zu erreichen, bevor der Gegner den Ball berührt. Aus diesem Grund sollten Sie beim Chip-and-Charge nur cross angreifen, wenn Sie den Gegner aus dem Gleichgewicht bringen oder ihm auf die schwächere Seite spielen können.

## Return auf Sand

**Returnieren Sie auf Sandplatz mit einer größeren Ausholbewegung.**

Auf Sand sollten Sie eine größere Ausholbewegung benutzen, damit Sie den Ball optimal beschleunigen und höher über das Netz spielen können. Auf einem Hartplatz sollten Sie den Return mit einem kompakten Schwung blocken. Auf einem Sandplatz wird diese Strategie nicht sehr gut funktionieren. Ein Sandplatz verlangsamt den Ball und lässt ihn höher aufspringen. Geblockte Returns auf Sand sind normalerweise zu kurz und können angegriffen werden. Auf Sand haben Sie Zeit und können einen größeren Schwung verwenden, damit Sie einen wirkungsvollen Ball zurückspielen können.

**Returnieren Sie auf Sand von weiter hinten.**

Eine gute Alternative auf einem langsamen Spielfeld ist es, sich zurückzubewegen und den Ball mit einem vollen Schwung zu schlagen. Die meisten guten Sandplatzspieler auf der Profi-Tour verwenden diese Strategie.

## Allgemeine Gesetze für den Return

**Lassen Sie den Gegner spielen.**

Der Return ist Ihr erster Schlag und eröffnet den Punkt. Es ist sehr wichtig, dass Sie den Ball ins Feld spielen. Bringen Sie ihren Gegner mit konstanten Returns zum Spielen.

**Variieren Sie Ihre Position, um sich an den Aufschlag des Gegners anzupassen. Decken Sie seinen Lieblingsschlag ab.**

Sie müssen immer daran denken, dass Sie von überall returnieren können. Wenn Sie in Ihrer gewohnten Position nicht erfolgreich sind, bewegen Sie sich und versuchen Sie, die ideale Position zu finden. Passen Sie Ihre Position den Schlägen Ihres Gegners und den Ergebnissen an. Beispiel: Wenn der Gegner sehr gut nach außen aufschlägt, stellen Sie sich näher an die Seitenlinie, ganz besonders bei wichtigen Punkten. Dieser Punkt erinnert mich an einen Junioren, den ich früher trainiert habe. Er spielte bei einem ITF-Turnier gegen einen starken japanischen Spieler, der einen

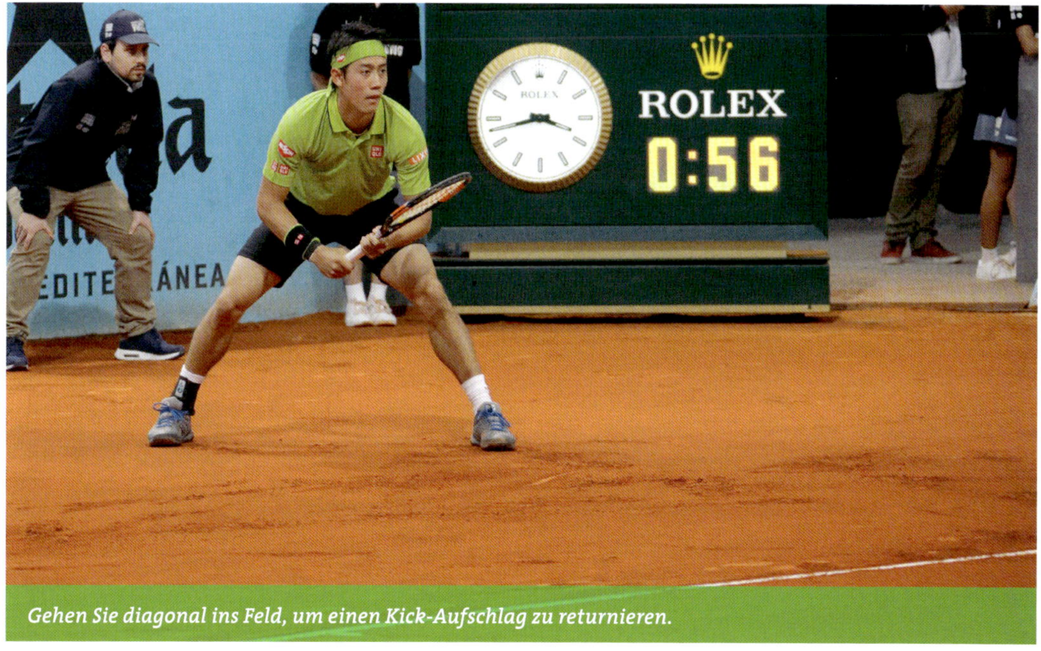


*Gehen Sie diagonal ins Feld, um einen Kick-Aufschlag zu returnieren.*

sehr guten Slice-Aufschlag hatte. Von der Einstand-Seite schlug er immer wieder Asse nach außen. Nach dem Spiel fragte ich meinen Spieler, warum er seine Position nicht angepasst hatte, um den Aufschlag abzudecken. Er hätte nur näher an der Seitenlinie stehen müssen, um seinen Gegner zu einem Aufschlag aufs T herauszufordern. Darauf antwortete er: „Aber Coach, er hat mich immer wieder auf der Vorhand-Seite überrascht." Von da an haben wir immer darüber gescherzt, dass er sich nicht immer wieder vom gleichen Schlag „überraschen" lassen sollte. Wenn ich versuche, meinen Spielern ähnliche Situationen zu erklären, probiere ich es auf folgende Weise: Wenn jemand einen Schlag spielt, mit dem du nicht rechnest, dann kannst du sagen, dass der Gegner dich überrascht hat. Wenn der Gegner dich aber immer wieder mit dem gleichen Schlag „überrascht", dann ist das eher Dummheit als eine Überraschung.

**Bei wichtigen Punkten sollten Sie den Return auf den ersten Aufschlag von der Vorhand-Seite auf die Vorhand-Seite, von der Rückhand-Seite auf die Rückhand oder in die Mitte spielen.** Dieses taktische Konzept habe ich von Tom Gullikson gelernt, dem ehemaligen Kapitän des Davis-Cup-Teams der USA.

Bei wichtigen Punkten sollten Sie den Gegner zum Spielen zu bringen. Wenn Sie einen ersten Aufschlag returnieren, passiert es oft, dass Sie den Return zu spät treffen. Wenn Sie auf die Linie zielen, führt jeder späte Treffpunkt zu einem Fehler. Wenn Sie jedoch auf die Mitte oder cross spielen (Vorhand zu Vorhand oder Rückhand zu Rückhand), führt jeder späte Treffpunkt dazu, dass der Schlag in die Mitte des Platzes oder longline geht.

**Üben Sie Druck auf den Aufschläger aus, indem Sie Ihre Position bei wichtigen Punkten variieren.** Aufschläger gewöhnen sich daran, dass Sie bei jedem Aufschlag an der gleichen Stelle stehen. Wenn Ihr Gegner Sie an einer anderen Stelle stehen sieht, erhöht sich automatisch der Druck auf ihn. Sie können entweder weiter vorne stehen oder in einer Position, in der Sie Ihren besten Schlag besser einsetzen oder den Lieblingsaufschlag des Gegners abdecken können. Wenn Sie diese Strategie sparsam und vor allem bei wichtigen Punkten anwenden, dann ist sie äußerst effektiv und kann Ihnen durch Doppelfehler viele wichtige Punkte einbringen.

Rafael Osuna, der große mexikanische Spieler der 1960er Jahre, hat diese Strategie sehr effektiv eingesetzt. Er war dafür bekannt, dass er gegen einige der schnellsten Aufschläger seiner Generation sehr nahe an der Aufschlaglinie stand. Dies führte gewöhnlich zu unregelmäßigen Aufschlägen seiner Gegner, die als Reaktion auf seine Position versuchten, härter als normal aufzuschlagen.

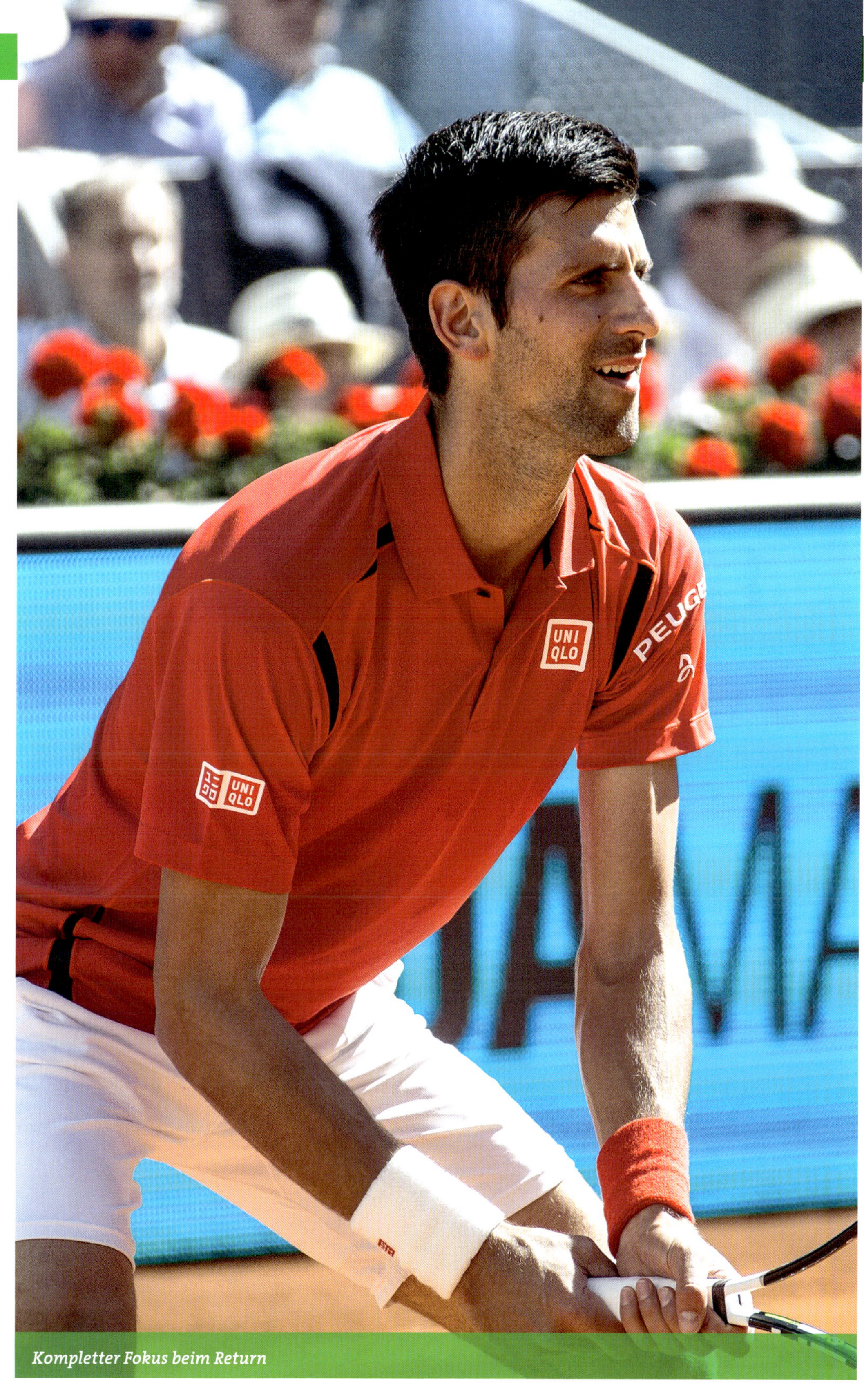


*Kompletter Fokus beim Return*

# Regeln für das Match

**Lassen Sie sich bei wichtigen Punkten nicht von Ihrem Gegner mit seinem Lieblingsaufschlag überraschen.**

Jeder Spieler hat einen Lieblingsaufschlag. Und Spieler neigen dazu, ihre Lieblingsaufschläge zu verwenden, wenn sie unter Druck stehen oder wenn sie vor einem sehr wichtigen Punkt stehen. Seien Sie sich während des gesamten Matches der Vorlieben Ihres Gegners bewusst und versuchen Sie, diese im Auge zu behalten. Stellen Sie sicher, dass Sie sie bei wichtigen Punkten abdecken.

**Spielen Sie einem Serve-and-Volley-Spieler den Return auf den ersten Aufschlag in die Füße. Beim zweiten Aufschlag sollte der Return möglichst weit von ihm entfernt sein, sodass er sich strecken muss.**

Wenn Sie die Returns auf erste Aufschläge in die Mitte des Platzes spielen, verbessern Sie die Konstanz Ihrer Returns. Erste Aufschläge sind schnell und es passiert leicht, dass man sie zu spät schlägt. Wenn Sie zu dicht an die Linien spielen möchten, gibt es zu viele unerzwungene Fehler. Bei Returns auf den zweiten Aufschlag ist es einfacher, den Ball optimal zu treffen und ihn gut zu platzieren. Bewegen Sie den Serve-and-Volley-Spieler, und zwingen Sie ihn zu Fehlern.

**Bleiben Sie entspannt und beobachten Sie den Ball nach dem Aufspringen.**

Die beiden häufigsten Fehlerquellen beim Return sind das Nichtbeobachten des Balles und angespannte Muskulatur. Das kann ich wirklich nachvollziehen, denn es hat mich als Spieler lange Zeit beschäftigt. Als Spieler habe ich eine Zeit durchgemacht, in der ich nicht returnieren konnte. Ich habe im Allgemeinen gut gespielt, aber ich habe zu viele Returns verschlagen. Nach viel Tüfteln und Ausprobieren verschiedener Ansätze wurde mir schließlich klar, dass ich den Ball nicht bis zum Treffpunkt anschauen konnte. Ich war zu angespannt und verlor den Ball nach dem Aufspringen aus den Augen. Natürlich hatte ich keine Ahnung, dass ich angespannt war. Ich habe schon so lange so returniert, dass ich es noch nicht einmal gespürt habe. Aber als ich mir dessen bewusst wurde, fing ich an, beim Return lockerer durchzuschwingen. Mit der Zeit viel es mir leichter, den Ball vom Aufsprung bis zum Kontakt mit dem Schläger zu verfolgen. Da wurde mir klar, dass ich mich zu einem besseren Returnspieler entwickelte.

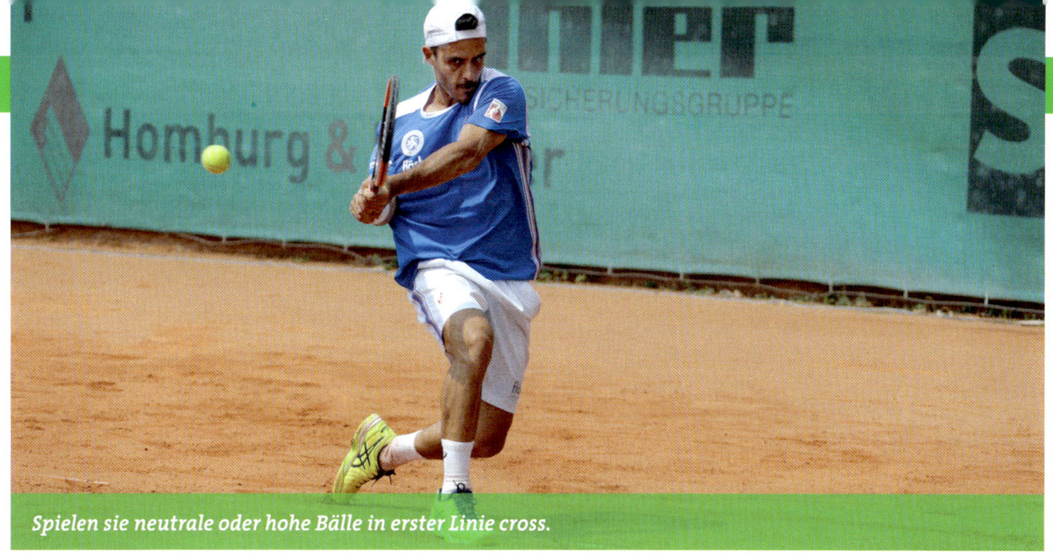

*Spielen sie neutrale oder hohe Bälle in erster Linie cross.*

## Regeln für Ballwechsel an der Grundlinie

**Spielen Sie konstant, verlieren Sie nicht gegen sich selbst.**

**EG's Edgars Tipps**

Der härteste Schlag bringt Ihnen keine Punkte, wenn er nicht im Feld landet. Spielen Sie aggressiv, aber mit einem Tempo, das Sie kontrollieren können. Bei Seitenwechseln sollten Sie sich die Frage stellen: Verliere ich durch meine eigenen Fehler oder schlägt mich der Gegner? Sie sollten immer dafür sorgen, dass der Gegner Sie durch sein Können schlägt.

**Passen Sie Ihren Schwung an den ankommenden Ball an.**

Ein häufiger Fehler ist der Versuch, immer den gleichen Schwung zu benutzen, egal, was für ein Ball angeflogen kommt. Das führt zu einem sehr inkonstanten Spiel. Jeder Schlag hat andere Eigenschaften und sollte entsprechend behandelt werden. Verwenden Sie im Allgemeinen lange Ausholbewegungen bei sehr langsamen Bällen oder wenn Sie sehr weit hinter der Grundlinie stehen. Verwenden Sie kurze Ausholbewegungen, wenn die Bälle schnell oder sehr lang kommen, wenn Sie sich dicht am Netz befinden oder wenn Sie einen sehr kurzen, flachen Ball bekommen.

**Spielen Sie neutrale und hohe Bälle hauptsächlich cross.**

Wenn Sie cross spielen, kommen Sie nach dem Schlag schneller zurück in die ideale Position auf dem Platz. Wenn Sie longline spielen, ist die ideale Spielfeldposition nach dem Schlag weiter entfernt. Das macht es schwieriger, den Platz effektiv abzudecken. Wenn Sie den Gegner nicht in Bedrängnis bringen können, spielen Sie cross.

# Regeln für das Match

**Spielen Sie longline, wenn Sie sich vor der Grundlinie befinden und den Gegner unter Druck setzen können.**

Wenn Sie longline spielen, ist es schwieriger, die ideale Position auf dem Platz zu erreichen, um den nächsten Schlag des Gegners abzudecken. Spielen Sie also nur dann longline, wenn Sie den Gegner unter Druck setzen können. Wenn der Gegner beispielsweise aus dem Gleichgewicht ist, kann er Sie nicht in Bedrängnis bringen, auch wenn Sie nicht in der idealen Position sind, um den Platz abzudecken.

**Spielen Sie Winkelbälle, wenn Sie sich in einer Angriffsposition vor der Grundlinie befinden. Versuchen Sie, den Gegner aus dem Einzelfeld herauszutreiben.**

Ein kurzer Ball des Gegners ist ideal, um den Gegner mit einem Kurz-Cross-Ball zu zwingen, sich über die Einzellinie hinauszubewegen und den Platz zu öffnen. Es ist nicht sehr effektiv, einen Winkelball aus einer Position hinter der Grundlinie zu schlagen, da er den Gegner in der Regel nicht aus dem Platz drängt und zu riskant ist.

**Wenn Sie sich in einer defensiven Position befinden und aus dem Gleichgewicht sind, spielen Sie einen hohen Ball cross oder in die Mitte des Platzes.**

Das Gleichgewicht ist ein Schlüsselelement beim Tennisspielen. Der Spieler, der bei einem Match bei mehr Schlägen im Gleichgewicht bleiben kann, wird normalerweise gewinnen. Wenn Sie aus dem Gleichgewicht geraten, sollten Sie einen hohen langen Ball spielen. Dann haben Sie eine bessere Chance, im Punkt zu bleiben, und mehr Zeit, zurück in die ideale Platzposition zu gelangen. Wenn Sie den Ball cross oder in die Mitte spielen, haben Sie eine größere Chance, das Gleichgewicht und die Kontrolle über den Punkt wiederzuerlangen.

**Spielen Sie hohe Bälle, wenn Sie sich zurückbewegen müssen.**

Im Idealfall sollten Sie immer versuchen, sich zum Schlag nach vorne zu bewegen. Manchmal zwingt Sie aber der Schlag des Gegners dazu, sich rückwärtszubewegen. Versuchen Sie, in dieser Situation keinen flachen aggressiven Schlag zu spielen. Es ist sehr schwierig, einen aggressiven flachen Ball aus der Rückwärtsbewegung und einer schlechten Position weit hinter der Grundlinie zu spielen. Spielen Sie stattdessen einen hohen, aggressiven und langen Ball.

**Gehen Sie in den Platz und nehmen Sie die Bälle früh, wenn Sie den Gegner in Schwierigkeiten gebracht haben.**

Wenn Sie den Ball früh nehmen, hat der Gegner weniger Zeit, den Platz abzudecken. Gute Spieler erkennen die Situationen, in denen der Gegner in Schwierigkeiten ist und sie mit kurzen oder hohen Bällen antworten. Dann bewegen sie sich nach vorne und nehmen den Ball früh, um ihren Angriff fortzusetzen.

**Wenn Sie die Rückhand umlaufen, beginnen Sie den Angriff immer mit einer Vorhand inside-out. Spielen Sie erst inside-in, wenn Sie den Punkt unter Kontrolle haben und der Ball etwas kürzer ist.**
Wenn Sie die Rückhand umlaufen, befinden Sie sich in der Nähe der Seitenlinie. Wenn Sie den Schlag mit der Vorhand inside-in die Linie hinunter zur gegnerischen Vorhand spielen (vorausgesetzt, beide Spieler sind Rechtshänder), sind Sie nicht in der Lage, einen cross gespielten Ball abzudecken.

**Spielen Sie nur Stopps, wenn Sie den Punkt unter Kontrolle haben und sich vor der Grundlinie befinden. Versuchen Sie, den Stopp zu verstecken.**
Ein Stoppball ist nur dann effektiv, wenn Sie den Gegner überraschen. Am besten können Sie einen Gegner überraschen, wenn Sie vor der Linie stehen und er einen aggressiven Ball erwartet. Wenn Sie hinter der Grundlinie einen Stopp spielen, ist der Schlag viel schwieriger auszuführen und der Gegner hat mehr Zeit zu reagieren.

**Suchen Sie ständig nach Gelegenheiten, in den Platz zu gehen und den Ball früh zu nehmen. Bewegen Sie sich diagonal auf den Ball zu.**
Wenn Sie den Ball im Aufsteigen spielen, hat der Gegner weniger Zeit, den Platz abzudecken. Wenn Sie sich nicht seitlich, sondern diagonal zum Ball bewegen, werden Sie den Gegner ständig hetzen. Das sollte eines der Hauptziele für jeden Spieler sein.

**Variieren Sie in einem Ballwechsel das Tempo, die Höhe und den Drall, um einen kurzen Schlag vom Gegner zu erzwingen.**
Je mehr sie bei ihren Schlägen variieren, desto wahrscheinlicher ist es, dass Ihr Gegner einen Ball falsch einschätzt. Tennis ist ein Koordinationsspiel. Um konstant gut zu spielen, muss der Spieler den Ball immer im idealen Treffpunkt erreichen. Geringe Abweichungen beim Treffpunkt können zu großen Abweichungen in der Flugbahn des Balles führen. Unterschiedliche Drall-Arten, Höhen und Geschwindigkeiten werden wahrscheinlich zu mehr Fehlern des Gegners führen.

# Regeln für das Angriffsspiel

**Spielen Sie lange und flache Bälle, wenn Sie ans Netz gehen.**

Lang und flach ist besser als hart und kurz. Wenn Sie den Ball flach halten, muss der Gegner ihn anheben und Sie können einen hohen Volley schlagen. Außerdem sollten Sie lang spielen, um möglichst viel Zeit zu haben, ans Netz zu gehen. Eine gute Strategie ist auch, bei flachen und kurzen Bällen mit dem Slice anzugreifen, um den Ball flach zu halten.

**Greifen Sie hauptsächlich die Schwäche des Gegners oder longline an.**

Niemand spielt gerne Passierbälle mit seinem schwächeren Schlag. Daher sollten Sie Ihre Angriffsbälle überwiegend auf die schwächere Seite des Gegners spielen. Wenn beide Seiten des Gegners ungefähr gleich sind, sollten Sie longline angreifen, um den Platz besser abdecken zu können.

**Wenn Ihr Gegner gute Winkelbälle hat, greifen Sie über die Mitte des Spielfeldes an.**

Spieler mit guten Passierbällen bewegen sich in der Regel gut und spielen gute Winkelbälle. Ein Angriffsball in die Mitte des Spielfeldes nimmt dem Gegner die Möglichkeit, einen guten Winkel zu spielen. Der Angreifer hat die Chance auf einen einfacheren Volley.

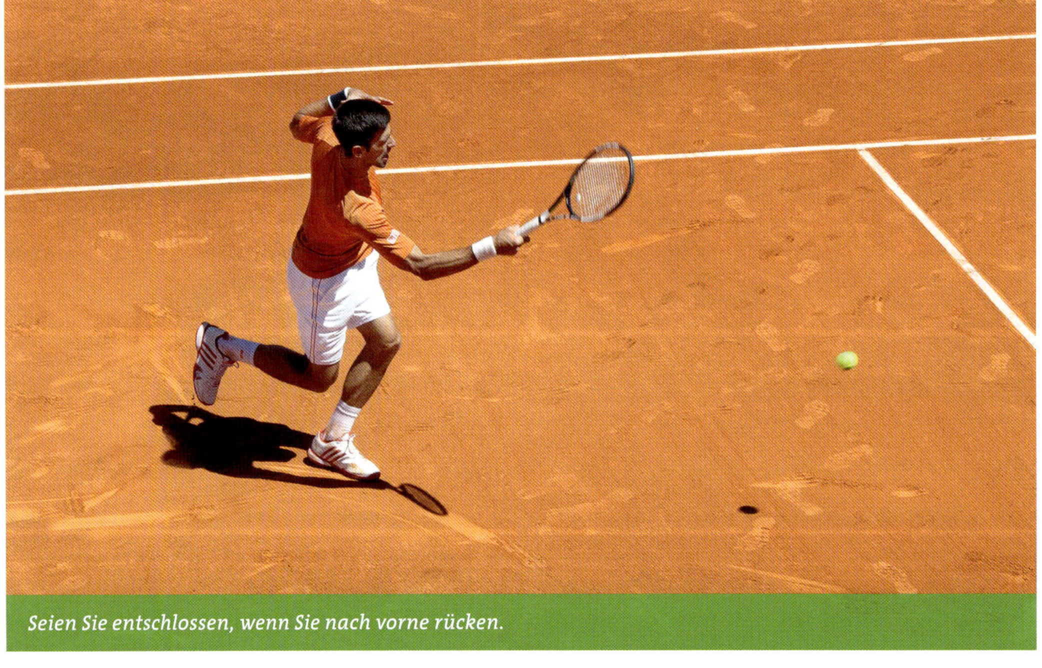

*Seien Sie entschlossen, wenn Sie nach vorne rücken.*

**Greifen Sie nur cross an, wenn Sie den Gegner mit einem Angriffsball auf Schulterhöhe unter Druck setzen können.**

Mit einem Longline-Angriffsball haben Sie immer eine bessere Position, um den Platz abzudecken. Greifen Sie deshalb nur cross an, wenn Sie den Gegner mit Ihrem Schlag unter Druck setzen können.

**Sie können Ihren Gegner auch mit einem Angriff überraschen, wenn Sie ihn weit in die Ecke getrieben haben oder er sich nach hinten bewegen muss, um einen hohen, langen Schlag zu erwidern.**

Wenn Sie den Gegner weit in eine Ecke getrieben haben, wird er sehr wahrscheinlich einen defensiven Schlag ausführen. An der Grundlinie zu bleiben und den Ball aufspringen zu lassen, lässt ihn zurück in den Punkt kommen. Nutzen Sie die Gelegenheit, indem Sie schnell zum Netz laufen und den Ball aus der Luft nehmen.

**Folgen Sie beim Angreifen Ihrem Ball. Gehen Sie nicht jedes Mal in die Mitte des Spielfeldes zurück.**

Ihre ideale Position am Netz hängt von der Richtung Ihres Angriffsballes ab. Wenn Sie Ihrem Ball folgen, dann kommen Sie automatisch in die ideale Position am Netz (links von der Mittellinie, wenn Sie die linke Seite angreifen, und rechts von der Mittellinie, wenn Sie die rechte Seite angreifen).

**Decken Sie nach jedem Volley den Platz ab.**

Wenn Sie am Netz stehen, haben Sie nicht sehr viel Zeit zwischen Ihrem Volley und dem Passierball des Gegners. Deshalb ist es sehr wichtig, dass Sie sich sofort in die Richtung Ihres Volleys bewegen, sobald Sie ihn getroffen haben.

**EG's EDGARS TIPPS**

"Wenn Sie spielen und den Platz abdecken, werden Sie den Punkt gewinnen. Wenn Sie spielen und warten, werden sie ihn verlieren."

**Antworten Sie auf lange Lobs mit einem langen Schmetterball, auf kurze Lobs mit einem Winkel.**

Auf lange Lobs sollten Sie mit langen Schmetterbällen an die Grundlinie antworten. Bei kurzen Lobs sollten Sie den Schmetterball mit Winkel spielen und versuchen, einen direkten Punkt zu machen.

# Regeln für das Match

**Wenn Sie mit einer Vorhand inside-out angreifen, decken Sie den Passierball longline ab.**

Wenn Sie die Rückhand umlaufen und mit der Vorhand inside-out angreifen, treffen Sie den Ball in der Regel von der Rückhandseite des Spielfelds. Dabei öffnen Sie die rechte Seite des Spielfelds für einen Passierball longline. Sie treiben den Gegner zwar aus dem Feld, aber von der Position außerhalb des Feldes ist es einfacher, longline zu passieren.

**Spielen Sie hohe Volleys druckvoll in die freie Ecke.**

Wenn Sie einen Volley cross spielen, sind Sie normalerweise nicht in einer guten Position für den nächsten Schlag. Wenn Sie jedoch einen hohen Volley bekommen, sollten Sie ihn schnell cross spielen, um den Punkt zu beenden oder den Gegner in Bedrängnis zu bringen.

**Spielen Sie tiefe Volleys longline oder als Stopp.**

Es ist schwierig, den Gegner mit einem tiefen Volley in Bedrängnis zu bringen. Stellen Sie lieber sicher, dass Sie für den nächsten Schlag in einer guten Position sind. Spielen Sie den Volley auf die Schwäche des Gegners, wenn ein deutlicher Unterschied zwischen seiner Vorhand und seiner Rückhand besteht. Wenn beide Seiten gleichwertig sind, spielen Sie longline, um eine gute Position zu bekommen. Als Variante können Sie einen Volleystopp spielen, setzen Sie ihn aber sparsam ein.

**Spielen Sie Halbvolleys sicher und lang. Versuchen Sie nichts Besonderes, wenn Sie sich in einer defensiven Position befinden. Ihr Ziel ist es, den Gegner einen Passierball spielen zu lassen.**

Wenn Sie ans Netz angreifen, werden Sie oft mit einem guten Schlag des Gegners konfrontiert, der Sie dazu zwingt, einen Halbvolley zu schlagen. Unter diesen Umständen geraten viele Spieler in Panik und versuchen, mit einem guten Schlag wieder in die Offensive zu gelangen. Das führt jedoch in der Regel zu unvorhergesehenen Fehlern. Wenn Sie mit einem Halbvolley konfrontiert werden, bleiben Sie ruhig. Spielen Sie den Halbvolley möglichst lang und zwingen Sie den Gegner zu einem Passierball. Sie werden erstaunt sein, wie viele Punkte Sie noch gewinnen können, wenn Sie dem Gegner eine weitere Chance geben, einen Fehler zu machen.

**Wenn Sie sich am Netz strecken müssen, spielen Sie einen Volley-Stopp oder einen langen Volley die Linie hinunter.**

Spielen Sie nur dann cross, wenn Sie den Gegner unter Druck setzen können.

Ein Ball am Netz, bei dem Sie sich strecken müssen, erschwert es Ihnen, den nächsten Schlag abzudecken. Wenn Sie cross spielen, müssen Sie den Gegner in Bedrängnis bringen, sonst können Sie den Passierball die Linie hinunter nicht abdecken.

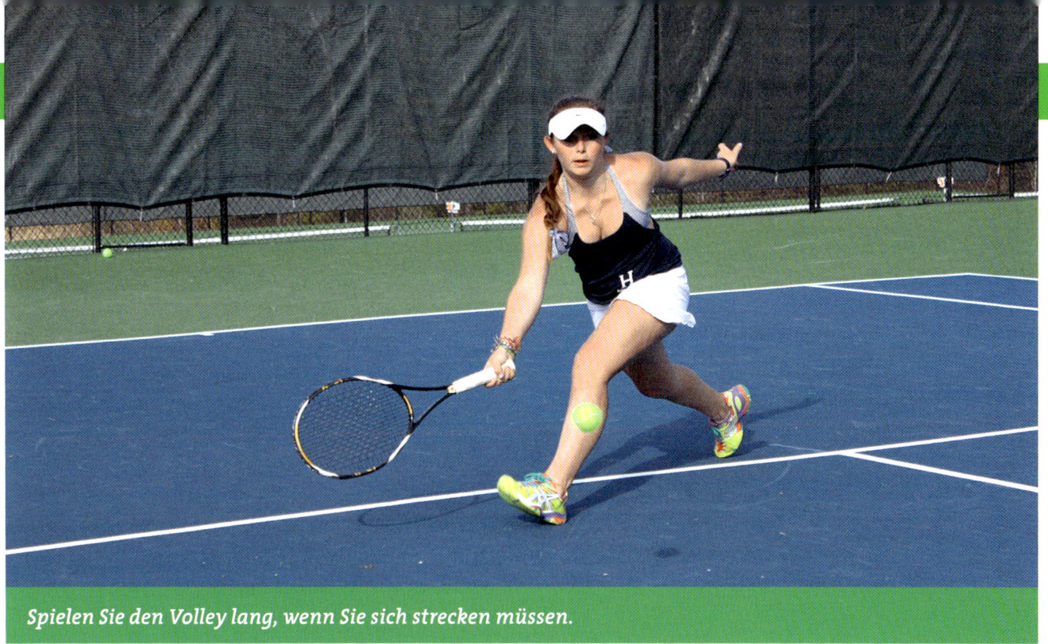

*Spielen Sie den Volley lang, wenn Sie sich strecken müssen.*

**Schlagen Sie beim Serve-and-Volley bei wichtigen Punkten auf das T auf, um dem Gegner keinen Winkel zu geben.**

Aufschläge nach außen geben dem Gegner beim Return mehr Winkel für einen Passierball. Ein Aufschlag auf das T erleichtert das Abdecken des Returns. Wenn der Gegner jedoch eine viel schwächere Seite hat, schlagen Sie bei wichtigen Punkten auf diese Seite auf.

**Greifen Sie mit kurzen und flachen Slice-Bällen an, wenn der Gegner sehr gute Passierbälle hat.**

Ein kurzer flacher Slice zwingt den Gegner, den Passierball anzuheben, was den Volley erleichtert. Da sich der Gegner im Spielfeld befindet, kann er den flachen Ball nicht zu schnell spielen, oder er wird zu lang. Verwenden Sie diesen Schlag als Variante oder gegen Spieler, die nicht in der Lage sind, den Ball mit viel Topspin zu spielen.

## Regeln für den Passierball

**Bringen Sie den Gegner zum Spielen. Passieren Sie den Gegner nicht mit dem ersten Schlag (es sei denn, der Gegner lässt eine Seite weit offen).**

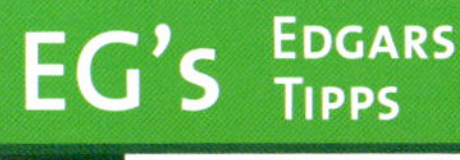


„Die besten Passierbälle spielt man, indem man keine Passierbälle spielt."

Wenn der Gegner ans Netz geht, geraten viele Spieler in Panik und versuchen, einen unglaublichen und fast unmöglichen Schlag zu spielen. Das führt meistens zu mehr Fehlern als zu tollen Schlägen und ist daher kontraproduktiv. Wenn der Gegner angreift, sollten Sie einen flachen Ball spielen, um den Gegner zu einem Volley zu zwingen. Dann können Sie ihn mit dem nächsten Ball passieren. Indem Sie den Gegner dazu bringen, einen Volley zu schlagen, erhöhen Sie die Chancen, den Punkt zu gewinnen. Als Erstes besteht die Möglichkeit, dass der Gegner den Volley verschlägt. Als zweite Möglichkeit könnte sein Volley Ihnen einen komfortablen zweiten Schlag ermöglichen.

**Bewegen Sie sich zum Ball und spielen Sie den Passierball so früh wie möglich.**

Wenn Sie den Ball früh nehmen, hat der Gegner weniger Zeit, sich dem Netz zu nähern, und er kann das Netz nicht gut abdecken. Wenn Sie einen Angriffsball früh nehmen, erhöhen Sie Ihre Chancen, den Gegner am Netz in Bedrängnis zu bringen und ihn zu einem schwachen Volley zu zwingen. Der wiederum bringt Sie in eine gute Position für einen Punktgewinn.

**Bewegen Sie sich nach einem Passierball diagonal in das Spielfeld und versuchen Sie, den Volley des Gegners weit vorne zu kontern.**

Wenn Sie einen Passierball geschlagen haben, sollten Sie sich diagonal in das Spielfeld bewegen. Auf diese Weise können Sie den nächsten Schlag früh nehmen und dem Gegner Zeit wegnehmen. Viele Spieler bleiben nach dem Passierball hinter der Grundlinie stehen und warten darauf, dass der Gegner einen Volley spielt. In den meisten Fällen verlieren sie den Punkt durch einen kurzen Volley. Im besten Fall behält der Volleyspieler die Kontrolle über den Punkt und gewinnt ihn nach mehreren Volleys.

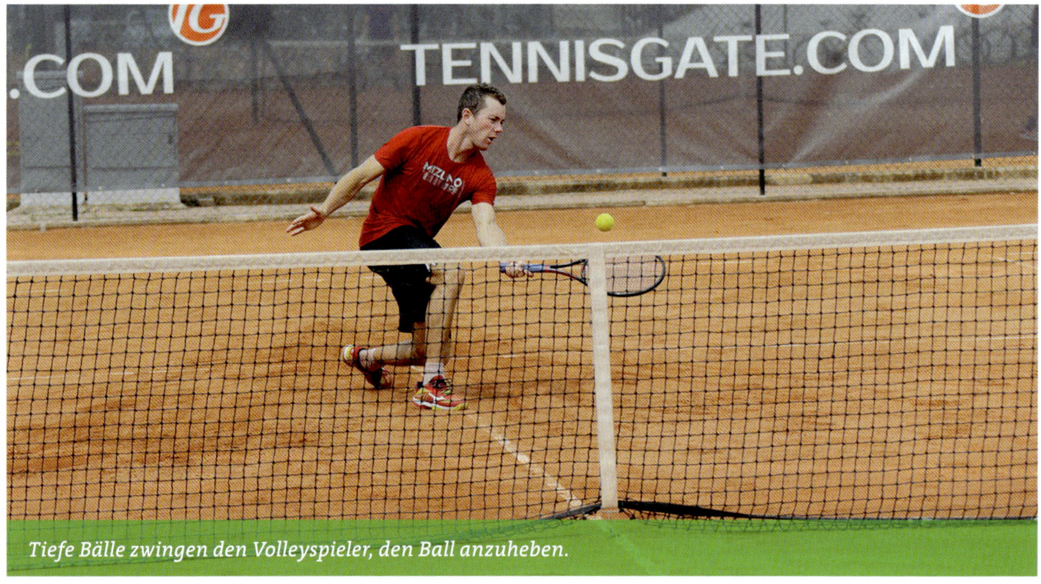


*Tiefe Bälle zwingen den Volleyspieler, den Ball anzuheben.*

Es ist wichtig zu verstehen, dass ein Volley eher kurz als lang geschlagen wird. Es ist viel schwieriger, einen langen Volley zu spielen, besonders, wenn er aus der Streckung oder auf einen sehr flachen Ball gespielt werden muss. Der Passierballspieler sollte immer mit dem wahrscheinlichsten Szenario rechnen, und zwar mit einem kurzen Ball.

**Spielen Sie einen kurzen Topspin oder einen Block, um den Gegner zum Volley zu zwingen.**
Wenn Sie einen Angriffsball abwehren müssen, haben Sie normalerweise zwei Möglichkeiten. Wenn der Angriffsball kurz ist, sollten Sie den Ball mit viel Spin kurz spielen, um den Gegner zum Volley zu zwingen. Wenn der Angriffsball des Gegners lang ist, blocken Sie den Ball kurz nach dem Aufspringen ab, um dem Gegner Zeit wegzunehmen.

**Spielen Sie Lobs, damit der Gegner nicht zu dicht am Netz steht.**
Der Lob ist ein Schlüsselinstrument für jeden guten Passierballspieler. Ein Volleyspieler, der sehr dicht am Netz steht, hat einen großen Vorteil bei der Platzabdeckung. Denn je näher er am Netz steht, desto einfacher ist es, die Winkel abzudecken. Aus diesem Grund ist es wichtig, öfter Lobs einzustreuen, damit der Gegner seine Grundposition am Netz nach hinten verschiebt.

**Spielen Sie einen hohen defensiven Lob, wenn Sie viel laufen müssen und sich nicht optimal auf den nächsten Schlag vorbereiten können und wenn sie selbst überlobbt wurden.**
Damit geben Sie sich eine Chance, wieder in den Punkt zurückzukommen. Achten Sie darauf, dass der Lob sehr hoch ist. Am Himmel gibt es keine Grenzen (nur in der Halle).

**Bleiben Sie entspannt und beobachten Sie den Ball bis zum Treffpunkt.**
Die meisten Passierballfehler sind auf Anspannung oder mangelnde Konzentration auf den Ball zurückzuführen.
Ein Passierball ist eine Situation mit großem Druck. Es passiert schnell, dass man von dem angreifenden Spieler abgelenkt wird oder gestresst reagiert. Unter diesen Umständen sollten Sie auf keinen Fall zögern und sich voll auf den Ball konzentrieren. Um Ihre Chancen zu verbessern, sollten Sie sich frühzeitig entscheiden, wohin Sie spielen wollen. Bleiben Sie entspannt und konzentrieren Sie sich auf den Treffpunkt und nicht auf den Gegner oder Ihr Ziel.

# Regeln für das Match

**Spielen Sie einen flachen Slice in die Füße des Gegners oder einen Lob, wenn der Gegner Sie laufen lässt und Sie den Schlag nicht optimal vorbereiten können.**

Wenn der Gegner Sie aus dem Gleichgewicht gebracht hat, sollten sie möglichst keinen riskanten Passierball schlagen. Das wird höchstwahrscheinlich zu einem Fehler führen. Geben Sie sich selbst eine Chance, im Punkt zu bleiben, indem Sie den Ball mit einem Slice flach halten oder einen Lob schlagen.

**Spielen Sie Passierbälle bei wichtigen Punkten cross, um dem Gegner keinen Winkel zu geben und einen zweiten Passierball zu bekommen.**

Wenn Sie einen Passierball longline spielen, kann der Gegner einen Volley mit Winkel schlagen, der viel schwerer zu erreichen ist. Wenn Sie Ihren Passierball cross spielen, schlagen Sie über den flachen Teil des Netzes. Und wenn der Gegner den Volley in den offenen Platz longline spielt, haben Sie eine größere Chance, ihn zu erreichen.

**Antworten Sie auf einen Stopp mit einem langen Longline-Ball. Es sei denn, Sie sind früh am Ball und können ihn cross angreifen.**

Wenn Sie einen Stopp erlaufen, ist es sehr verlockend, den Ball cross vom Gegner wegzuschlagen. Bei einem cross gespielten Ball sind Sie jedoch anfällig für einen Passierball die Linie herunter. Wenn Sie den Ball lang und longline spielen, sind Sie in der bestmöglichen Position, um den nächsten Schlag des Gegners abzudecken.

**Wenn Sie den Schmetterball eines Gegners abwehren können, versuchen Sie, ihn zum Spielen zu bringen.**

Probieren Sie nicht, einen Winner zu schlagen. Sie befinden Sie sich wahrscheinlich in einer defensiven Position, aber Sie sind wieder im Punkt. Schon allein die Tatsache, dass Sie den Schmetterball zurückspielen konnten, kann die Wende bedeuten. Der Gegner glaubt, dass er den Punkt gewonnen hat, und plötzlich muss er weiter um ihn kämpfen. Halten Sie den Ball flach oder schlagen Sie einen hohen Ball auf die Rückhand. Sie haben eine viel bessere Chance, den Punkt zu gewinnen, wenn Sie den Gegner zum Spielen bringen, als wenn Sie auf einen Winner setzen.

# Regeln für Matches

**Konzentrieren Sie sich beim Einspielen darauf, locker zu schwingen und den Ball zu beobachten, insbesondere nach dem Aufspringen bis zum Treffpunkt.**

Gute Spieler nutzen das Einspielen, um sich mental und körperlich auf das Match vorzubereiten. Vor einem Turniermatch sind die meisten Spieler nervös und neigen dazu, ihren Kopf mit ängstlichen Gedanken und Ideen zu füllen: Wie gut ist dieser Spieler? Ich sollte dieses Spiel gewinnen! Er sieht nicht wie ein Kämpfer aus usw. Wenn Sie sich nur auf den Ball konzentrieren, können Sie sich auf die bevorstehende Aufgabe konzentrieren und eine gute mentale Basis für den Wettkampf schaffen.

**Verlieren Sie nicht gegen sich selbst. Wenn Sie verlieren, stellen Sie sicher, dass der Gegner Sie geschlagen hat.**

**EG's Edgars Tipps**

Die zwei wichtigsten Regeln im Tennis sind:
Spielen Sie den Ball über das Netz, und spielen Sie den Ball ins Feld.

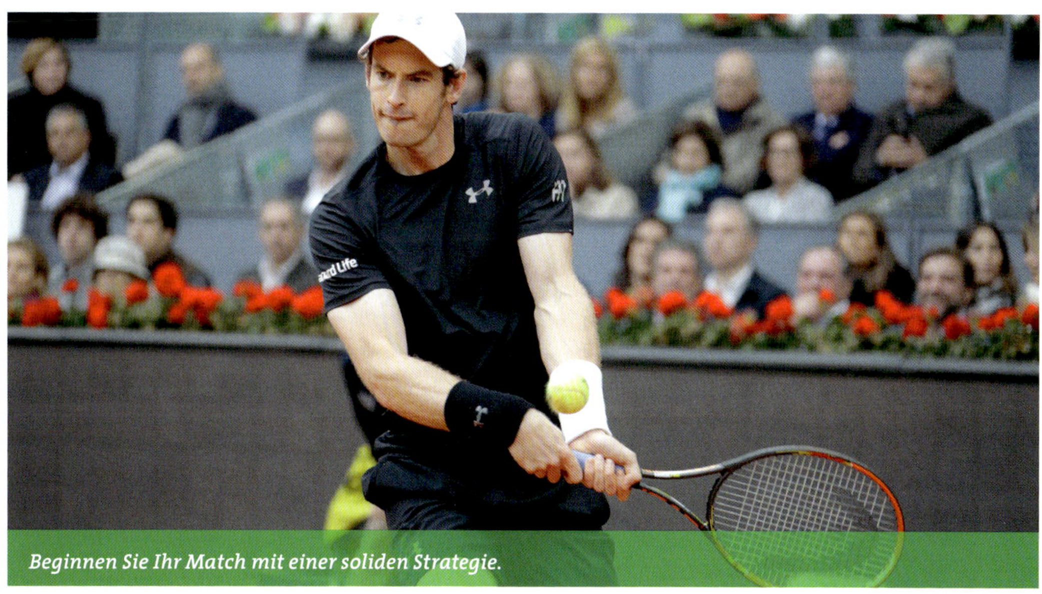

*Beginnen Sie Ihr Match mit einer soliden Strategie.*

# Regeln für das Match

Es ist überraschend zu sehen, wie leicht Tennisspieler diese einfachen Regeln vergessen. Oft sind die Spieler so sehr darauf fokussiert, tolle Schläge zu machen, dass sie ganz vergessen, dass der Ball auch ins Feld muss. Bis zum Ende eines Matches muss der Gegner dann nicht viel tun, um zu gewinnen. Vielleicht muss er sich ein paarmal ducken, um den „Raketen" auszuweichen, die bis in den Zaun fliegen.

Bevor Sie versuchen, den Gegner mit tollen Schlägen zu beeindrucken, testen Sie sein Können. Spielen Sie in einem Tempo, in dem Sie sich wohlfühlen. Mit anderen Worten, spielen Sie zuerst Ihr Spiel und passen Sie es gegebenenfalls an.

**Zu Beginn eines Matches sollten Sie solide anfangen.**

Sie sollten sich auf die folgenden Aspekte konzentrieren:

- Spielen Sie alle Returns sicher in die Mitte des Spielfeldes.
- Spielen Sie Ihren ersten Aufschlag mit Drall, um die Quote hoch zu bekommen.
- Spielen Sie viele neutrale Bälle cross, um Rhythmus zu bekommen und herauszufinden, was der Gegner gut kann und was nicht.

Zu Beginn eines Matches sind beide Spieler nervös, sodass die Chancen größer sind, Fehler zu machen. Wenn Sie zu Beginn solide spielen, können Sie sich entspannen und den Gegner auf die Probe stellen. Wenn Sie am Anfang nervös sind und versuchen, zu gut zu spielen, dann sind die Chancen groß, dass Sie Fehler machen und noch nervöser werden. Wenn Sie andererseits den Gegner zum Spielen bringen, können Sie sich immer mehr entspannen und aggressiver spielen. Es ist erstaunlich, wie viele Matches man noch gewinnen kann, wenn man den Gegner Fehler machen lässt.

**Versuchen Sie, lang zu spielen und darauf zu achten, dass ihre Bälle nicht ins Netz gehen.**

Bei schnellen Bällen oder Angriffsbällen spielen Spieler oft zu flach über das Netz und machen damit zu viele Fehler. Erfahrene Spieler hingegen spielen hoch über das Netz und nutzen den Drall, um den Ball ins Feld zu spielen, egal, wie hart sie schlagen. Eine gute Strategie wäre zum Beispiel, bei jedem Grundschlag mindestens einen Meter über das Netz zu spielen. Damit werden Sie nicht nur Ihre Fehler reduzieren, sondern Ihre Bälle werden auch länger und damit effektiver.

**Nutzen Sie Ihre Stärken aus. Sobald Sie eine solide Basis geschaffen haben, zwingen Sie Ihrem Gegner Ihre Spielweise auf.**

Ihre erste Strategie sollte immer sein, sich auf dem Platz wohlzufühlen, indem Sie hauptsächlich die Schläge spielen, die Sie gerne spielen. Dann werden Sie Selbstvertrauen gewinnen. Jeder Spieler

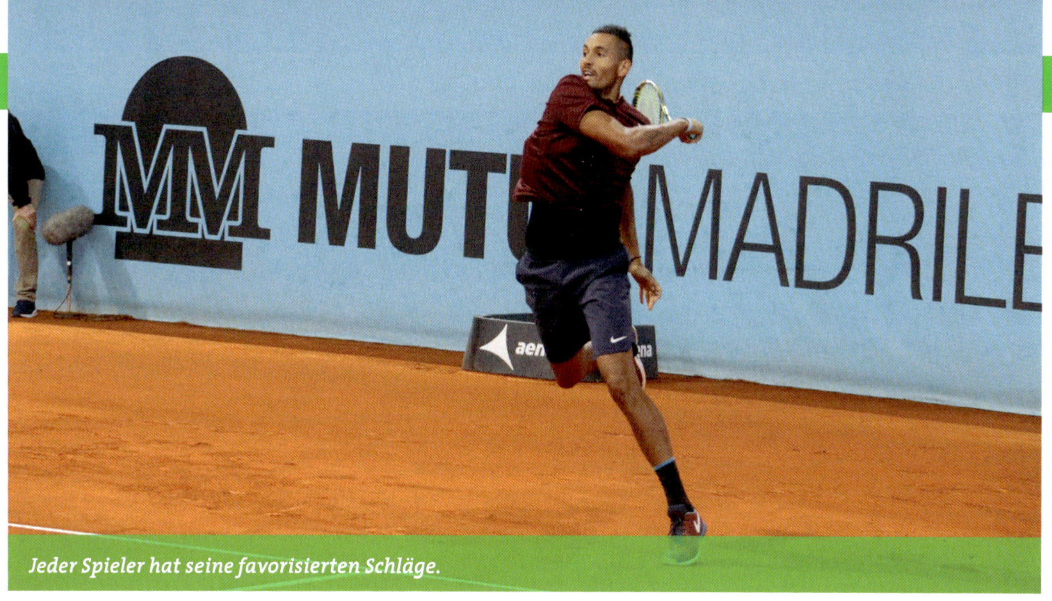

*Jeder Spieler hat seine favorisierten Schläge.*

hat bestimmte Schläge und Spielzüge, die er am liebsten mag. Bauen Sie Ihr Spiel um diese Stärken herum auf und passen Sie es leicht an das Spiel des Gegners an. Wenn Sie zum Beispiel gerne ans Netz gehen, passen Sie Ihre Angriffsbälle an die Stärken und Schwächen des Gegners an. Sie werden nie erleben, dass ein Sandplatzspezialist wie Nadal in Wimbledon zum Netzstürmer wird. Er wird vielleicht etwas öfter Serve-and-Volley spielen und ein paarmal mehr ans Netz kommen, aber er wird seinen Spielzügen und seiner Spielweise treu bleiben.

**Suchen Sie die Schwächen und Spielzüge des Gegners.**
Finden Sie heraus, was der Gegner kann und was nicht. Spielen Sie auf die Schwächen des Gegners. Achten Sie auf seine typischen Spielzüge. Denken Sie insbesondere bei wichtigen Punkten an diese Spielzüge.

Wenn der Lieblingsaufschlag Ihres Gegners beispielsweise der Slice nach außen ist, seien Sie immer bereit, diesen Aufschlag zu returnieren. Stellen Sie sich etwas näher an die Seitenlinie, um seinen besten Aufschlag leichter abzudecken und ihn zu zwingen, einen anderen Aufschlag zu versuchen.

**EG's EDGARS TIPPS**

Ich habe den Wimbledon-Champion Stan Smith mehrmals über dieses Thema reden hören. Er hat es in etwa so erklärt: Während eines Matches notiert man sich mental, was auf dem Platz passiert. Was macht der Gegner am liebsten? Was macht er gut und was kann man ausnutzen? Warten Sie dann auf die wichtigen Punkte, um aus diesem Wissen Kapital zu schlagen. Zum Beispiel: Sie spielen gegen einen Gegner, der nach dem Angriffsball gerne sehr nahe ans Netz geht. Warten Sie auf einen wichtigen Punkt und spielen sie dann einen Lob. Dieser eine Lob könnte das Match entscheiden.

# Teil VI – Abschnitt 13

# Regeln für das Match

## Regeln für wichtige Punkte (Big Points)

Im Gegensatz zu durchschnittlichen Spielern verwandeln Spitzenspieler konsequent wichtige Punkte. Bei den wichtigen Punkten muss man Prozenttennis spielen. Die folgenden Regeln werden Ihre Chancen in diesen entscheidenden Situationen verbessern.

**Vermeiden Sie Fehler, die durch Anspannung oder Nichtbeobachtung des Balles entstehen.**
Sie sind die häufigsten Ursachen für verpasste Chancen. Denken Sie immer wieder daran, den Ball bis zum Treffpunkt anzuschauen. Schwingen Sie während des gesamten Matches, und vor allem bei wichtigen Punkten, locker durch.

**Spielen Sie so oft wie möglich Ihren besten Schlag.**
Bei den wichtigen Punkten sollten Sie die Chancen nutzen und Ihre besten Schläge einsetzen. Lassen Sie sich nicht durch Ihr Ego einschränken. Wenn Sie eine viel stärkere Seite haben, setzen Sie sie bei jeder Gelegenheit ein. Es gibt keine Extrapunkte für andere Schläge, und es gibt auch keine Strafe dafür, dass Sie immer den gleichen Schlag anwenden. Seien Sie schlau! Auch wenn der spektakulär aussehende „Tweener" (ein Lob, den man zwischen den Beinen zurückspielt) verlockend erscheint, setzen Sie bei den wichtigen Punkten auf einen hohen defensiven Lob.

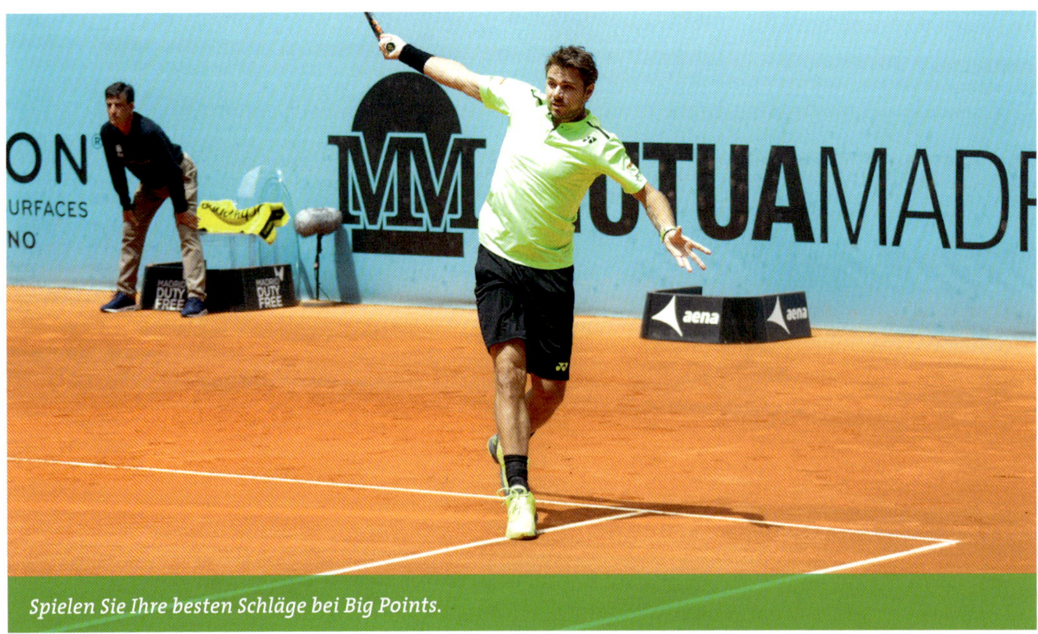


*Spielen Sie Ihre besten Schläge bei Big Points.*

**Setzen Sie Ihre besten Spielzüge ein.**

Seien Sie sich darüber im Klaren, wie Sie die wichtigen Punkte spielen wollen. Spielen Sie so, dass Ihre Gewinnchancen steigen. Welche Spielzüge geben Ihnen eine größere Chance? Sind Sie lieber am Netz oder an der Grundlinie? Würden Sie lieber Volley oder Passierball spielen? Spielen Sie lieber aggressiv oder konstant? Seien Sie sich darüber im Klaren, wo Ihre Stärken liegen, und spielen Sie entsprechend. Setzen Sie diese Spielzüge so oft ein, wie es Ihnen der Gegner erlaubt.

**Wenn Sie genau wissen, wie Sie am liebsten den Punkt eröffnen, dann sollten Sie sich daran halten. Zweifeln Sie nicht an sich selbst.**

Wenn Sie bei wichtigen Punkten aufschlagen, müssen Sie abwägen: Ist es besser, ein Ass zu versuchen, oder dafür zu sorgen, dass Sie den ersten Aufschlag reinbekommen? Schlagen Sie besser auf die Schwäche des Gegners oder in Ihre Lieblingsrichtung auf? Sind Sie besser dran, wenn Sie Serve-and-Volley spielen oder an der Grundlinie bleiben? Und so weiter. Wenn Sie bei wichtigen Punkten Return spielen, müssen Sie abwägen: Returnieren Sie beim zweiten Aufschlag lieber mit der Vorhand oder Rückhand? Greifen Sie lieber an oder spielen Sie besser konstant von hinten? Überlegen Sie sich, welche Ihre besten Optionen sind. Zweifeln Sie nicht an sich selbst.

**Spielen Sie auf die Schwäche des Gegners.**

Wenn Sie versuchen, Ihren Gegner auf seiner stärkeren Seite zu überraschen, könnte es sein, dass Sie selbst überrascht werden. Und zwar, wenn Sie den Ball an sich vorbeiziehen sehen. Greifen Sie die Schwäche des Gegners an!

**Decken oder kontern Sie die Lieblingsspielzüge des Gegners.**

An dieser Stelle kann sich Ihre Fähigkeit, den Gegner während des Spiels zu analysieren, sehr auszahlen. Die wichtigen Punkte sind der ideale Zeitpunkt, um alles auszunutzen, was Sie während des Matches über Ihren Gegner gelernt haben. Die meisten Spieler zeigen spezifische Vorlieben, und sie werden diese unter Druck selten ändern. Zum Beispiel:

- Nach ein paar Aufschlägen sollten Sie wissen, auf welche Seite der Lieblingsaufschlag des Gegners geht. Wenn er beispielsweise dreimal nach außen aufgeschlagen hat, stellen Sie sich näher an die Seitenlinie. Es ist erstaunlich, wie viele Spieler immer noch auf der gleichen Stelle stehen, nachdem sie ständig auf der gleichen Seite angespielt werden. Teilen Sie dem Gegner mit, dass Sie seinen Lieblingsaufschlag identifiziert haben und dass Sie bereit sind. Zwingen Sie ihn, darüber nachzudenken.
- Achten Sie darauf, auf welcher Seite der Gegner besser passiert. Machen Sie sich eine mentale

Notiz. Lassen Sie den Ball nicht vorbei. Zwingen Sie den Gegner, bei wichtigen Punkten seinen schwächsten Schlag zu versuchen.

» Setzen Sie „Überraschungen" bei wichtigen Punkten ein. Ändern Sie Ihre bevorzugten Spielzüge. Zum Beispiel: Bis jetzt haben Sie alle zweiten Aufschläge des Gegners inside-out angegriffen. Wenn Sie jetzt zum Beispiel einen Breakball haben, können Sie den Gegner mit einer Vorhand inside-in überraschen. Das scheint einer der zuvor besprochenen Regeln zu widersprechen: Spielen Sie auf die Schwäche des Gegners. In diesem Fall beziehe ich mich jedoch auf Schläge, die im Grunde genommen den Punkt beenden, wie z. B. einen Lob gegen einen Gegner, der zu dicht am Netz steht, einen Longline-Passierball nach vielen Cross-Passierbällen oder einen aggressiven Inside-in-Vorhand-Return.

Der Gegner sollte sich bei wichtigen Punkten unwohl fühlen. Seien Sie bereit, seinen Lieblingsschlag abzudecken, und bringen Sie ihn dazu, seinen schwächsten Schlag zu benutzen. Das gleiche Schema kann auch im Doppel angewendet werden. Werfen wir einen Blick auf die taktischen Richtlinien für das Doppel.

# Regeln für das Doppel

## Allgemeine Regeln

**Eine der wichtigsten Regeln im Doppel ist, eine hohe Quote beim ersten Aufschlag und Return zu erreichen.**

Doppel ist ein einfaches Spiel, bei dem die disziplinierte Einhaltung der Spielregeln der Schlüssel zum Erfolg ist. Das Spiel wird nicht mit fantasievollen Schlägen gewonnen, sondern eher mit einer Reihe solider Schläge. Wassertropfen, die immer gleichmäßig fallen, erodieren langfristig jeden Stein. Und der Gewinn eines Doppels ist das Ergebnis von vielen richtigen Schlägen, bis man den Gegner zu Fall bringt. Wenn Sie den Ball jedes Mal ins Spiel bringen, verbessert sich Ihr Ergebnis im Doppel automatisch, unabhängig von Ihrem Niveau. Die Aufschläge und Returns müssen nicht unbedingt Winner sein. Sie müssen noch nicht einmal sehr gut sein. Allein die Tatsache, dass der Gegner jedes Mal einen Return oder einen Volley schlagen muss, wird sich langfristig auszahlen. Versuchen Sie das nächste Mal, wenn Sie auf dem Platz stehen, so viele Aufschläge und Returns wie möglich ins Feld zu spielen. Sie werden erstaunt über das Ergebnis sein.

**Platzieren Sie den Aufschlag auf die Schwäche des Gegners.**

Es ist erstaunlich, wie oft Spieler ihren Aufschlag verlieren, weil sie nicht zur Schwäche des Gegners aufschlagen. Tennis ist ein Spiel der Prozente. Wenn der Gegner acht von zehn Vorhand-Returns und nur sechs von zehn Rückhand-Returns macht, schlagen Sie auf die Rückhand auf. Schlagen Sie niemals willkürlich auf. Wenn Sie Ihren Aufschlag etwas variieren wollen, verwenden Sie die 25-Prozent-Regel. Eine Variation von 25 Prozent reicht aus, um den Gegner im Ungewissen zu lassen, aber im Allgemeinen sollten Sie konsequent sein. Finden Sie die Schwäche und nutzen Sie sie aus.

**Streben Sie immer danach, die Punkte am Netz zu gewinnen.**

» **Spielen Sie immer Serve-and-Volley.**

» **Gehen Sie mit dem Return ans Netz, wenn der Gegner nach dem Aufschlag hinten bleibt.**

Doppel wird am Netz gespielt. Die grundlegenden Ziele beim Doppel sind aggressiv zu spielen und so oft wie möglich ans Netz zu kommen. Gute Volleyspieler haben im Doppel immer einen Vorteil gegenüber guten Grundlinienspielern. Wenn Sie gutes Doppel spielen wollen, müssen Sie an Ihren Volleys arbeiten.

**Lassen Sie sich nicht überlobben.**

Versuchen Sie alles, um Lobs aus der Luft zu nehmen und danach wieder ans Netz zu kommen. Wenn Sie sich überlobben lassen, bringen Sie sich in eine sehr defensive Position und ermöglichen den Gegnern, ans Netz zu kommen.

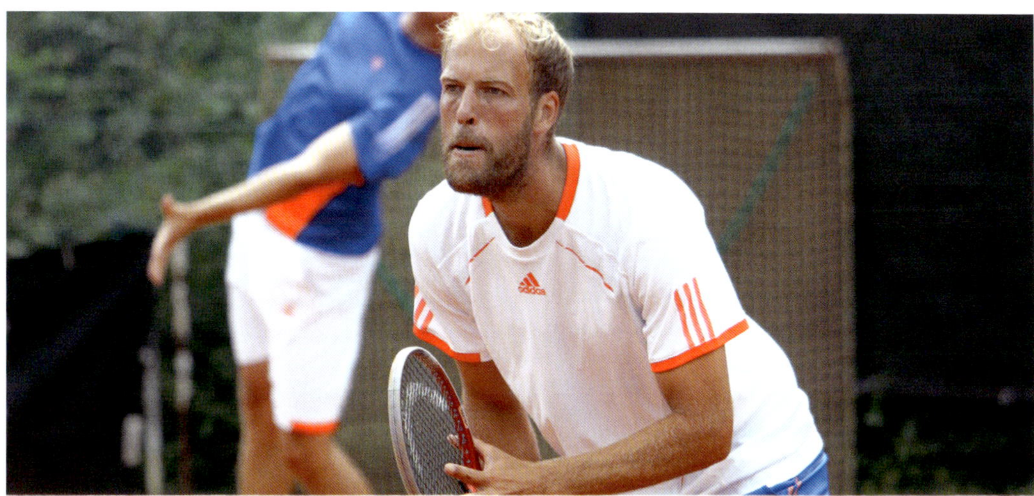


*Gehen Sie beim Verteidigen zurück, aber bewegen Sie sich schnell wieder nach vorne.*

# Teil VI – Abschnitt 13
## Regeln für das Match

**Versuchen Sie, so schnell wie möglich ans Netz vorzurücken, um den Volley so weit vorne wie möglich zu schlagen.**

Je näher Sie am Netz sind, desto aggressiver können Sie Volley spielen. Es ist einfacher, hohe Bälle abwärts zu spielen und einen Punkt mit dem Volley zu machen. Finden Sie das Gleichgewicht zwischen einem engen Abstand zum Netz und der Möglichkeit, den Lob abzudecken.

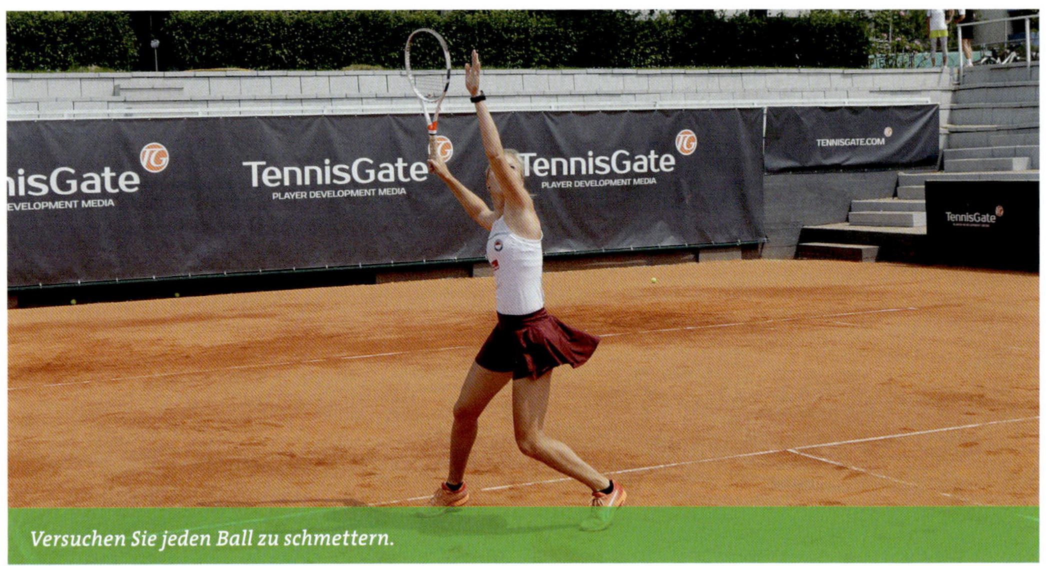


*Versuchen Sie jeden Ball zu schmettern.*

**Wenn Sie am Netz sind, spielen Sie immer zum Grundlinienspieler, es sei denn, Sie können den Gegner am Netz unter Druck setzen.**

Spielen Sie flache Volleys cross zum hinteren Spieler und hohe Volleys longline auf den Netzspieler. Wenn Sie einen einfachen oder hohen Volley haben, zielen Sie auf die Füße Ihres Gegners am Netz. Wenn Sie einen flachen Volley haben, spielen Sie ihn lang auf den Gegner an der Grundlinie. Spielen Sie nur einen Volley auf den Gegner am Netz, wenn Sie ihn in Bedrängnis bringen können. Die gleiche Regel gilt für kurze Bälle. Wenn Sie den Gegner am Netz nicht attackieren können, sollten Sie einen sicheren Schlag auf den Gegner an der Grundlinie spielen und ans Netz vorrücken.

**Bei Anfängern, die noch nicht so erfahren im Doppelspiel sind, ist ein Schlag in Richtung der Netzperson oft eine gute Strategie.**

Neulinge sind in der Regel zaghaft und nicht sehr gut am Netz. Je besser die Gegner jedoch werden, umso weniger Punkte werden Sie gewinnen, wenn Sie aus einer defensiven oder neutralen Position zum Netzspieler spielen.

**Wer deckt die Mitte ab? Der Spieler, der diagonal zum eintreffenden Schlag steht.**
Jedes Mal, wenn ich Spieler frage, wer im Doppel die Mitte abdeckt, bekomme ich die gleiche Antwort: der Spieler mit dem Vorhand-Volley. Wenn ich frage: Was passiert, wenn zwei Linkshänder spielen oder wenn einer der Spieler einen viel besseren Rückhand-Volley hat? Die meisten Spieler schauen mich einfach an, als ob ich den Verstand verloren hätte. Der Spieler mit dem Vorhand-Volley deckt nicht immer die Mitte ab. Das ist ein Märchen oder eine veraltete Tennisweisheit. Es ist unmöglich, während eines Ballwechsels darüber nachzudenken, wer jetzt die Vorhand in der Mitte hat.

Im Kapitel über die Geometrie des Platzes habe ich herausgestellt, dass ein Einzelspieler sich immer in die Mitte der bestmöglichen Schläge des Gegners stellen sollte, um den Platz effektiv abzudecken. Beim Doppel ist das nicht anders. Ein gutes Doppelteam erreicht das, indem sie ihrem Schlag immer folgen. Wenn ein Team also einen Schlag auf die linke Seite des Spielfeldes spielt, bewegen sich beide nach links. Der Spieler, der diagonal zum Schlag steht, bewegt sich zur Mitte und sein Partner zum Korridor. Der Spieler, der diagonal zum Schlag des Gegners steht, deckt immer die Mitte ab.

**Wenn beide Gegner am Netz stehen, spielen Sie in die Mitte.**
Oft sind Spieler nach einem guten Return ängstlich, wenn beide Gegner am Netz sind. Keine Panik! Geben Sie Ihren Gegnern eine zusätzliche Gelegenheit, einen Fehler zu machen. Spielen Sie den zweiten Ball in die Mitte (zwischen die beiden Volleyspieler) und seien Sie geduldig. Sie werden überrascht sein, wie viele Punkte Sie gewinnen, wenn Sie die Gegner konsequent mindestens zwei Schläge pro Punkt spielen lassen.

**Spielen Sie tiefe Volleys mit wenig Tempo in die Füße des Gegners und rücken sie vor.**
Oft ist ein tiefer, weicher Schlag wirksamer gegen zwei Gegner am Netz als ein hart gespielter Volley. Oft versuchen Spieler, einen tiefen Volley zu fest zu schlagen. Ein tiefer, weicher Schlag in die Füße, gefolgt von einer Bewegung nach vorne, um den nächsten Volley schnell zu spielen, ist jedoch viel wirkungsvoller. Die Gegner müssen den tiefen Volley anheben, und wenn Sie sich schnell auf das Netz zubewegen, können Sie einen hohen Volley wegdrücken.

Diese Lektion habe ich bereits im College gelernt, als ich gegen Jorge Lozano und Todd Witsken von der University of Southern California antreten musste. Die beiden wurden später die Nummer eins der Welt im Doppel. Sie hatten ein großartiges Gefühl für den Ball. Jedes Mal, wenn wir am Netz ein Volleyduell gespielt haben, verlangsamten sie den Ball und legten ihn uns vor die Füße. Das war extrem unangenehm für uns und sehr effektiv für sie.

# Regeln für das Match

**Sprechen Sie nach jedem Punkt mit Ihrem Partner.**

Kommunikation ist der Schlüssel für gute Doppelteams. Doppel ist ein Teamsport. Arbeiten Sie mit Ihrem Partner zusammen. Stellen Sie sicher, dass Sie die Interaktion mit Ihrem Partner fördern, indem Sie nach jedem Punkt mit ihm reden. Es gibt viele wichtige Aspekte, die sie besprechen müssen, um am gleichen Strang zu ziehen. Sie müssen beispielsweise besprechen, wohin Sie aufschlagen wollen, ob Sie kreuzen oder nicht kreuzen, wo die Schwächen des Gegners sind usw. Achten Sie zudem darauf, dass Sie Ihren Partner bedingungslos unterstützen, auch wenn er die „Vorlage" beim Breakpunkt verpasst hat. Beißen Sie sich auf die Zunge und setzen Sie Ihre ganze innere Stärke ein, um ruhig zu bleiben: „Es spielt keine Rolle."

Niemand macht absichtlich einen Fehler. Negativ auf die Fehler des Partners zu reagieren, wird nur zu mehr Unsicherheit und Fehlern führen.

**Geben Sie Ihrem Partner Anweisungen während des Ballwechsels.**

Doppel erfordert eine gute Kommunikation und es ist ratsam, zwischen den Punkten so oft wie möglich mit Ihrem Partner zu sprechen. Die Kommunikation während des Ballwechsels ist genauso wichtig. Sie und Ihr Partner sollten sich auf dem Platz so viel wie möglich gegenseitig helfen. Rufen Sie Ihrem Partner laut zu, wenn ein Ball ins Aus geht. Manchmal kann ein Spieler in einer anderen Spielfeldposition die Flugbahn des Balles nicht so gut zu beurteilen. Rufen Sie außerdem bei allen Bällen in der Mitte des Spielfeldes, die Sie ausführen möchten: „Ich."

Wenn Sie einen Lob spielen und „Zurück!" schreien, während Sie den Ball schlagen, gibt das Kommando Ihrem Partner zusätzliche Zeit, sich in die Defensive zurückzuziehen, falls Ihr Lob zu kurz ist.

Es kann noch andere Situationen geben, in denen Ihr Partner sich in eine bestimmte Richtung bewegen muss, um den Platz besser abzudecken. Zögern Sie nicht, ihn beim Punkt zu führen: Bleib, zurück, vor und so weiter.

**Spielen Sie immer den ersten Aufschlag ins Feld, wenn beide Gegner beim Return hinten bleiben.**

Im Doppel können Sie den Punkt am einfachsten gewinnen, wenn Sie am Netz stehen. Wenn die Gegner beim Return beide hinten bleiben, sollten Sie den ersten Aufschlag ins Feld spielen und ans Netz gehen. Nutzen Sie die Gelegenheit, zu zweit am Netz gegen zwei an der Grundlinie zu spielen. Wenn Sie den ersten Aufschlag verschlagen, werden Ihre Gegner wahrscheinlich ihre Positionen ändern, indem einer ans Netz geht.

**Wenn Sie gegen zwei Spieler an der Grundlinie spielen, spielen Sie den Volley durch die Mitte. Außer Sie haben einen hohen Volley, den Sie mit Winkel spielen können. Bei einem langen Volley müssen Sie mit einem Lob rechnen.**

Mit langen Volleys durch die Mitte nehmen Sie den Gegnern jeden Winkel weg. Geben Sie nicht der Versuchung nach, einen Stoppball oder einen „kleinen Winkel" zu spielen. Wenn diese Bälle nicht perfekt sind, öffnen Sie den Platz und geben den Gegnern die Gelegenheit zum Angriff. Spielen Sie lange Volleys in die Mitte, bis Sie einen hohen Volley oder Schmetterball bekommen.

**Wenn Sie und Ihr Partner beim Return beide hinten bleiben, dann müssen Sie den Return unbedingt ins Feld spielen.**

Wenn sich Spieler entscheiden, hinten zu bleiben und dann den gleichen aggressiven Return zu spielen, macht mich das als Trainer verrückt. Wenn Sie vorhaben, einen aggressiven Return zu spielen, dann muss Ihr Partner am Netz bereit sein, Sie zu unterstützen.

Wenn Sie Ihren Partner bitten, beim Return an der Grundlinie zu bleiben, dann sagen Sie ihm in Wirklichkeit: „Ich weiß nicht, ob ich in der Lage bin, einen aggressiven Return auf die Füße des Gegners zu schlagen. Bitte bleib zurück, damit wir defensiver spielen können." Es ist absurd, nach dieser „Erklärung" einen aggressiven Return anzustreben. Versuchen Sie, den Punkt auf jede erdenkliche Art und Weise zu gewinnen. Spielen Sie einen Lob, Block oder einen flachen Ball. Tun Sie, was immer Sie wollen, aber spielen Sie keinen Return-Winner. Bleiben Sie der Logik treu, der Ball muss ins Feld!

**Antworten Sie auf einen Lob immer mit einem Gegenlob in die Mitte.**

Wenn Sie überlobbt werden und einer von Ihnen zurücklaufen muss, spielen Sie einen hohen defensiven Lob in die Mitte. So haben Sie beide Zeit, zur Grundlinie zurückzukehren und sich zu verteidigen. Viele Spieler machen den Fehler, aus dieser Position einen Offensivschlag zu versuchen. Meistens verlieren sie den Punkt entweder dadurch, dass sie einen Fehler machen oder das andere Team einen leichten Volley wegmachen kann.

**Wenn Sie auf beiden Seiten Ballwechsel mit einem Spieler vorne und einem hinten spielen, befolgen Sie diese Regeln:**

» Die hinteren Spieler spielen konstant cross, bis sie mit einem kurzen Ball angreifen können. Als Variation können Sie ab und zu den Netzspieler überlobben.
» Die Spieler am Netz sollten sich im Aufschlagbereich auf und ab bewegen, um zu wildern oder das Wildern des Gegners abzuwehren.

» Schauen Sie nicht zurück, um Ihrem Partner zuzuschauen. Konzentrieren Sie sich auf den Netzspieler, der Ihnen diagonal gegenüber steht. Mit etwas Übung gewinnen Sie wertvolle Zeit, indem Sie durch die Bewegungen des Gegners erkennen können, welchen Schlag Ihr Partner gespielt hat.

Obwohl Sie die Aufstellung (einer vorne, einer hinten) so oft wie möglich vermeiden und als Mannschaft ans Netz gehen sollten, werden Sie sich irgendwann während eines Matches in dieser Aufstellung wiederfinden und Ihr Bestes geben müssen. Wenn Sie an der Grundlinie sind, sollten Sie konstant cross spielen, bis Sie mit einem kurzen Ball angreifen können. Versuchen Sie, keine direkten Punkte von der Grundlinie zu machen. Wenn Sie in dieser Aufstellung der Netzspieler sind, ist es Ihre Aufgabe zu wildern, um die Schläge des Gegners abzufangen. Sie sollten jedes Mal nach vorne gehen, wenn der Schlag Ihres Partners die Grundlinie des Gegners erreicht. Wenn Sie nicht wildern können, bewegen Sie sich zur Mitte der Aufschlaglinie zurück, um sich auf ein mögliches Wildern des Gegners vorzubereiten. Wenn der Schlag Ihres Partners übers Netz fliegt, bewegen Sie sich nach vorne, um erneut zu wildern. Sie müssen ständig in Bewegung sein und sich während des gesamten Punktes nach vorne zum Wildern und zurück zur Verteidigung bewegen. Die meisten Spieler auf Vereinsebene bewegen sich im Aufschlagfeld nicht nach vorne und zurück, wenn der Partner an der Grundlinie steht. Der Spieler am Netz trainiert oft nur seine Nackenmuskulatur, indem er den Ball beobachtet. Manche bleiben während des ganzen Punktes defensiv an der Aufschlaglinie stehen, andere bleiben in einer offensiven Position sehr nahe am Netz. Bewegen Sie sich vor und zurück! Greifen Sie an und seien Sie bei jedem Punkt bereit, sich zu verteidigen!

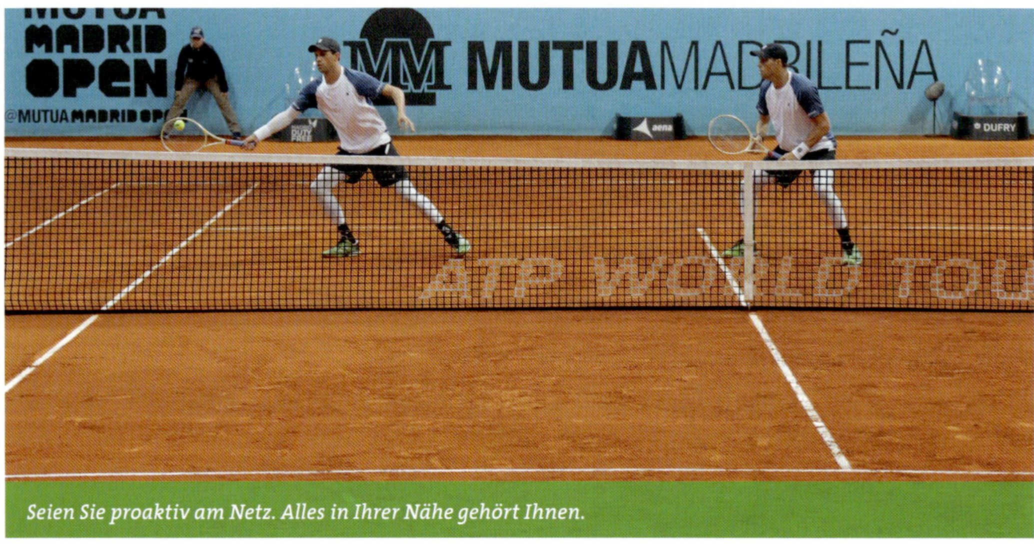


*Seien Sie proaktiv am Netz. Alles in Ihrer Nähe gehört Ihnen.*

**Schmettern Sie in die Mitte oder in die Füße des Netzspielers.**

Das beste Ziel für einen Schmetterball, wenn sich einer Ihrer Gegner am Netz und der andere an der Grundlinie befindet, ist durch die Mitte (zwischen den beiden Spielern hindurch) oder in die Füße des Netzspielers. Coach Snyder (mein Trainer an der University of Texas) nannte diesen Bereich zwischen den Gegnern das T, weil sich hier die Aufschlaglinien schneiden und den Buchstaben T bilden. Jedes Mal, wenn jemand in der Mannschaft einen Schmetterball oder Volley an der Seitenlinie verschlagen hat, konnte man ihn grunzen hören: „Ziele auf das T."

# Spezifische Regeln für alle Positionen

## Aufschläger

**Eines der Hauptziele im Doppel ist, das Aufschlagspiel zu gewinnen. Wenn Sie diese Tipps befolgen, geht es einfacher:**

**Spielen Sie den ersten Aufschlag rein.**

Die Chancen, nach einem ersten Aufschlag einen Punkt zu gewinnen, sind viel besser als nach einem zweiten Aufschlag. Spielen Sie Ihren ersten Aufschlag mit etwas Drall, sodass Sie mindestens 75 Prozent davon ins Feld spielen (Länge ist wichtiger als Schnelligkeit). Spielen Sie ihn vor allem auf die Schwäche des Gegners. Selbst ein langsamer erster Aufschlag wird effektiver sein als ein schneller zweiter Aufschlag. Die Mentalität des Returnspielers bei einem zweiten Aufschlag ist immer aggressiver und selbstbewusster als bei einem ersten.

**Spielen Sie immer Serve-and-Volley und zielen Sie auf die Schwäche des Gegners.**

Doppel wird am Netz gewonnen. Trainieren Sie Serve-and-Volley, denn das ist Ihre beste Option. Hinten bleiben funktioniert nur, wenn die Gegner auch versetzt (einer vorne und der andere hinten) stehen. Ein kluger Gegner wird jedoch mit dem Return ans Netz gehen und Sie zwingen, einen guten Ball zu spielen. Tun Sie das nicht, riskieren Sie, dass die Gegner Ihren Partner unter Druck setzen.

**Spielen Sie die Volleys cross, außer Sie können den Gegner unter Druck setzen. Halten Sie Ausschau nach dem Lob.**

Spielen Sie Ihre Volleys nach dem Serve-and-Volley so lange cross, bis Sie einen hohen Volley bekommen. Spielen Sie nur auf den Gegner am Netz, wenn Sie den Ball wegmachen können. Wenn Sie diese Strategie verfolgen, müssen Sie sicherstellen, dass Sie den Lob abdecken. Der

Gegner an der Grundlinie wird mit Sicherheit nach zwei oder drei Grundschlägen einen Lob versuchen. Lassen Sie sich davon nicht überraschen.

**Wenn Ihr Partner versucht zu kreuzen, spielen Sie den Aufschlag in den Körper oder in die Mitte.** Auf diese Weise nehmen Sie dem Returnspieler den Winkel weg. Mit dieser Strategie hat Ihr Partner die besten Chancen auf Erfolg. Wenn der Gegner eine viel schwächere Seite hat, sollten Sie natürlich auf die Schwäche aufschlagen.

## Partner des Aufschlägers

**Die meisten Spieler geben dem Aufschläger die Schuld, wenn sie das Aufschlagspiel verlieren. Aber ironischerweise ist der Spieler am Netz genauso schuldig, außer der Aufschläger macht nur Doppelfehler. Als Partner des Aufschlägers tragen Sie eine große Verantwortung. Helfen Sie Ihrem Team, indem Sie diese einfachen „Regeln" befolgen:**

**Seien Sie aktiv und decken Sie am Netz einen großen Bereich ab.**
Die meisten Netzspieler sind der Meinung, dass ihre Hauptaufgabe darin besteht, den Korridor abzudecken. Sie stehen viel zu dicht am Korridor, um sicherzustellen, dass sie nicht passiert werden. Und aus dieser Position überwachen sie die Leistung ihres Partners. Das ist jedoch nicht sehr empfehlenswert. Am Netz müssen Sie aggressiv sein. Decken Sie so viel vom Platz ab, wie Sie können. Die Mitte des Platzes sollte Ihnen gehören. Versuchen Sie, jeden Ball zu nehmen, den Ihr Partner mit seinem Rückhand-Volley schlagen müsste. Zum Beispiel: Ihr Partner schlägt von der Einstand-Seite aufs T auf und müsste danach einen Rückhand-Volley in der Platzmitte spielen.
Sie sollten versuchen, die Aufmerksamkeit der Gegner auf sich zu ziehen und sie dazu zu verleiten, in den Korridor zu schlagen. Dann können Sie diese Bälle Volley spielen.

**Wenn Ihr Partner aufschlägt, stehen Ihnen drei Möglichkeiten zur Verfügung: bleiben, kreuzen und antäuschen. Variieren Sie Ihre Entscheidungen.**
Als Partner des Aufschlägers sollte Ihr Hauptziel sein, in den Kopf des Gegners zu gelangen. Sie müssen die Gegner durch ständige Bewegung im Ungewissen lassen. Jedes Mal, wenn Ihr Partner aufschlägt, sollten Sie nach dem Zufallsprinzip zwischen den folgenden Aktionen abwechseln:
**Bleiben**:Decken Sie Ihre Seite des Spielfeldes ab.
**Kreuzen:** Versuchen Sie, den Return abzufangen, auch wenn er auf der anderen Seite des Spielfeldes ist.
**Antäuschen:** Gehen Sie früh in die Mitte des Spielfeldes, um den Returnspieler zu verleiten, die Linie hinunter zu schlagen. Dann kommen Sie schnell zurück, um einen Volley die Linie hinunter zu spielen.

Variieren Sie Ihre Aktionen und lassen Sie den Returnspieler raten. Sie werden viele Punkte durch Returnfehler gewinnen, indem Sie die Gegner zwingen, Sie anstatt den Ball zu beobachten.

**Planen Sie das Kreuzen.**
Lassen Sie Ihren Partner vor Beginn des Punktes wissen, dass Sie planen zu kreuzen. Dann können Sie sich aggressiv bewegen, ohne sich Gedanken über den Korridor zu machen. Da Ihr Partner weiß, dass Sie kreuzen werden, wird er Ihre Seite des Spielfeldes abdecken.

**Bleiben Sie dicht am Netz, wenn der Returnspieler nicht lobbt.**
Je dichter Sie am Netz stehen, umso einfacher ist es, das Netz abzudecken und Volleys zu spielen. Wenn der Gegner keine Lobs spielt, bleiben Sie dicht am Netz und nutzen Sie alle Möglichkeiten, um hohe Volleys wegzudrücken.

**Bewegen Sie sich in die Richtung des Aufschlages.**
Wenn Ihr Partner aufschlägt, sollte Ihre Ausgangsposition etwa in der Mitte des Aufschlagfeldes sein. Sobald der Aufschlag unterwegs ist, gehen Sie ein paar Schritte in die Richtung des Aufschlages. Diese Bewegung wird Sie in die beste Position bringen, um den Platz für den Return abzudecken.

**Konzentrieren Sie sich auf den Netzspieler, der Ihnen schräg gegenübersteht.**
Wenn Sie den Netzspieler genau beobachten, können Sie sein Wildern viel besser abwehren, als wenn Sie Ihren Partner beobachten. An den Bewegungen des Netzspielers können Sie ablesen, welche Qualität der Schlag Ihres Partners hatte. Sie werden sich auch besser verteidigen können, da Sie mehr Zeit haben, sich vorzubereiten, sobald der Gegner sich bewegt.

## Returnspieler

**Das wichtigste Ziel ist, den Return konstant ins Feld zu spielen. Es gibt jedoch noch ein paar weitere Regeln, mit denen Sie effektiver spielen können:**

**Nutzen Sie alle Möglichkeiten: Cross, Longline, Lob und Chip-and-Charge.**
Lassen Sie die Gegner bei Ihrem Return im Ungewissen. Obwohl Sie die Returns hauptsächlich cross schlagen, sollten Sie alle anderen Optionen auch verwenden. Selbst wenn Sie nur ein- oder zweimal pro Spiel einen anderen Schlag wählen, halten Sie die Gegner auf Trab.

**Spielen Sie den Schlag nach dem Return zwischen die Gegner. Danach haben Sie die Optionen,**

**zwischen die Gegner, in den Korridor, einen Winkel oder Lob zu spielen.**
Oft versuchen Doppelspieler, einen zu guten Return zu spielen, und verbauen sich damit den zweiten Schlag. Andere sind sich nicht sicher, wohin sie überhaupt spielen sollen. Sie sollten vorher festlegen, dass Sie den zweiten Schlag in die Mitte zwischen die Gegner spielen. Das ist eine gute Möglichkeit, Druck auf das aufschlagende Doppelteam auszuüben. Bringen Sie die Gegner dazu, viele Fehler zu machen, indem Sie mindestens zwei Bälle pro Ballwechsel schlagen müssen.

**Spielen Sie in die Mitte zwischen die Gegner.**
Der sicherste Schlag im Doppel ist in die Mitte zwischen die Kontrahenten. Es ist ein sehr sicherer Schlag für den Spieler an der Grundlinie und ein schwieriger Volley für die Volleyspieler.

**Gegen Gegner, die sehr oft kreuzen, sollten Sie Sie zu Beginn eines Punktes sehr oft longline spielen.**
Wenn Sie wissen, dass Ihre Gegner sehr oft wildern, spielen Sie die ersten Returns oft longline. Auch wenn Sie kein Break machen können, senden Sie dem Gegner ein sehr deutliches Signal: „Pass auf, ich verliere dich nicht aus den Augen!“

Höchstwahrscheinlich wildert der Gegner für den Rest des Matches weniger.

**Bleiben Sie beide hinten, wenn Sie einem sehr guten Aufschläger gegenüberstehen.**
Wenn Sie mit dem Return Schwierigkeiten haben, bleiben Sie beide hinten. Wenn Ihr Partner hinten steht, haben Sie etwas mehr Spielraum. Auch wenn Ihre Returns nicht sehr gut sind, haben Sie und Ihr Partner viel bessere Chancen in der Verteidigung. Wenn Sie sich jedoch entschließen, beide hinten zu bleiben, müssen Sie den Return ins Feld spielen. Spielen Sie konservativ und setzen Sie nicht auf einen Return-Winner!

## Partner des Returnspielers

Vor einigen Jahren habe ich Doug Crawford eingeladen, einen Vortrag bei einer jährlichen Trainerkonferenz zu halten, die ich in Mexiko organisiert habe. Doug ist ein großartiger Trainer, ein guter Freund und ehemaliger Mannschaftskamerad von der Universität von Texas. Bei seinem Vortrag ging es um das Doppel. Da sein Bruder Randy Martina Navratilova trainiert hat, hat er sie bei der Vorbereitung seines Vortrags nach ihrer Meinung gefragt.

Martina war der Meinung, dass die wichtigste Rolle im Doppel der Partner des Returnspielers sei.

Im Grunde sah Martina in dieser Position den Schlüssel für ein erfolgreiches Doppel. Ich glaube nicht, dass man einer Spielerin widersprechen sollte, die 31 Doppel- und zehn Mixed-Grand-Slam-Titel gewonnen hat. Für mich ist diese Position also ebenfalls der Schlüssel zum Erfolg. Ein Break im Doppel reicht in der Regel aus, um den Satz zu gewinnen. Also macht es einen großen Unterschied, wenn man einen Partner am Netz hat, der Ihren Returns nachgehen kann. Der Partner des Returnspielers sollte folgende Dinge beachten:

**Der Partner des Returnspielers sollte immer in Bewegung und bereit zum Kreuzen sein.**
Er muss auf den Return reagieren. Bei einem guten Return sollte er sich nach vorne bewegen und diagonal kreuzen, den Ball des Gegners abfangen und den Volley wegspielen. Bei einem schlechten Return, den der Gegner am Netz abgefangen kann, sollte er sich auf das T an der Aufschlaglinie zurückbewegen, um die Schläge des Gegners abzuwehren. In beiden Fällen wird er höchstwahrscheinlich entscheiden, wie der Punkt enden wird.

**Geplantes Kreuzen nach dem Return.**
Nach dem Return zu kreuzen ist eine gute Möglichkeit, Druck auf das andere Team auszuüben, vor allem bei wichtigen Punkten. Besprechen Sie mit Ihrem Partner, wenn Sie versuchen zu kreuzen, sodass er einen flachen Return schlagen kann. Auf diese Weise kann Ihr Partner Sie unterstützen, falls der gegnerische Spieler ihren Plan mitbekommt und longline spielt.

# Besondere Situationen

## Signale

Signale sind eine sehr effektive Möglichkeit, die Kommunikation mit Ihrem Partner zu verbessern. Signalisieren Sie Ihrem Partner, welche der drei Möglichkeiten Sie beim nächsten Ballwechsel nutzen möchten: bleiben, kreuzen oder antäuschen. Darüber hinaus sollten Sie ihm signalisieren, wohin er aufschlagen soll: T, außen oder Körper.

Auf diese Weise können Sie als Team den Platz besser abdecken.

## Unterschiedliche Formationen:

Ein Returnspieler, der sich wohlfühlt, ist gefährlich. Returnspieler fühlen sich wohl, wenn die Aufschläge zu vorhersehbar sind. Eine der besten Strategien ist es, den Returnspieler im Ungewissen zu lassen. Ändern Sie die Geschwindigkeit, den Drall und die Richtung sowie die Position und die Formation. Hier sind einige Optionen, die Sie probieren können:

## Australische Aufstellung

Der Aufschläger steht auf einer Aufschlagsposition in der Mitte des Platzes. Der Partner des Aufschlägers steht auf der **gleichen Position** in der Mitte des Platzes am Netz. Der Aufschläger schlägt auf und läuft diagonal in den Platz.

Diese Aufstellung sollte als Variante gegen ein Doppelteam mit sehr guten Cross-Returns eingesetzt werden.

## I-Aufstellung

In dieser Formation steht der Aufschläger wieder wie im Einzel in der Mitte des Platzes. Der Partner des Aufschlägers kauert in der **Mitte** der Aufschlaglinie beim T. Er kann sich nach dem Aufschlag zu beiden Seiten bewegen.

Diese Aufstellung lässt die Gegner im Unklaren, wohin sich die Spieler bewegen. Der Aufschläger sollte bei dieser Aufstellung hauptsächlich zum T aufschlagen.
Der beste Return gegen diese Aufstellung sollte die Linie hinunter gehen, da der Ball dadurch am weitesten von beiden Spielern entfernt bleibt.

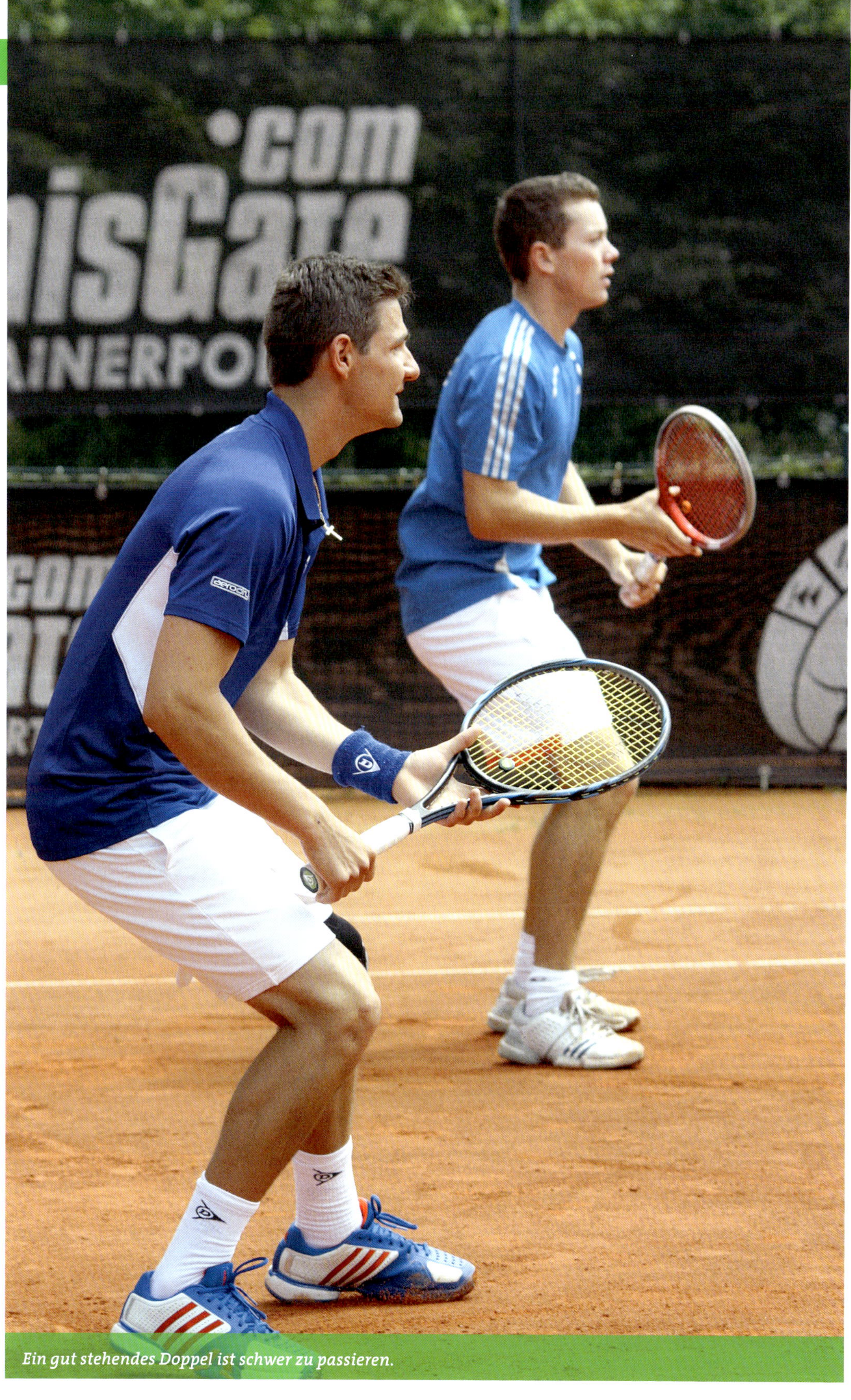

*Ein gut stehendes Doppel ist schwer zu passieren.*

# Übungssammlung

In diesem Abschnitt finden Sie alle Übungen aus dem Buch sowie zusätzliche Übungen, die ich sehr empfehlen kann.

# Entwicklung der Schlagflexibilität (Abschnitt 3)

# Übungen für Anfänger und Fortgeschrittene

## Unterschiedliche Flugbahnen

Die Spieler sollen den Ball in drei verschiedenen Flugbahnen schlagen:

- flach, ca. einen Meter über das Netz,
- mittel, ca. ein bis drei Meter über das Netz, und
- hoch, über drei Meter.

Zunächst sollten sich die Spieler darauf konzentrieren, den Ball permanent auf einer bestimmten Höhe zu halten. Wenn sie sich dabei wohlfühlen, können sie anfangen, ihre Höhe in einem Ballwechsel zu variieren.

## Unterschiedliche Längen

Die Spieler sollten mit drei Längen experimentieren:

- kurz, vor die Aufschlaglinie,
- mittel, direkt hinter die Aufschlaglinie, und
- lang, dicht vor die Grundlinie.

Eine gute Vorgehensweise besteht darin zu versuchen, den Ball vor der Aufschlaglinie zu halten, sich dann langsam zurückzubewegen, bis die Spieler es schaffen, den Ball so nahe wie möglich an die Grundlinie zu spielen. Nach einer Weile können die Spieler daran arbeiten, kurze Bälle zu spielen, die beim Gegner zweimal vor der Grundlinie aufkommen sollen. Als Letztes sollten die Spieler versuchen, sehr kurze Schläge auszuführen, die dreimal vor der Grundlinie des Gegners aufkommen.

## Unterschiedliche Geschwindigkeiten

Die Spieler sollten mit drei verschiedenen Geschwindigkeiten experimentieren: langsam, mittel und schnell. Die ideale Geschwindigkeit wird für jeden Spieler anders sein. Die Idee ist, auch bei den schnellen Schlägen die Kontrolle zu behalten. Wenn die Spieler zu viele Fehler machen, sollten sie ihre Geschwindigkeit entsprechend anpassen.

# Übungen für den Drall

# Einführung Drall

Es gibt verschiedene Möglichkeiten, um Spielern zu vermitteln, wie man am besten mit Drall spielt. Hier sind ein paar Ideen, die ich im Laufe der Jahre immer sehr gerne eingesetzt habe.

## Drall mit einem großen, leichten Ball

Die Verwendung eines großen Balles ermöglicht es sehr jungen Spielern, sicher mit dem Spin zu experimentieren. Während der Trainer den Ball mit den beiden Zeigefingern hält, kann der Spieler ihn mit einer Aufwärtsbewegung des Schlägers zum Drehen bringen. Auf diese Weise können die Spieler aus erster Hand erfahren, was es bedeutet, einen Gegenstand zu drehen. Die Größe des Balls und seine langsame Bewegung geben den Spielern ein ausgezeichnetes Feedback.

## Drall mit der Handfläche

Wenn der Spieler mit der Handfläche der nicht schlagenden Hand den Ball gegen die Saiten drückt und von dieser Position aus den Schläger nach oben oder unten bewegt, kann er ebenfalls die Drehung des Balles beobachten.

## Ball aufspringen lassen und Slice spielen

Um den Slice einzuführen, sollen die Spieler den Ball nach oben werfen, ihn einmal aufspringen lassen und dann mit dem Schläger von oben beginnend leicht unter dem Ball durchschwingen, sodass der Ball sich rückwärts dreht. Sobald die Spieler einem Ball auf diese Weise Rückwärtsdrall geben können, sollen sie versuchen, den Ball in der Luft zu halten, ohne ihn aufspringen zu lassen, indem sie ständig unter dem Ball durchschwingen und ihn dabei drehen.

## Drall mit der Netzkante

Bei dieser Übung soll der Spieler den Ball mit der Schlagfläche gegen die Netzkante drücken und dann den Schlägerkopf nach oben bewegen. Dadurch wird der Ball über die Netzkante auf die andere Seite des Spielfelds gespielt. Der Spieler kann hier spüren, wie man einen Ball schlagen muss, damit er sich vorwärts dreht.

## Drall mit dem Rahmen

Eine der einfachsten Möglichkeiten, den Topspin einzuführen, ist, dem Spieler zu sagen, dass er den Ball mit dem Rahmen des Schlägers treffen soll. Dafür soll der Spieler den heranfliegenden Ball mit dem oberen Teil des Rahmens in den Himmel schlagen. Danach soll der Spieler den gleichen Schwung verwenden, aber den Ball mit den Saiten treffen. Dieses Konzept kann vertieft werden, indem der Spieler sehr nahe am Netz steht und der Trainer ihm die Bälle mit der Hand zuwirft. Der Spieler auf der anderen Seite muss mit dem Schlägerkopf sehr stark nach oben schwingen, den Ball treffen und beim Ausschwung nicht das Netz zu berühren.

Dieses Konzept kann man auch für das Aufschlagtraining verwenden. Bei einem Slice-Aufschlag soll der Spieler versuchen, den Ball bei seiner Aufschlagbewegung mit der vorderen Seite des Rahmens auf die andere Seite des Netzes zu schlagen. Der Spieler soll dann denselben Schwung verwenden, aber den Ball mit der Schlagfläche treffen.

# WEITERE ÜBUNGEN FÜR DEN DRALL

Sobald die Spieler in der Lage sind, den Ball mit unterschiedlichen Drall-Arten zu schlagen, können sie mit den folgenden Übungen die Kontrolle über den Drall perfektionieren.

## Slice

Bei dieser Übung sollen die Spieler nur mit Slice hin und her spielen. Sobald sie gut genug sind, sollen sie alle Slices länger als die Aufschlaglinie spielen. Sobald sie das beherrschen, können sie abwechselnd einen kurzen Slice vor die Aufschlaglinie und einen langen Slice hinter die Aufschlaglinie spielen.

## Topspin

Die Spieler sollen bei dieser Übung nur mit Topspin spielen. Wenn die Spieler besser werden, können sie abwechselnd einen flachen Schlag, einen Schlag mit leichtem Topspin und einen Schlag mit maximalem Topspin spielen.

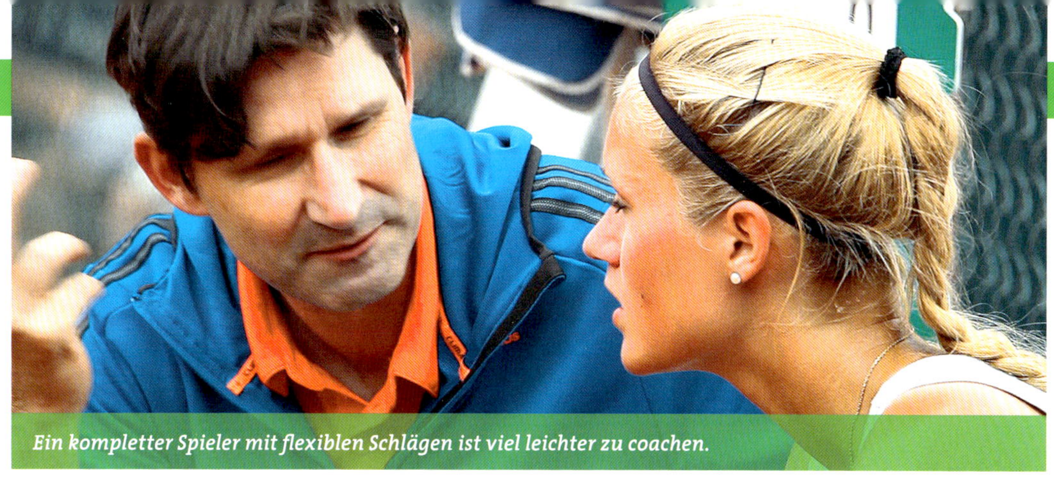

*Ein kompletter Spieler mit flexiblen Schlägen ist viel leichter zu coachen.*

## Topspin und Slice

Die Spieler sollen abwechselnd einen Ball mit Slice und einen mit Topspin spielen.

## Flach, mittel, hoch

Die Spieler sollen versuchen, mit der gleichen Schlägerkopfgeschwindigkeit einen Ball flach, einen mittel und einen hoch über das Netz zu spielen. Je höher der Ball wird, umso mehr Topspin müssen die Spieler benutzen, sodass er noch im Feld landet. Die Schlägerkopfgeschwindigkeit soll dabei konstant bleiben.

## Lang, mittel, kurz

Die Spieler sollen cross spielen. Der erste Schlag soll lang cross, der zweite Ball mit Winkel kurz hinter die Aufschlaglinie und der dritte Ball kurz-cross vor die Aufschlaglinie gespielt werden. Wie bei der vorherigen Übung müssen die Spieler die Schläge mit immer mehr Topspin ausführen. Die Schlägerkopfgeschwindigkeit soll immer konstant bleiben.

Die Entwicklung des Gefühls für verschiedene Arten von Drall ist der erste Schritt, um eine solide Kontrolle über die Schläge zu erlangen. Der nächste Schritt besteht darin zu verstehen, wie die Spieler diese Kontrolle und Schlagvielfalt nutzen können, um besser zu werden.

# Übungen zur Entwicklung der Schlagflexibilität (Abschnitt 4)

Hier finden Sie Übungen aus dem Korb, Übungen an der Wand, Schlagtraining und Spielformen. Diese Übungen sind für mittlere bis fortgeschrittene Spieler gedacht, die schon Schläge mit Drall ausführen können.

# Übungen aus dem Korb

- » Spielen Sie viele verschiedene Arten von Bällen an, denn ein Spieler bekommt während eines Matches niemals zwei gleiche Bälle hintereinander. Arbeiten Sie an den technischen Fertigkeiten, die erforderlich sind, um effektiv auf das Anspiel zu antworten (Topspin, Slice, hoch, flach, schnell, langsam, lang, kurz usw.). Stellen Sie sicher, dass die Spieler für alle Schläge die fünf grundlegenden Varianten trainieren.
- » Zwingen Sie die Spieler, sich so zu bewegen, als wären sie in einer Punktsituation. Die Beinarbeit (Split Step, Anpassungsschritte und das Platzabdecken) sollten immer Teil der Übungen sein.
- » Spielen Sie ab und zu unerwartete Bälle an, auch wenn Sie gerade an einem bestimmten Schlag arbeiten. Spielen Sie nicht zu lange die gleichen Schläge mit der gleichen Geschwindigkeit an. Sobald der Spieler anfängt sich an ein Anspiel zu gewöhnen, variieren Sie das Anspiel.
- » Verwenden Sie immer Zielfelder. Die Fläche eines Zieles sollte in etwa 3 mal 3 Meter groß sein. Zielfelder sind immer besser als Objektziele (zum Beispiel: ein Kegel), da die Spieler häufiger Erfolg haben werden.
- » Spielen Sie die Art von Bällen an, die der Spieler während eines Matches bekommt. Fortgeschrittenen Spielern sollten möglichst keine leichten Bälle zugespielt werden, es sei denn, sie ändern ihre Technik grundlegend oder arbeiten an ihren Winnern.
- » Stellen Sie sicher, dass während einer Übung alle Spieler auf dem Platz aktiv sind. Lassen Sie die Spieler nicht zu lange in der Schlange warten.
- » Versuchen Sie so oft, wie es geht, taktische Komponenten in Übungen einzubauen. Erklären Sie dem Spieler, wann und wohin er den Ball während eines Matches spielen sollte.
- » Spielen Sie die Bälle so an, dass sie Matchsituationen widerspiegeln, wie z. B. nach einem Angriffsball kommt ein Lob, oder nach einem Angriffsball kommt ein Passierball.
- » Spielen Sie die Bälle von verschiedenen Positionen auf dem Platz an, um die Eigenschaften des ankommenden Balles für den Spieler zu verändern.
- » Spielen Sie mit Ihrem Schläger an, wenn Sie aus großer Entfernung anspielen. Sie können Bälle mit der Hand werfen, wenn der Spieler sehr nahe bei Ihnen steht. Das Werfen von Bällen mit der Hand kann selbst bei fortgeschrittenen Spielern sehr effektiv sein, da Sie dadurch die totale Kontrolle über den Ball und die Frequenz des Anspiels haben. Bei einem geworfenen Ball müssen die Spieler selbst den Ball maximal beschleunigen.
- » Übungen aus dem Korb können auch sehr effektiv sein, um die Beinarbeit und die Bewegung auf dem Platz zu trainieren.

# Übungen an der Wand

- Trainieren Sie alle Schlagvarianten (neutrale Schläge, Halbvolleys, Schläge auf Schulterhöhe usw.).
- Stellen Sie sicher, dass die Technik immer korrekt ausgeführt wird.
- Verwenden Sie Ziele an der Wand, um die Übungen anspruchsvoller zu machen.
- Die Spieler sollten sich bei den Übungen in alle Richtungen bewegen, d. h. nach rechts, links, vorne, hinten und diagonal.
- Die Spieler dürfen den Ball nie zweimal aufspringen lassen.
- Die Spieler sollten den Ballwechsel immer mit einem Aufschlag beginnen.
- Konzentrieren Sie sich auf die korrekte technische Ausführung, Konstanz und Genauigkeit des Schlages.

# Volley-Übungen an der Wand

## Volleys aus dem Unterarm

Der Spieler steht seitlich in einer Volley-Position, wobei der Schläger einige Zentimeter von der Wand entfernt ist. Er soll versuchen, den Ball mit einer minimalen Bewegung des Schlägers im Spiel zu halten.

## Volleys mit einem Schritt

Der Spieler steht seitlich in einer Volley-Position, etwa zwei bis drei Meter von der Wand entfernt. Der Spieler spielt Volleys an die Wand, wobei er jedes Mal einen Schritt nach vorne simuliert, tatsächlich aber an der gleichen Stelle bleibt. Das Ziel ist es, den Kontakt zwischen Schläger und Ball mit dem Kontakt zwischen Fuß und Boden in Übereinstimmung zu bringen.

## Vor und zurück

Der Spieler schlägt Volleys gegen die Wand und bewegt sich dabei seitwärts auf die Wand zu und wieder weg. Dabei sollte der Kontakt mit dem Schläger immer mit dem Kontakt des Vorderfußes auf dem Boden übereinstimmen.

## An der Wand entlang

Der Spieler spielt Volleys gegen die Wand, wobei er sich seitwärts an der Wand entlang bewegt. Dabei sollte der Kontakt mit dem Schläger immer mit dem Kontakt des Vorderfußes auf dem Boden übereinstimmen.

### Zwei Volleys – zwei Halbvolleys

Der Spieler schlägt abwechselnd zwei Volleys und zwei Halbvolleys, dabei bewegt er sich vorwärts und rückwärts.

### Hohe Volleys

Der Spieler übt hohe Volleys, wobei der Ball auf dem Boden aufkommen muss, bevor er an die Wand geht. Dadurch springt der Ball von der Wand wieder hoch ab.

## Partner-Übungen

Bei allen Übungen versuchen die Spieler, konstant und ohne Fehler zu spielen.

## Übungen mit zwei Spielern, die von der Grundlinie aus miteinander spielen

### Übungen mit Fokus auf einer Schlagvariation

### Basis-Übung

Zwei Spieler stehen an der Grundlinie und spielen neutrale Schläge in verschiedene Richtungen (cross, longline, einer spielt cross und der andere longline, ein Spieler verteilt aus einer Ecke cross-longline usw.).

### Cross blocken

Zwei Spieler spielen cross. Sie sollen vor der Grundlinie stehen und alle Bälle cross abblocken oder im Aufsteigen spielen.

### Angriffsbälle auf Schulterhöhe

Beide Spieler sollen den Schlag des Gegners mit dem Schläger stoppen, ihn hoch vorlegen und auf Schulterhöhe spielen.

### Kurze, flache Bälle

Beide Spieler sollen mit starkem Topspin in die Aufschlagfelder spielen.

## Hohe Bälle

Beide Spieler sollen hohe Bälle mit viel Topspin spielen.

## Zählen

Die Spieler zählen, wie viele Schläge sie in 20 Sekunden zwischen die Aufschlaglinie und die Grundlinie spielen können.

# Übungen mit verschiedenen Schlagvarianten

## Basis Übung

Zwei Spieler stehen an der Grundlinie und spielen sich verschiedene Schläge in unterschiedlichen Richtungen zu (cross, longline, einer spielt cross und der andere longline, ein Spieler verteilt aus einer Ecke cross-longline usw.).

**Variationen:** Es gibt viele Variationen, die Sie verwenden können. Hier sind einige Beispiele.

## Neutral und kurz-cross

Ein Spieler spielt neutrale und lange Bälle cross, der andere Spieler soll die Bälle kurz-cross spielen, sodass sie vor der Aufschlaglinie landen.

## Neutral und im Aufsteigen

Zwei Spieler spielen im halben Doppelfeld cross. Ein Spieler spielt neutrale Schläge, der andere soll diese im Aufsteigen nehmen.

## Kurzer Topspin und Halbvolleys

Ein Spieler spielt kurze und flache Bälle, die vor der Aufschlaglinie landen sollen. Der andere spielt diese Bälle an der Aufschlaglinie direkt nach dem Aufspringen auf eine Zielfläche an der Grundlinie.

## Hohe Bälle und Angriffsbälle auf Schulterhöhe

Ein Spieler spielt hohe Bälle, der andere soll sie auf Schulterhöhe angreifen.

## Vor und zurück

Zwei Spieler sollen abwechselnd einen neutralen Schlag und einen Ball im Aufsteigen spielen, indem sie sich nach jedem Schlag in das Spielfeld hinein- und wieder herausbewegen. Mit anderen

Worten, beide Spieler schlagen einen Ball hinter der Grundlinie und den nächsten Ball müssen sie vor der Grundlinie im Aufsteigen treffen.

### Neutrale Schläge gegen alle Varianten

Ein Spieler soll nur neutrale Schläge machen, der andere Spieler muss zwischen neutralen, geblockten, hohen und kurzen Topspin-Schlägen variieren.

### Hohe Bälle, auf Schulterhöhe und Topspin-Volleys

Ein Spieler spielt nur hohe Bälle, der andere wechselt zwischen Angriffsbällen auf Schulterhöhe und Topspin-Volleys.

### Kurzer Topspin und neutrale Bälle

Beide Spieler sollen abwechselnd einen kurzen Topspin und einen neutralen Ball spielen.

## ÜBUNGEN MIT ZWEI SPIELERN AM NETZ

### Basis-Übung

Zwei Spieler stehen am Netz und spielen sich Bälle in unterschiedlichen Richtungen zu (cross, longline, einer spielt cross und der andere longline, ein Spieler verteilt aus einer Ecke cross-longline usw.). Wie bei allen Rhythmusübungen sind Konstanz und Wiederholung das Ziel. Lassen Sie die Spieler ihre Schläge zählen.

**Variationen:**

### Dicht am Netz

Beide Spieler sind sehr dicht am Netz und spielen sich schnelle Volleys zu.

### Aufschlaglinie

Beide Spieler stehen an der Aufschlaglinie und spielen sich flache Volleys zu.

### Volleys aus der Streckung

Spieler A schlägt Volleys und bewegt Spieler B von rechts nach links. Spieler B schlägt die Volleys aus der Streckung zurück zu Spieler A.

## Hohe Volleys und tiefe Volleys oder Halbvolleys

Spieler A steht hinter der Aufschlaglinie und spielt einen hohen Ball auf Spieler B. Spieler B spielt auf die Füße von Spieler A. Spieler A verteidigt sich mit einem tiefen Volley oder Halbvolley. Spieler B schlägt kontrolliert zurück, und Spieler A spielt wieder einen hohen Ball. Der Vorgang wird immer wiederholt.

## Annäherung ans Netz

Zwei Spieler beginnen an der Grundlinie und bewegen sich nach jedem Schlag in Richtung Netz. Dabei kontrollieren sie die Volleys, bis sie so nahe am Netz sind, dass sie den Ball zwischen ihren Schlägersaiten einklemmen können.

# Übungen mit einem Spieler am Netz und einem an der Grundlinie

## Basis-Übung

Ein Spieler steht am Netz und der andere an der Grundlinie. Zwei Spieler spielen sich gegenseitig verschiedene Schläge in unterschiedlichen Richtungen zu (cross, longline, einer spielt cross und der andere longline, ein Spieler verteilt aus einer Ecke cross-longline usw.).

**Variationen:**

## Kurzer Topspin und tiefe Volleys

Spieler A steht auf der Aufschlaglinie und spielt flache Volleys oder Halbvolleys. Spieler B spielt die Bälle von der Grundlinie nur kurz und flach.

## Lob und Volley

Spieler A ist am Netz. Spieler B steht an der Grundlinie spielt abwechselnd einen Lob und einen neutralen Schlag.

## Hoher Volley und tiefer Volley

Spieler A ist am Netz und spielt einen hohen und einen tiefen Volley. Spieler B steht an der Grundlinie, um dies zu ermöglichen.

## Ultimative Variation

Spieler A ist am Netz. Spieler B steht in einer Ecke an der Grundlinie und bewegt Spieler A in alle Richtungen, wobei er hohe, flache Bälle auf die Seite (für gestreckte Volleys) und Lobs mischt.

## Tiefer Volley und Halbvolley

Spieler A ist am Netz. Spieler B steht an der Grundlinie und spielt kurze, flache Bälle auf die Aufschlaglinie. Spieler A bewegt sich vor und zurück und spielt abwechselnd einen Volley und einen Halbvolley.

## Defensiver Lob und Schmetterball nach dem Aufspringen

Ein Spieler spielt hohe defensive Lobs und der andere Spieler spielt Schmetterbälle, nachdem der Ball aufgesprungen ist.

## Schmetterball und Lob

Ein Spieler spielt nur Lobs, der andere nur Schmetterbälle.

**Variation:**

Ein Spieler spielt nur Lobs, der andere nur Rückhand-Schmetterbälle.

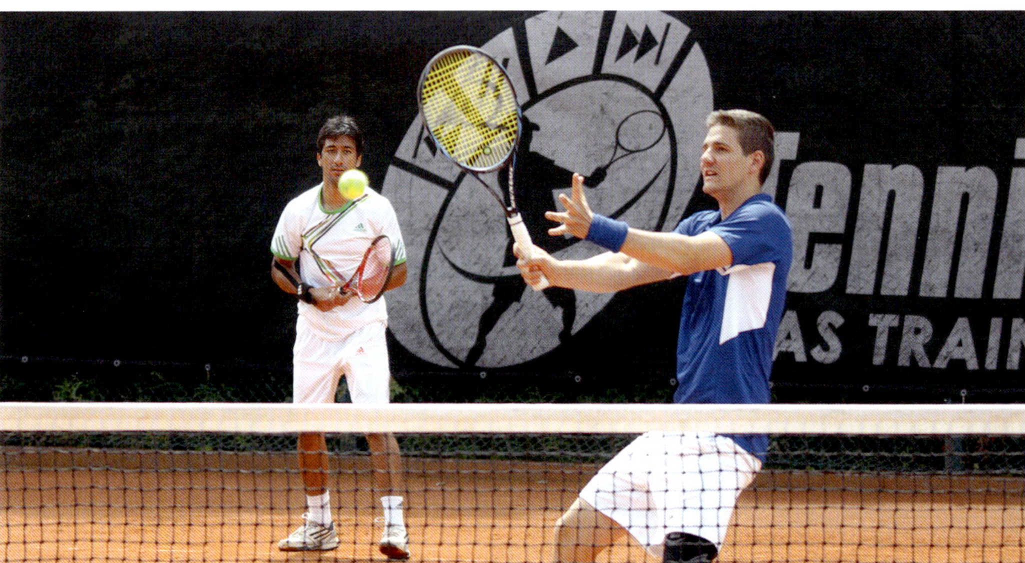

*Zwingen Sie Spieler spezifische Schläge zu trainieren.*

Die Spieler sollten zählen, wie viele Bälle sie hintereinander schlagen können, ohne einen Fehler zu machen.

### Unterschiedliche Volleys und Grundschläge

Ein Spieler steht an der Aufschlaglinie, der andere an der Grundlinie. Der Spieler an der Grundlinie schlägt abwechselnd einen neutralen, einen kurzen flachen und einen hohen Ball. Der Netzspieler spielt alle Schläge kontrolliert zurück, wobei er flache, hüfthohe und hohe Volleys oder Schmetterbälle spielt. Die Spieler sollten zählen, wie viele Schläge sie hintereinander fehlerfrei schaffen.

**Hinweis: Denken Sie bei all diesen Übungen daran, dass die Spieler entweder zusammenarbeiten, um eine große Anzahl von Wiederholungen zu erreichen, oder dass sie Ziele verwenden, um das Spielen auf einen ganz bestimmten Bereich zu üben. Darüber hinaus können alle Übungen auf dem ganzen Platz, auf dem halben Platz mit Korridor, auf dem halben Platz ohne Korridor, nur mit Vorhand, nur mit Rückhand oder abwechselnd durchgeführt werden. Jede Übung kann also so optimiert werden, dass eine Unmenge leicht unterschiedlicher Übungen entsteht.**

## Schlagtraining um Punkte

In diesen Übungen sollen die Spieler versuchen, den Punkt zu gewinnen.

## Übungen mit zwei Spielern an der Grundlinie

### Übungen mit Fokus auf einem Schlag

### Basis-Übung

Zwei Spieler stehen an der Grundlinie und spielen mit neutralen Schlägen (länger als die Aufschlaglinie) auf dem ganzen Platz, im halben Einzel- oder Doppelfeld, cross oder longline. Jeder Fehler oder kurze Ball führt zu einem Punkt für den Gegner.

**Variationen:**

### Im Aufsteigen

Zwei Spieler sollen alle Bälle im Aufsteigen spielen, wobei beide Spieler mit ihren Füßen vor der Grundlinie stehen.

## Neutrale Schläge mit Druck

Beide Spieler spielen neutrale Schläge und zählen, wie viele Bälle zwischen der Grundlinie und der Aufschlaglinie landen. Der Gewinner des Ballwechsels erhält diese Punkte.

## Im Korridor

Zwei Spieler spielen im Korridor.

## Ball stoppen und vorlegen

Zwei Spieler sollen nur Angriffsbälle auf Schulterhöhe spielen. Sie stoppen den Schlag des Gegners mit dem Schläger, legen ihn sich hoch vor und schlagen ihn nach dem Aufspringen auf Schulterhöhe.

Fortgeschrittene Spieler dürfen sich den Ball nicht in die Aufschlagfelder vorlegen.

## Kurzer Topspin

Beide Spieler sollen alle Schläge mit starkem Topspin in die Aufschlagfelder spielen.

## Lang und hoch

Beide Spieler sollen nur hohe Bälle mit viel Topspin spielen.

**Variation:**

Wenn der Ball vor der Aufschlaglinie landet, muss der Gegner ihn mit einem Schlag auf Schulterhöhe angreifen, und dann wird der Punkt ausgespielt.

## Neutrale Schläge auf Zeit

Zwei Spieler schauen, wer in einer bestimmten Zeitspanne mehr Schläge zwischen die Aufschlag- und Grundlinie spielen kann.

### 21

Zwei Spieler spielen Ballwechsel. Der eine darf spielen, wohin er will, der andere muss 21 Schläge zwischen die Aufschlag- und Grundlinie spielen. Wenn ein Schlag vor der Aufschlaglinie landet, muss der Spieler einen Schlag abziehen. Für jeden anderen Fehler muss er zwei Schläge abziehen.

## Topspin und Slice

Zwei Spieler spielen gegeneinander. Sie sollen abwechselnd einen Topspin und einen Slice spielen.

## Slice

Zwei Spieler spielen gegeneinander und dürfen nur Slice spielen. Das Spiel kann wie folgt gespielt werden:

1. Der Ball darf überall aufspringen,
2. Alle Bälle müssen länger als die Aufschlaglinie sein,
3. Die Spieler müssen abwechselnd einen Schlag vor und einen hinter die Aufschlaglinie spielen.

# Übungen mit variierenden Schlägen

## Basis-Übung

Zwei Spieler spielen auf der Hälfte des Einzelfeldes, der Hälfte des Doppelfeldes oder auf dem ganzen Platz mit unterschiedlichen Schlägen gegeneinander. Die Übungen können in jede Richtung durchgeführt werden (cross oder longline).

**Varianten:**

## Neutral und kurzer Topspin

Ein Spieler spielt neutrale Bälle, der andere Spieler nur kurz Topspin in die Aufschlagfelder.

## Neutral und im Aufsteigen gespielte oder geblockte Bälle

Ein Spieler spielt neutrale Bälle, der andere Spieler soll vor der Grundlinie stehen und soll die Bälle im Aufsteigen spielen oder blocken.

## Hohe Bälle und Bälle auf Schulterhöhe

Ein Spieler spielt nur hohe Bälle, der andere Spieler soll sie auf Schulterhöhe zurückspielen.

## Vor und zurück

Beide Spieler sollen abwechselnd neutrale und Bälle im Aufsteigen spielen, indem sie sich nach jedem Schlag in den Platz hinein- und herausbewegen. Mit anderen Worten, beide Spieler schlagen einen Ball hinter der Grundlinie, und den nächsten Ball müssen sie vor der Grundlinie im Aufsteigen treffen.

## Hohe Bälle, Bälle auf Schulterhöhe und Topspin-Volleys

Ein Spieler soll nur hohe Bälle spielen. Der Gegner wechselt zwischen Bällen auf Schulterhöhe und Topspin-Volleys.

## Slice gegen Topspin

Ein Spieler darf nur Slice und der Gegner nur Topspin spielen.

**Auch hier können alle Übungen nur mit Vorhand, Rückhand oder beiden Schlägen gespielt werden. Während dieser Übungen können die Spieler entweder alle zwei Punkte ihre Aufgabe wechseln, oder sie können einen Satz (z. B. bis 11 oder 15 Punkte) mit derselben Aufgabe spielen und dann beim nächsten Satz wechseln.**

# Übungen mit zwei Spielern am Netz

## Basis-Übung

Zwei Spieler stehen am Netz und spielen unterschiedliche Volleys in verschiedene Richtungen (cross, longline). Wie bei allen Spielformen besteht das Ziel darin, gegen den Gegner zu gewinnen. Sie spielen auf dem halben Platz mit oder ohne Korridor.

**Variationen:**

## Volleyduell

Beide Spieler stehen an der Aufschlaglinie und spielen auf der Hälfte des Einzelfeldes schnelle Volleys gegeneinander. Den Spielern ist es nicht erlaubt, sich vorwärts- oder rückwärtszubewegen.

## Im Korridor

Beide Spieler beginnen an der Aufschlaglinie und spielen im Korridor, entweder nur mit der Vorhand oder nur mit der Rückhand. Sie können im ganzen Korridor spielen, indem sie so hart schlagen, wie sie wollen. Oder sie dürfen nur mit Gefühl in der vorderen Hälfte des Korridors spielen, wobei der Ball nicht aufspringen darf.

## Volleymatch im Aufschlagfeld

Es wird ein Volleymatch in einem Aufschlagfeld gespielt. Der Ball wird von einem Spieler auf die Netzkante gelegt und losgelassen. Der Ball darf nun einmal auf der gegnerischen Seite aufkommen und dann beginnt der Punkt. Ab jetzt darf der Ball nicht mehr aufspringen. Die Spieler dürfen den Ball nicht hart oder nach unten schlagen, sie müssen versuchen, den Punkt durch präzise und gefühlvolle Volleys zu gewinnen.

## Miniatur-Serve-and-Volley

Zwei Spieler treten in den Aufschlagfeldern des halben Einzelfeldes gegeneinander an. Spieler A schlägt von unten auf und muss ans Netz gehen. Der Ball darf auf seiner Seite nicht aufspringen. Spieler B darf den Ball aufspringen lassen. Das Spiel wird ohne Geschwindigkeitsbegrenzung gespielt. Die Spieler schlagen abwechselnd auf.

## Volleyspiel

Zwei Spieler beginnen an der Aufschlaglinie. Beide Spieler müssen mit der Angabe von unten ans Netz gehen. Der Punkt wird ausgespielt. Das Spiel wird auf dem halben Platz mit oder ohne Korridor gespielt.

## Tiefe Volleys

Zwei Spieler stehen direkt hinter der Aufschlaglinie auf dem halben Einzelfeld. Sie dürfen nicht in das Aufschlagfeld treten. Sie müssen die Volleys länger als die Aufschlaglinie spielen. Wenn der Ball vor der Aufschlaglinie landet, verliert der Spieler den Punkt.

## Vorhand-Volley im Korridor

Zwei Spieler beginnen im Korridor an der Aufschlaglinie. Der Korridor ist das Spielfeld. Die Spieler dürfen nur Vorhand-Volleys spielen und die Bälle dürfen aufspringen. Die Spieler dürfen sich nicht über die Aufschlaglinie zurückbewegen. Der Punkt wird ausgespielt.

# Übungen mit einem Spieler am Netz und einem an der Grundlinie

## Basis Übung

Zwei Spieler spielen mit verschiedenen Schlägen gegeneinander. Der eine ist an der Grundlinie, der andere am Netz (cross oder longline). Sie spielen auf dem halben Platz mit oder ohne Korridor.
**Variationen:**

## Lob und Schmetterball

Spieler A steht am Netz und darf den Ball nicht aufspringen lassen. Spieler B steht an der Grundlinie und soll nur Lobs spielen. Der Spieler am Netz darf nur Schmetterbälle schlagen. Rückhand-Schmetterbälle sind nicht erlaubt.

## Lob und Volley

Spieler A steht am Netz und darf den Ball nicht aufspringen lassen. Spieler B soll an der Grundlinie abwechselnd einen Lob oder hohen Ball und einen neutralen Ball oder kurz-cross spielen.

## Kurzer Topspin und tiefe Volleys

Spieler A steht an der Aufschlaglinie. Spieler B steht an der Grundlinie. Spieler B spielt kurze Topspin-Bälle vor die Aufschlaglinie. Spieler A spielt einen Volley oder einen Halbvolley über die Aufschlaglinie hinaus.

## Volleys und Bälle im Aufsteigen (Block)

Spieler A ist am Netz. Spieler B steht einen Schritt vor der Grundlinie. Spieler A spielt seine Volleys länger als die Aufschlaglinie. Spieler B spielt die Bälle im Aufsteigen oder tiefe Volleys vor der Grundlinie.

## Serve-and-Volley im halben Feld

Ein Spieler spielt Serve-and-Volley. Der Punkt wird im halben Feld ausgespielt.

## Angriffsball gegen Passierball

Spieler A spielt Spieler B einen kurzen Ball zu. Spieler B spielt einen Angriffsball und der Punkt wird auf dem halben Spielfeld ausgespielt.

## Volley gegen Slice

Ein Spieler steht am Netz und ein Spieler an der Grundlinie. Sie spielen cross im halben Doppelfeld. Einer darf nur Volleys spielen, der andere nur Slice. Der Spieler am Netz muss die Volleys länger als die Aufschlaglinie spielen. Lobs sind nicht erlaubt.

# Übungen für die Schlägerkopfbeschleunigung und Kontrolle (Abschnitt 5)

# Entspannungsübungen und Übungen für die Schwungentwicklung

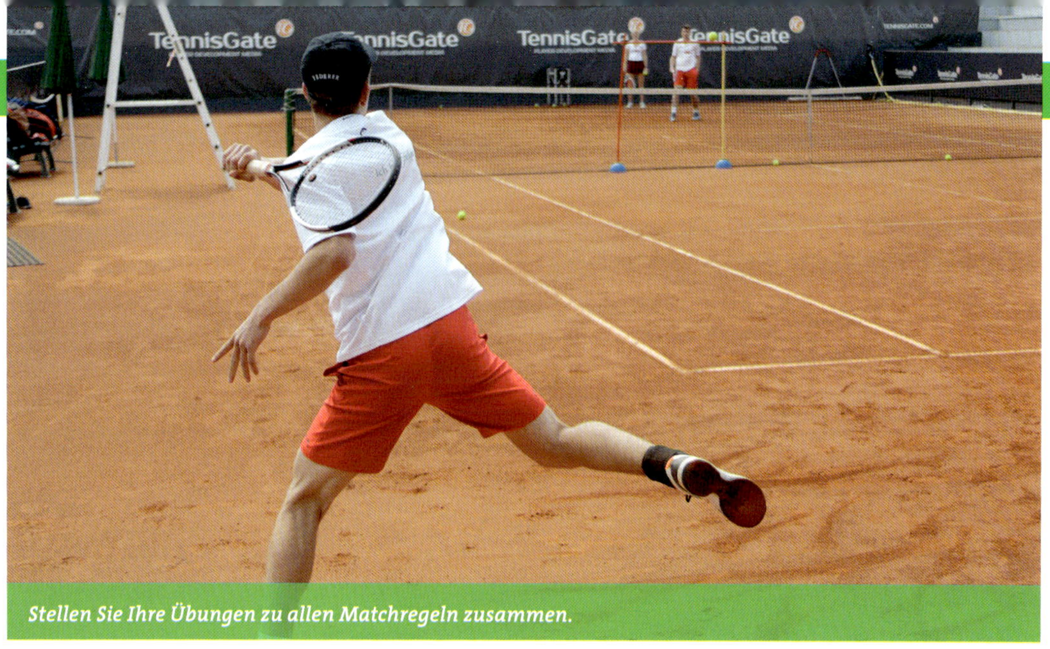


*Stellen Sie Ihre Übungen zu allen Matchregeln zusammen.*

* Die Spieler sollten bei all diesen Übungen aufgefordert werden, beim Schwingen auszuatmen und die Schläge mit möglichst geringem Kraftaufwand auszuführen.

## Schwerer Schläger

Der Spieler soll einen Schläger oder einen ähnlichen Gegenstand mit mehr Gewicht und möglichst geringem Kraftaufwand schwingen. Zum Beispiel: Er kann zwei Schläger übereinander halten, einen Schläger mit Gewichten, einen Baseballschläger usw. Der Spieler sollte so schnell schwingen, dass er das Objekt durch die Luft pfeifen hören kann. Bei einem schwereren Gegenstand ist es schwieriger, die Muskeln zu benutzen, sodass der Spieler ihn schwingen lassen muss, um den Schläger die Arbeit machen zu lassen.

## Schwung mit drei Fingern

Der Spieler hält seinen Schläger nur mit den ersten drei Fingern (Daumen, Zeigefinger und Mittelfinger). Dann versucht er auf diese Weise, Bälle zu schlagen.

## Mit drei Geschwindigkeiten schwingen

Der Spieler soll einen Schlag in drei verschiedenen Geschwindigkeiten durchführen, und zwar langsam, mittelschnell und sehr schnell. Dabei soll er darauf achten, ob bei ihm die Muskelspannung mit zunehmender Schwunggeschwindigkeit zunimmt. Der Spieler sollte versuchen, mit minimaler Anstrengung eine maximale Geschwindigkeit zu erreichen.

Diese Übungen sollten so häufig wie möglich angewendet werden, da sie die Grundlage einer guten Entwicklung des Schwungs bilden.

# Übungen zur Verbesserung der Beschleunigung

Das Ziel dieser Übungen ist die Stärkung der Muskeln und die Verbesserung der neuromuskulären Koordination, um höhere Schlägerkopfgeschwindigkeiten zu erreichen. Kontrolle ist bei diesen Übungen absolut unwichtig. Diese Übungen sind effektiver, wenn sie außerhalb des Platzes oder gegen den Zaun ausgeführt werden. Die Spieler können sich dann voll und ganz auf das Beschleunigen konzentrieren und müssen sich keine Sorgen um die Kontrolle machen. Es gibt zwei Arten von reinen Beschleunigungsübungen: Kontrastübungen und Übungen für die Schlägerkopfgeschwindigkeit.

# Kontrastübungen (Komplextraining)

Hierbei handelt es sich um Übungen, bei denen die Muskeln gegen einen schweren Widerstand und dann gegen einen sehr leichten Widerstand arbeiten müssen oder umgekehrt, um eine schnellere Reaktion als normal zu erzwingen. Dieser Effekt wird erreicht, indem abwechselnd schwerere und leichtere Gegenstände verwendet werden. Zum Beispiel:

## Medizinball-Würfe

Ein Medizinball wird sechsmal so schnell wie möglich geworfen, darauf folgen sechs maximal schnelle Schwünge. Diese Übung kann mit Grundschlägen oder mit Aufschlägen durchgeführt werden. Um die Beschleunigung bei den Grundschlägen zu verbessern, sollten die Würfe mit zwei Händen durchgeführt werden, die eine Vorhand oder Rückhand imitieren. Um die Aufschlaggeschwindigkeit zu verbessern, sind Würfe über dem Kopf zu empfehlen.

## Wechselnde Gewichte

Die Spieler sollen abwechselnd sechs- bis achtmal mit maximaler Geschwindigkeit einen Badmintonschläger oder einen Tennisschläger schwingen. Danach sollen sie sechs bis acht Grundschläge oder Aufschläge mit demselben Schwung mit maximaler Geschwindigkeit durchführen.

## Schwerer Schläger

Die Spieler sollen als Erstes einen Schläger mit Schlägerhülle oder mit einem Zusatzgewicht mit maximaler Geschwindigkeit sechs- bis achtmal schwingen. Dann wird der Schläger sechs- bis achtmal ohne Hülle oder Gewicht beschleunigt und als Letztes wird der Ball sechs- bis achtmal gespielt. Hinweis: Damit diese Übungen effektiv sind, müssen alle Schwünge und Würfe mit **maximaler Geschwindigkeit** ausgeführt werden.

# Übungen für die Schlägerkopf-beschleunigung

Hierbei handelt es sich um Übungen, bei denen der Spieler lernt, den Schlägerkopf so schnell wie möglich zu schwingen. Im Mittelpunkt steht die Geschwindigkeit des Unterarms und des Handgelenks. Zum Beispiel:

## Ball gegen das Netz

Der Spieler steht einen Meter vor dem Netz, lässt einen Ball fallen und versucht, ihn sechs- bis achtmal so schnell wie möglich ins Netz zu spielen. Die Schläge sollten mit sehr kleinen Ausholbewegungen und mit sehr hoher Geschwindigkeit ausgeführt werden.

## Aus der Luft

Der Trainer steht neben dem Spieler und wirft sechs bis acht Bälle sehr schnell hintereinander in die Luft. Der Spieler soll so schnell wie möglich schwingen und die Bälle aus der Luft annehmen. Das hohe Tempo des Trainers zwingt den Spieler, sehr schnelle und kompakte Schwünge durchzuführen.

## Normales Anspiel

Der Trainer steht auf der anderen Seite des Netzes und spielt die Bälle aus dem Korb an. Der Spieler steht einen Meter innerhalb des Spielfeldes und nimmt die Bälle entweder kurz nach dem Aufspringen (Halbvolley) oder aus der Luft und schwingt so schnell wie möglich mit viel Spin.

# Taktische Übungen (Abschnitt 6)

## Gleicher Abstand

Um die Bewegung nach vorne und hinten zu verbessern, sollen die Spieler versuchen, bei jedem Schlag den gleichen Abstand zwischen dem Aufsprung und dem Kontaktpunkt einzuhalten.

Dadurch wird der Spieler gezwungen, sich bei jedem Schlag ständig vorwärts- oder rückwärts zu bewegen. Der ideale Abstand zwischen dem Aufsprung und dem Treffpunkt variiert je nach den Fähigkeiten des einzelnen Spielers und der Geschwindigkeit des ankommenden Balles.

### Gleicher Rhythmus

Das gleiche Ergebnis lässt sich erzielen, wenn die Spieler versuchen, einen konstanten Rhythmus zwischen dem Aufsprung und dem Treffpunkt einzuhalten. Der Spieler sollte gedanklich „hopp" sagen, wenn der Ball aufspringt, und „hit", wenn er den Ball berührt. Der Spieler sollte sich so bewegen, dass zwischen beiden Wörtern die gleiche Zeit eingehalten wird. (Zum Beispiel: hopp ... hit, hopp ... hit, hopp ... hit, im Gegensatz zu: hopp ... hit, hopp .............. hit)

## Integration der taktischen Regeln ins Match (Abschnitt 7)

## Einzelne Übungen

## Kapitel Übungen

**Regel: Passen Sie Ihren Schwung an den ankommenden Ball an (zum Beispiel: Machen Sie eine kurze Ausholbewegung für geblockte Schläge und Halbvolleys, und bei flachen kurzen Schläge als Antwort auf kurze Bälle).**

### Standard-Antworten aus dem Korb

Spielen Sie schnelle, flache und kurze Bälle aus dem Korb an. Der Spieler soll seine Ausholbewegung verkürzen. Spielen Sie dann langsame Bälle an, der Spieler kann nun seine Ausholbewegung vergrößern. Nach einer Weile variieren Sie das Anspiel und der Spieler soll sich richtig entscheiden.

### Standard-Antworten in einer Spielsituation

Zwei Spieler sind auf dem Platz und spielen Einzelpunkte. Variieren Sie ihr Anspiel und lassen Sie einen Spieler den Punkt beginnen, indem er auf Ihr Anspiel mit der richtigen Ausholbewegung antworten muss. Sie können dasselbe Anspiel immer wieder verwenden, wenn ein Spieler

Schwierigkeiten hat, seine Ausholbewegung an einen bestimmten Schlag anzupassen.

## Gezielte taktische Übung

Die Spieler spielen Ballwechsel im Einzelfeld. Sie sollen die jeweilige Länge ihrer Ausholbewegung auf der Grundlage des ankommenden Balls laut ansagen. Die Spieler sollen „lang“ oder „kurz“ rufen, bevor der Ball des Gegners das Netz überquert. Nach einer Weile können die Spieler auf dieselbe Weise Punkte spielen.

**Regel: Nur Bälle vor der Grundlinie dürfen longline gespielt werden.**

## Standard-Antworten aus dem Korb

Bei dieser Übung spielen Sie Bälle aus dem Korb an, bei denen der Spieler in den Platz hineingehen kann. Der Spieler soll sich in den Platz bewegen und longline spielen. Variieren Sie nach einer Weile ihr Anspiel, und lassen Sie den Spieler hinter der Grundlinie cross und vor der Grundlinie longline spielen.

## Standard-Antworten Spielsituation

Zwei Spieler stehen an der Grundlinie. Spielen Sie den Ball lang an. Der Spieler soll auf das Anspiel cross antworten, wenn er sich hinter der Grundlinie befindet, und longline, wenn er sich vor der Grundlinie befindet. Der Punkt wird ausgespielt.

## Gezielte taktische Übungen

## Übung 1

Die Spieler spielen auf Punkte, aber ein Spieler darf den Ball nur cross spielen.

## Übung 2

Die Spieler spielen Punkte, dürfen aber nur longline spielen, wenn sie sich vor Grundlinie befinden.

**Regel: Spielen Sie nur longline, wenn Sie den Ball vor der Grundlinie schlagen und Sie dem Gegner weh tun können.**

## Standard-Antwort aus dem Korb

Bei dieser Übung spielen Sie Bälle aus dem Korb an, bei denen der Spieler in den Platz hineingehen kann. Der Spieler soll sich in den Platz bewegen und longline spielen. Variieren Sie nach einer

Weile ihr Anspiel, und lassen Sie den Spieler hinter der Grundlinie cross und vor der Grundlinie longline spielen.

## Standard-Antwort in einer Spielsituation

Zwei Spieler stehen an der Grundlinie. Spielen Sie den Ball lang an. Der Spieler soll auf das Anspiel cross antworten, wenn er sich hinter der Grundlinie befindet, und longline, wenn er sich vor der Grundlinie befindet. Der Punkt wird ausgespielt.

## Gezielte taktische Übung

## Übung 1

Die Spieler spielen Punkte und dürfen nur longline schlagen, wenn sie sich vor der Grundlinie befinden.

## Übung 2

Die Spieler spielen Punkte. Sobald sie longline spielen, müssen sie den Punkt aber mit den nächsten zwei Schlägen gewinnen, sonst verlieren sie den Punkt.

**Regel: Die Reaktion auf einen Stoppball sollte immer ein langer Ball longline sein. Es sei denn, der Spieler ist sehr früh am Ball und kann cross angreifen.**

## Standard-Antworten aus dem Korb

Spielen Sie Stoppbälle aus dem Korb an. Der Spieler soll sie erlaufen und longline spielen. Wenn er genug Zeit und die Kontrolle hat, kann er cross spielen.

## Standard-Antworten in einer Spielsituation

Zwei Spieler sind auf dem Platz und spielen Einzel. Spielen Sie einen Stoppball an, den einer der Spieler erlaufen und longline spielen muss. Wenn er die Kontrolle hat, kann er cross spielen. Der Punkt wird ausgespielt.

## Gezielte taktische Übung

Zwei Spieler spielen Einzelpunkte. Wer mit einem Stoppball einen direkten Punkt gewinnt, erhält drei Punkte. Der Spieler, der den Stopp erläuft und den Punkt gewinnt, egal ob mit longline oder cross, erhält drei Punkte. Verliert er jedoch mit einem Cross-Ball den Punkt, werden ihm drei Punkte abgezogen.

# Regeln für das Doppel

Dasselbe Konzept kann für das Doppel verwendet werden. Hier sind einige Beispiele:

**Regel: Ein Lob sollte immer aus der Luft genommen werden, es sei denn, es ist ein extrem hoher defensiver Lob.**

## Standard-Antworten aus dem Korb

Ein Spieler steht am Netz, in der gleichen Position, als ob sein Partner aufschlägt. Als Trainer versuchen Sie, ihn mit einem hohen Ball zu überlobben. Der Spieler reagiert so schnell wie möglich und versucht, einen Schmetterball zu spielen. Bei fortgeschrittenen Spielern können Sie damit beginnen, dass der Spieler das Netz berührt. Variieren Sie nach einer Weile das Zuspiel, um den Spieler am Netz mit einem Lob zu überraschen.

## Standard-Antworten in einer Spielsituation

Vier Spieler nehmen ihre Doppelpositionen auf dem Platz ein. Überlobben Sie einen der Spieler am Netz. Der Spieler reagiert so schnell wie möglich und versucht, einen Schmetterball zu spielen. Der Punkt wird ausgespielt. In ähnlicher Weise können die Spieler den Punkt ausspielen, wobei einer der Spieler aufschlägt und der Returnspieler lobbt. Wenn der Ball den Gegner überlobbt, ist der Punkt beendet. Bei fortgeschrittenen Spielern sollte der Netzspieler das Netz berühren.

## Gezielte taktische Übung – drei, zwei, eins

Die Punkte werden ausgespielt, zwei Spieler sind am Netz und zwei an der Grundlinie. Das Team am Netz beginnt den Punkt mit einem Anspiel aus der Hand. Der Punkt wird ausgespielt. Jeder nicht erzwungene Fehler gibt einen Punkt. Jeder direkte Punkt gibt zwei Punkte. Das Team am Netz kann drei Punkte erzielen, wenn sie mit einem Schmetterball einen Punkt machen. Das Team an der Grundlinie kann drei Punkte gewinnen, wenn der Ball auf der anderen Seite entweder vor oder hinter den Netzspielern mit einem guten Lob aufspringt. (Sobald der Ball aufspringt, ist der Punkt vorbei.) Das Spiel wird gespielt, bis ein Team 21 Punkte erreicht.

**Regel: Die Spieler am Netz müssen immer sehr aktiv sein und einen großen Bereich abdecken.**

## Standard-Antworten aus dem Korb

Ein Spieler steht am Netz, sein Partner ist der Aufschläger. Der Trainer spielt den Ball und simuliert dabei einen Return. Der Trainer variiert das Anspiel und der Spieler soll jeden Schlag abdecken, der zwischen dem Doppelkorridor und der Mitte des Spielfelds ist (einschließlich Lobs).

## Standard-Antworten in einer Spielsituation

Vier Spieler stehen in der Doppelformation. Ein Spieler schlägt auf und der Trainer spielt einen Return, der zwischen der Mitte des Platzes und der Seitenlinie des Doppelspielers aufkommt. Der Spieler am Netz (Partner des Aufschlägers) versucht, so viele Returns wie möglich abzufangen. Der Punkt wird ausgespielt.

## Gezielte taktische Übungen

### Übung 1

Vier Spieler spielen Doppel. Jeder gewonnene Punkt durch Kreuzen zählt doppelt.

### Übung 2

Vier Spieler spielen Doppel. Der Aufschläger spielt Serve-and-Volley. Der Aufschläger muss jeden Ball, der durch die Mitte kommt, seinem Partner überlassen. Der Partner des Aufschlägers muss versuchen, alle Returns in der Mitte abzufangen.

# Zusätzliche Übungen

# Gezielte taktische Übungen

# Ballwechsel

## Ja oder Nein

Zwei Spieler spielen Punkte und müssen ein lautes „Ja“ oder „Nein“ rufen, bevor der Ball auf ihrer Seite aufspringt. „Ja“ bedeutet, dass der Spieler angreifen wird, „Nein“ bedeutet, dass er einen neutralen oder defensiven Schlag ausführen wird. Der Schwerpunkt sollte darauf gelegt werden, dass neutrale oder defensive Schläge erkannt und die richtigen Schläge für den Angriff ausgewählt werden.

## Eins, zwei, drei, vier

Diese Übung ist der letzten sehr ähnlich. Zwei Spieler spielen Punkte von der Grundlinie. Jeder Spieler muss nach dem Schlag des Gegners so schnell wie möglich eine Nummer anrufen.

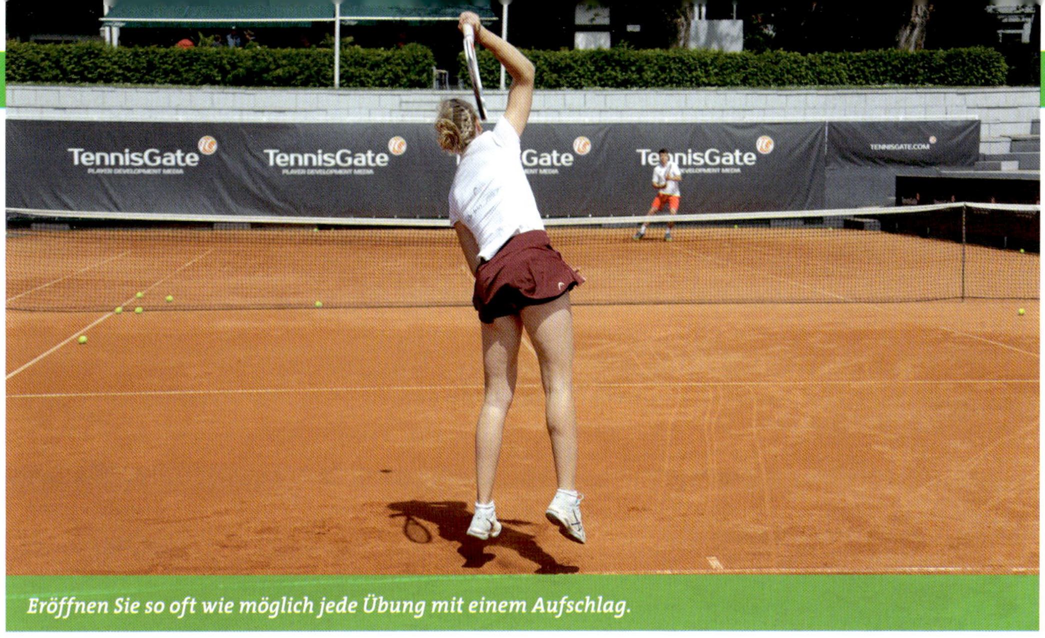


*Eröffnen Sie so oft wie möglich jede Übung mit einem Aufschlag.*

Eins: Der Ball ist sehr kurz und der Spieler muss nach vorne laufen, um einen Slice zu spielen.
Zwei: Der Ball ist einfach und der Spieler kann ihn im Spielfeld angreifen.
Drei: Der Ball ist einfach, aber für einen Angriffsball nicht kurz genug. Der Spieler muss versuchen, ihn wieder lang zu spielen, um den Punkt neutral zu halten.
Vier: Der Ball ist sehr lang und der Spieler befindet sich in einer defensiven Position. Der Spieler muss den Ball lang und hoch zurückspielen, um den Angriff des Gegners einzudämmen.
Ziel der Übung ist es, dass die Spieler verschiedene Situationen frühzeitig erkennen und angemessen reagieren können.

## Cross und longline

Die Spieler spielen so lange cross, bis sie mit einem kurzen Ball longline eröffnen können. Der Gegner soll diesen erlaufen und einen hohen Ball cross spielen. Wenn der Ball lang ist, beginnt der Cross-Ballwechsel erneut. Wenn der Ball kurz ist, soll ihn der Spieler longline spielen.

**Variation:**

Jeder Spieler darf longline spielen, wann immer er will. Aber wenn er den Punkt bei den nächsten zwei Schlägen nicht gewinnt, verliert er zwei Punkte.

## Ballwechsel durch die Mitte

Die Spieler stehen an der Grundlinie und spielen durch die Mitte. Ein Spieler darf den Punkt nur eröffnen und nach außen spielen, wenn er sich vor der Grundlinie befindet.

## Cross und alles ist erlaubt

Zwei Spieler spielen an der Grundlinie. Der eine darf nur cross spielen, der andere kann alles tun, was er will. Ziel ist es, das konstante Cross-Spielen zu entwickeln.

## Keine Winner / direkte Punkte

Zwei Spieler spielen an der Grundlinie. Es werden Punkte ausgespielt, aber es sind keine „Winner" erlaubt. Die Spieler sollten lernen, aggressiv, aber kontrolliert zu spielen.

**Variation:**

Ein Spieler darf Winner schlagen, der andere nicht.

**Variation:**

Ein Spieler darf Winner schlagen, der andere nicht. Es wird auf dem gesamten Spielfeld (inklusive Korridor) gespielt.

## Neutraler Anfang

Die Spieler spielen Punkte, sie dürfen aber bei den ersten vier bis sechs Schlägen keinen Fehler machen. Ein Fehler in dieser Zeitspanne sollte negative Folgen haben, wie z. B. den Verlust von mehr als einem Punkt oder körperliche Arbeit (Sit-ups, Liegestütze usw.).

Bei fortgeschrittenen Spielern können Sie die Übung anspruchsvoller gestalten, indem Sie ihnen ein kleineres Ziel vorgeben, z. B. die ersten Schläge müssen über die Aufschlaglinie gehen.

## Punkte hinter der Aufschlaglinie

Die Spieler spielen auf dem ganzen Platz Punkte, sie dürfen aber nur hinter die Aufschlaglinie spielen. Jeder Ball vor der Aufschlaglinie ist ein Fehler.

**Variation:**

Die Spieler zählen die Schläge im Ballwechsel, die länger als die Aufschlaglinie sind. Am Ende des Ballwechsels erhält der Spieler, der den Punkt gewinnt, die Summe aller Schläge als Punkte.

## Die Mitte vermeiden

In der Mitte des Spielfeldes wird ein Kreis oder ein Quadrat markiert (etwa zwei Meter im Durchmesser oder pro Seite). Die Spieler spielen Punkte und verlieren den Punkt, wenn sie in den markierten Bereich hineinspielen.

## Kurze Bälle angreifen

Auf dem Spielfeld wird eine Linie zwischen der Aufschlaglinie und der Grundlinie gezogen. Der Abstand zur Grundlinie hängt vom Niveau der Spieler ab. Spieler A spielt neutrale Schläge. Wenn der Schlag von A hinter der Linie landet, muss Spieler B neutrale Schläge zurück in die Mitte spielen. Wenn der Ball vor der Linie landet, muss er angreifen. Der Punkt wird ausgespielt.

# Angreifen und Verteidigen

## Hohe Bälle und Angriffsbälle

Die Spieler spielen Punkte mit hohen Bällen. Jeder Spieler kann mit einem Schlag auf Schulterhöhe angreifen, wenn der Ball zu kurz ist. (Die Definition von kurz hängt von den Fähigkeiten der Spieler ab.) Danach ist der Punkt offen.

**Variation:**

Spieler A steht vor der Grundlinie, Spieler B spielt einen hohen langen Ball. Spieler A muss sich zurückbewegen und einen hohen Ball zurückspielen. Spieler B kann einen Angriffsball spielen, wenn der Ball kurz ist. Auf einen langen Ball antwortet er mit einem hohen Ball cross.

**Variation:**

Die Spieler spielen Punkte mit hohen Bällen, bis einer von ihnen den Ball als Topspin-Volley aus der Luft nimmt. Dann wird der Punkt ausgespielt.

## Drei Aufschläge

Die Spieler spielen Punkte mit einem zusätzlichen Aufschlag (drei Aufschläge) mit dem Ziel, den Gegner zu einem kurzen Return zu zwingen. Der Aufschläger versucht, den Punkt mit drei Schlägen (einschließlich des Aufschlages) zu beenden, oder er verliert den Punkt. Der Aufschläger soll die Grundmuster trainieren, d. h. nach außen aufschlagen und die offene Ecke angreifen oder zum T aufschlagen und entweder in die offene Spielfläche angreifen oder gegen den Lauf spielen.

**Variation:**

Der Returnspieler soll cross oder in die Mitte spielen. Wenn beide Spieler Rechtshänder sind, wird der Return von der Rückhandseite auf die Rückhandseite des Aufschlägers gespielt usw.

## Punkte mit einem Aufschlag

Die Spieler spielen nur mit einem Aufschlag. Der Returnspieler soll den Punkt mit drei Schlägen gewinnen, was ihn zu einem sehr aggressiven Return zwingt. Wenn der Returnspieler den Punkt nicht mit drei Schlägen beenden kann, verliert er den Punkt.

## Vorhand inside-out

Beide Spieler sind an der Grundlinie. Einer beginnt in der Mitte und der andere an der Seitenlinie des Einzelfeldes. Der Spieler an der Seitenlinie beginnt den Punkt mit einem hohen, leichten Schlag longline. Der andere Spieler umläuft die Rückhand und schlägt eine Vorhand von inside-out. Der Spieler, der den Punkt begonnen hat, erläuft diesen Ball und spielt ihn Rückhand cross zurück.

Wenn der Ball lang ist, soll der Gegner eine weitere Vorhand inside-out spielen. Wenn der Ball zu kurz ist, kann er mit der Vorhand auf das offene Feld angreifen. Der Punkt wird ausgespielt.

**Variation:**

Der Spieler, der den Punkt von der Seitenlinie aus beginnt, muss entscheiden, mit welchem Schlag er auf die Vorhand inside-out antwortet. Bringt ihn die Vorhand inside-out in eine defensive Position, soll er cross spielen. Wenn er die Vorhand inside-out angreifen kann, kann er die Linie hinunter spielen.

## Winkel spielen

Die Spieler spielen einen Cross-Ballwechsel. Der erste Spieler, der einen kurzen Ball bekommt, soll einen Winkel spielen. Der Gegner soll den Ball erlaufen und cross kontern. Ist der Schlag zu kurz, soll der andere Spieler ins Spielfeld gehen und longline angreifen. Ist der Ball lang, soll er wieder cross spielen, und der Ballwechsel wird fortgesetzt, bis einer der Spieler wieder einen Winkel spielt.

## Punkte mit dem zweiten Aufschlag

Ein Spieler beginnt den Punkt mit einem zweiten Aufschlag. Der Gegner kann den Ballwechsel cross beginnen oder longline angreifen, wenn er den Gegner unter Druck setzen kann. Der Aufschläger wählt seinen zweiten Schlag je nach der Qualität des Returns. Wenn der Returnspieler die Linie entlang angreift, soll er mit einem hohen Ball cross antworten. Wenn der Return cross kommt, spielt der Aufschläger weiter cross. Beide Spieler suchen nach einer Gelegenheit, longline anzugreifen.

**Variante:**

Der Aufschläger schlägt mit dem zweiten Aufschlag von der Vorteilseite nach außen auf. Der Returnspieler umläuft die Rückhand und greift mit einer Vorhand inside-out an. Der Aufschläger kontert einen schwierigen Ball mit einem neutralen oder hohen Ball cross. Wenn der Ball zu kurz ist, kann der Aufschläger longline angreifen und der Punkt wird ausgespielt.

## Nur Vorhand

Auf dem gesamten Spielfeld sind nur Vorhände erlaubt. Die Spieler spielen von unten an.

**Variation:**

Der Punkt beginnt mit einem Aufschlag. (Die Spieler haben nur einen Aufschlag).

**Variation:**

Sie können eine Seite des Spielfeldes in zwei Teile teilen. Ein Teil entspricht zwei Drittel des Einzelfeldes. Ein Spieler darf auf diesem Teil des Spielfeldes nur mit Vorhand gegen den Gegner spielen, der das ganze Spielfeld hat und jeden beliebigen Schlag spielen kann.

## Inside-out gegen alle Schläge

Es werden Cross-Punkte gespielt. Ein Spieler spielt nur Vorhand inside-out, der Gegner kann jeden beliebigen Schlag spielen.

**Variation:**

Der Spieler, der Vorhand inside-out spielt, darf nur dann die Linie hinuntergehen (inside-in), wenn er vor der Grundlinie steht. Danach ist der Punkt offen.

# Angriffsball und Passierball

## Auf der Suche nach einem Angriffsball

Zwei Spieler spielen so lange cross, bis einer von ihnen einen kurzen Ball bekommt und longline angreift. Der Punkt wird ausgespielt.

## Angriffsball longline und Passierball kurz-cross

Zwei Spieler starten an der Grundlinie. Einer spielt einen kurzen Ball an. Der Gegner greift longline an. Der Spieler antwortet mit einem kurzen Cross-Passierball und geht ins Feld, um den nächsten Ball zu spielen. Der Spieler am Netz spielt den Volley longline und der Punkt wird ausgespielt.

**Variation:**

Der Passierball wird longline und der Volley cross gespielt.

**Variante:**

Der Volleyspieler darf überallhin spielen. Gewinnt der Volleyspieler den Punkt mit einem kurzen Ball, wird der Spieler an der Grundlinie bestraft, z. B. mit Känguru-Sprüngen, Sit-ups oder Liegestützen. Auch bei verschlagenen Angriffsbällen oder Fehlern beim ersten Passierball können Bestrafungen eingesetzt werden.

## Angriffsball inside-out

Zwei Spieler spielen an der Grundlinie, einer steht in der Mitte des Platzes und der andere an der Seitenlinie des Einzelfeldes. Der Spieler an der Seitenlinie spielt einen leichten, hohen Ball zum Gegner. Der Gegner umläuft die Rückhand, spielt eine Vorhand inside-out und geht ans Netz. Der andere Spieler muss den Angriffsball erlaufen und versuchen, den Gegner zu passieren. Gelingt es dem Spieler, den Gegner longline zu passieren, bekommt der Gegner eine Bestrafung, wie ein paar Känguru-Sprünge, Sit-ups oder Liegestütze.

# Übungssammlung

## Chip-and-Charge

Ein Spieler macht einen zweiten Aufschlag. Der Gegner versucht, mit dem Außenschlag (Vorhand auf der Einstandseite und Rückhand auf der Vorteilseite) mit einem Chip longline oder in die Mitte anzugreifen. Der Punkt wird ausgespielt.

## Serve-and-Volley

Ein Spieler spielt Serve-and-Volley. Der Gegner spielt den Return cross zurück. Der Aufschläger soll den ersten Volley lang longline spielen, und dann wird der Punkt ausgespielt.

**Variation:**

Der Returnspieler spielt den Ball nach dem Return longline und der Aufschläger spielt mit dem zweiten Volley einen Winkel.

**Variante:**

Der erste Passierball wird cross gespielt und der Volley longline.

**Variante:**

Der Returnspieler spielt als Antwort auf den ersten Volley des Aufschlägers einen Lob cross.

## Erster Volley

Ein Spieler beginnt an der Aufschlaglinie, der andere an der Grundlinie. Der Spieler an der Grundlinie beginnt den Punkt mit einem flachen Ball in die Füße des Netzspielers. Der Netzspieler spielt einen langen Volley und eröffnet damit den Punkt. Der erste Volley muss länger sein als die Aufschlaglinie. Der Punkt wird ausgespielt. Bei der Übung sollte man besonders auf die Position des Netzspielers achten.

**Variation:**

Der Grundlinienspieler kann den Punkt mit einem flachen Schlag oder einem Lob beginnen.

## Stoppball

Zwei Spieler starten an der Grundlinie. Der Trainer spielt einen Stoppball an. Der Spieler soll diesen erlaufen und einen langen Ball longline spielen, wenn er nicht in einer guten Position ist, und cross spielen, wenn er angreifen kann. Der Punkt wird ausgespielt.

**Variation:**

Die Spieler spielen Rückhand-Slice cross, bis einer von ihnen einen Stoppball spielt, und der Punkt wird ausgespielt.

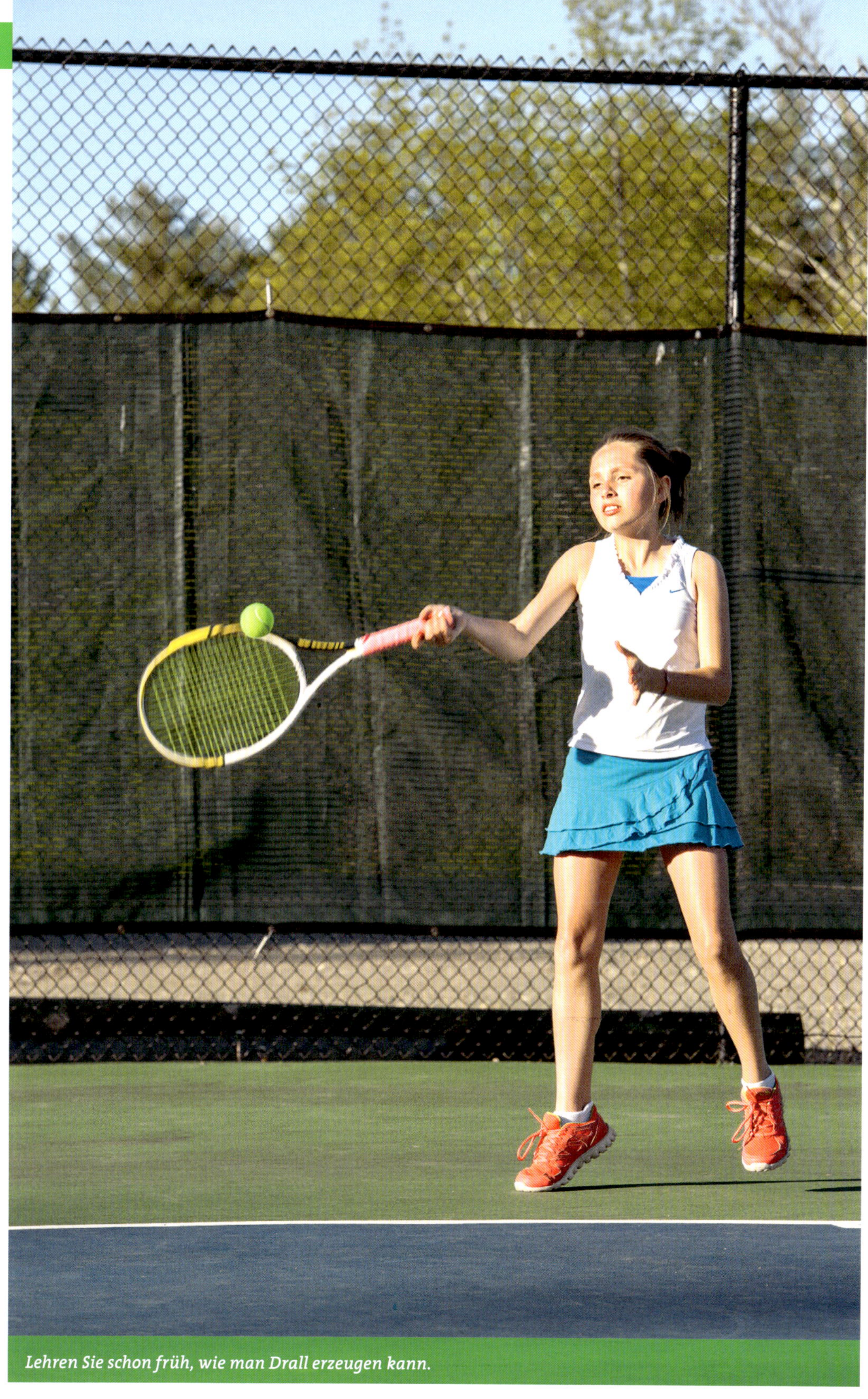

*Lehren Sie schon früh, wie man Drall erzeugen kann.*

## Defensiver Lob

Zwei Spieler starten an der Grundlinie in der Nähe der Seitenlinie. Einer von ihnen spielt einen kurzen hohen Ball an. Der Gegner spielt einen aggressiven Angriffsball cross und geht ans Netz. Der Gegner erläuft den Ball und spielt einen hohen Lob. Der Punkt wird ausgespielt.

**Variation:**

Der Spieler, der den Ball erläuft, kann versuchen zu passieren. Wenn er einen Fehler macht, muss er ein paar Känguru-Sprünge, Sit-ups oder Liegestützen machen.

**Variation:**

Der Spieler, der den Ball erläuft, muss einen kurzen, flachen Rückhand-Slice spielen, um den Volleyspieler zu zwingen, einen tiefen Volley zu schlagen. Der Punkt wird ausgespielt.

**Variation:**

Der erste Ball wird lang zugespielt, sodass der Spieler nicht sofort ans Netz kommen kann. Der Gegner erläuft den Ball und spielt einen hohen Ball cross. Der andere Spieler soll angreifen und einen Topspin-Volley spielen. Der Punkt wird ausgespielt.

## Einen Lob erlaufen

Ein Spieler steht am Netz, der andere an der Grundlinie. Der Spieler an der Grundlinie beginnt mit einem Lob über den Spieler am Netz. Der Netzspieler soll zurücklaufen und einen hohen Lob spielen. Der Spieler an der Grundlinie soll diesen als Schmetterball nach dem Aufspringen oder aus der Luft nehmen, je nach Qualität des Lobs. Der Punkt wird ausgespielt.

## Einen Schmetterball zurückspielen

Ein Spieler steht am Netz, der andere an der Grundlinie. Der Spieler an der Grundlinie spielt einen Lob. Der Spieler am Netz soll einen Schmetterball in einen bestimmten Bereich spielen. Der Spieler an der Grundlinie soll den Ball wieder ins Spiel bringen. Dann wird der Punkt ausgespielt. Der Spieler an der Grundlinie soll den Spieler am Netz zwingen, nach seinem Schmetterball einen weiteren Ball zu schlagen.

**Variation:**

Der Punkt wird mit einem Spieler am Netz und dem anderen an der Grundlinie gespielt. Der Spieler an der Grundlinie darf nur Lobs schlagen. Der Spieler am Netz soll schmettern und versuchen, alle kurzen Lobs mit Winkel zu spielen.

**Variation:**

Der Spieler am Netz muss den ersten Lob aufspringen lassen. Danach wird der Punkt ausgespielt.

# Gezielte taktische Spielsituationen für das Doppel

## Return und erster Volley

Der Aufschläger spielt Serve-and-Volley, der Gegner spielt den Return cross zurück. Der Aufschläger spielt lange Volleys. Der Returnspieler spielt zurück in die Mitte und der Punkt wird ausgespielt.

## Hoher oder tiefer Volley

Der Aufschläger spielt Serve-and-Volley, der Gegner spielt den Return cross zurück. Wenn der Return hoch ist, soll der Aufschläger den Volley druckvoll in Richtung des Gegners am Netz spielen. Wenn der Return flach ist, soll der Aufschläger einen langen Volley auf den Spieler an der Grundlinie spielen. Der Punkt wird ausgespielt.

## Volley cross und auf den Lob warten

Der Aufschläger spielt Serve-and-Volley, der Gegner spielt den Return cross zurück. Beide spielen so lange cross, bis der Spieler an der Grundlinie einen Lob schlägt. Dann wird der Punkt ausgespielt.

## Longline Return

Der Aufschläger spielt Serve-and-Volley, der Gegner spielt den Return longline zurück. Der Spieler am Netz spielt den Volley zurück zu dem Spieler an der Grundlinie cross zwischen die beiden Spieler. Der Partner des Returnspielers sollte sich zur Mitte bewegen, um den Volley abzudecken. Dann wird der Punkt ausgespielt.

## Return Lob

Der Aufschläger spielt Serve-and-Volley, der Gegner macht mit dem Return einen Lob über den Spieler am Netz. Wenn der Lob sehr lang ist, sollen die Spieler ihn aufspringen lassen und einen defensiven Lob zurückspielen. Wenn der Lob kurz ist, soll der Spieler am Netz einen Schmetterball zwischen die beiden Gegner spielen. Dann wird der Punkt ausgespielt.

## Wildern/kreuzen

Der Aufschläger schlägt zum T auf und der Gegner returniert cross. Der Partner des Aufschlägers kreuzt und spielt den Volley auf den Gegner am Netz. Der Punkt wird ausgespielt.

## Der Partner des Returnspielers kreuzt

Der Aufschläger spielt Serve-and-Volley. Der Gegner spielt den Return flach cross zurück. Der Aufschläger spielt seinen Volley cross, und der Partner des Returnspielers kreuzt. Der Punkt wird ausgespielt.

## Chip-and-Charge

Der Aufschläger spielt Serve-and-Volley. Der Gegner spielt Chip-and-Charge cross. Der Aufschläger spielt den Volley auf die Füße des Returnspielers. Der Punkt wird ausgespielt.

## Beide hinten

Der Aufschläger spielt Serve-and-Volley. Die Gegner bleiben beim Return beide hinten. Der Returnspieler muss den Return ins Feld spielen (bei einem Fehler gibt es eine Bestrafung, wie fünf Känguru-Sprünge oder den Verlust von mehr als einem Punkt). Die Spieler am Netz spielen ihre Volleys in die Mitte, bis sie einen hohen Volley bekommen, den sie abwinkeln können. Die Spieler an der Grundlinie müssen ihre Schläge in die Mitte, in den Korridor oder mit Lobs variieren.

## Variation der Aufstellung

Es werden Punkte mit dem Aufschlag zum T und der australischen oder I-Aufstellung gespielt.

## Lob und Angriff

Zwei Spieler beginnen am Netz und zwei an der Grundlinie. Einer der hinteren Spieler spielt einen Lob über die Netzspieler. Sie erlaufen den Lob und schlagen einen defensiven Lob zurück, während die Spieler von der Grundlinie ans Netz kommen. Der Punkt wird ausgespielt.

## Den Netzspieler bombardieren

Einer der Spieler macht einen zweiten Aufschlag und kommt ans Netz. Der Gegner returniert aggressiv auf den Partner des Aufschlägers. Dieser schlägt einen Volley in Richtung T. Der Partner des Returnspielers bewegt sich in die Mitte und fängt den Volley ab. Der Punkt wird ausgespielt.

## Einer vorne, einer hinten

Zwei Doppelteams spielen Punkte mit einer Angabe von unten, wobei ein Spieler am Netz und der andere an der Grundlinie steht. (Die Spieler am Netz müssen sich korrekt nach vorne und zurück bewegen und abhängig von der Situation kreuzen oder defensiv spielen).

## Vier am Netz

Alle vier Spieler beginnen an der Aufschlaglinie. Ein Team beginnt den Punkt mit einer Angabe in die Füße des Gegners. Danach wird der Ballwechsel als regulärer Doppelpunkt ausgespielt.

## Drei, zwei, eins

Zwei Spieler sind am Netz und zwei an der Grundlinie. Das Team am Netz beginnt den Punkt mit einer Angabe von unten. Der Punkt wird ausgespielt. Jeder nicht erzwungene Fehler zählt einen Punkt. Jeder direkte Punkt zählt zwei Punkte. Das Team am Netz kann drei Punkte erzielen, wenn sie in der Lage sind, einen Schmetterball-Winner zu verwandeln. Das Team an der Grundlinie kann drei Punkte gewinnen, wenn sie einen Lob spielen, der vor oder hinter den Netzspielern aufkommt. (Sobald der Ball aufkommt, ist der Punkt vorbei.) Das Spiel wird gespielt, bis eine Mannschaft 21 Punkte erreicht.

## A, B, C

Alle vier Spieler starten an der Grundlinie. Der Trainer spielt einen Ball an. Die Gewinner des ersten Punktes dürfen beim nächsten Punkt am Netz starten. Das Ziel des Spieles ist es, drei Serien mit je drei Punkten am Netz zu gewinnen. Wenn die Spieler am Netz den Punkt verlieren, kommen die anderen Spieler ans Netz. Gewinnt eine Mannschaft drei Punkte in Folge am Netz, erhält diese Mannschaft einen Buchstaben, zuerst ein A, dann ein B und schließlich ein C. Die Mannschaft, die zuerst C erreicht, gewinnt. Es gibt zwei zusätzliche Regeln, um das Spiel fair zu gestalten:

1. Das Team am Netz darf auf das Anspiel des Trainers keinen Volley-Stopp spielen.
2. Das Team, das nach einem Fehler zurück an die Grundlinie muss, darf den ersten Ball nicht aus der Luft spielen.

## Bleiben, kreuzen, antäuschen

Spielen Sie regelmäßig Doppel und trainieren Sie die drei Aktionen am Netz: bleiben, kreuzen oder antäuschen. Verwenden Sie Signale, um mit Ihrem Partner zu kommunizieren, welche Aktion Sie durchführen werden. Achten Sie bei der Verwendung von Signalen darauf, dass Ihr Partner das Signal bestätigt, bevor der Punkt beginnt.

## Mini-Tennis

Zwei Doppelteams spielen in den Aufschlagfeldern mit Korridor um Punkte. Die Spieler dürfen nicht hart schlagen. Der Schwerpunkt der Übung liegt darauf, sich als Mannschaft zu bewegen.

**Variationen:**

» Der Ball darf nicht aufspringen.

» Der Ball darf auf einer Seite des Netzes nicht aufspringen.

Diese Übung kann mit mehreren Doppelteams durchgeführt werden. Ein Team befindet sich auf einer Seite des Spielfeldes, die übrigen Teams auf der anderen Seite. Wenn ein Team auf der Seite mit den Teams den Punkt gewinnt, dürfen Sie auf die andere Seite. Wenn sie den Punkt verlieren, rückt die nächste Mannschaft nach.

### Zwei gegen zwei

Zwei Teams spielen nach einem Anspiel des Trainers auf dem ganzen Doppelfeld gegeneinander. Der Schwerpunkt liegt darauf, sich als Team zu bewegen, um den Platz besser abzudecken und in verschiedenen Situationen den richtigen Schlag zu wählen.

**Variationen:**

» Beide Teams beginnen an der Grundlinie.

» Ein Team ist an der Grundlinie und eins am Netz.

» Beide Teams sind am Netz.

Diese Übung kann mit vielen Teams durchgeführt werden. Ein Team befindet sich auf einer Seite des Platzes. Diese Spieler sind die Könige des Platzes und spielen gegen die anderen Teams, die sich auf der anderen Seite des Netzes aufstellen. Die erste Mannschaft in der Reihe spielt einen Punkt gegen die Könige. Wenn sie den Punkt verlieren, nimmt die nächste Mannschaft ihre Position ein und fordert die Könige heraus. Gewinnt ein Team zwei Punkte in Folge oder schlägt es einen Winner gegen die Könige, löst das Team die Könige ab.

# Übungen für die Beinarbeit (Abschnitt 8)

## Allgemeine Beinarbeit

### Angriffszone

Die Spieler spielen Ballwechsel und konzentrieren sich zunächst auf ihre Beinarbeit. Sie sollen eine Position finden, die sich bei jedem Schlag angenehm anfühlt. Wenn sie eine Position gefunden haben, sollen sie versuchen, diese immer einzunehmen, bevor sie den Ball treffen. Lassen Sie die Spieler mit allen Schlägen experimentieren.

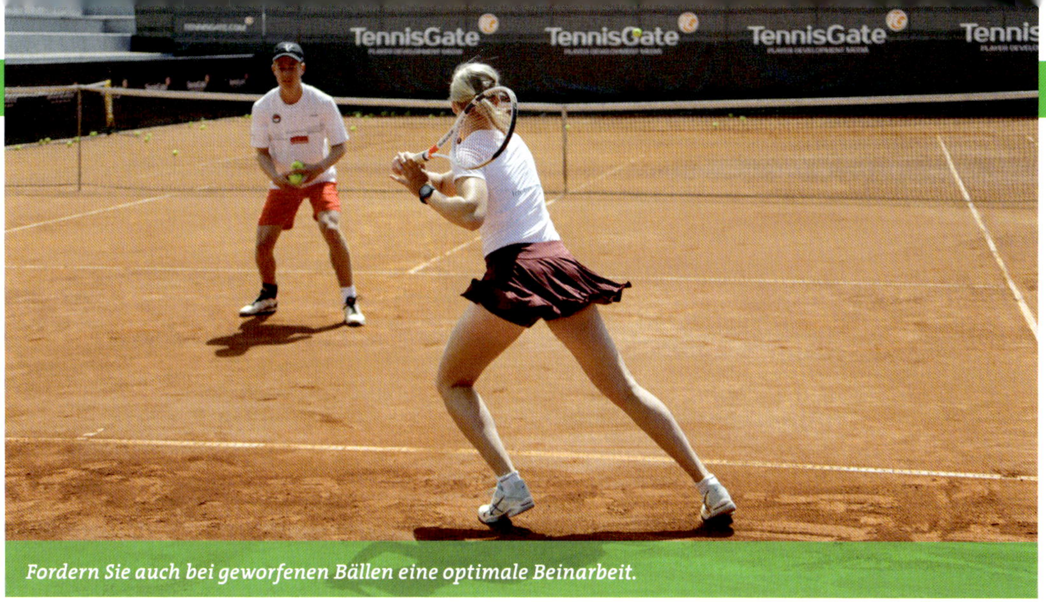

*Fordern Sie auch bei geworfenen Bällen eine optimale Beinarbeit.*

Danach sollen die Spieler ihren Fokus auf den Treffpunkt verlagern. Sie sollen experimentieren und einen Treffpunkt finden, der sich solide und kraftvoll anfühlt und der es ihnen erlaubt, während des gesamten Schlages im Gleichgewicht zu bleiben.

## Ideale Intensität

Die Spieler sollen mit unterschiedlichen Intensitätsgraden zwischen den Schlägen experimentieren, bis sie ihr ideales Intensitätsniveau gefunden haben. Die Intensität beinhaltet im Grunde genommen alle Bewegungen, die ein Spieler ausführt. Die Spieler sollen sich zwischen den Schlägen auf den Zehenspitzen bewegen. Wie viel, wie hoch, wie schnell usw. ist individuell. Der Körper muss jedoch in Bewegung bleiben.

Wenn die Spieler einmal ihr ideales Intensitätsniveau gefunden haben, müssen sie es sich zur Gewohnheit machen, bei jedem Training mit diesem Intensitätsniveau zu arbeiten.

## Jeden Ball erlaufen

### Übung 1

Die Spieler spielen zu zweit Punkte im Doppelfeld.

### Übung 2

Die Spieler spielen Ballwechsel, bei denen sie jeden Ball berühren müssen. Sie müssen dem Ball hinterherlaufen, auch wenn er aus ist. Wenn sie den Ball nicht nach dem ersten Aufspringen erreichen, dann müssen sie ihn nach dem zweiten oder dritten Aufspringen oder nachdem er im Zaun gelandet ist, berühren.

## Kampf um die Lobs

Ein Spieler steht am Netz und deckt den halben Platz einschließlich des Korridors ab. Der Trainer oder ein anderer Spieler bewegt ihn und variiert seine Schläge. Das Ziel ist es, den Spieler am Netz aus der Position zu bringen und ihn zu überlobben. Jedes Mal, wenn der Spieler überlobbt wird oder gezwungen ist, einen Rückhandschmetterball zu spielen, muss er fünf Liegestütze machen.

## Der Ball kommt zurück

Die Spieler spielen Punkte mit einem Ball in der Hand. Diesen können sie ins Spiel bringen, sobald sie einen Fehler machen. Der Gegner muss immer bereit sein zu reagieren, um den Punkt weiter zu spielen.

## Reagieren, nicht raten

Bitten Sie den Spieler bei der nächsten Übung, dicht am Netz zu stehen, um seine Reaktionszeit zu verkürzen und seine Schwäche zu entlarven.

Sie (oder ein anderer Spieler) spielen einen Ball von der Grundlinie an, indem Sie ihn zunächst hochwerfen, aufkommen lassen und dann versuchen, den Netzspieler zu passieren. Variieren sie das Anspiel, damit der Netzspieler reagieren und sich in verschiedene Richtungen bewegen muss. Achten Sie darauf, auch Lobs zu spielen. Dann lassen sie den Spieler kurz vor der Aufschlaglinie starten und sich auf das Netz zubewegen, sobald Sie den Ball nach oben werfen. Der Netzspieler muss bereit sein, auf den Schlag zu reagieren. Wenn Sie anfangen zu schwingen, muss der Spieler einen Split Step machen und sich in die Richtung des Schlages bewegen. Wenn Sie feststellen, dass er sich nicht jedes Mal in Richtung des Balles bewegen kann, stimmt entweder das Timing seines Split Steps nicht richtig oder er verliert beim Landen das Gleichgewicht. Diese Übung sollte regelmäßig durchgeführt werden und der Spieler sollte dies in seinen Matches anwenden. Sie werden auf jeden Fall einen Unterschied feststellen, wenn er das Konzept „Rate nicht, beweg dich" verstanden hat.

# Beinarbeit (Der Bewegungskreislauf)

# Mentale und körperliche Bereitschaft oder Intensität

Die Spieler müssen auf dem Platz immer bereit sein und sich leichtfüßig auf dem Vorderfuß bewegen. Wenn Sie merken, dass sie auf dem ganzen Fuß stehen, sollten Sie sie an ihre Aufgabe erinnern, indem Sie sie zum Netz und zurück sprinten lassen.

# Split Step

## Split-Step-Technik

Als Erstes sollten Sie die Technik des Split Steps überprüfen. Lassen Sie den Athleten einen Schritt und einen Split Step machen. Überprüfen Sie die Landung. Steht er auf den Fußballen? Ist er im Gleichgewicht? Vergewissern Sie sich, dass er in der Lage ist, seine Landeposition zu halten, ohne einen Schritt machen zu müssen. Wenn Sie feststellen, dass der Spieler wackelt oder umkippt, lassen Sie es ihn weiter versuchen, bis er völlig ruhig landen kann. Achten Sie auf eine leichte Kniebeuge, bei der sein Gewicht auf die Fußballen verteilt ist. Sie sollten in der Lage sein, eine Kreditkarte unter seine Fersen zu schieben. Sobald er dies fünfmal hintereinander korrekt tun kann, bitten Sie ihn, den Split Step zu machen und sich danach zu bewegen. Simulieren Sie die Bewegung, die erforderlich ist, um einen Ball zu schlagen. Sie können das zuerst auf der Vorhandseite, dann auf der Rückhandseite und dann bei einem Schmetterball probieren. Überprüfen Sie auch die Leichtigkeit des Spielers. Seine Bewegungen sollten immer explosiv und flüssig sein und „leichtfüßig" aussehen. Jetzt ist es an der Zeit, diese Bewegungen auf dem Platz auszuprobieren.

## Timing beim Split Step

Bei der zweiten Übung geht es darum, den Split Step beim Spielen umzusetzen. Bitten Sie den Spieler, das Wort „Split" zu sagen, wenn sich der Schläger seines Gegners in Bewegung setzt, und gleichzeitig einen Split Step auszuführen. Er sollte den Kontakt seiner Füße auf dem Boden mit dem Kontakt des Balles auf dem Schläger synchronisieren. Der Spieler sollte sich in die Richtung des Schlages bewegen, sobald er landet. Das Timing ist entscheidend. Ein zu früher oder zu später Split Step ist wirkungslos, und der Athlet kann nicht auf den Schlag des Gegners reagieren.

## Reagiere, rate nicht!

Siehe Seite 266

# Erster Schritt und Anpassungsschritte

Nachfolgend sind ein paar Übungen, die den ersten Schritt verbessern sollen. Bitte gehen Sie diese Übungen in der Reihenfolge durch, in der sie hier vorgestellt werden, da sie aufeinander aufbauen.

## Hinter den Ball kommen

Bei der ersten Übung steht der Trainer mit einem Ballkorb an der Aufschlaglinie, und der Spieler stellt sich ohne Schläger und mit einem Fuß hinter die Grundlinie in der Mitte des Platzes. Der Trainer wirft einen Ball nach oben und spielt ihn in eine beliebige Richtung. Der Spieler soll einen Split Step machen, wenn der Trainer beginnt zu schwingen. Dann soll er versuchen, seinen Körper direkt hinter dem ankommenden Ball zu positionieren, sodass er ihn am Ende mit beiden Händen direkt vor sich fängt. Je früher der Spieler in der Lage ist, seinen Körper in die gewünschte Position zu bringen, desto besser. Ziel dieser Übung ist es, dem Spieler beizubringen, seinen Körper schnell in eine Position zu bringen, in der er auf den Ball wartet. Beginnen Sie mit einigen leichten Bällen und spielen Sie mit der Zeit schwieriger an.

## Erster Schritt

Die Ausgangsposition für die zweite Übung ist die gleiche wie bei der ersten. Der einzige Unterschied besteht darin, dass der Spieler diesmal mit einem Schläger auf der Grundlinie steht. Beginnen Sie die Übung, indem Sie den Platz in drei gleiche Bereiche aufteilen. Verwenden Sie dazu eine beliebige Art von Markierungen. Sobald die Markierungen platziert sind, spielen Sie die Bälle so an, dass sie außerhalb der Markierungen landen. Diesmal soll der Spieler versuchen, sich so schnell wie möglich in die ideale Treffposition zu bewegen, den Ball zu schlagen und wieder in die Mitte zurückzukehren. Er sollte in der Lage sein, sich zu einer Position außerhalb der Markierung zu bewegen, bevor das Anspiel das Netz überquert. Als Trainer sollten Sie den Spieler ab und zu testen, indem sie einen Ball absichtlich ins Netz schlagen. Der Spieler sollte die Markierung bereits erreicht haben, wenn der zugespielte Ball im Netz landet. Spielen Sie zu Beginn einzelne Bälle an. Sobald der Spieler sich mit dem Drill wohler fühlt, können Sie mehrere Bälle hintereinander anspielen. Spielen Sie maximal sechs Bällen hintereinander an, sonst kann der Spieler nicht die ganze Zeit 100 Prozent geben.

## Fangen und schlagen

Eine gute Übung für die Beinarbeit ist das Spiel „Fangen und schlagen“. Ziel des Spiels ist es, einen regulären Satz zu spielen, bei dem ein Spieler den Ball schlägt und der andere ihn fängt und wirft.

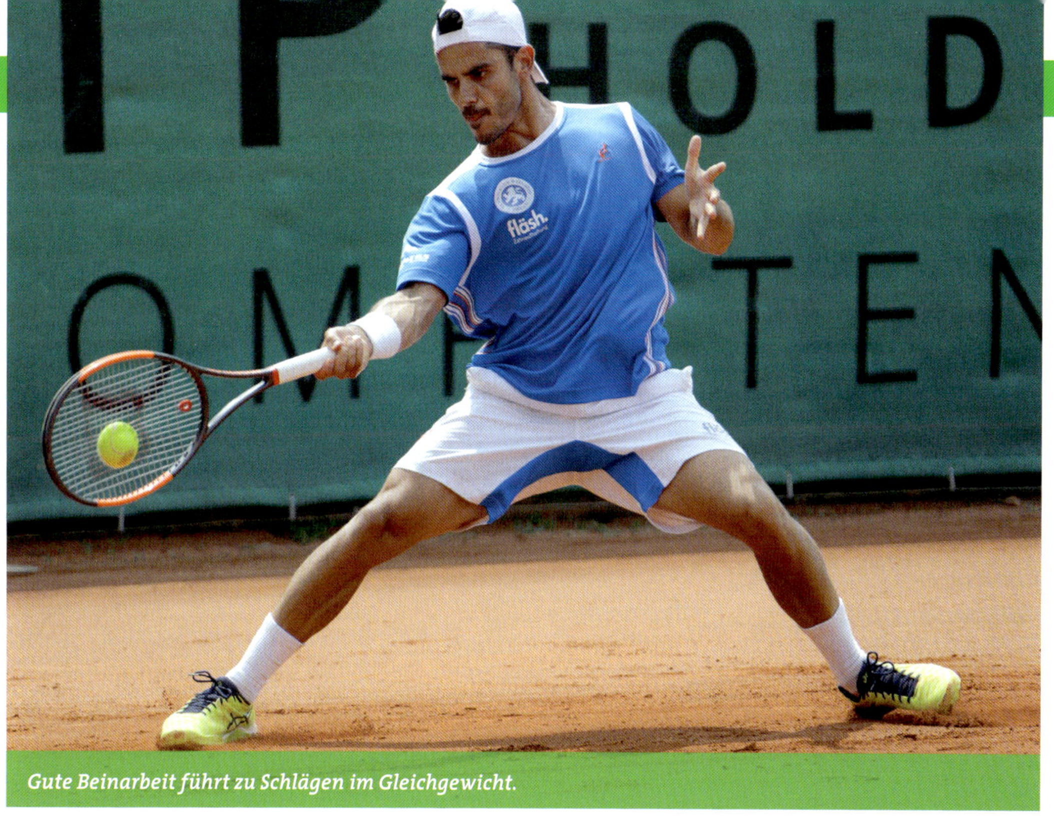


*Gute Beinarbeit führt zu Schlägen im Gleichgewicht.*

Es gelten die gleichen Tennisregeln, mit der Ausnahme, dass der Spieler mit dem Schläger nur einen Aufschlag ausführen darf. Der Spieler, der den Ball fängt und wirft, muss aus der gleichen Position werfen, aus der er den Ball fängt. Bei diesem Spiel wird der Spieler ohne Schläger gezwungen, den Ball mit den Beinen und nicht mit den Armen zu erreichen. Im Wesentlichen ist der werfende Spieler gezwungen, sich aufgrund der begrenzten Reichweite, die er ohne den Schläger hat, viel schneller zu bewegen.

### Ball stoppen und schlagen

Die Spieler spielen Ballwechsel, bei denen sie den ankommenden Ball ihres Partners stoppen und sich vorlegen müssen. Dann bewegen sie sich mit Side Steps zum Ball, sodass sie in eine perfekte Position kommen und ihn übers Netz spielen können.

## Den Platz abdecken

### Abstoppen

Zuerst sollte der Spieler trainieren, wie er bei weiten Bällen den Schwung seines Körpers so schnell wie möglich abstoppen kann. Trainieren Sie das zunächst ohne Ball. Der Spieler sollte in der Mitte des Spielfeldes beginnen und zu einer Seitenlinie laufen und so tun, als ob er einen Ball spielt. Achten Sie darauf, dass er seinen Schlag mit dem Gesicht zum Netz und mit beiden Füßen parallel zur

Grundlinie beendet. Wenn er in der offenen Position trifft, geschieht dies automatisch, aber bei einer geschlossenen Position muss er sich drehen und den Außenfuß so platzieren, dass er den Schwung seines Körpers abstoppen kann. Wiederholen Sie diese Übung auf der anderen Seite. Seien Sie auf der Rückhandseite vorsichtig, besonders wenn der Spieler eine einhändige Rückhand schlägt. Achten Sie darauf, dass er sich nach dem Schlag und nicht während des Schlages dreht. Eine zu frühe Drehung wird seinen Schlag negativ beeinflussen. Sobald er sich dabei wohlfühlt, fügen Sie einige Side Steps hinzu, um wieder in die Mitte zu gelangen. Das Abbremsen und Platzabdecken sollte eine flüssige Bewegung sein.

Als Nächstes sollte dies im Ballwechsel trainiert werden. Spielen Sie dem Spieler die Bälle in die Ecken und trainieren sie das Schlagen und Stoppen.

## Platz abdecken

Die Side Steps oder Kreuzschritte, um den Platz abzudecken zu können, sollten auf die gleiche Weise trainiert werden. Üben Sie die Bewegungen zunächst ohne den Ball und fügen Sie dann den eigentlichen Schlag hinzu. Sie können das Spielfeld in drei Bereiche unterteilen, so wie Sie es beim Üben des ersten Schritts getan haben. Platzieren Sie zwei Kegel oder Bälle als Markierungen genau zwischen der Mitte des Spielfelds und den Seitenlinien (einen etwa zwei Meter links von der Mitte der Grundlinie und einen etwa zwei Meter rechts davon). Diese Kegel unterteilen das Spielfeld in eine Zone für Side Steps und eine zweite für Kreuzschritte. Jedes Mal, wenn ein Spieler einen Ball in der zweiten Zone schlagen muss, beginnt er seine Platzabdeckung mit einem Kreuzschritt. Immer wenn er einen Ball in der ersten Zone schlägt, soll er Side Steps benutzen, um sich zurückzubewegen.

Alle Bewegungen des Spielers sollten flüssig und leichtfüßig sein. Stellen Sie sicher, dass der Spieler seinen Schlag beendet, bevor er sich zurückbewegt. Der Spieler soll versuchen, sanft abzustoppen, indem er seinen Außenfuß aufsetzt und seinen Körper dabei absenkt. Wenn er sich mit diesem Schrittmuster vertraut macht, können Sie ihn mit immer schwierigeren Bällen fordern.

## Abwechselnd schlagen

Die Spieler spielen auf der Hälfte des Einzelfeldes direkt zum Partner auf der anderen Seite. Beide Spieler sollten abwechselnd Vor- und Rückhand schlagen. Nach jedem Schlag sollen sie sich so schnell wie möglich entweder zur Seiten- oder zur Mittellinie bewegen, um auf den nächsten Schlag zu warten. Ihr Ziel sollte es sein, die Seiten- oder Mittellinie zu erreichen, bevor der Partner schlägt.

### Technik beim Rutschen

### Übung 1

Die Spieler sollen das Rutschen beim Vorwärtsgehen üben, indem sie den Vorderfuß nach vorne schieben.

### Übung 2

Die Spieler sollen ein paar Schritte rennen und mit ihrem letzten Schritt rutschen.

### Übung 3

Die Spieler sollen einen Ball vom Boden aufnehmen, indem sie hinrennen und mit dem letzten Schritt zum Ball rutschen.

### Übung 4

Spielen Sie Bälle aus dem Korb an und lassen Sie Ihre Spieler rennen, rutschen und den Ball schlagen.

# Übungen für den Umgang mit Wettkampfdruck (Abschnitt 9)

## Konzentrationsübungen

### Hopp – Hit

Die Spieler spielen Ballwechsel oder Punkte. Jedes Mal, wenn der Ball aufkommt, sollen sie „hopp", und wenn sie den Ball treffen, „hit" rufen. (Es können auch andere Begriffe verwendet werden.) Dadurch sind die Spieler gezwungen, sich während des gesamten Punktes oder des Ballwechsels auf den Ball zu konzentrieren.

### Ballwechsel mit dem Griff

Die Spieler spielen hohe Bälle. Sie müssen den Ball mit dem Griff des Schlägers stoppen, bevor sie ihn zurückspielen. Um den Ball mit dem Griff zu stoppen, müssen sie den Schläger verkehrt herum halten und den Griff auf Augenhöhe haben, um den Treffpunkt zu erleichtern. Dann sollten sie den Ball einmal aufspringen lassen, bevor sie ihn hoch zu dem anderen Spieler schlagen. Durch den Versuch, den Ball mit dem Griff zu stoppen, sind die Spieler gezwungen, sich bis zum Treffpunkt voll auf den Ball zu konzentrieren.

## Ballwechsel mit der Griffkappe

Die Spieler spielen hohe Bälle. Sie müssen den Ball mit der Griffkappe des Schlägers stoppen, bevor sie ihn zurückspielen. Um den Ball mit der Griffkappe zu stoppen, müssen sie den Schläger verkehrt herum halten und den Griff auf Augenhöhe haben, um den Treffpunkt zu erleichtern. Dann sollten sie den Ball einmal aufspringen lassen, bevor sie ihn hoch zu dem anderen Spieler schlagen. Durch den Versuch, den Ball mit der Griffkappe zu stoppen, sind die Spieler gezwungen, sich bis zum Treffpunkt voll auf den Ball zu konzentrieren.

## Return mit dem Griff

Beim Return passiert es sehr häufig, dass man den Ball aus den Augen verliert. Die Spieler sollen versuchen, den Aufschlag mit dem Griff zu stoppen, indem sie den Schläger verkehrt herum halten. Sie sollen nicht versuchen, den Ball zu schlagen, sondern nur ihn zu stoppen. Durch den Versuch, den Ball mit dem Griff zu stoppen, sind die Spieler gezwungen, sich bis zum Treffpunkt voll auf den Ball zu konzentrieren.

# Übungen für Drucksituationen

## Schläger wechseln

Zwei Spieler spielen einen Satz. Der Trainer kann jederzeit einen Schlägerwechsel ansagen. Das zwingt die Spieler, sich auf unerwartete Situationen während des Wettkampfes einzustellen.

## Ein Aufschlag

Die Spieler spielen einen Satz mit nur einem Aufschlag.
Diese Übung wird ihnen helfen, einen besseren zweiten Aufschlag zu entwickeln. Es hilft ihnen auch zu lernen, wie sie mit dem Druck umgehen, wenn sie bei wichtigen Punkten nur einen zweiten Aufschlag haben.

**Variante 1:**

Zwei Spieler spielen einen Satz mit einem Aufschlag. Der Spieler, der den Aufschlag oder den Return verschlägt, verliert zwei Punkte.

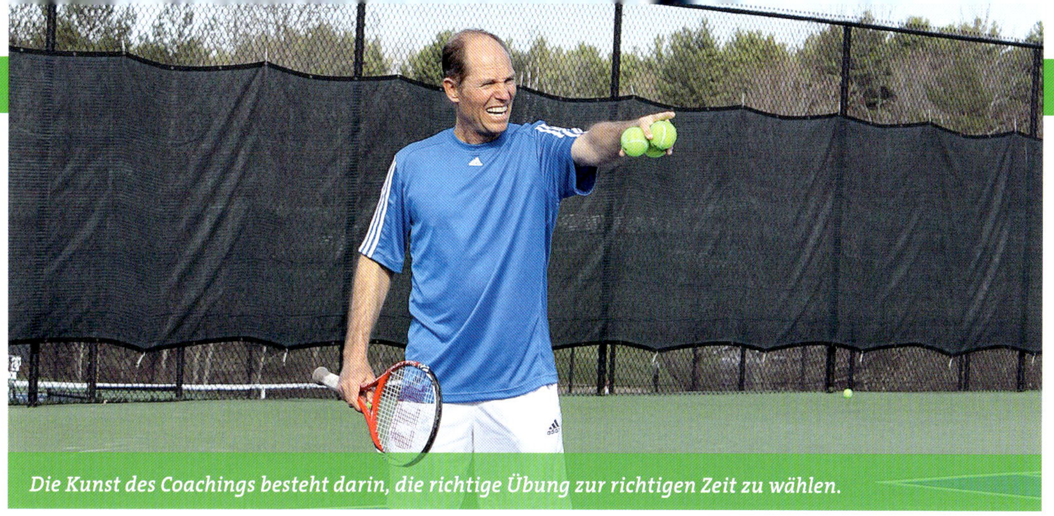

*Die Kunst des Coachings besteht darin, die richtige Übung zur richtigen Zeit zu wählen.*

**Variante 2:**

Der Spieler, der den Aufschlag oder den Return verschlägt, verliert das Spiel.

## Angabe von unten

Die Spieler spielen einen Satz mit einer Angabe von unten. Der Spieler kann überallhin und in jeder Geschwindigkeit schlagen. Wenn der Ball jedoch nicht im Einzelfeld landet, verliert der Spieler den Punkt.

## Angabe von unten mit Angriff

Zwei Spieler spielen einen Satz und jeden Punkt mit einer kurzen Angabe von unten. Der Gegner greift an und der Punkt wird ausgespielt. Sie können dieses Spiel mit der regulären Zählweise spielen, oder Sie können eine zusätzliche Bestrafung für das Verschlagen des Angriffsballes oder des ersten Passierballes hinzufügen.

## Drei Punkte in einer Reihe

Zwei Spieler spielen einen Satz. Sie können nur ein Spiel gewinnen, wenn Sie drei Punkte in Folge gewinnen. Dies zwingt die Spieler, sich auf jeden Punkt zu konzentrieren. Jedes Mal, wenn einer der Spieler zwei Punkte hintereinander gewinnt, sind sie einer wichtigen Situation ausgesetzt.

## Konstantes Angreifen und Passieren

Es wird ein Satz gespielt, bei dem alle Fehler bei Angriffsbällen oder dem ersten Passierball doppelt zählen (der Spieler verliert zwei Punkte). Diese Übung zwingt die Spieler, sich auf die beiden Schläge Angriffsball und Passierball zu konzentrieren. Die Übung soll den Spielern helfen, ihren eigenen Weg zu finden und unerzwungene Fehler zu reduzieren.

## No-Ad und Einstand

Zwei Spieler spielen einen Satz mit der No-Ad-Regel und starten jeden Punkt bei Einstand. Das bedeutet, sie spielen nur einen Punkt pro Spiel.

**Variationen:**

1) Der erste Schlag ist ein hoher defensiver Lob.
2) Der erste Schlag ist ein Lob, den der Gegner mit einem Volley aus der Luft spielen muss.
3) Der erste Schlag ist ein kurzer Ball, mit dem der Gegner angreifen kann.

Diese Übungen machen jeden Punkt zu einem wichtigen Punkt, sodass jeder Fehler wehtut.

## Bei Einstand beginnen

Es wird ein Satz mit normaler Zählweise gespielt, bei dem jedes Spiel bei Einstand beginnt. Bei diesem Format entstehen viele wichtige Punkte, da jeder verlorene Punkt sofort den Verlust des Spieles bedeuten könnte.

## Keine Winner

Es wird ein Satz gespielt, bei dem keine Winner erlaubt sind. Es geht darum, dass die Spieler klug und aggressiv sind und keine unnötigen Fehler machen. Bei diesem Spiel lernen die Spieler zu verstehen, wie sie aggressiv spielen können und gleichzeitig die unerzwungenen Fehler vermeiden können. Um das Spiel herausfordernder zu machen, können Sie Bestrafungen für Fehler durchführen. Zum Beispiel: Der Spieler, der einen unerzwungenen Fehler begeht, muss fünf Känguru-Sprünge machen.

## Handicap

Es wird ein Satz gespielt, aber abhängig vom Spielstand gibt es ein Handicap. Die Spieler beginnen bei 0 : 0. Nach dem ersten Spiel muss der Spieler, der das Spiel gewonnen hat, das nächste Spiel bei 0 : 15 beginnen. Wenn derselbe Spieler das nächste Spiel gewinnt und 2 : 0 führt, liegt er beim nächsten Spiel 0 : 30 zurück. Pro Spiel, das der Spieler führt, liegt er im nächsten Spiel einen Punkt zurück. Der Gegner kann maximal 40 : 0 führen. Dieses Format unterstützt den Wettkampfgeist der Spieler und kann auch sehr gut mit Spielern unterschiedlicher Spielstärke durchgeführt werden.

## Umgang mit Schummeln und Fehlentscheidungen

Es wird ein Satz gespielt. Der Trainer kann während des Matches zufällig Punkte vergeben oder abziehen. Dies entspricht einer Situation, in der ein Spieler einen guten Ball „aus" gibt, beide Spieler um einen Ballabdruck streiten oder einer sich verzählt hat. Der Spieler muss sich sofort auf die neue Situation einstellen und das Beste aus ihr machen.

## Schummeln erlaubt

Es wird ein Satz gespielt. In diesem Satz darf jeder Spieler drei gute Schläge „aus" geben und vorsätzlich schummeln. Diese Übung hat dasselbe Ziel wie die vorherige. Die Spieler müssen lernen, mit Situationen umzugehen, in denen sie negativ betroffen sind, aber daran nichts ändern können.

## Der erste Punkt zählt doppelt

Es wird ein Satz gespielt, bei dem jeweils der erste Punkt doppelt zählt, d. h. ein Spieler führt sofort 30 : 0. Diese Zählweise macht den ersten Punkt besonders wichtig und setzt die Spieler im Training vielen wichtigen Punkten aus.

## Spielball verwandeln

Es wird ein Satz gespielt, bei dem die Spieler ihre Spielbälle verwandeln müssen, sonst verlieren sie alle Punkte, die sie vorher gewonnen haben. Zum Beispiel: Ein Spieler schlägt bei 40 : 30 auf. Wenn er den nächsten Punkt verliert, steht es 0 : 40. Durch diese Übung werden die Spielbälle noch wichtiger und der Druck auf den Spieler wird extrem erhöht.

## No-Ad

Um wichtige Punkte zu trainieren, können Sie ihre Spieler viele Sätze mit der No-Ad-Zählweise spielen lassen. Bei Einstand darf der Returnspieler die Seite wählen, und wer den Punkt gewinnt, gewinnt das Spiel.

## Fokus auf bestimmte Schläge

Die Spieler spielen ein Einzel, bei dem ein Fehler mit einem bestimmten Schlag stärker bestraft wird. Zum Beispiel: Die Spieler dürfen keine Angriffsbälle verschlagen. Jeder Fehler kann mit Extrapunkten, Sprüngen oder Liegestützen oder dem Verlust des gesamten Spiels bestraft werden. Wählen Sie den Schlag aus, den die Spieler am meisten trainieren müssen.

Und so weiter ...

**EG's Edgars Tipps**

**Seien Sie kreativ und denken Sie daran, dass Sie sich für jeden Bereich im Tennis eine Übung ausdenken können, den Ihre Spieler verbessern sollen.**

# Glossar

## Aggressiver Grundlinienspieler

**(Abschnitt 9, Spielweise)**

Der aggressive Grundlinienspieler ist ein Spieler, der jeden Ball aggressiv spielen möchte. Er ist normalerweise sehr groß und hat ein oder zwei Waffen, mit denen er seine Gegner unter Druck setzen kann.

## Antizipation

**(Abschnitt 8, Beinarbeit)**

Die Fähigkeit, Informationen über die mögliche Flugbahn des Balles zu verarbeiten, bevor der Gegner den Ball tatsächlich trifft. Es gibt drei Möglichkeiten, wie ein Spieler einen Schlag antizipieren kann: Hinweise aus dem Schwungmuster des Gegners, Hinweise aus bestimmten Spielsituationen und Vorlieben des Gegners.

## Schlagtraining

**(Abschnitt 4, Übungen zur Entwicklung der Schlagflexibilität)**

Beim Schlagtraining werden viele Wiederholungen durchgeführt, um die technischen Fähigkeiten der Spieler zu verbessern. Die Spieler spielen Ballwechsel miteinander, ohne dass sie versuchen, den Punkt zu gewinnen. Die Spieler führen eine hohe Anzahl von Schlägen aus, wobei sie auf Konstanz in der Ausführung und im Ergebnis achten. Beim Schlagtraining werden im Grunde genommen die gleichen alten Übungen durchgeführt. Es gibt nur einen kleinen, aber äußerst wichtigen Unterschied: Sie beinhalten alle Arten von Schlägen, die ein Spieler in einem Match benötigen könnte (neutrale Schläge, Angriffsbälle auf Schulterhöhe, geblockte Bälle, hohe Bälle, flache kurze Bälle, hohe Volleys, tiefe Volleys, Halbvolleys, Schmetterbälle usw.).

Um die Wirksamkeit dieser Übungen zu erhöhen, **sollten die Spieler entweder die Anzahl der in einer Reihe getroffenen Schläge zählen oder versuchen, ein bestimmtes Ziel zu treffen. Dabei können sie mit dem Partner wetteifern, wer die meisten präzisen Treffer erzielt.**

## Schlagtraining um Punkte

**(Abschnitt 4, Übungen zur Entwicklung der Schlagflexibilität)**

Diese Übungen werden von zwei Spielern durchgeführt und dienen der Verbesserung ihrer technischen Fähigkeiten sowie ihrer Matchpraxis. Sie ähneln dem Schlagtraining und sind manchmal identisch. Sie sind so konzipiert, dass sie alle Schläge einbeziehen, auf die ein Spieler in einem Match treffen kann. **Ziel dieser Übungen ist es jedoch, mit den entwickelten technischen Fertigkeiten um Punkte zu spielen und gegen den Gegner zu gewinnen.** Die Spieler spielen auf Zeit und wetteifern darum, wer zuerst eine bestimmte Anzahl von Punkten erreicht.

## Der Allround-Spieler (Kompletter Spieler)

**(Abschnitt 9, Spielweise)**

Der Allround-Spieler ist der flexibelste Spieler. Dieser Spieler fühlt sich an der Grundlinie genauso wohl wie am Netz und kann sein Spiel an die Eigenschaften des Gegners anpassen.

## Kontrastübungen (Komplextraining)

**(Abschnitt 5, Schlägerkopfbeschleunigung)**

Bei diesen Übungen lernen die Spieler, ihren Schlägerkopf schneller zu schwingen. Es handelt sich dabei um Übungen, bei denen die Muskeln des Spielers über- und sofort unterstimuliert werden oder umgekehrt, um eine schnellere als die normale Muskelkontraktion zu erzwingen. Dieser Effekt wird erreicht, indem abwechselnd schwerere und leichtere Gegenstände verwendet werden. Zum Beispiel: ein Badmintonschläger und ein Tennisschläger. Diese Übungen sollten mit maximaler Geschwindigkeit ausgeführt werden.

## Konterspieler

**(Abschnitt 9, Spielweise)**

Der Konterspieler nutzt die Schnelligkeit des Gegners aus und nimmt sich Zeit, um den Punkt vorzubereiten. Er spielt hauptsächlich von der Grundlinie und macht dabei nur sehr wenige Fehler. Dieser Spieler hat keine großen Waffen, ist aber in der Regel schnell und ein Wettkämpfer.

## Der kurze Topspin

**(Abschnitt 3 Entwicklung der Schlagflexibilität)**

Der Kurz-Cross wird in Situationen eingesetzt, in denen ein Spieler den Ball flach über das Netz halten und kurze Distanzen überwinden möchte. Dieser Schlag wird verwendet, wenn ein kurzer und niedriger Ball aus einem bestimmten Winkel gespielt wird, bei Passierbällen oder beim Angriff am Netz. Technisch gesehen sollte der Ball mit viel Topspin geschlagen werden, wobei Handgelenk und Unterarm benutzt werden und der Ausschwung bei der Hosentasche endet.

# Glossar

## Übungen aus dem Korb

**(Abschnitt 4, Übungen zur Entwicklung der Schlagflexibilität)**

Bei Übungen aus dem Korb spielt der Trainer Bälle aus dem Korb an, damit die Spieler ihre Technik durch Wiederholung verbessern können. Es sind die häufigsten Übungen im Tennis. Der Trainer spielt einen Ball an, und der Spieler übt einen Schlag.

## Geometrie des Platzes

**(Abschnitt 6, Theorie Taktik)**

Die Geometrie des Platzes erklärt, wie der Tennisplatz effizient abgedeckt werden kann. Die Beinarbeit ist ein Schlüsselelement, um unmittelbar nach jedem Schlag den Platz abzudecken. Aber wohin genau sollen die Spieler zurückkehren?

Das Kapitel über die Geometrie des Platzes hilft, diese Frage zu beantworten.

## Gezielte taktische Übungen

**(Abschnitt 7, Taktik im Match)**

Taktische Spielsituationen kommen in ihrer Art dem offenen Spiel am nächsten und sind ein Schlüsselelement des Entwicklungsprozesses der Spieler. Sie sollen den Spielern beibringen, taktisch kluges Tennis zu spielen oder mit anderen Worten, wie sie ihre Waffen einsetzen können. Bei diesen Übungen sind die Spieler auf dem Platz mit verschiedenen Situationen konfrontiert, die sie zwingen, die Regeln des Matches anzuwenden. Diese Übungen sind anspruchsvoller, weil der Spieler eine variable Situation analysieren und entscheiden muss, wie er darauf reagieren soll. Sie sind einem richtigen Match viel ähnlicher.

## Regeln für das Match

**(Abschnitt 6, Theorie Taktik)**

Wie im Leben gibt es beim Tennis Regeln, die Spielern das Leben leichter machen, wenn sie befolgt werden. Ich nenne diese Regeln: Regeln für das Match. Sie beschreiben die ideale Reaktion auf jede Situation, der ein Spieler auf dem Platz begegnen kann. Es ist genauso wie bei einem Schach-Handbuch, das den besten Zug für jede Stellung auf dem Brett beschreibt. Sie sind die Theorie hinter dem taktischen Aspekt des Spiels und können den Spielern helfen, ihre Waffen effektiv einzusetzen. Die Spieler können besser verstehen, wohin sie spielen müssen, um die beste Chance auf den Punktgewinn zu haben.

## Der hohe Topspin

**(Abschnitt 3, Entwicklung der Schlagflexibilität)**

Bei diesem Schlag wird der Ball mit viel Topspin hoch über das Netz geschlagen. Ein Spieler benutzt diesen Schlag, wenn er in einer defensiven Position und aus dem Gleichgewicht ist, um das Tempo eines Ballwechsels zu ändern oder um einen Topspin-Lob zu spielen. Der Schlag wird mit dem Handgelenk und Unterarm stark beschleunigt. Er sollte zwei bis fünf Meter über das Netz gehen.

## Der Bewegungskreislauf

**(Abschnitt 8, Beinarbeit)**

Der Bewegungskreislauf beinhaltet eine Reihe von grundlegenden Bewegungsmustern, die die Spieler beherrschen und immer wieder wiederholen müssen, um sich auf dem Platz effektiver zu bewegen.

Jeder Bewegungskreislauf beginnt, kurz bevor der Gegner den Ball trifft, und er endet, nachdem der Spieler den Platz abgedeckt hat. Ein Spieler absolviert also während jedes Punktes einen oder mehrere Bewegungskreisläufe, abhängig davon, wie lange der Punkt andauert. Das folgende Beispiel soll die verschiedenen Komponenten jedes Bewegungskreislaufes veranschaulichen: Stellen wir uns einen Spieler vor, der sich darauf vorbereitet, einen Aufschlag anzunehmen. Bevor der Gegner aufschlägt, macht er sich mental und physisch bereit (Komponente eins); kurz vor dem Ballkontakt des Gegners bereitet der Spieler den Körper darauf vor, in Richtung des eintreffenden Schlages zu reagieren, indem er einen Split Step macht (Komponente zwei); dann bewegt er seinen Körper mit einem explosiven ersten Schritt und einigen Anpassungsschritten so schnell wie möglich in Richtung des Balles (Komponente drei), dann trifft er den Ball. Die letzte Komponente des Bewegungskreislaufes ist das Abdecken. Nachdem der Spieler den Ball geschlagen hat, muss er abstoppen und sich so schnell wie möglich zur Mitte des Spielfeldes zurückbewegen, um den nächsten Schlag des Gegners abzudecken (Komponente vier). Zusammenfassend kann man also sagen, die vier Komponenten des Bewegungskreislaufes sind:

1. mentale und körperliche Aufmerksamkeit oder Intensität
2. Split Step
3. erster Schritt und Anpassungsschritte
4. Platz abdecken

# Glossar

## Angriffsspieler

**(Abschnitt 9, Spielweisen)**

Der Angriffsspieler versucht, so oft wie möglich ans Netz zu kommen, egal, ob er aufschlägt oder returniert.

## Der neutrale Schlag

**(Abschnitt 3, Entwicklung der Schlagflexibilität)**

Der neutrale Schlag dient zum Aufbau des Punktes bzw. zur Planung eines Angriffs. Er wird auch verwendet, wenn ein Spieler sich nicht in einer idealen Angriffsposition befindet, aber sicherstellen will, dass der Gegner ihn nicht angreifen kann.

Der neutrale Schlag sollte zwischen einem und drei Metern über das Netz gehen, lang sein und mit hoher Konstanz gespielt werden. Das Ziel beim neutralen Schlag ist, sechs bis acht Schläge hintereinander ohne Fehler ins Feld zu spielen. Warum sechs bis acht Schläge? Ganz einfach, weil die meisten Punkte nicht länger dauern. Wenn ein Spieler zu schnell spielt, kann er die Quote von sechs bis acht Schlägen nicht erreichen.

## Der Block

**(Abschnitt 3, Entwicklung der Schlagflexibilität)**

Der Block wird in Verteidigungssituationen verwendet, wenn der Ball des Gegners sehr dicht vor dem Spieler landet. Auch der Return auf einen schnellen ersten Aufschlag wird geblockt. In beiden Fällen muss der Spieler seinen Rückschwung verkürzen und das Tempo des Gegners ausnutzen. Das Ziel des Blocks ist, zu einer neutralen Situation im Punkt zurückzukommen.

## Übungen für Drucksituationen

**(Abschnitt 10, Umgang mit Wettkampfdruck)**

Übungen für Drucksituationen sind dazu gedacht, die Spieler während des Trainings unter Stress zu setzen, um ihre mentale Stärke zu testen und sie auf den Wettkampf vorzubereiten. Es gibt zwei Arten von Übungen für Drucksituationen: Schlagserien und Übungen unter Stress.

## Reine Beschleunigungsübungen

**(Abschnitt 5, Schlägerkopfbeschleunigung)**

Diese Übungen sind darauf ausgerichtet, die Muskeln zu stärken und die neuromuskuläre Koordination zu verbessern, um höhere Schlägerkopfgeschwindigkeiten zu erreichen. Kontrolle ist bei diesen Übungen absolut unwichtig. Tatsächlich werden diese Übungen wahrscheinlich wirksamer sein,

wenn sie außerhalb des Platzes oder gegen den Zaun ausgeführt werden, sodass sich die Spieler voll und ganz auf das Beschleunigen konzentrieren können, ohne sich um die Kontrolle zu kümmern.
Es gibt zwei Arten von reinen Beschleunigungsübungen: Kontrastübungen und Übungen für die Schlägerkopfbeschleunigung.

## Schlägerkopfbeschleunigung

**(Abschnitt 5, Schlägerkopfbeschleunigung)**

Der Spieler soll lernen, den Schlägerkopf so schnell wie möglich zu schwingen. Übungen dafür betonen die Geschwindigkeit des Unterarms und des Handgelenks.

## Entspannungs- und Schwungentwicklungsübungen

**(Abschnitt 5, Schlägerkopfbeschleunigung)**

Das Ziel dieser Art von Übungen ist es, den Spielern beizubringen, mit möglichst geringem Kraftaufwand effektiv zu schwingen.

Im Allgemeinen arbeiten die Spieler beim Versuch, den Ball härter zu schlagen, mit ihren Muskeln, anstatt den Schlägerkopf schneller schwingen zu lassen. Um mit hohen Geschwindigkeiten schwingen zu können, muss der Spieler lernen, nur die erforderlichen Muskeln anzuspannen. Alle anderen Muskeln, die den Schwung verlangsamen könnten, sollte er entspannen. Dies kann nur geschehen, wenn der Spieler während des gesamten Schwungs völlig entspannt ist. Jegliche Anspannung verringert die Schwunggeschwindigkeit, indem sie Muskeln aktiviert, die nicht mit der Aktion in Zusammenhang stehen. Es ist wie Autofahren mit angezogener Handbremse. Das Auto wird sich zwar bewegen, aber nicht so schnell und mühelos, wie es sollte.

## Schlagserien

**(Abschnitt 10, Umgang mit Wettkampfdruck)**

Schlagserien sind die besten Übungen, um den Spielern zu helfen, ihre Spielstärke besser kennenzulernen. Bei Übungen mit Schlagserien versuchen die Spieler gemeinsam, eine Reihe aufeinanderfolgender Schläge zu absolvieren. Zum Beispiel: einen Aufschlag, einen Return, einen ersten Volley und einen Passierball. Diese Schläge sollen eine typische Schlagkombination während eines Punktes widerspiegeln. Ziel dieser Übungen ist es, den Spielern beizubringen, wie aggressiv sie spielen können, ohne Fehler zu machen. Sie kombinieren die Idee, schnell zu schwingen, und die Kontrolle zu behalten. Bei diesen Übungen werden die Spieler ständig ihre Fähigkeit testen, bei verschiedenen Schlaggeschwindigkeiten die Kontrolle zu behalten.

## Schlag auf Schulterhöhe (Angriffsball)

**(Abschnitt 3, Entwicklung der Schlagflexibilität)**

Der Schlag auf Schulterhöhe wird beim Angriff vor der Grundlinie verwendet. Technisch gesehen sollte die Vorbereitung auf Schulterhöhe erfolgen, damit der Spieler den Ball mit wenig Spin beschleunigen kann. Das Ziel des Schlages besteht darin, den Gegner unter Druck zu setzen.

## Standard-Antworten

**(Abschnitt 7, Taktische Spielsituationen)**

Bei diesen Übungen soll der Spieler immer wieder die beste taktische Reaktion auf einen bestimmten Schlag trainieren. Für einen bestimmten Schlag gibt es normalerweise nur wenige Antwortmöglichkeiten, die es dem Spieler ermöglichen. den Punkt zu gewinnen. Diese „richtigen Antworten" nenne ich „Standard-Antworten". Zum Beispiel: Wenn der Spieler mit einem guten Schlag des Gegners aus dem Spielfeld gedrängt wird, sollte er sich mit einem hohen, langen Cross retten.

Mit diesem Schlag hat der Spieler die besten Chancen, im Punkt zu bleiben und ihn vielleicht noch zu gewinnen.

## Standard-Antworten aus dem Korb

**(Abschnitt 7, Taktische Spielsituationen)**

Bei diesen Übungen wird dem Spieler der Ball aus dem Korb zugespielt, damit er immer wieder die richtige Reaktion auf eine vorgegebene Situation trainieren kann. Diese Übungen werden in zwei Phasen durchgeführt. In der ersten Phase spielt der Trainer immer wieder den gleichen Schlag an, und der Spieler übt die richtige Reaktion auf diesen Schlag. Wenn das Ziel beispielsweise darin besteht, dass der Spieler jedes Mal, wenn er nach hinten gedrängt wird, einen langen hohen Ball cross spielen soll, kann der Trainer immer wieder einen langen Ball anspielen und an der korrekten Ausführung des langen hohen Schlages arbeiten. Wenn er möchte, dass der Spieler als Reaktion auf einen Stoppball einen langen Ball die Linie hinunter spielt, spielt er Stopps an, der Spieler soll sie erlaufen und lang die Linie hinunter spielen.

In der zweiten Phase wird das Anspiel variiert, und der Spieler muss die Situation erkennen und entsprechend reagieren. Um auf das erste Beispiel zurückzukommen: Wenn der Spieler bei einem langen Ball lang und hoch cross schlagen soll, kann der Trainer das Anspiel variieren und erst dann, wenn der Spieler einen langen Ball bekommt und aus dem Platz gedrängt wird, soll er mit dem langen hohen Ball cross antworten.

## Standard-Antworten in Spielsituationen

**(Abschnitt 7, Taktische Spielsituationen)**

Übungen für Spielsituationen sind grundsätzlich anspruchsvollere Übungen aus dem Korb. Es handelt sich dabei um Übungen, bei denen zwei oder vier Spieler eine Spielsituation trainieren und Punkte spielen. Bei diesen Übungen spielt der Trainer oder einer seiner Spieler einen Ball an, um den Gegner zu zwingen, immer wieder die richtige Reaktion auf eine vorgegebene Situation zu trainieren. Nachdem der Spieler auf den angespielten Ball reagiert hat, wird der Punkt ausgespielt. Diese Art von Übungen ermöglicht es dem Trainer, sich auf mehr als eine taktische Reaktion gleichzeitig zu konzentrieren und diese zu kontrollieren. Die Reaktion eines Spielers auf das Anspiel zwingt den Gegner dazu, seine eigene Reaktion auf diesen Schlag zu bewerten und weiterzuentwickeln. Wenn Sie beispielsweise möchten, dass Ihr Spieler den Angriffsball mit einer Vorhand inside-out beginnt, dann würden Sie ihm einen kurzen und langsamen Ball auf die Rückhand-Seite zuspielen. Wenn der Ball sehr lang gespielt ist, soll der Gegner mit einer Rückhand cross antworten, bei einem kurz gespielten Ball soll er die Linie hinunter gehen. Dann wird der Punkt ausgespielt.

## Übungen unter Stress

**(Abschnitt 10, Umgang mit Wettkampfdruck)**

Übungen unter Stress sollen den Spielern vermitteln, wie sie sich im Wettkampf verhalten sollen.

Bei diesen Übungen treten immer zwei Spieler gegeneinander an. Um das Ziel zu erreichen, sollten negative Konsequenzen für den Verlierer in die Übung eingebaut werden (zum Beispiel irgendeine Art von körperlicher Aktivität, Bälle einsammeln, dem Gewinner ein Sportgetränk kaufen usw.).

## Schlagflexibilität

**(Abschnitt 3, Entwicklung der Schlagflexibilität)**

Schlagflexibilität ist die Fähigkeit, den Ball mit der gewünschten Kombination aus Drall, Richtung, Höhe, Länge und Geschwindigkeit zu schlagen und die totale Ballkontrolle zu erreichen.

## Übungen an der Wand

**(Abschnitt 3, Entwicklung der Schlagflexibilität)**

Übungen an der Wand sind eine ausgezeichnete Möglichkeit, die Technik zu verbessern und die Ballkontrolle zu entwickeln. An der Wand kann jeder Schlag trainiert werden. Der Schlüssel zum Erfolg sind spezifische Übungen. Zum Beispiel: Üben Sie nicht nur Rückhandschläge, sondern eine bestimmte Art von Rückhandschlägen, wie zum Beispiel kurze, flache Schläge.

# Impressum

**Entwicklung von leistungsorientierten Tennisspielern**
ISBN 978-3-96416-049-2



## Autor

Edgar Giffenig

## Übersetzung

Nina Nittinger

## Koordination & Redaktion

Hendrik Schulze Kalthoff
Nadine Müller

## Layoutkonzept

Pars pro toto Werbeagentur
Nadine Müller
www.parsprototo.com

## Layout, Satz und Gestaltung

Janina Reuß, Hendrik Schulze Kalthoff

## Herausgeber

Neuer Sportverlag
Beim Hochwachtturm 2
D-71332 Waiblingen, Germany
Telefon +49 (0)7151/97661-71
www.neuersportverlag.de



## Bildnachweis

TennisGate:
8, 11, 13, 16, 23, 26, 27, 29, 49, 51, 53, 54, 55, 56 mitte/rechts, 57, 58 unten, 59, 60 mitte/rechts, 61, 65, 67, 76, 82, 83, 85, 89, 90, 94, 96, 104, 106, 113, 115, 117, 120, 121, 123, 127, 128, 131, 132, 135, 140, 143, 145, 146, 149, 159, 170, 173, 189, 192, 195, 197, 199, 202, 206, 209, 211, 212, 215, 216, 220, 227, 238, 245, 253, 265, 269, Umschlag, Umschlag klein Mitte, Umschlag hinten

Edgar Giffenig:
4, 6, 15, 19, 21, 22, 24, 30, 31, 35, 37, 38, 41, 45, 52, 56 links, 58 oben, 60 links, 63, 68, 70, 78, 81, 87, 91, 93, 101, 102, 107, 109, 115, 119, 125, 137, 138, 152, 154, 157, 164, 167, 168, 175, 176, 180, 183, 184, 205, 259, 273, Umschlag klein links/rechts, Umschlag Portrait EG